孙凤毅 著

RESEARCH ON CULTURAL

文化资产
证券化研究

ASSET
SECURITIZATION FINANCING

社会科学文献出版社
SOCIAL SCIENCES ACADEMIC PRESS (CHINA)

前　言

利用证券市场的力量将文化资产通过证券化融资手段获得文化发展所需要的资金是本书研究的主要内容。作为在发达国家已经较为成熟的一种融资工具——资产证券化，自20世纪70年代初在美国逐步兴起以来，已经迅速地在全球范围内得到了广泛的认同和发展，成为金融市场中一种非常重要的融资手段，成为推动经济发展的重要手段。在中国，将资产证券化引入文化领域的研究并不多见，原因在于文化资产证券化融资是一个跨学科的研究领域，涉及领域多，研究难度大。本书的成稿得益于笔者的学科背景优势和系统的专业知识，以文化资产证券化融资为研究对象，借助于国内外丰富的第一手文献资料分析论述，透视美国、意大利、日本、印度等国家的成功经验和有效做法，辅以境内外文化资产证券化融资经典案例研究，对我国在推进文化资产证券化融资过程中所面临的风险提出有针对性的对策研究，从而构建起我国文化资产证券化融资问题的基本研究框架结构与理论体系。

本书是在笔者博士学位论文基础上修改完成的，立足中国国情，又兼具国际视野，以金融经济学视角分析文化问题，成为本书的一大亮点。本书选题新颖，紧扣文化发展现实需求，融资问题属于本学科当前及今后的研究重点与热点，这使本书极具理论意义与现实价值。本书内容丰富，视角新颖，尤其是从发起人视角，对我国在文化领域推行文化资产证券化融资问题进行深入系统的分析研究，是本书中最富创新性、最为精彩的部分。我国文化领域对资产证券化融资问题研究尚处于起步阶段，文化资产证券化融资的运作实务也刚刚破题，富有创新性的研究成果并不多，相信本书的出版，不仅能够推动我国该领域研究的进一步深入，而且能够对我国文化资产证券化融资运作实务起到一定的参考、借鉴作用，能够为我国文化发展和文化产业问题研究做出一点贡献。

序

大力发展文化产业已经上升为一种国家战略,而文化产业发展离不开金融业的支持。文化发展要想获得可持续的健康的动力,直接融资市场是一个不能忽视的力量。利用证券市场的力量使文化资产通过证券化融资手段获得文化发展所需要的资金是本书研究的主要内容。随着金融体制改革步伐的加快,传统的间接融资渠道获得资金支持的难度正在逐渐加大。此外,文化产业经过十多年发展已经到了从国家政策性资金扶持阶段转向主要依赖金融资本市场获得产业发展动力的阶段,因此,从直接融资市场获得融资就成为我国文化领域发展面临的必然选择。作为在国外发达国家已经较为成熟的一种融资工具——资产证券化,自20世纪70年代初在美国逐步兴起以来,已经迅速在全球范围内得到了广泛的认同和发展,成为金融市场中一种非常重要的融资手段,成为推动经济发展的重要手段。资产证券化在世界各地的发展足以证明其巨大的生命力。其生命力表现在它与其他融资手段相比较,具有不可比拟的优势。目前,美国通过资本市场进行的证券化融资为文化产业的发展提供了资金保证,其证券化品种已经广泛运用于电子游戏、音乐、电影、休闲娱乐、演艺、主题公园等文化产业的各个领域。

在中国,将资产证券化引入文化领域的研究并不多见,原因在于文化资产证券化融资是一个跨学科的研究领域,涉及领域多、研究难度大。非常高兴的是我的博士生孙凤毅利用自己的学科背景优势和系统的专业知识,选择这一领域作为自己的博士学位论文选题,以文化资产证券化融资为研究对象,借助国内外丰富的第一手文献资料分析论述,透视美国、意大利、日本、印度等国家的成功经验和有效做法,辅以境内外文化资产证券化融资经典案例研究,对我国在推进文化资产证券化融资过程中所面临的风险提出有针对性的对策研究,从而构建起我国文化资产证券化融资问题的基本研究框架与理论体系。孙凤毅敢于挑战如此艰深的课题，无疑起到填补这一研究领域空白的作用，值得称赞。

文化产业所具有的重要性和独特性以及我国发展文化产业的巨大潜力，都要求研究者有更多的理论研究和战略研究作为有力支撑。我的博士生孙凤毅具有较好的学科研究背景与较为扎实的专业理论素养，这是其进行文化经济研究的一个非常大的优势。缘于此，孙凤毅的此项学术研究能够立足中国国情，又兼具国际视野，以金融经济学视角分析文化问题，成为本书的一大亮点。本书选题新颖，紧扣文化发展现实需求，融资问题属于本学科当前及今后的研究重点与热点，这使本书极具理论意义与现实价值。本书内容丰富、视角新颖，尤其是从发起人视角，对我国在文化领域推行文化资产证券化融资问题进行深入系统分析研究，是本书中最富创新性、最为精彩的部分。虽然它的理论体系和实际价值有待在实践中检验，但这种创新精神是值得充分肯定的。我认为，无论是在理论探讨还是在实务操作层面，本书的选题研究都具有重要的意义，也是极富新意的，有几点富有创新性的研究成果值得特别关注：一是首次对文化资产进行了界定与分类，以实物类文化资产、金融类文化资产为划分依据，有利于证券化融资交易结构的设计，为文化资产证券化融资打下基础；二是从发起人角度设计了一套较为详尽、完善的运作规程，为文化资产证券化融资提供了非常好的理论基础和现实依据，兼具可操作性；三是将行为资产定价理论引入文化资产证券化融资理论分析，为文化资产价值评估定价提供了新的思路与研究视角；四是在融资交易结构的设计中，对公益性文化事业项目融资提供了详细设计与实证分析论证，提供了除政策性融资外的一种新的项目融资模式；五是提出了盘活存量文化资产，增加文化资产的经济附加值，对文化领域的实物类文化资产证券化给予了关注与研究，并提出了一些可供操作的对策建议。

我国文化领域对资产证券化融资问题的研究尚处于起步阶段，文化资产证券化融资的运作实务也刚刚破题，富有创新性的研究成果并不多，相信此书的出版，不仅能够推动我国该领域研究的进一步深入，而且能够对我国的文化资产证券化融资运作实务起到一定的参考、借鉴作用，能够为我国文化发展和文化产业问题研究做出一点贡献。作为其博士生导师，我为学生孙凤毅取得的研究成果感到由衷的欣慰和高兴，更衷心地希望他再接再厉、不断进取，在今后的研究工作中取得更丰硕的成果。值此论著付梓之际，应邀撰文。

是为序。

祁述裕

2019 年 3 月

［注：祁述裕为中共中央党校（国家行政学院）文化政策和管理研究中心主任，二级教授，博士生导师，享受国务院政府特殊津贴专家］

摘　要

资产证券化作为一种创新型的融资工具，自 20 世纪 70 年代在美国出现以来，在全球范围内得到了广泛而迅速的发展，并为世界上许多国家所采用。资产证券化范围已经从最初的银行信贷扩展到金融机构以外的其他部门，被证券化的基础资产从早期的房屋抵押贷款债权应用发展到任何具有合理的价值并能够产生合理的可预测的未来现金流量的资产，如世界杯足球赛的转播权收入、影片发行收入、唱片发行收入等文化资产。世界范围内最早的一例文化资产证券化融资是 1997 年诞生于美国的"鲍伊债券"音乐版权资产证券化。

从国外的实践来看，美国等发达国家文化资产证券化融资发展迅速，文化资产证券化融资的基础资产类型已经非常广泛，从音乐版权、电影版权到药物专利权，再到足球电视转播权，甚至油气勘探资料等，都被纳入文化资产证券化融资的范围。由此可见，虽然文化资产作为"非常规资产"，具有与传统证券化资产不同的特点，导致其证券化融资的复杂性及难度提高，但是由于二者实质上都具备资产证券化的最基本要素——可预测的未来现金流量，因此，在创新性金融工程制度安排下，文化资产证券化融资具有其合理性和客观基础。在知识产权资产对社会经济的重要性和影响力日益增大、金融工程技术快速发展的背景下，文化资产证券化融资前景广阔、意义重大。从目前来看，尽管我国文化资产证券化融资在整个资产证券化市场中的份额还很小，但是它已经显示出巨大的发展潜力。为推动我国文化产业与文化事业的健康快速发展，应当积极探索、大胆试验，借鉴国外的经验，寻找一种行之有效的文化创意产业的融资方式。

本书从发起人的视角对文化资产证券化融资问题进行深入研究，全书共分为八章，主要内容如下。

第一章为绪论，阐述研究选题的意义、研究方法、基本框架、研究思路以及创新和不足。鉴于文化资产在使用中经常产生歧义，本书在国内外文献研究综述中对此进行详细阐述,对国内外文化资产证券化进行了仔细的分析,国外资产证券化研究领域已经逐步由金融机构拓展到其他领域,研究视野也逐步由信贷资产拓展到无形资产,包括知识产权收入、唱片发行收入、大型赛事的门票收入等。目前,国外文化资产证券化已广泛运用于电子游戏、音乐、电影、休闲娱乐、演艺、主题公园等文化产业的各个领域。国内对文化资产证券化融资的研究主要集中在知识产权证券化方面,现有研究虽然在一定程度上达成了共识,但仍然存在一些不足,如大多数学者是针对知识产权证券化融资的某一方面进行探讨,比如针对融资的交易流程或融资风险的分析和控制研究,却少有学者进行整体和系统性研究;对知识产权证券化融资的具体运作模式研究不足,大多数学者只是简单介绍了融资过程的某一方面。

第二章对文化资产证券化融资问题的基本原理进行阐述。对文化资产证券化融资的基本概念进行界定与阐释,论述文化资产证券融资的基础理论。资产证券化最初产生于美国,产生背景是美国政府为应对当时的"储贷"危机,迫切需要一种金融工具来化解,于是资产证券化应运而生。融资理论和风险规避理论是资产证券化产生的理论基石。对任何融资手段的解释都必须考虑经济学上的一个著名理论——M-M理论,该理论是由莫迪利亚尼(Franco Modigliani)和米勒(Merton H. Miller)共同提出的假设,为以后的融资理论发展奠定了基础。其他的权衡理论、新资本结构理论、企业成长周期理论等都为资产证券化融资理论提供了有力的理论支撑。在此基础上,本书研究文化资产证券化融资的运作机理、交易结构、运作流程并对其可行性进行分析,认为一个合理的关于文化资产证券化结构的图示能够将资产证券化融资所具有的区别于传统债权融资或股权融资的特征全面地反映出来,概述文化资产证券化融资的一般程序,指出SPV、真实出售、风险隔离、信用增级和偿付安排这五个环节是文化资产证券化融资区别于传统融资方式的关键所在。此外,本书还对文化资产证券化融资进行经济学分析,从发起人视角指出推行文化资产证券化融资对我国文化发展的战略意义。

第三章对文化资产证券化融资的资产定价进行研究。文化资产证券化的可行性存在需要解决的问题,主要是证券化过程中的价值评估问题。文化资产证券化面临的主要风险并不是基础资产池被提前偿付,而是文化资产所面临的实际商业风险和市场风险。而这种风险的防范和化解在很大程度上依赖文化创意资产定价方法。文化资产自身特性导致其资产价值具有高不确定性风险，给文化资产证券化的定价带来困难。本书对文化资产证券化定价的理论基础以及影响文化资产证券化定价的因素进行分析，提出文化资产证券化的定价方法。

第四章选取美国、意大利、日本、印度等国外文化资产证券化融资的发展经验进行比较分析。美国资产证券化的经验是政府主导是资产证券化产生和发展的重要途径；市场需求是资产证券化发展的动力；完善的法律、会计、税收制度为资产证券化的发展扫除了障碍；等等。通过对美国版权产业资产证券化融资发展历史和特点进行分析，本书认为其快速发展主要得益于三个方面：社会经济环境的外部冲击是首要动因；构建完善的法律法规体系是快速发展的保障；文化资产种类齐全和国际投行的参与。英国资产证券化发展的关键是市场化机制，而不是依靠政府推动，英国政府对证券化的推动仅限于从管理的角度对其发展予以规范。通过对日本、印度资产证券化发展历史和特点的分析，本书认为日本中小文化企业证券化融资的经验，对成长中的亚洲其他地区具有借鉴意义；而印度电影产业的崛起，无不得益于本国推进的文化资产证券化，解决了电影产业集聚过程中的资金难题。

第五章介绍我国文化资产证券化融资模式的产品设计。通过研究国内外已经成功的文化资产证券化融资的案例，本书设计了文化资产证券化融资模式的主要产品，并针对我国公益性文化事业单位与经营性文化企业的文化资产证券化融资模式进行有效的研究，提出多样化的文化资产证券化融资模式，如文化公共产品证券化融资、文化服务基础设施证券化融资、公益性文化项目资产证券化融资、大型文化企业应收账款证券化融资、文化版权资产证券化融资、中小型文化企业资产证券化融资、演艺产业的设备租赁费证券化融资、演艺行业不动产证券化融资、演艺产品的资产证券化项目融资、艺术品资产证券化融资、知识产权资产证券化融资、国有文化资产证券化融资等。

第六章对我国文化资产证券化融资所面临的风险进行分析，并尝试提出防范相关风险的应对措施。文化资产证券化融资主要面临的风险包括三部分：证券化基础资产池风险；证券化交易结构风险；资产证券化产品风险。证券化基础资产池风险包括本息不能按时收回风险和提前偿付风险。证券化交易结构风险包括基础资产"真实出售"风险、资产证券化参与主体风险、定价风险、资产支持证券发行风险、法律风险。资产证券化产品风险包括利率风险、汇率风险、通胀风险、等级下降风险、赎回风险、政策风险。本书针对我国目前试行资产证券化融资的难点问题，提出有建设性的解决方案，并尝试构建具有我国特色的文化资产证券化融资风险监管体系。

第七章对文化资产证券化融资案例进行研究。针对收益类文化资产、金融类文化资产、知识类文化资产，本书分别选取国内外比较典型且较为成功的案例，如国外的"大卫·鲍伊"音乐版权资产证券化作为世界首例文化资产证券化的案例，其意义或影响深远，它拓展了人们的资产证券化视野与领域；"梦工厂"电影版权证券化案例，一直为国内外的影视制作机构所借鉴。我国探索出以未来收益资产为基础资产、以专项资产管理计划为SPV的华侨城欢乐谷主题公园入园凭证资产证券化，为国有文化企业资产证券化融资开辟了新路径；阿里小贷证券化的获批，为我国中小微型文化企业解决融资难问题提供了一个新的思路，本章详细地介绍了其融资的运作流程与交易结构等过程。本书认为，文化资产证券化融资一般由文化资产原始权益所有人（以音乐、电影版权、票房及相关门票收入作为未来预期收益）、SPV（专项资产管理计划）和投资者三类主体构成。目前，我国文化资产证券化融资已经探索出以未来收益为资产的企业资产证券化、以信贷资产为基础资产的信贷资产证券化融资类型，有理由相信未来的文化资产证券化类型会越来越丰富。

第八章为主要结论与前景展望。本章总结全书并梳理出主要的结论或观点，同时提出未来有待进一步研究的问题。对我国发展文化资产证券化融资的前景给予期待，指出我国发展文化资产证券化融资的巨大需求、文化资产证券化融资产品的广阔市场以及文化资产证券化融资的新局面。

关键词： 文化资产证券化　金融类文化资产　实物类文化资产　交易结构

Abstract

Asset securitization, as a new kind of innovative structured financing tool, emerged from the United States of America in the 1970s. It has acquired worldwide reputation owing to its superiority and many other countries around the world start to introduce this innovation into their domestic financial market. Asset securitization range also has expanded from the initial bank credit to the financial institutions outside of other departments, is applied by the securitization underlying assets from the early mortgage debt to the value of any reasonably capable of producing reasonable predictable future cash flow of the assets, such as World Cup broadcast rights, film distribution revenue, record distribution of income and other cultural assets. The world's first example of cultural asset securitization financing was born in 1997 in the United States, "Bowie Bonds" music copyright asset securitization.

Looked from the practice of foreign countries, the rapid development of the developed countries such as USA cultural asset securitization financing step, the type of underlying assets of cultural asset securitization financing has been very widely, from music copyright, movie copyright to medicine patent again to soccer television broadcasting right, even oil and gas exploration information, etc., are included in the scope of cultural asset securitization financing; thus, although the cultural assets as "unconventional assets", has a traditional securitized assets on different characteristics, resulting in its securitization financing complexity and increase the difficulty, because both possess essentially the most basic elements of asset securitization-can be expected future cash flows, and therefore, under the innovative financial engineering institutional arrangements, cultural asset securitization financing has its rationality and objective foundation. In the intellectual property assets of the importance and influence of the growing socio-economic, financial engineering and technical background of the growing cultural asset securitization financing prospects, significant. Although judging from the current situation, China's cultural asset securitization financing in the total assets securitization market share is still very small, but it has shown great potential of development and trend. In order to promote the cultural industry and cultural undertaking of our country healthy and rapid development, should actively explore, bold experiments and learn from overseas experience, to find an effective cultural creative industry financing way.

This paper studied the cultural asset securitization financing from the originator's perspective, the whole dissertation can be divided into eight chapters, the primary contents are as follows:

Chapter one is the introduction, first elaborated the paper selected topic significance, the research methods, the basic framework, research ideas and innovation and deficiency. In view of cultural assets often cause ambiguity in use, the author makes a detailed review on the domestic and foreign research in literature, overseas cultural asset securitization was carefully analyzed, the foreign asset securitization research field has already gradually developed other domains from the financial institutions, the research field of vision also gradually develops the intangible asset from the credit assets, including intellectual property rights, record revenue, large-scale sports event ticket income and so on. At present, each field of foreign cultural asset securitization has been widely used in the industry of electronic games, music, movies, leisure entertainment, performance, theme park culture. The domestic research of cultural asset securitization financing is mainly in the research of intellectual property securitization, the existing research has to some extent reached a consensus, but there are still some problems, such as the majority of scholars are discussed in a securitization of intellectual property financing, such as financing transactions flow or financing risk analysis and control, but few scholars research of whole and system; to study the specific operation mode of intellectual property securitization financing problems, most scholars simply introduces the financing process of a certain aspect etc..

The author discusses the basic principles of the cultural asset securitization financing problems. The basic concepts of cultural asset securitization financing is defined and interpretation, discusses the theoretical basis of cultural assets of securities financing; asset securitization originally derived from the American, background is America government in response to the then "savings and loan" crisis. The crisis urgently need a financial tool to resolve, and asset securitization emerge as the times require. To avoid financing theory and risk theory is the cornerstone of the theory of asset securitization generated. For any means of financing the interpretation must consider a famous Theory: M-M theory, the importance of the theory is that by Franco Modigliani and Merton H. Miller's hypothesis for the financing theory of the development of the later laid the foundation. To provide a strong theoretical support other trade-off theory, new capital structure theory, enterprise growth cycle theory for asset securitization financing theory. On this basis, research on the operation mechanism, cultural asset securitization financing transaction structure, operation process and its feasibility analysis, that a reasonable about cultural asset securitization structure diagrams can be the difference between asset securitization financing has on the features of traditional debt financing or equity financing of the overall reflected, outlines the general procedure of cultural asset securitization financing, SPV, true sale, risk isolation, credit enhancement and pay arrangements of the five is the key cultural asset securitization financing is different from the traditional financing way lies. In addition, also on the cultural asset securitization financing makes economics analysis, from the perspective of cultural sponsors, pointing out that the cultural asset securitization financing strategic significance for our country's cultural development.

The third chapter asset pricing on cultural asset securitization financing is studied. Feasibility of cultural asset securitization exist need to resolve obstacles, mainly the problem of value evaluation in the process of securitization. Risk culture assets supporting the main risk faced by securities and not the underlying asset pool is the advance payment, but the actual face cultural assets business risk and market risk. And prevent and resolve this risk depends largely on cultural and creative assets pricing method. Cultural assets due to their characteristics lead to the value of the assets with high risk and uncertainty, leading to the difficulty in cultural asset securitization pricing. On the cultural asset securitization pricing theory foundation and influence of cultural asset securitization pricing factors are analyzed, put forward the pricing method of cultural asset securitization alternative.

The author makes a comparative analysis research of the development experience of overseas cultural asset securitization financing in the case of the United States. American securitization experience is that the government leadership is the important way which the asset securitization produces and develops; the market demand is the asset securitization development power; the consummation law, accountant, the tax revenue system cleaned the barrier for the property securitization development and so on. Through the analysis of the U. S. copyright industry asset securitization financing the development history and characteristics, there are three points of experience: the social and economic environment is the primary cause of external shocks; construct the perfect system of laws and regulations is the rapid development of security; types of cultural assets is complete, the participation of international investment bank.

Chapter five explores the product design of China's cultural asset securitization financing model. Through the research at home and abroad have been successful cultural asset securitization financing case, designs the main cultural asset securitization financing model products; mainly for effective research on non-profit cultural undertakings of our units and the managerial cultural enterprise's cultural asset securitization financing model, put forward the diversified cultural asset securitization financing pattern, such as securitization financing, cultural service infrastructure securitization financing, public welfare culture project asset securitization financing, large-scale cultural enterprises accounts receivable securitization financing, cultural copyright asset securitization financing, small and medium-sized enterprise culture asset securitization financing, the entertainment industry equipment leasing securitization financing, the performance industry equipment rents rental securitization financing, performance profession real estate securitization financing, performance product asset securitization project financing, the art of asset securitization financing, intellectual property securitization financing, state-owned cultural asset securitization financing and so on.

Chapter six makes an analysis of the risk faced by China's cultural asset securitization financing, and tries to put forward the prevention measures. The main risk facing cultural asset securitization financing includes three parts: the securitization asset pool risk; securitization transaction structure risk; risk of asset securitization products. Risk for securitization asset pool consists of principal and interest on time to recover the risk and prepayment risk. Securitization transaction structure risk includes the basic asset " true sale " risk, asset securitization participation in the main risk, pricing risk, asset risk, the legal risk of the issuance of securities to support. The asset securitization product's risk including interest rate risk, exchange rate risk, inflation risk, level of decline in risk, redemption risk, policy risk. Aiming at the difficult problems of our country at present pilot asset securitization financing, propose constructive solutions; and try to explore a way with Chinese characteristic cultural asset securitization financing risk supervision system.

Chapter seven studied the cultural asset securitization financing case. According to the income of cultural assets, financial assets, knowledge assets, the author has selected the typical and successful case in domestic and foreign. "David Bowie" music copyright securitization is the world's first cultural asset securitization case, its significance or influence is far-reaching, it expands people's asset securitization view with the field; and " DreamWorks " film copyright securitization case, has been for domestic and foreign film and television production mechanism by reference. China explored in future earnings as the underlying assets, take the special property management plan as the SPV Huaqiaocheng happy valley theme park enrollment in preschool certificate assets securitization, has opened up a new path for the state-owned cultural enterprise asset securitization financing; Ali small loan securitization is approved, provides a new train of thought for China's small and medium-sized cultural enterprises to solve the problem of financing, this chapter introduces the financing operation process and structure of the transaction process. From which we can generalize: cultural asset securitization financing by the general cultural assets of the original rights of all people (with music and film rights, box office and related ticket income as expected future earnings), SPV (special asset management plan) and investors three main composition. At present, our country's cultural asset securitization financing, has been explored in asset securitization, the assets of the enterprise future earnings to credit asset securitization based credit asset securitization financing type, there is reason to believe that the cultural types of asset backed securitization in the future will be more and more rich.

The main conclusions and future prospect of chapter eighth. Summary and sort out the main conclusions or opinions, at the same time, puts forward the future problems to be further studied. The prospects for the cultural asset securitization financing, the development of China's expectation, and pointed out that the great demand of cultural asset securitization financing development in China; the vast market of cultural asset securitization financing products; to create a new situation of cultural assets securitization financing in china.

Keywords: Cultural Asset Securitization; Financial Class Culture Assets; Physical Class Culture Assets; Transaction Structure

目 录

第一章 绪 论 ……………………………………………… 001
 一 研究背景、目的及选题意义 ……………………………… 001
 二 国内外研究现状述评 ……………………………………… 007
 三 研究思路、方法与技术路线 ……………………………… 024
 四 主要内容与结构安排 ……………………………………… 027
 五 主要创新点与局限 ………………………………………… 031

第二章 文化资产证券化融资问题的基本原理 ……………… 034
 一 文化资产证券化的基本概念界定 ………………………… 034
 二 文化资产证券化融资的基础理论研究 …………………… 053
 三 推行文化资产证券化融资对于我国文化发展的意义 …… 069
 本章小结 ………………………………………………………… 078

第三章 文化资产证券化融资的资产定价 …………………… 079
 一 文化资产证券化之定价方法 ……………………………… 079
 二 影响文化资产证券化定价的因素分析 …………………… 099
 本章小结 ………………………………………………………… 104

第四章 文化资产证券化融资的国际经验与借鉴 …………… 105
 一 美国文化资产证券化融资的现状与经验 ………………… 106
 二 美国文化资产证券化融资对我国的相关启示 …………… 127
 三 欧洲文化资产证券化融资 ………………………………… 135
 四 日本中小文化企业资产证券化融资 ……………………… 148
 五 印度电影资产证券化与启示 ……………………………… 158
 本章小结 ………………………………………………………… 167

第五章　我国文化资产证券化融资模式的产品设计 … 168

一　文化版权资产证券化融资
——以影视版权资产为例 … 168

二　文物资产证券化融资 … 184

三　文物资产证券化的融资模式与运作方法
——以博物馆资产为例 … 191

四　中小微型文化企业资产证券化融资 … 209

五　国有文化资产证券化融资 … 222

本章小结 … 230

第六章　我国文化资产证券化融资所面临的风险与防范 … 231

一　我国实施文化资产证券化融资所面临的难点 … 231

二　我国推行文化资产证券化融资所面临的风险 … 234

三　我国文化资产证券化融资制度创新的政策建议 … 238

本章小结 … 242

第七章　文化资产证券化融资案例研究 … 243

一　收益类文化资产：华侨城欢乐谷主题公园入园凭证专项资产管理计划 … 243

二　金融类文化资产（信贷资产）：阿里小额贷款资产证券化 … 253

三　知识类文化资产（版权资产）：版权资产证券化融资 … 259

本章小结 … 270

第八章　结论与展望 … 271

一　主要结论 … 271

二　研究局限与展望 … 273

参考文献 … 275

后　记 … 289

图目录

图1-1	资产证券化融资的参与主体	004
图1-2	本书研究框架	026
图1-3	研究技术路线	027
图1-4	资产证券化融资的一般程序	029
图2-1	文化资产的基本分类	038
图2-2	文化资产证券化融资的运作流程	061
图2-3	资产证券化融资的基本运作流程	063
图4-1	公共资产证券化流程	140
图4-2	租赁资产证券化基本运作过程	146
图4-3	日本文化资产证券化融资结构	154
图5-1	影视作品版权资产证券化融资运作流程	175
图5-2	专项计划（SAMP）模式的基本交易结构	201
图5-3	信托（SPT）模式的基本交易结构	202
图5-4	资产支持票据（ABN）模式的基本交易结构	203
图5-5	博物馆资产证券化融资结构基本流程	204
图7-1	专项资产管理计划（SAMP）交易结构	245
图7-2	华侨城收益计划的交易结构	247
图7-3	阿里小贷专项资产管理计划流程	254
图7-4	阿里小贷资产证券化产品的交易结构	257
图7-5	梦工厂版权资产证券化融资运作流程	266

表目录

表 1 - 1	国外文化资产研究主要成果	008
表 1 - 2	国内文化资产研究主要成果	013
表 1 - 3	国外文化资产证券化研究主要成果	019
表 1 - 4	国内文化资产证券化研究主要成果	021
表 2 - 1	文化资产证券化的三个基本原理	060
表 2 - 2	资产证券化融资的基本操作步骤	062
表 2 - 3	SPV 设立形式比较	068
表 2 - 4	SPV 的比较	068
表 4 - 1	美国文化资产证券化融资情况一览	112
表 4 - 2	租赁的特点及其所属类型	145
表 4 - 3	日本资产证券化立法演变情况	152
表 5 - 1	国际上主要博物馆收入情况	192
表 5 - 2	国内三种资产证券化模式比较	200
表 7 - 1	欢乐谷主题公园入园凭证专项资产管理计划交易参与方	246
表 7 - 2	各地欢乐谷近年入园凭证销售现金流和销售数量	248
表 7 - 3	欢乐谷主题公园 2013～2017 年每年特定期间入园凭证销售现金流预测	248
表 7 - 4	欢乐谷主题公园入园凭证专项资产管理计划产品基本结构	249
表 7 - 5	2012 年欢乐谷主题公园入园凭证专项资产管理计划	251
表 7 - 6	特定期间及纳入基础资产的入园凭证数量	252

第一章 绪 论

一 研究背景、目的及选题意义

（一）研究背景

本书定位于应用研究，以问题为导向。比较研究与实证研究等方法运用的目的在于为国内对策研究提供借鉴和参考，其中对策研究是目标。

资产证券化是一种独特的结构性融资方式，完全不同于传统的融资方式。后者一般受制于融资者的整体信用状况。而资产证券化这一结构性融资则只是依赖融资者的部分资产之信用状况。可以说，凡是在金融市场通过发行证券的方式来筹集资金的行为都可归入"证券化"行列。从全球实际情况可知，证券化融资比传统的间接融资具有更大的优越性，并极大地活跃了国际资本市场。

1. 文化产业经过十多年的发展，已经到了从国家政策性资金扶持阶段转向主要依赖金融资本市场获得产业发展动力的阶段

从宏观层面讲，金融是产业发展的驱动力。一个产业（行业）的发展离不开金融市场的支持，任何单纯依赖政府资金扶持的产业，都难以获得持续健康的发展。文化产业（行业）具有自身的特殊性，但是也具有与其他产业相同的普遍性，即产业（行业）的发展需要强有力的资金作为基础；国家政策性资金的扶持有其必要性与合理性，也是一个产业（行业）发展过程中不可忽视的重要条件。然而，综观国内外产业的经济发展状况，没有哪一个国家的产业是完全依赖政府的资金投入成长壮大起来的。

文化产业（行业）要想获得可持续的健康的发展动力，资本市场是一个不能忽视的力量。例如，文化产业发达的美国，通过资本市场进

行的直接融资已经为文化产业的发展提供了大量的资金保证。金融市场的支持给美国文化产业提供多种融资渠道，金融市场的定价功能也为文化产品的交易提供了便利，使文化产品可以自由流通转让，极大地促进了文化产业产品的流通与金融化发展。因此其文化产业长期以来占据世界领先地位，成为影响世界经济与文化方向的强大力量。

2. 文化产业从间接融资渠道获得资金支持的难度逐渐加大，从证券市场获得直接融资已经成为文化产业发展面临的必然选择

从微观层面讲，文化产业发展同其他产业一样，需要雄厚的资金做后盾；公益性文化事业单位、经营性文化企业的可持续健康发展，都需要强大的资金来源作为发展的驱动力。但现实情况不容乐观。我国文化产业融资面临以下几个方面的问题。

文化企业经营规模小，自身融资能力不足。我国文化产业的经营体制相对落后，文化产业市场化程度不高，文化企业较小的经营规模与较高的资本投入形成了较大的矛盾。

融资渠道单一，融资规模小，融资成本高。由于我国文化产业发展规模小、经营分散的特点，企业融资渠道主要还是依靠银行贷款。然而，文化产业"轻资产"的特征使文化企业有形资产少、无形资产多，造成抵押担保品不足。银行贷款的安全要求就是"抵押为本"，这一制度与文化企业的资金需求难以形成有效对接，中小型文化企业依靠银行进行信用融资或者抵押贷款则面临更大的困难。由于资信较低、风险较高，银行一般不愿意为发展中的文化企业进行融资，因此中小型文化企业很难从银行贷到资金。即使通过抵押从银行贷款成功，也往往会面临较高的融资成本。这种较高的融资成本不仅来自银行方面出于风险考虑的溢价，而且来自融资过程需要的担保、评估、咨询等费用，以及公关费用、融资活动花费的人力和时间成本等。

文化企业上市融资能力不足。上市融资是公司成长发展的一个重要阶段，是公司从证券市场募集资金的重要途径。

商业金融机构"嫌贫爱富"的现象越来越严重。随着金融体制改革的不断深化，商业银行的市场化程度会日益加深，作为企业的商业银行追逐"利润最大化"的动机也会越来越强烈。因此，商业银行贷款更加倾向于

获利丰厚、资产优质的客户，而对于风险大、未来预期收益不确定的客户将更加审慎。

3. 作为一种新的融资手段，资产证券化发展极为迅速，为解决文化产业发展过程中存在的融资难问题提供了一个新的路径

作为企业新型的融资模式，资产证券化从 20 世纪 80 年代后期开始快速发展。经过短短的 20 多年，资产证券化已经成为发达国家资本市场上的一种主要的融资工具，迅速成为全球资本市场发展的重要推动力量，其最大作用是提高资产的流动性。在欧美国家，资产证券化已经成为推动经济发展的重要手段；在亚洲、拉美国家也得到了广泛的应用。资产证券化在世界各地的发展足以证明了其巨大的生命力。其生命力表现在它与其他融资手段相比较，具有不可比拟的优势。目前，美国文化资产证券化已经广泛运用于电子游戏、音乐、电影、休闲娱乐、演艺、主题公园等文化产业的各个领域。

（二）研究目的

1. 学术目的

期望建构起文化资产证券化融资问题研究的理论体系与分析框架，能够为后继的研究者有所贡献。

资产证券化作为一种融资工具，发起人进行证券化最根本的原因是需要融资。所谓"融资"就是指资金的融通。资产证券化作为一种创新的融资方式，是指将缺乏流动性但能够产生可预见的、稳定的现金流的资产汇集起来，通过结构性重组将其转变为可以在资本市场上出售和流通的证券，以获取融资的过程。资产证券化的最大作用是提高资产的流动性。

资产证券化作为创新性的融资工具，能够实现主体信用与产品信用的分离，是最重要的一种结构化金融工具或技术，与传统的债务融资与股权融资方式各有其适用之环境。

文化资产证券化可实现文化产业与金融的有效对接，从而产生新的竞争力。文化资产证券化已经在多国成为文化产业筹集资金的重要渠道之一。

文化资产证券化是发起人将能够产生可预见的稳定现金流的基础资产，通过一定的金融工具的结构安排，对基础资产中风险与收益要素进行分离与重组，进而转换成为在金融市场上可以出售的流通证券，并据此融资交易的过程。资产证券化融资的参与主体见图1-1。

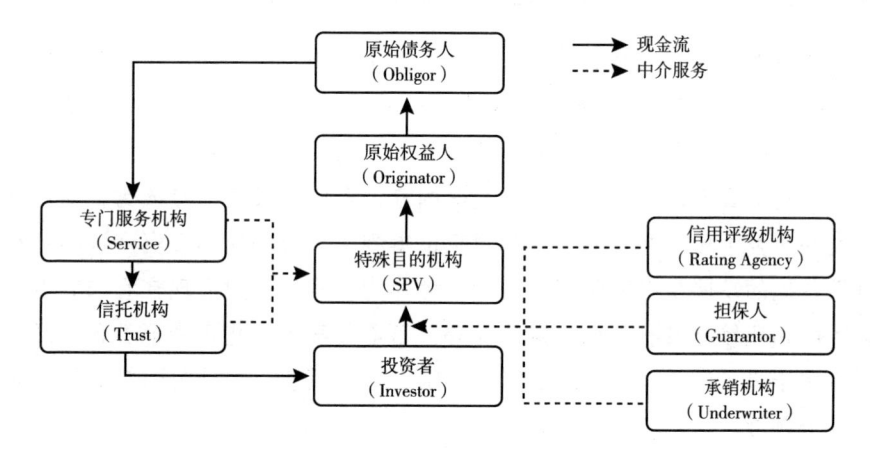

图1-1 资产证券化融资的参与主体

2. 实务上的目的

相对其他融资方式，文化资产证券化融资提供了新的融资渠道，为已经"转企改制"和"尚未转企改制"的文化产业、文化事业单位的发展提供了一种新的融资渠道或融资模式。其对于公益性文化事业单位与经营性文化企业的价值或优点在于以下几个方面。

（1）对于文化事业单位

①盘活存量文化资产。利用资产进行融资不仅可以盘活流动性较低的资产，将"死钱"变成"活钱"，从而使企业的中长期资产短期化，解决了长期资产的流动性问题；还能使依靠未来逐渐积累的资金在当前实现一次性融资，将"未来的钱"变为"现在的钱"，从而解决当前的融资需求。盘活固定资产，将其价值发掘变现。

②保证了国有文化资产安全。相对于其他融资方式，资产证券化融资可以避免追索性风险。发起人（筹资方）仅以有限责任方式承担债务，可以避免筹资者的其他资产受到追索；资产证券化是以资产的未来收入能力进行融资，且该资产拥有者的偿债能力与资产本身的偿付能力

是被分离的。

③多了一个资金来源。文化资产证券化融资开创了一种全新的项目融资方式，它对于那些建设周期长、融资规模大、短期难以筹到建设资金的公益性文化事业项目融资具有广泛的应用前景。

（2）对于经营性文化企业特别是中小型文化企业

由于通过资产证券化融资是基于资产的质量而非融资主体的信用，在中国信用缺乏的商业环境中，文化资产证券化在解决信用不高的中小企业融资问题方面，优势明显。

①拓宽融资渠道。利用资产证券化进行融资，只需企业具有能产生未来稳定现金流的资产就可进行。

一是资产证券化不受企业净资产规模、盈利指标的影响，只由需要证券化的资产规模决定，对于那些无法借助传统融资方式而又拥有优质资产的文化企业而言，资产证券化大力拓宽了企业直接融资的渠道。

二是资产证券化不受企业主体信用等级限制。受监管法规或企业规章的限制，有些投资者只能投资获得规定评级级别以上的证券，在传统的融资方式下，这意味着他们只能投资购买信用级别较高的大企业或政府部门发行的证券，资产证券化则使投资者也可以购买主体信用级别较低的中小企业发行的债券，极大地拓宽了投资者的投资范围。

②降低融资成本。通过资产证券化特有的结构化处理和信用增级机制，可使用于偿付发行证券本金和利息的现金流比原有资产的现金流更加稳定，从而提升信用等级。通过资产证券化，往往能够使投资者发行品种的信用等级高于原始权益人的信用等级，从而实现低利率筹集资金，降低融资成本。一般而言，资产证券化的综合融资成本低于同期银行贷款。

③对募集资金使用要求低。资产证券化对募集资金的使用仅要求符合法律、行政法规规定和国家经济政策，并要求融资方做融资情况说明即可。现阶段，只要募集资金不投资股市和房地产行业就能通过审核。因此，在募集资金使用方面的要求低于企业债券等品种。

总之，文化资产证券化融资可解决我国文化产业资金短缺问题，改善文化企业的资本结构，又可丰富金融产品种类，使投资多样化，促进资本市场的进一步发展和文化金融体系的完善。资产证券化是一种新型的融资工具，国外实践证明它可有效地使文化产业金融化。

(三) 选题意义

目前，虽然国内部分学者认识到资产证券化对文化发展的必要性，但已有的研究成果主要侧重于分析我国实施知识产权、艺术品证券化等，而对整个文化事业、文化产业资产证券化融资进行系统研究分析的很少，更多的是基于证券化基础理论的技术分析与借鉴，集中于对某一局部领域或个案实践的总结和归纳，提升为理论层面进行深入、系统分析的研究还较少，并且至今为止还没有专门针对文化资产证券化融资问题进行系统研究的专著和博士学位论文。所以，本书的研究价值体现在理论与实践两个方面。

1. 理论意义

本书从以下五个方面展开理论探讨。

（1）对文化资产进行了界定、分类，并结合我国的文化资产证券化融资实际给予可行性研究

（2）国有文化资产证券化融资过程中"资产池"的构建与风险隔离问题等理论探索

（3）公益性文化事业单位的文化资产证券化融资模式

（4）经营性文化企业的文化资产证券化融资模式

（5）美国文化资产证券化经典案例剖析，总结其特点与规律。

2. 实践意义

（1）为国有存量文化资产的证券化融资提供有效的指导性建议

（2）为公益性文化事业单位提供了一种可供参考的融资模式

（3）为经营性文化企业的发展提供直接金融市场融资的对策

（4）提供境外文化资产证券化融资的经验借鉴

（5）为中小型文化企业通过证券市场直接融资提供参考性建议

本书的主要贡献在于站在发起人的角度对文化资产证券化融资进行详细论述，分析了国有文化资产在"转企改制"过程中如何通过证券化融资确保国有文化资产的保值增值，对于公益性文化事业单位的发展提供了除政策性融资外的一种新的融资模式。此外，特别是对中小型文化企业进行资产证券化融资的风险和收益影响方面进行深入、系统的讨论，指出中小

型文化企业运用资产证券化融资的优势。在交易模式方面，提出我国当前中小型文化企业资产证券化的交易结构可采取的融资模式，对我国文化资产证券化发展实践具有现实的指导意义。

二 国内外研究现状述评

检索 CNKI 学术期刊全文库、中文科技期刊全文库、EBSCO 学术期刊文摘及全文数据库、CNKI 博硕士学位论文数据库等后发现，目前国内外关于文化、文化产业、文化经济、文化传媒的研究较多，针对目前制约我国文化创意产业发展的融资难问题的研究，虽有涉及，但不够全面、深入和系统。一些专家、学者关于资产证券化融资原本就不多的论述还散见于相关文献中，没有人对其进行系统的梳理和提炼。关于文化资产证券化的研究较少。目前，没有人专门研究文化资产证券化融资问题。资产证券化作为一种金融创新自 20 世纪 70 年代在美国出现以来，在全球范围内得到了广泛而迅速的发展，主要表现在品种不断增加、规模不断扩张、范围不断扩大。本书所研究的文化资产证券化融资属于较新的品种，前辈们对其所做的研究不多。

（一）文化资产相关文献综述

1. 国外文化资产相关研究文献

作为文化资产证券化的标的，文化资产也被称为"基础资产"（underlying assets）。文化资产概念的提法多种多样，国内外关于文化资产的界定与分类呈现明显的差异。目前国内外相关研究中发现就"culture asset"其涵盖范围之广及范畴仍未明确界定，且"culture asset"转译成中文使用时，用法不尽相同。另外，国内称之为"文化资产"的词语众多，归纳有"文化遗产""文化财产""文物资产"等。其中"资产"一词，不同学科从不同视角对其进行了不同的解读，侧重点各有不同。文化资产在日本、韩国被称为"文化财"，在欧美国家则被称为"文化遗产"（cultural heritage）。其在名称使用上也不尽相同，但所指意思相近，若严格区分是有所区别的。

国外对"cultural heritage"多翻译为"文化遗产""文化资产"等，

而从国外相关文献发现，文化资产从保存与维护的观念渐渐走向与经济发展相联结的策略，文化资产的开发不仅可以带动地方经济、促进地方观光旅游，其延伸相关的历史记忆、文化价值及文化商品开发等，都可以透过文化观光与经济消费促进地区的发展。西方学者认为，"cultural assets"（文化资产）、"cultural heritage"（文化遗产）、"cultural property"（文化财产）之间存在不同；在西方国家，文化资产之观念往往超越单纯的"硬体"建设，而将之定义为更广泛的范围。因此，古迹及相关的人事地物都被整合于"遗产"的观念，其中存在所谓"遗产重大意义"，而且在此方面相关研究成果与主要观点不少（见表1-1）。

表1-1　国外文化资产研究主要成果

学　者	主要理论贡献
对文化资产（cultural assets）的研究	
Jean-Pierre Warnier（2003）	文化资产的现代观念是由两个相对立观念激烈对抗所产生的，一是进步主义和个人主义彼此之间的做法，另一个是关于共同遗产的承继关系；并认为文化资产可涵盖人们所认定一切原生的、初发的实体，如语言、音乐、农作或烹饪的传统，为此，若将文化资产予以商品化必然引起公愤，这些都是无法制定出价格的。文化资产是无所不包的"传统"，不管这个"传统"是原生的还是后来创造的
Ross Gibson（2009）	文化资产可以有多种定义的方法，可以是物质的、非物质的、情感的，甚至是精神的，并指出这些文化资产能够使人们的生活更有价值、人生更有意义
Randall Mason（2002）	从价值角度对文化资产进行了定义，指出历史和遗产是所有文化的核心元素，像历史价值一样，文化价值是遗产观念的重要组成部分；没有文化价值就没有文化遗产，文化价值用于建构当下的文化归属并且可以是历史的、政治的、种族的或与之相关的其他生活方式交织在一起
UNESCO 联合国教科文组织	对于文化遗产的定义，依据《保护世界文化和自然遗产公约》第1条规定，以下各项为"文化遗产"。1. 文物：从历史、艺术或科学的角度看，具有突出的普遍价值的建筑物。2. 碑雕和碑画，具有考古性质成分或结构、铭文、洞窟以及联合体。3. 结合方面具有突出的普遍价值的单立或连接的建筑群。4. 遗址：从历史、审美、人种学或人类学角度看具有突出的普遍价值的人类工程或自然与人联合工程以及考古地址等地方
Millier Dickinson Blais（2012）	从文化资源的视角对文化资产进行界定，认为文化资产应当包括无形文化资产（故事、习俗、口头传说）、文化遗产（公共艺术、遗产遗址区、当地纪念碑、遗产建筑物）

续表

学　者	主要理论贡献
对文化资产（cultural assets）的研究	
Dilani Assanayake 等（2012）	文化资产包括所有被视为形成文化和历史遗产部分的建筑物及其他具有文化价值的非遗产基础设施,并阐释了文化资产损失的定性评估方法
Cindy M. A. Michel（2011）	历史文化资产从广义上讲包括遗址、环境、建筑物、人造遗迹以及生活在一个特定社区内人们的遗产。可移动或不可移动的物体、遗址、建筑物、建筑群以及具有考古学、古生物、历史、建筑、宗教、美学或其他文化价值的自然景观
Barnard M. Feilden（1994）	文化资产是具有建筑、美学、历史、纪录性、考古学、经济、社会,甚至政治和精神或象征性之价值的事物
David Throsby（1994）	文化资产价值是社区居民对文化资产赋予的社会、历史、文化之认同价值。
Konsola（1993）	社会认同感根基于文化资产
McGuigan（1993）	文化资产的价值是可超越金钱价值的,除自由市场体制下的使用价值及交换价值外,美学价值、道德价值和符号价值随着后现代潮流的蔓延而变得更加重要
Bella Dicks（2003）	遗产绝不只是简单地为了过去而保留过去,它总是以满足观众的意愿为目标来展示其价值。遗产是"可被参观的历史",目的就是吸引尽可能多的参观者来到遗址,用有意义的方式与他们沟通。因此,遗产可以被用作经济资源
Rothenberg（1990）	文化资产具有即时的喜悦、理想化情绪、美学和幸福感觉,其感觉并非取决于个体不同的美学品位,而是取决于文化资产的本体吸引力。文化资产本身的特性则具有历史记忆及过去社会遗迹,以及稀有性及不易保存性
Peacock（1992）	遗赠价值是指该文化遗产经由世代流传,对后代子孙具有遗赠的价值。许多文化遗产经由时间的累积及人民对历史的缅怀而建构其本身的价值,现在既存的资产流传后世后,是否仍具有遗赠价值,在学术界是有争议的。他认为后代子孙可依据其意愿对文化资产进行重新创造,正如世界历史资产鉴定组织成立的宗旨是致力于保存人类的历史资产
Nijkamp（1988）	提出文化资产价值具有多元性指标,具有社会经济及历史艺术所赋予的价值等
工乐善通（2000）	论述日本文化资产分类:有形文化财（美术工艺品、雕刻、工艺等）,无形文化财（传统歌舞、歌谣、产业整个制造过程与方法、工艺技术等）,民俗文化财（文化活动、文化仪式、丧事、庙会等）
宫崎清（2000）	从文化资产保存概念开始,论述日本的文化资产保护法等观念。提出地方文化资产的地方资源划分为四大类型:自然资源、生产资源、景观资源、人文资源（文化、人的资源）
Harvey（1990）	历史文物资源的承袭与街区古迹建筑物的再利用是一种经济力量的推动,并成为一种当今成长最迅速的产业及财富资源。因此,文化产业的发展,不仅是文化产品的再生产,而且已经成为地方创造财富的新策略,也直接或间接影响该地区的发展
Melvin Delgado（2006）	文化是最重要的资产之一,它可以以授权和确认的方式成功地解决社会发展过程中社区的需求与关心问题。从文化资产的角度来看,它远远超出个人文化价值观和信仰的范畴,需要在更大范围上理解资产的内涵与作用

续表

学者	主要理论贡献
对文化资产（cultural assets）的研究	
Pagiola, S. (1996)	文化遗址不同于其他区域，因为它们具有美学、历史、文化或社会意义；文化遗产项目则具有更广泛的影响，其中一些项目将对文化遗址保护区域带来直接的影响，还有一些项目不仅会影响文化遗址区域的保护，还可能对文化遗产资源造成严重影响。 在处理文化遗产时，人们常常遇到一些地区或文物，因为其独特性或卓越性的意义而被许多人认为如此宝贵，应当不惜一切代价进行保护。在这种情况下，问题的关键在于我们要寻找到一个成本最低和措施最有效的方式实现保护目标，这种做法的结果就是对数量和规模有限的文物进行保护。涉及的重点是对该遗产进行成本效益分析并制定适当的标准
Mazzanti, M. (2002)	从文化遗产的经济层面进行考核，我们就可以发现有形和无形"文化经济"政策的深刻影响；对于那些提供商品与服务的文化机构，我们可以在一个多层面、多属性和多价值的社会经济环境下，对其进行分析和估价，并在这个多层面和多属性所设置的概念框架内来建立分析文化服务和文化资本的体系。 与文化遗产相关的文化经济和文化政策，代表与文化理想和文化价值密切相关的文化功能，而文化经济良好的业绩表现为这种功能的实现提供了可能性；确定文化商品和服务作为一种引人注目的项目，私营部门、公共部门、混合部门的不同观点与诉求尽可能地放置在一个动态和不确定的环境中来进行思考，无论是宏观或者微观政策，动机都是很好的，问题的着眼点在于提供必要的有形和无形投资；从长远来看，对文化政策的依赖，文化遗产相关产品开发与服务都应当得益于对其经济价值作用的分析
Mazzanti, M. (2003)	从微观经济的角度，探讨文化遗产的管理和政策制定。在这个框架内，将文化遗产的分析作为一个多属性、混合执行与实验的评估工具，提出了文化遗产政策的创新性估价方法，并给出了调查和实施这种方法的经济应用分析工具。 文化遗产的消费者是多元的，其经济价值为文化遗产管理和保护提供了一种思路或方法；文化遗产应当是一个多属性的分析框架，在这个框架下探讨通过市场或者非市场的经济价值实现方法，为文化政策的制定和文化机构管理提供必要的经济评估工具以及目标实现所需要的全套政策目标和管理策略
Department of the Environment, Water, Heritage and the Arts, Australian Government (2007)	成本效益分析法。传统决策的选择不仅需要量化无形的利益，而且需要考虑成本，以遗产经济学的理念来对政府文化遗产开发决策的成本效益进行评估，评析其成本与预付价值等，以此来进一步发展文化遗产评估制度，全面评估文化遗产的成本和效益，从而促进遗产保护制度更为有效，因此，应当将成本效益分析法纳入政府决策模式
D. 保罗·谢弗 (1998)	文化遗产是一个动态的本体，不断地被创造和再创造。它不仅存在于纪念馆、手稿和过去的艺术品中，也存在于世界上非常富有创造力的人们的头脑和想象之中

续表

学 者	主要理论贡献
对文化财产（cultural property）的研究	
UNESCO（1970）	"文化财产"专门指特定的以考古学、史前史、历史学、文学、艺术或科学等存在形态的具有重要性的财产，并且对文化财产进行具体的分类
Roger W. Mastalir（1993）	文化财产具有文化意义，它包含两个方面：一是财产方面，有形的、可移动的物体，可以占有，或至少拥有和控制的；二是文化方面，它来自物体的文化意义。也许展示文化财产这两方面意义的最有效的方法是文化财产的具体项目
Naomi Mezey（2007）	用文化财产的思想解决文化冲突问题，是文化财产鼓励文化贫血理论。作为一种产权意识。文化财产是一个悖论，原因在于它将特殊价值和法律保护置于文化产品与手工艺术品之中，而这种价值判断是基于经过过滤和已教化了的文化生产与文化认同。在文化财产的逻辑之内，每个集团拥有和控制或应该控制自己的文化
Hague Convention on the Protection of Cultural Property（1954）	1954年的海牙会议，是第一个提出"文化财产"的国际公约，专门解决文化财产的保护问题。该公约中的文化财产定义为对每一个人都有重要性的移动或不动产的文化遗产，包括建筑物或包含文化财产区域
Manlio Frigo（2004）	指出"文化财产"概念与"文化遗产"概念之间的区别，并认为文化遗产的概念比文化财产的概念范围更宽，原因在于它表达了"保存与传承给后代继承的含义"；而文化财产概念是"不充分和不适当的"，对于文化遗产概念的外延没有包括例外的事物和非物质文化元素（舞蹈、民间传说等）
David Throsby（2003）	提出了文化资产的经济价值（使用价值、非使用价值）和文化价值（美学价值、精神价值、社会价值、历史价值、象征价值、真实价值）
各国或组织对于文化资产（cultural assets）的界定或分类	
意大利	有形文化资产［具有历史、艺术、美术、工艺及民俗上之重要保存价值的动产及不动产］、无形文化资产（具有特殊价值的文化技艺及传统活动，如西西里岛（Sicily）的提线木偶戏（marionette）］及自然文化资产（值得保存且具有地理特色的自然景观以及需要保育的生态环境）
英国	古代建筑、历史街区、纪念物、遗迹遗址、文物及美术工艺品
法国	（1）可移动之文化资产：历史文物、工艺作品、美术创作艺术品以及图书、文献、档案数据 （2）不可移动之文化资产：古迹、历史遗址及自然资产
美国	具有100年以上的所有人类活动的物质遗留，文物及考古资源、国家公园、历史建筑、历史街区及无形文化资产（全国各地多元的种族、民俗文化，移民文化，文物及活动，尤其特别着重原居住族群的宗教、文化、习俗、生活模式的保存）
日本	将文化资产区分为五大类，分别为有形文化财、无形文化财、民俗文化财、史迹名胜天然纪念物、传统建筑群

续表

学 者	主要理论贡献
各国或组织对于文化资产（cultural assets）的界定或分类	
联合国教科文组织 UNESCO	在文化领域对于世界遗产的区分为三类，分别是自然遗产（natural heritage）、文化遗产（cultural heritage）及兼有二者之复合遗产（cultural & natural heritage）。另有非物质文化遗产（intangible cultural heritage）

资料来源：〔法〕尚－皮耶·瓦尼耶：《文化全球化》，吴锡德译，台北：麦田出版社，2003，第94页；Ross Gibson, *What is a Cultural Asset?*, Sydney: Pluto Press; Randall Mason, *Assessing the Values of Cultural Heritage*, The Getty Conservation Institute, Los Angeles, 2002 (11);《保护世界文化和自然遗产公约》，巴黎，联合国教科文组织2009中文版，第2页；Millier Dickinson Blais, "Creative Vitality in Detroit: The Detroit Cultural Asset Mapping Project", *Municipal World*, 2013 (9); Dilani Dassanayake, Andreas Burzel, Hocine Oumeraci, "Evaluation of Cultural Losses," *Xtrem Risk* 2012 (11); Cindy M. A. Michel, "Cultural Assets Conservation and Development for Neighborhood Reconstruction," 2011 (1); Bella Dicks, *Culture on Display: The Production of Contemporary Visitability*, Peking University Press, 2012, p.141; Coccossis, H., Nijkam, P., *Planning for Our Cultural Heritage*, Ashgate Publishing Limited, England, 1995; Peacock, A. (ed), Does the Past Have a Future?, 27–54 The Political Economy of Heritage, IEA readings 47, The Institute of Economic Affairs, London, 1998; 转引自杨秀清《产业文化资产学习网络评估之研究》，硕士学位论文，台湾朝阳科技大学，2008，第25页；〔日〕工乐善通：《奈良平城宫迹资料馆的设立与有形文化资产的保存》，地方产业文化资产研讨会，台湾成功大学，2000，第18～39页；〔日〕宫崎清：《文化资产发现之旅》，黄淑芬译，台湾地方产业文化资产研讨会成果专辑，1998，第32页；Harvey, D., "Between Space and Time: Reflections on the Geographical Imagination," *Annals of the Association of American Geographers*, 1990 (80): 418–434; Melvin Delgado, *Social Work with Latinos: A Cultural Assets Paradigm*, Oxford University Press, January 2009, p. 168; Pagiola, S., *Economic Analysis of Investments in Cultural Heritage: Insights from Environmental Economics*, 1996; Mazzanti, M., "Cultural Heritage as Multi-dimensional, Multi-value and Multi-attribute Economic Good: toward a New Framework for Economic Analysis and Valuation," Journal of scio-Economics, 2002, 31: 529-558; Mazzanti, M., "Aluing Cultural Heritage in a Multi-attribute Framework Microeconomics Perspectives and Policy Implications", 2003; Department of the Environment, Water, Heritage and the Arts, Australian Government, *The Economics of Heritage: Integrating Costs and Benefits into Government Decision-Making*, 2007; D. Paul Schafer, "Aulture: Beacon of the Future," Adamantine Press Limited, 1998, p.227; UNESCO, 1970, art. 1823 U. N. T. S. at 234–36, 10 I. L. M. at 289–90; Roger, W., "Mastali. A Proposal for Protecting the 'Cultural' and 'Property' Aspects of Cultural Property Under International Law," *Fordham International Law Journal*, 1993 (5): 1037; Naomi Mezey, "The Paradoxes of Cultural Property," Georgetown University Law, Columbia Law Review, Vol. 107, 2007: 2004–2005; Hague Convention on the Protection of Cultural Property in the Event of Armed Conflict, May 14, 1954, 249 U. N. T. S. 240; Manlio Frigo, "Cultural Property v. Cultural Heritage: A 'Battle of Concepts' in International Law?" *RICR Juin*, IRRC June, 2004, Vol. 86, No. 854, p. 369;〔澳〕大卫·索罗斯比：《文化经济学》，张维伦等译，台北：典藏杂志社，2003；顾军、苑利：《文化遗产报告——世界遗产保护运动的理论与实践》，社会科学文献出版社，2005；英格兰政府文化资产相关保存法规；"行政院"文化建设委员会：《英美日法保存法规与制度文化资产简介》，2000；法国于1913年颁布《文化资产保存法》，随后于1924年颁布《文化资产保存法施行细则》；1979年制定考古资源保护法案（Archaeological Resources Protection Act of 1979, ARPA），1976年立法通过《民俗保护法案》；《文化财保护法》颁布；"2006 Culture, Trade and Globalization: Questions and Answers," http://www.unesco.org/culture/industries/trade/html_ eng/question.shtml。

2. 国内文化资产相关研究文献

我国台湾地区将文化遗产等同于文化资产，基本上是混合使用，而且其研究更多地借鉴西方发达国家的理念；对于文化财产与文化资产之间的区别并没有严格的界定与区分。大陆地区的学者较为普遍地从研究文化遗产开始，对文化遗产的经济属性重视不够，更多地从文化遗产角度分析文化资产的保护、开发与利用，并取得了一定的成果。目前，国内关于文化资产的相关研究主要集中在文化遗产的概念、性质、宏观政策环境等层面，主要理论和观点见表1-2。

表1-2 国内文化资产研究主要成果

学 者	主要理论贡献
对文化资产（文化遗产、文化财产）的界定	
张政亮(2012)	文化资产既然是人类为延续生存而在生活空间上所遗留的活动与物迹，不仅具有团体的认同及归属感，亦具传承延续与再造创新之价值。而将文化视为一种遗产或世袭财产(heritage)的观念是逐渐形成的，且原先所着重的乃在于"薪火相传"的存续意义而非这些资产的商品价值，所谓的文化资源(cultural resource)和文化产业(cultural industry)则是晚近从文化资产中渐次延伸出来的概念，由此可知文化资产的形式从过去形成到现在一直不断地演变，不同时期对文化资产的诠释与做法亦有所差异
傅朝卿(2001)	文化产业的涵盖广泛，而经过再造或创新并与商品化结合的文化资产是文化产业的一种类型。"cultural heritage"一般译为文化遗产、文化袭产或文化资产，然而heritage则含有传承、血脉的意义，这与资产(property)略为有别，故傅朝卿教授认为文化遗产(cultural heritage)的概念范围大于文化资产(cultural property)
喻学才、王健民(2010)	文化遗产是由文化资源和文化产业两大部分所组成，显见文化遗产的概念已有转换
萧明瑜(2009)	提出"产业文化资产"概念，认为文化资产是一部动态演进的历史，与所谓的现代化没有切割或不容的问题，产业文化资产承载着社会、经济、文化和生态的融合，利用产业场域中随处可见的老旧建筑、设施、机具、文物或花草树木等，透过硬体的修缮再利用，以及场域中智慧蕴藏的挖掘与转化，使这些具有历史价值、技术价值、社会意义与建筑价值的产业文化资产重新焕发活力

续表

学　者	主要理论贡献
	对文化资产（文化遗产、文化财产）的界定
尹章义（2005）	文化资产指具有历史、文化、艺术价值之资产
顾军、苑利（2005）	文化遗产是指人类社会所承袭下来的前人所创造的一切优秀文化。可细分为有形文化遗产与无形文化遗产两大部分。由于自然遗产与文化遗产具有天然的联系，所以常将自然遗产一并纳入文化遗产行列实施同步保护
林崇熙（2006）	提出"在地文化资产"概念，认为其是指社区居民自省地思考及努力营造地方生活品质时，重新认识的在地人、地、事、时、物等方面的历史文化与丰富资源，并赋予新的意义与风貌。包括三方面重要内涵：社区自觉、在地意义、创新价值。在地文化资产是动态的、多元价值的、生活的、互动的、草根的
李汾阳（2011）	文化资产指具有历史、文化、艺术、科学等价值，并经指定或登录的下列资产：古迹，历史建筑，聚落，遗址，文化景观，传统艺术，民俗与相关文物，古物，自然景观七大类别
洪孟启（2006）	无形文化财是一种权利，此种权利价值无论是来自社会认知，具有精神意义的特殊性质，或者经由诉讼请求所产生的非物质性权利价值，皆具有不可避免的社会性，因此在属性上，此文化财既是知识权，也是公共权，更是文化权
沈中元（2009）	文化资产在法律体系里的定位，本质上是属于"物"，具有物权之性质
陈荣传（2002）	文化资产（cultural property）是指在考古、历史、文学、艺术或科学方面，具有宗教或世俗重要性的物品，所以也称为文化物品（cultural object）。"所应特别注意者，由于文化资产在文化、历史、艺术上具有高度之价值，并具有稀少、独特、不可替代及珍贵等特性。" 因此，文化资产中无论其为可移动文化资产或是不可移动文化资产，不论其为动产或是不动产，本质上均为"物"，具有物权之性质。既为物权，则物权法上所生之权利亦得主张之。例如，所有权、抵押权、质权、留置权、占有等物权皆有其适用；当其权利受到侵害时，亦得行使物上请求权，请求返还之
中华人民共和国文物保护法（2008）	规定受保护文物有五大类，重点包括古文化遗址、古墓葬、古建筑、石窟寺、石刻、壁画、近代现代重要史迹和代表性建筑等不可移动文物。 国有不可移动文物不得转让、抵押。建立博物馆、保管所或者辟为参观游览场所的国有文物保护单位，不得作为企业资产经营
中国文物古迹保护准则（2002）	"文物"是指实质文物，包括可移动文物和不可移动文物。但在《中国文物古迹保护准则》中，这主要是指不可移动文物中的文物古迹与建筑物，包括相关的文物与构件，第26条提到考古发掘过程中所发现的文物除外。第1条所提到的不可移动文物的定义是按照《中华人民共和国文物保护法》（1982年颁布和2002年修正）确定的。文物在我国被翻译为"culture property"

续表

学　者	主要理论贡献
\multicolumn{2}{c}{对文化资产（文化遗产、文化财产）的界定}
汉宝德（2002）	文化资产就是"具有人类历史、文化及艺术价值之资产"，意即文化资产代表了国家民族历史发展的轨迹与人民生活的记忆；不只包含生活中具体的建造物或文物等，同时应当包含精神层面的范畴，如民族技艺及地方风俗特色等心智活动的总和，亦是生活、审美观念的文物、艺术、习俗之遗产
夏铸九、王志弘（1995）	指出文化资产空间的历史本质及其保存价值的意义，认为文化资产必须包容着过去一切，而见证环境发展最佳之元素即文化资产之存在，聚落或城市亦因这些新旧元素的交错不致乏味与单调。因此，要顾及整体生活中人文性之空间资源、涵盖传统聚落生活、其周边环境，甚至是城市空间纹理，经由不同阶段之联结与环境有所接触，进而显现环境纹理的价值与魅力，反映文化资产保存的真实意涵
傅朝卿（2002）	文化资产应该在其归属之历史文化机构中予以评量，因此，对于其真实性的评断不会有固定之准则，而是透过文化资产特殊性、脉络以及多样化的资料来源之价值来判断
台湾《文化资产保存法》（1982）	文化资产为具有各种价值经指定或登录而成的事物，有历史、文化、艺术、科学等价值，包含下列九个领域：古物、古迹、历史建筑、聚落、遗址、文化景观、传统艺术、民俗及有关文物、自然地景
王慧贞、蔡世蓉（2003）	文化遗产是指在历史、艺术以及学术等方面具有杰出普适性价值（outstanding universal value）之纪念物、建筑物，具纪念性质的雕刻和绘画，具考古学性质的物品与构造物、金石文、洞穴居等人类遗迹。因此，文化遗产就被定义为在历史上、艺术上及学术上具显著普遍价值之人类遗迹
王义荣（2006）	具有历史、文化、艺术、科学等价值，并经指定或登录之下列资产：古迹、历史建筑、聚落；遗址；文化景观；传统艺术；民俗及有关文物；古物；自然地景
李春满（2013）	"文化资产即文化单位的资产"是一个错误的定义，这说明我们对文化资产的认识还很不成熟。文化资产区别于其他资产的最主要标志是其中承载着"文化"。所谓文化，是指人类在认识世界、改造世界的过程中所形成的一切精神成果和物质成果的总和，从这个意义上说，一切资产既然为人所造且为人所用，皆可归于文化之列。然而，这种大文化的概念当然不应是我们在探讨何为文化资产中所使用的概念

续表

学　者	主要理论贡献
	对文化资产（文化遗产、文化财产）的界定
财政部会计司 （2004）	《企业会计准则》未对文物文化资产进行定义。但是在《民间非营利组织会计制度》给出的定义是"用于展览、教育或研究等目的的历史文物、艺术品以及其他具有文化或者历史价值并作长期或者永久保存的典藏等"
王伟（2005）	将文物文化资产定义为："用于展览、教育、研究或销售等目的的历史文物、艺术品以及其他具有文化或者历史价值典藏等"，并将文物文化资产的概念扩展到了所有组织。该定义与前者的定义的主要区别是将文物文化资产的持有者从民间非营利组织扩展到整个非营利组织和营利组织的各种组织形式
汤瑾、孙玉甫 （2008）	文物文化资产应定义为企业持有的单位价值较高且不介入企业生产经营活动的各种历史文物、艺术品等。文物文化资产具有不可再生性、高价值性、价值的可衡量性和易波动性、实体的易毁损性等特征。企业持有主要用于陈列
王晓艳等 （2013）	文化企业资产的界定存在问题。文化企业的核心资产是人力资产和无形资产，但一般传统概念上经常对这两类资产不进行细分，而是统一打入了无形资产，显然这种观念在根本上是错误的。加之现行会计准则对人力资产、无形资产、商誉等的确认计量属于模糊、争议较多地带，甚至属于真空地带，导致大部分文化企业的价值计量理论与实务相背离，实务中很多使用企业价值资产评估方法推出文化企业价值，难免武断、主观
刘益昌（2013）	文化资产目前以精英的概念为之，已经产生相当程度偏颇，而无法显示文化资产应代表的意义。文化资产除了高悬于上的文化意义以外，无疑也具有实质意义，一是知识的体系建构：学术研究与资料典藏。二是知识的扩散教育：史迹公园与博物馆展示。三是文化的知识产业：文化资产与文化产业
张晓（2006）	从遗产资源属性角度，提出文化遗产资源具有与一般性经济资源不同的资源特殊性，它是保护性资源，而不是开发性资源
彭兆荣（2012）	对文化遗产与经济的关系进行了分析，探讨了文化遗产的生产与再生产及文化遗产的商品化等，提出如果文化遗产缺乏"接受"外来文化的内在机制，必将沦为平庸、乏味的模式型文化呈现而背离商品化的目的
张晓明（2003）	提出文化遗产产业化，认为只讲遗产的保留价值，保护而不开发，是将遗产保护与经济开发割裂，与国家经济发展的大趋势不符合，最终也无法实现保护的目的；必须将文化遗产产业化纳入国家的整体发展战略
杨志刚（2001）	文化遗产侧重于不可移动文化遗产，与"文物"的定义非常接近
喻学才、王健民 （2010）	文化资产是文化遗产的经济价值形式。它具有如下特点：是确立了所有权的；可以以金钱作为测度确定其经济价值的；法律法规允许在市场上交换、交易的；通过文化基因、信息的转化或复制等方式，利用传媒进行交流或交易，实现持续性的经济增值

续表

学　者	主要理论贡献
	对文化资产（文化遗产、文化财产）的界定
徐嵩龄、张晓明、章建刚（2003）	对遗产进行法律保护的根本目的是通过保护使遗产更好地服务于当代人和后代人的物质文化生活需要。因此，在遗产保护过程中既要考虑到对其原有价值的保留，也应考虑到遗产的开发、利用等问题
蔡达峰（2003）	"文化财产""文化遗产""文物"的概念基本相同，它们的差异可能是名称翻译时造成的
周耀林（2006）	国家尚未出台专业术语规范，借鉴遗产和财产的习惯用法以及遗产概念在世界范围内的快速流行，将它们统一称为文化遗产
叶秋华、孔德超（2011）	就文化遗产的概念和涵盖的内容而言，目前较为权威的界定是我国在2005年发布的《国务院关于加强文化遗产保护的通知》，其将文化遗产界定为物质文化遗产和非物质文化遗产两类。其中，物质文化遗产是指具有历史、艺术和科学价值的文物，主要包括：古遗址、古墓葬、古建筑、石窟寺、石刻、壁画、近代现代史迹及代表性建筑等不可移动文物；历史上各时代的重要实物、艺术品、文献、手稿、图书资料等可移动文物；在建筑式样、分布均匀或与环境景色结合方面具有突出价值的历史文化名城（街区、村镇）。非物质文化遗产则是指各种以非物质形态存在的与群众生活密切相关、世代相承的传统文化表现形式，包括传统表演艺术、民俗活动和礼仪与节庆、有关自然界和宇宙的民间传统知识和实践、传统手工艺技能等
贾旭东（2012）	文物博物馆领域以合理利用为名发展文化产业是一个无法回避的现实。对文化遗产的各种形式的有偿利用，包括旅游开发、纪念品和复制品的生产与销售、文物市场交易，以及其他各种形式的经营活动，就是文物博物馆领域事实上存在的文化产业。文物博物馆领域文化产业发展不应是对文化遗产的直接开发，而应立足文化价值与经济价值的统一，以对文化遗产的间接开发为主，通过经济价值的实现从而最大化其文化价值。 文物博物馆领域大力发展文化产业，直接目的是实现并最大化文化遗产的经济价值，根本的目的或真正的历史使命却在于深刻理解和全面认识、科学评估和深入挖掘、大力弘扬并努力实现以及最大化文化遗产内在的文化价值。文化遗产不是死的物，而是有生命力的活着的历史和文化，应该成为大众日常生活的一部分
王家新、刘萍等（2013）	与李春满持有相同的观点，对文化资产提出定义：文化资产所承载的文化内容，特指精神成果层面，一般包括漫长的历史发展进程中形成的宗教信仰、哲学观念等观念意识，文学、艺术、学术思想、审美情趣等精神产品，社会制度、法律政治等生存方式和礼仪、习俗、人际交往等行为模式。承载这四个方面文化内容需要物质载体，这些载体包括书籍、绘画、音乐、舞蹈、戏剧、建筑、服饰、古玩等可触摸、可感知、可体验的各种文化形态，以这些文化形态存在的、能够反映这四种文化内容的资产才能被称为"文化资产"
王莉萍（2008）	从资产的经济学定义出发认为文化资产是一种战略性资产，是可以为企业带来超越其本身的附加价值或附加利益的东西

续表

学者	主要理论贡献
对文化资产(文化遗产、文化财产)的界定	
靳婷(2013)	文化财产与文化遗产的关系并不是那样清晰,在某些情况下可以替代使用,但更多的时候,文化财产只是文化遗产的一个附属分支。文化财产这一术语过于局限,不足以涵盖有形、无形等所有包含文化要素的物品

资料来源:张政亮:《台湾产业文化资产保存与再利用之探讨》,台北《国教新知》第60卷第1期,2012年3月;傅朝卿:《文化资产的分类与范围》,台南《台南文化》2001年第16期;喻学才、王健民:《文化遗产保护与风景名胜区建设》,科学出版社,2010;萧明瑜:《老宝贝 新创意:产业文化资产转化设计》,"行政院"文化建设委员会文化资产总管理处筹备处,2009,第5页;尹章义:《文化资产保存法概论》,台北:文笙书局,2005;顾军、苑利:《文化遗产报告:世界文化遗产保护运动的理论与实践》,社会科学文献出版社,2005,第5页;林崇熙:《在地观点的文化资产保存》,载陶立璠、〔日〕樱井龙彦主编《非物质文化遗产学论集》,学苑出版社,2006,第243页;李汾阳:《文化资产概论》,香港:秀威资讯科技股份有限公司,2011;洪孟启:《文化资产保存的世界趋势与在地行动计划》,2006年3月;沈中元:《文化资产保存之法制分析》,台北《空大行政学报》2009年第20期,第1~48页;陈荣传:《由国际观点论盗赃文化资产之回复问题》,台北《东吴大学法律学报》2002年第1期,第68页;《中华人民共和国文物保护法》,1982年颁布,2002年、2007年修订;国际古迹遗址理事会中国国家委员会:《中国文物古迹保护准则》,2002年制定,2004年修订,第43页;汉宝德:《古建筑:是资产还是记忆》,台北《中国时报》2002年1月21日;夏铸九、王志弘:《空间形式与文化理论读本》,台北:明文书局,1995;傅朝卿:《2005文建会文化资产实务执行手册》,"行政院"文化建设委员会,2007;台湾"《文化资产保存法》",1982制定,2005年进行修订,现时共有11章、104条;〔日〕古田阳久:《世界遗产 Q&A:世界遗产基础知识》,王慧贞、蔡世蓉译,文化台湾发展协会,2003,第22页;王义荣:《从世界遗产观点探讨雅美族文化资产保存》,台湾政治大学民族研究所,2006,第12页;李春满:《论文化资产的价值属性》,《中国资产评估》2013年第5期,第6页;财政部会计司制度一处:《民间非营利组织会计若干处理规定及其意义》,《会计研究》2004年第11期,第10~11页;王伟:《关于文物文化资产核算的探讨》,《审计与理财》2005年第S2期,第64页;汤瑾、孙玉甫:《论企业文物文化资产的会计核算》,《南京审计学院学报》2008年第1期,第70页;王晓艳等:《文化企业资产价值计量问题研究》,《天津商业大学学报》2013年第4期,第12页;刘益昌:《文化资产保存的视野与挑战》,财团法人国家文化艺文基金会文化资产类——艺文补助说明会,2013年5月;张晓主编《加强规制:中国自然文化遗产资源保护管理与利用》,社会科学文献出版社,2006,第31页;彭兆荣:《文化遗产学十讲》,云南教育出版社,2012,第142页;张晓明:《文化遗产数字化:一个新的发展方向》,载张晓明、徐嵩龄、章建刚《文化遗产的保护与经营》,社会科学文献出版社,2003,第119页;杨志刚:《试谈"遗产"概念及相关观念的变化》,载《文化遗产研究集刊》(第二辑),上海古籍出版社,2001,第13页;徐嵩龄、张晓明、章建刚主编《文化遗产的保护与经营》,社会科学文献出版社,2003,第76页;蔡达峰:《"世界遗产学"研究的对象与目的》,载《文化遗产研究集刊》(第三辑),上海古籍出版社,2003,第72页;周耀林:《可移动文化遗产保护策略》,北京图书馆出版社,2006,第15页;叶秋华、孔德超:《论法国文化遗产的法律保护及其对中国的借鉴意义》,《中国人民大学学报》2011年第2期,第16页;贾旭东:《文博领域文化产业的发展及其模式创新》,《江苏行政学院学报》2012年第6期,第30~35页;王家新、刘萍等:《文化企业资产评估研究》,中国财政经济出版社,2013,第38页;王莉萍:《浅析文化资产与企业绩效》,《企业科技与发展》2008年第8期;靳婷:《文化财产所有权问题研究》,中国政法大学出版社,2013,第7~17页。

（二）文化资产证券化相关文献综述

1. 国外文化资产证券化研究相关文献

20世纪70年代以来，国外学者开始对资产证券化进行研究。"证券化"指的是将特定的资产转化为证券商品的过程。被证券化的资产早期指房屋抵押贷款债权，随着实践的发展，其范围不断扩大。国外文化资产证券化最早从1997年美国鲍伊债券（Bowie Bonds）的知识产权证券化开始。随着文化产业的迅速发展，国外学者对文化证券化融资方面的研究也随之增多，主要观点见表1-3。

表1-3　国外文化资产证券化研究主要成果

学者	主要理论贡献
James A. Rosenthal，Juan M. Ocampo（1998）	将资产证券化定义为"资产证券化是一个精心构造的过程，贷款和其他应收账款被包装并以资产支持证券的形式出售"
Frank J. Fabozzi（1996）	被誉为"证券化之父"的耶鲁大学教授Fabozzi的定义是"资产证券化可以被广泛地定义为一个过程，通过这个过程将具有共同特征的贷款、消费者分期付款合同、租约、应收款和其他不流动的资产包装成可以市场化的、具有投资特征的带息证券"
Baum、Stuart和Thakor（1987）	他们通过建立信息不对称模型对资产证券化进行了理论研究，在此基础上对银行对策行为进行了实证预测，并分析了银行的融资手段。但是Baum等的研究没有涉及资产证券化中的风险防范问题
Schwartz（1994）	研究表明，资产证券化可使发起人摆脱对金融媒介的依赖，通过资本市场实现低成本融资
Leon T. Kendall，Michael J. Fishman（1996）	"资产证券化"这个术语是在1977年，美国投资银行家莱维斯·S.瑞尼尔在一次同《华尔街日报》记者讨论抵押贷款转付证券时首次使用。从此以后，"资产证券化"在金融界就开始得到广泛应用。资产证券化是一种资产信用的融资方式
Joseph A. Agiato（2002）	金融界已经意识到知识资产是一种最为重要的资产，并对知识资产进入金融界的前景非常看好，指出未来资产证券化基础资产的范围应当扩大
Jennifer Burke Sylva（1998）	介绍了于1997年全球首例文化资产支持证券——鲍伊债券诞生的基本情况。"鲍伊债券"的推出，以实践推动文化资产证券化的理论发展

续表

学者	主要理论贡献
John S. Hillery(2004)	对专利许可使用费证券化进行了介绍,并阐述了专利资产证券化与传统资产证券化相区别的主要特征
WG&M Press Release (2001)	对音乐资产证券化的基本方法进行了阐述,并以2001年3月蝶蛹音乐集团(Chrysalis Group)将旗下跨国音乐作品版权证券化为实例介绍了其证券交易的程序与方法
John Jackson(1999)	以梦工厂(Dream Works)所拍摄的电影资产为例,对电影资产证券化的交易过程与具体交易程序进行分析与阐释
Sarah Mulholland (2004)	提出了电影资产证券化中的未来预期收益的资产信用评级问题,对电影作品的信用增级机制进行探讨
David M. Morris (1999)	指出资产证券化的核心原理是资产的现金流分析,并提出资产证券化的三大基本原理,即"风险隔离原理""资产重组原理""信用增级原理"
Fishman(2003)	对专利资产证券化中的推出机制进行了研究,并指出企业应当制订对专利管理的周密计划,以保证专利资产证券化的进行

资料来源:James A. Rosenthal, Juan M. Ocampo, "Securitization of Credit," *New Technology of Finance* 1998; Frank J. Fabozzi, *Capital Markets: Institutions and Instruments* (second edition), Prentice-Hall Inc., 1996 [中译本:《资本市场:机构与工具》(第二版),经济科学出版社, 1998];转引自黄嵩《资产证券化理论与案例》,中国发展出版社, 2007,第104页; Steven L. Schwarz, "The Alchemy of Asset Securitization," *Stanford Journal of Law Business & Finance*, 1994, Vol (1): 133 – 135; Leon T. Kendall, Michael J. Fishman, *A Primer on Securitization*. Massachusetts, The MIT Press, 1996; Joseph A. Agiato, "The Basics of Financing Intellectual Property Royalties," Bruce Berman, *From Ideas to Assets: Investing Wisely in Intellectual Property* (Wiley, 2002); Jennifer Burke Sylva, "Bowie Bonds Sold for Far More Than a song: The Securitization of Intellectual Property as a Super-Charged Vehicle for High Technology Financing," 15 *Santa Clara Computer* (*High Tech. L. J.* 195. 203); John S. Hillery, *Securitization of Intellectual Property: Recent Trends from the United States*, Washington Core, 2004, 3: 15; WG&M Press Release, "WGM Completes Largest Music-Backed Securitization" (March 1, 2001); John Jackson, "Royalty Securitization: Taking CABS to Bankruptcy Court", 21 T. Jefferson L., Rev. 209 (1999); Sarah Mulholland, "Funding is Paramount in New Deal," *Asset Securitization Report*, August 9, 2004; David M. Morris, *Asset Securitization: Principles and Practice*, New York: Executive Enterprises Publications Co., 1999; E. A. Fishman, "Securitization of IP Royalty Streams: Assessing the Landscape," *Technology Access Report*, 2003。

2. 国内文化资产证券化研究相关文献

国内对文化资产证券化融资问题的研究主要集中在介绍、借鉴和学习发达国家的投资经验,探讨适合中国国情的文化资产投资方式方面。大多数集中在知识产权证券化领域,而对文化资产证券化的其他领域涉猎不多,主要理论与观点见表1-4。

表1-4 国内文化资产证券化研究主要成果

学者	主要理论贡献
王文宇(2006)	资产证券化是一种结构式融资方式,由企业或金融机构将产生收益的资产,经由重新包装、信用评级及信用增级之后,发行在市场上可流通的证券,出售给有兴趣的投资人,借以筹措资金,而无须等债权资产清偿期届满,即可先行回收资金,增加资产流动性,亦可降低持有资产之风险。资产证券化的共同的特点是将资产的未来收益,以证券的形式加以预售。证券化是一种以预期收益为导向的融资方法
董涛(2009)	从知识产权证券化制度框架构建角度,对知识产权证券化的结构设计、销售价格、利率安排、基础资产的价值评估等应用技术问题进行了研究
靳晓东(2012)	在介绍专利资产证券化在国内外发展基础上,以专利资产证券化的交易结构为线索,对如何在我国开展专利资产证券化的交易问题进行了研究
艾毓斌等(2004)	知识产权证券化是一种金融交易,在交易过程中,充分运用结构金融原理构造资产池,实现知识产权风险与收益的重组,并进行必要的信用增级以提高证券级别,从而实现以知识产权及其衍生的特许使用权为支撑,面向金融市场发行证券进行融资的交易目的。另外,作者也提出了知识产权得以证券化融资的问题,即知识产权必须能够产生可预测的、稳定的现金流
陈依依(2003)	通过资产证券化这种方式,将一些收费的稳定的基础设施的未来收益转变为现在的融资权,将是解决我国基础设施建设面临困境的有效途径
李建伟(2007)	知识产权证券化是发起人将其预期能够产生现金流量的知识产权在一定的结构安排下实现基础资产的风险与收益重组,并以所产生的现金流为支撑,由特设载体发行可出售和流通的权利凭证的融资过程,因此知识产权证券化融资实质上是一种结构性融资过程
杨亚西(2006)	知识产权证券化就是以知识产权的未来许可使用费为支持进而发行证券的融资方式
曹宏铎等(2013)	利用Bass随机扩散模型预测文化产品的市场接受程度,以解决由于文化资产未来收益的强烈不确定性而引起的资产定价困难的问题。对于文化资产证券化定价问题,给出一种有别于传统的定价方法
贾旭东(2010)	提出了文化产业资产证券化融资问题,对文化产业证券化的交易结构进行了探讨,并提出构建信托模式(SPT)的特殊目的信托机构是一种比较好的方法
崔占豪(2012)	对文化艺术品资产证券化进行了深入研究,阐述文化艺术品资产美式期权型证券化的理论知识,给出文化艺术产品资产美式未定权益的复制和定价过程;最后给出在有连续现金收益条件下的文化艺术品资产美式期权型证券的定价过程,并提出发行建议
刘洋(2012)	针对北京市文化创意产业融资难问题提出了资产证券化这一解决方式,并对资产证券化的发展模式进行了分析,最后提出相关的政策建议

续表

学者	主要理论贡献
梁君、陈广（2013）	从艺术品证券化发展历程中的特点可以看出艺术品证券化模式是一把"双刃剑"，通过实证分析论述它的收益与系统性风险呈负相关关系，并说明中国艺术品证券投资市场不够成熟和健全
叶敏（2012）	中国现有法律制度在这一领域存在空白与不足，在一定程度上影响了文化资产证券化的发展，存在较大的潜在风险。应从统一立法、协调监管、加强中介机构管理、完善信息披露和风险隔离制度、加强投资者保护等多个方面入手，建立起文化资产证券化的法律保障体系
王元璋等（2011）	相比其他类型的资产，文化资产的价值稳定性、收益可靠性、从业人员素质等对投资者更有吸引力，具有更高的市场认可度。目前我国资产证券化发展不尽如人意的一个根本原因就是"政策制度与市场需求未能很好地结合起来"
冼雪琳（2010）	建议应重视和加快文化产业资产证券化的立法工作、完善文化资产价值评估制度、加强资产证券化的评级机制建设、借鉴国外文化产业 ABS 的发行模式，实现金融支持文化产业振兴和发展繁荣，拓展资本市场的广度和深度

资料来源：王文宇：《金融资产证券化：理论与实务》，中国人民大学出版社，2006；董涛：《知识产权证券化制度研究》，清华大学出版社，2009；靳晓东：《专利资产证券化研究》，知识产权出版社，2012；艾毓斌等：《知识产权证券化知识资本与金融资本的有效融合》，《研究与发展管理》2004 年第 3 期，第 22～27 页；陈依依：《论我国资产证券化的切入点选择》，《宁波经济丛刊》2003 年第 5 期，第 33 页；李建伟：《知识产权证券化：理论分析与应用研究》，《知识产权》2007 年第 1 期，第 33～39 页；杨亚西：《知识产权证券化的有效途径》，《上海金融》2006 年第 10 期，第 32～34 页；曹宏铎等：《基于 Bass 随机扩散模型的文化资产证券化定价》，中国金融国际年会，2013 年 9 月；贾旭东：《文化产业金融政策研究》，《福建论坛》2010 年第 6 期；崔占豪：《关于文艺品资产期权型证券化的研究》，硕士学位论文，湖南师范大学，2012；刘洋：《北京市文化创意产业资产证券化的发展模式研究》，硕士学位论文，对外经济贸易大学，2012；梁君、陈广：《艺术品证券化的风险分析与现实反思》，《统计与信息论坛》2013 年第 6 期，第 55 页；叶敏：《文化资产证券化的法律保障措施研究》，《财贸研究》2012 年第 4 期，第 10 页；王元璋等：《试析我国资产证券化的发展及建议》，《当代财经》2011 年第 3 期；冼雪琳：《我国文化产业引入资产支持证券模式的难点与对策》，《开放导报》2010 年第 8 期，第 63 页。

值得注意的是，虽然现有文献中关于文化资产证券化融资问题的全面深入研究很少，但是已有一些学者开始意识到了文化资产证券化对拓宽文化产业融资渠道、解决中小文化企业融资难等方面问题的重要性，并指出文化资产证券化在中国发展过程中所面临的问题。学者叶敏认为，中国现有法律制度在这一领域存在空白与不足，在一定程度上影响了文化资产证券化的发展，存在较大的潜在风险。文化资产证券化应当纳入我国资产证券化的统一立法框架，同时兼顾文化行业的特殊性，国外经验可以适度借鉴，但更应当结合我国特色来进行具体制度构建。从以上研究成果中可以看出，文化资产证券化融资是一个比较新的课题，目前学者们专门针对文化资产证券化这一课题的研究并不多，更缺乏系统和深入的分析，这为本选题的研究提供了较大的研究空间。

（三）现有研究不足

目前，国内外一些专家、学者为这一领域做了一些研究，出了一些成果，但总体而论，还存在诸多不足。

（1）现有国内文献研究更多地局限在知识产权证券化方面，相对于国外的多样化研究视角，我国文化资产证券化研究有待拓宽与深化

国外资产证券化实践蓬勃发展，相关理论层出不穷，形成比较完整的体系，而且国外的研究视角也呈现多样化，有从证券化融资过程各参与方进行研究的，有从实例分析验证资产证券化融资理论的，也有从法律角度进行研究的。对资产证券化的探索领域在不断扩大，从知识产权证券化延伸到文化资产信贷证券化、文化存量资产证券化等领域。相对于国外的多样化研究视角，国内对于文化资产证券化融资问题的研究主要是知识产权证券化研究，现有研究虽然在一定程度上达成了共识，但仍然存在一些不足，如大多数学者都是针对知识产权证券化融资的某一方面进行探讨，比如针对融资的交易流程或融资当中风险的分析和控制，却少有学者进行整体和系统性研究；对于知识产权证券化融资的具体运作模式研究不足，大多数学者只是简单介绍了融资过程的某一方面。国内文化资产证券化的研究大多数集中于知识类文化资产证券化研究，而忽视了文化资产的实物性文化资产、金融性文化资产方面的研究。

（2）缺乏对文化资产的资产经济价值分析与评估研究

国内学者在研究我国资产证券化发展时，普遍将关注点放在银行不良资产、基础设施收费项目、住房抵押贷款等资产类别上，很少有对文化类资产的关注。实务界却先行一步，各地文化产权交易所的创新尝试提供了一个发展资产证券化和文化产权交易可能的契合点，但制度和监管的不足使其发展受阻。对文化资产证券化的基础资产——文化资产的界定与范围理解有待深化。由于文化资产的文化属性，对其研究主要停留在定性描述层次，缺乏定量考证；停留在对文化资产的文化价值理解层面，缺乏从经

济学、投资学、会计学、评估学等资产经济价值角度的探讨，这不利于细致、深入地揭示文化资产的实际状况，不利于文化资源向文化资产转化，不利于有针对性地制定文化资产发展的相关政策。因此，在剖析文化资产证券化融资问题时，有必要从定量角度对文化资产的经济价值进行分析与评估，这一方面能弥补以往研究的不足，另一方面更可为相关政策的制定提供科学依据。

对于文化资产的价值评估还处于探索阶段。在文化资产的经济附加值评估中，有形文化资产价值与无形文化资产价值及重要性往往无法被凸显及计算，因此，文化资产的真实价值常常被低估，除了有形文化资产的评估计算，一般采用成本法与预付价值法等方法，而文化资产的潜在价值及蕴含丰富的文化记忆与文化内涵等无形资产的评估常常缺乏有效的手段，来显示无形资产的价值与历史意义及记忆，而这也正是文化资产在开发利用过程中值得研究的，挖掘其真实文化内涵，以此增加文化资产的经济附加值等方面的研究目前还需要进一步加强。

(3) 缺乏对中国文化资产证券化融资问题的整体研究

国内已有文献分析大多将考察对象局限于知识产权证券化中的专利证券化、著作权证券化等方面，而没有关注文化企业的实物资产证券化问题，对文化企业中的应收账款证券化、文化存量资产证券化等领域给予的关注和研究不够，对中小微文化企业的融资问题的研究也不够充分。这样不但有碍于文化产业的快速发展，也不利于推动文化产业的整体水平的提高。

三 研究思路、方法与技术路线

(一) 研究思路

资产证券化融资的理论基础，包括 M-M 理论、权衡理论、新资本结构理论、企业金融成长周期理论等西方国家的理论，证券化研究在发达国家（地区）已经开展了许多年，已经积累了很多成熟的经验与做法，对于我国的文化资产证券化研究有十分宝贵的借鉴意义。同时，国内的学者也有了较多的研究，本书充分吸收和归纳了西方学者经典证券化融资理论的合理部分，又综合了我国文化发展的自身特点，因此能够完全解释我国文化发展中所遇到的瓶颈问题。另外，融资理论在国内外的研究中都已经相当成熟，并且基于该理论的应用研究是目前研究的热点。因此，本研究具有成熟可靠的理论基础。

文化资产证券化融资问题是目前我国文化发展中亟待研究与解决的现实问题，涉及金融学、投资学、产业经济学、会计学、文化经济学等多学科，具有较强的学科交叉性和相当大的挑战性。本书研究框架见图1-2。

（二）研究方法

本书定位于应用研究。以问题为导向，在研究方法的选择上遵循的是提出问题→理论分析→解决问题的基本研究范式。在具体研究方法中，综合运用了逻辑演绎、现象归纳与类比三种思维逻辑，并对不同的问题选取了不同的研究视角。

（1）整体框架下的多维研究视角

主要方法是借助一些已经成熟的证券化融资理论对研究对象所涉及的具体研究目标进行分析，同时结合我国的实际情况，对我国文化资产证券化融资的融资模式、品种设计以及运行中的具体问题提出相关的建议和政策支持。

理论研究主要采用文献分析法、归纳法、演绎法等，对文化资产证券化融资方式、特点和模式、文化资产证券化融资的资产评估和风险控制，尤其是国有文化资产评估进行分析研究。实证研究主要采用描述性统计、现场访谈、问卷调查等方法对文化资产证券化融资的相关领域等展开调查和相关分析。

（2）比较研究、案例分析相结合

比较研究方法。研究他山之石，通过国内外的比较研究，找出规律，提供国内文化资产证券化融资的经验与借鉴；通过对欧洲、北美洲、亚洲国家（地区）的文化资产证券化融资的对比研究，获得具有指导性的意见、建议。

案例分析方法。一方面，通过案例分析说明问题，可以做到言简意赅、直观表达；另一方面，透过经典案例的总结、归纳、剖析，提供可操作性的政策与建议，对设计出合理的融资模式以及有针对性地解决实践中的疑难问题意义重大。

```
┌─────────┐      ┌──────────────┐       ┌────────────────────────────┐
│ 提出问题 │ ──→ │    绪论       │ ←──── │ 选题背景和研究意义           │
└─────────┘      └──────────────┘       │ 研究思路、方法和框架结构     │
                        │               │ 主要创新点和不足             │
                        ↓               └────────────────────────────┘
┌─────────┐      ┌──────────────┐       ┌────────────────────────────┐
│ 研究方法：│     │ 相关理论文献 │ ←──── │ 融资理论研究综述             │
│ 文献分析法│     │    综述      │       │ 国内外文化资产证券化融资研究综述│
│ 归纳法   │     └──────────────┘       │ 现有文化资产证券化融资研究的局限│
└─────────┘              │              └────────────────────────────┘
                         ↓
                 ┌──────────────┐       ┌────────────────────────────┐
                 │文化资产证券化 │ ←──── │ 文化资产证券化融资的基本理论 │
                 │融资的基础理论 │       │ 文化资产证券化融资的基础理论 │
                 └──────────────┘       │ 文化资产证券化融资的比较优势 │
                         │              └────────────────────────────┘
- - - - - - - - - - - - -│- - - - - - - - - - - - - - - - - - - - - -
                         ↓
┌─────────┐      ┌──────────────┐       ┌────────────────────────────┐
│ 分析问题 │      │文化资产证券化 │ ←──── │ 资产证券化融资的运作机理     │
└─────────┘      │融资的运作机理 │       │ 文化资产证券化融资的可行性分析│
                 │及可行性分析  │       └────────────────────────────┘
┌─────────┐     └──────────────┘
│研究方法：│            │
│演绎法    │            ↓
│比较研究  │     ┌──────────────┐       ┌────────────────────────────┐
│案例分析  │     │文化资产证券化 │ ←──── │ 美国著作权证券化融资          │
└─────────┘     │融资的国际化  │       │ 欧洲公共部门资产证券化融资    │
                 │比较与经验借鉴│       │ 意大利租赁资产证券化融资      │
                 └──────────────┘       │ 日本中小企业资产证券化融资    │
                         │              │ 印度文化资产证券化与启示      │
                         │              └────────────────────────────┘
- - - - - - - - - - - - -│- - - - - - - - - - - - - - - - - - - - - -
                         ↓
┌─────────┐      ┌──────────────┐       ┌────────────────────────────┐
│ 解决问题 │      │我国文化资产 │ ←──── │ 文化公共产品证券化融资        │
└─────────┘     │证券化融资    │       │ 文化服务基础设施证券化融资    │
                 │的产品设计    │       │ 公益性文化项目资产证券化融资  │
┌─────────┐     └──────────────┘       │ 大型文化企业应收账款证券化融资│
│研究方法：│            │              │ 演艺产业的设备租赁费证券化融资│
│定性研究  │            │              │ 演艺产品的资产证券化项目融资  │
│案例研究  │            │              │ 国有文化资产证券化融资        │
│逻辑研究  │            ↓              └────────────────────────────┘
│定量研究  │     ┌──────────────┐       ┌────────────────────────────┐
└─────────┘     │文化资产证券化│ ←──── │ 文化资产证券化定价的理论依据 │
                 │融资的资产    │       │ 影响文化资产证券化定价因素分析│
                 │定价研究     │       │ 文化资产证券化定价的方法研究 │
                 └──────────────┘       └────────────────────────────┘
                         │
                         ↓
                 ┌──────────────┐       ┌────────────────────────────┐
                 │我国文化资产 │ ←──── │ 我国试行资产证券化融资的难点 │
                 │证券化融资    │       │ 我国文化融资制度创新的政策建议│
                 │所面临的风险与│       └────────────────────────────┘
                 │防范         │
                 └──────────────┘
- - - - - - - - - - - - -│- - - - - - - - - - - - - - - - - - - - - -
                         ↓
                 ┌──────────────┐       ┌────────────────────────────┐
                 │结论及有待进一│ ←──── │ 主要结论及创新之处            │
                 │步研究的问题  │       │ 有待进一步研究的问题          │
                 └──────────────┘       └────────────────────────────┘
```

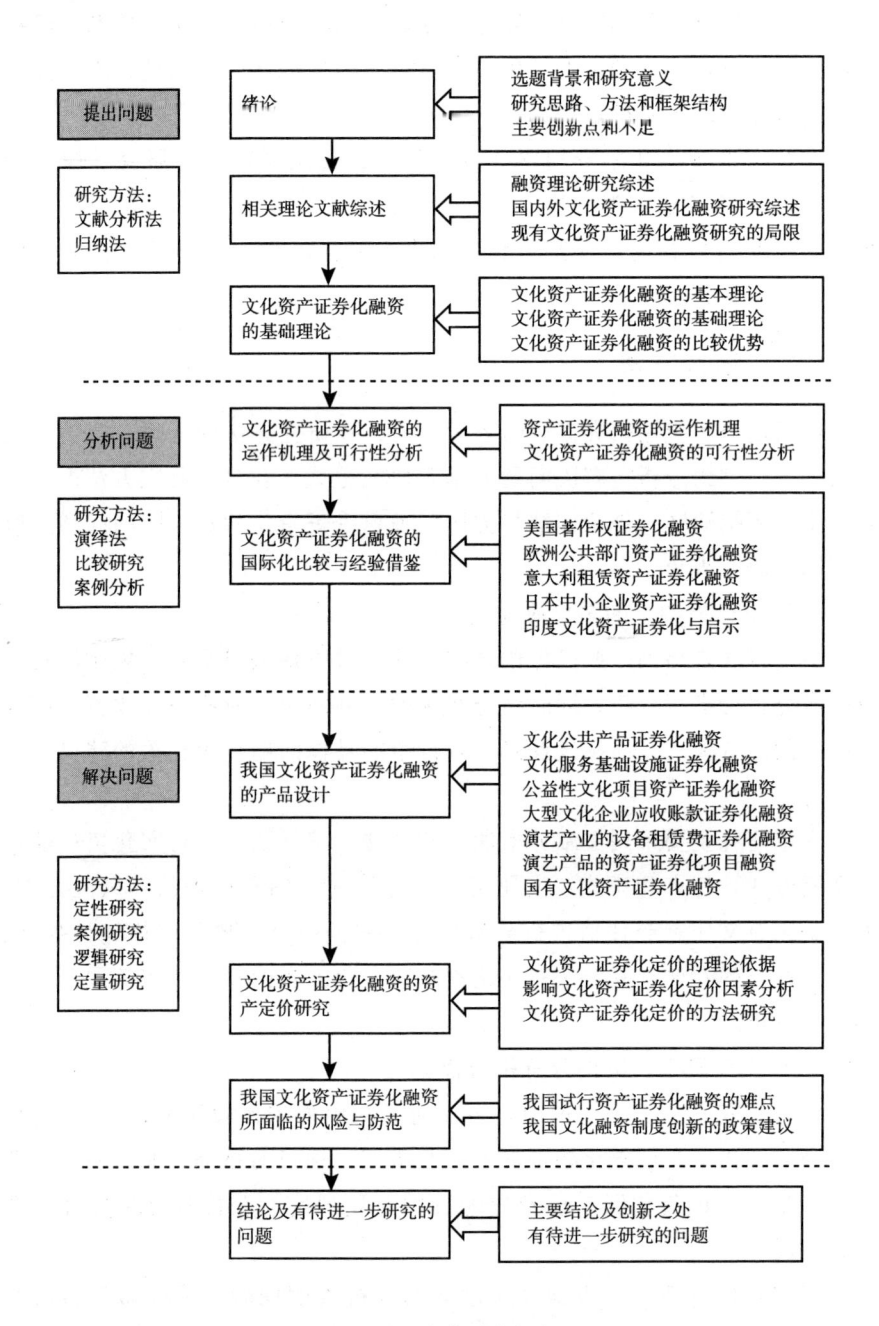

图 1-2　本书研究框架

(三) 研究技术路线

本研究包括理论、实证和对策研究三个方面,理论研究是基础,实证研究起到检验作用,对策研究是目标。本书研究技术路线见图1-3。

```
                    ┌─────────────────────────┐
                    │  文化资产证券化融资问题研究  │
                    └─────────────────────────┘
                                │
    ┌──────────────┐   ┌─────────────────────────┐   ┌──────────────┐
    │  国外研究文献  │──→│  文化资产证券化融资问题   │←──│  国内研究文献  │
    └──────────────┘   │  研究的问题、意义理论框架 │   └──────────────┘
                       └─────────────────────────┘
                          │                    │
            ┌─────────────────────┐  ┌─────────────────────┐
            │   文化资产的基本理论  │  │ 文化资产证券化融资问题理论│
            └─────────────────────┘  └─────────────────────┘
                     │                        │
            ┌─────────────────────┐  ┌─────────────────────┐
            │  文化资产的界定与分类 │  │ 文化资产证券化融资基础理论│
            │  文化资产的价值评估  │  │ 文化资产证券化融资运行机理│
            │       ……           │  │       ……           │
            └─────────────────────┘  └─────────────────────┘
                          │                    │
                    ┌─────────────────────────┐
                    │ 文化资产证券化融资问题现状分析│
                    └─────────────────────────┘
                                │
                    ┌─────────────────────────┐
                    │ 文化资产证券化融资的资产定价研究│
                    └─────────────────────────┘
                                │
                    ┌─────────────────────────┐       ┌──────────┐
                    │文化资产证券化融资问题的国外经验借鉴│←─────→│ 个案分析  │
                    └─────────────────────────┘       └──────────┘
                                │                          ↕
                    ┌─────────────────────────┐       ┌──────────┐
                    │  文化资产证券化融资的产品设计 │←─────→│ 实证分析  │
                    └─────────────────────────┘       └──────────┘
                                │
                    ┌─────────────────────────┐
                    │ 文化资产证券化融资问题的实现路径│
                    └─────────────────────────┘
                                │
                    ┌─────────────────────────┐
                    │       提出建议与结论       │
                    └─────────────────────────┘
```

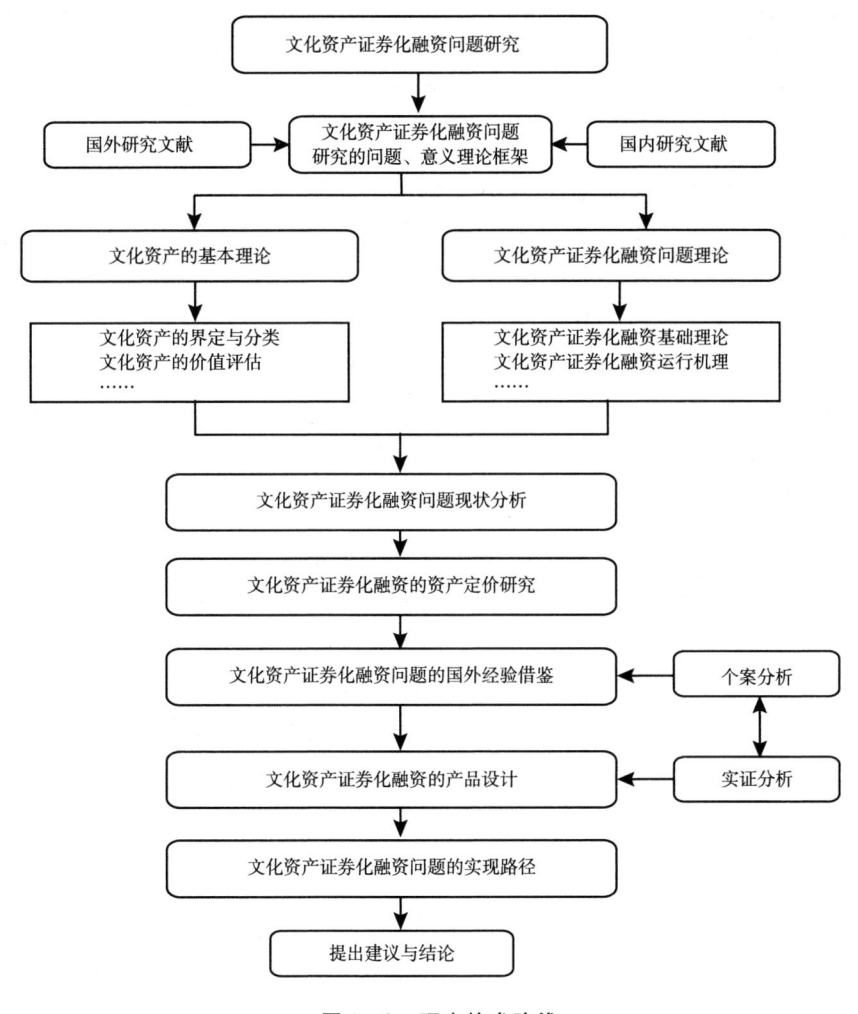

图1-3 研究技术路线

四 主要内容与结构安排

根据前述研究思路,本书主要从八个方面重点进行研究,具体结构安排大致如下。

第一章为绪论，阐述研究的选题的意义、研究方法、基本框架、研究思路以及创新和不足。鉴于文化资产在使用中经常产生歧义，本书在国内外文献研究述评中对此进行详细的综述，对国内外文化资产证券化进行分析，国外资产证券化研究领域已经逐步由金融机构拓展到其他领域，研究视野也逐步由信贷资产拓展到无形资产，包括知识产权、唱片发行收入、大型赛事的门票收入等领域。目前，国外文化资产证券化已广泛运用于电子游戏、音乐、电影、休闲娱乐、演艺、主题公园等文化产业的各个领域。国内对于文化资产证券化融资的研究主要是知识产权证券化研究，现有研究虽然在一定程度上达成了共识，但仍然存在一些不足，如大多数学者是针对知识产权证券化融资的某一方面进行探讨，比如针对融资的交易流程或融资当中风险的分析和控制，却少有学者进行整体和系统性研究；对知识产权证券化融资的具体运作模式研究不足，大多数学者只是简单介绍了融资过程的某一方面等。

第二章对文化资产证券化融资问题的基本原理进行阐述。对于文化资产证券化融资的基本概念进行界定与阐释，论述文化资产证券融资的基础理论；资产证券化最初产生于美国，产生背景是美国政府为了应对当时的"储贷"危机，危机迫切需要一种金融工具来化解，于是资产证券化应运而生。融资理论和风险规避理论是资产证券化产生的理论基石。对任何融资手段的解释都必须考虑经济学上的一个著名理论——M-M理论，该理论是由莫迪利亚尼（Franco Modigliani）和米勒（Merton H. Miller）共同提出的假设，为以后的融资理论发展奠定了基础。其他的权衡理论、新资本结构理论、企业成长周期理论等都为资产证券化融资理论提供了有力的理论支撑。在此基础上，研究文化资产证券化融资的运作机理、交易结构、运作流程并对其可行性进行分析，认为一个合理的关于文化资产证券化结构的图示能够将资产证券化融资所具有的区别于传统债权融资或股权融资的特征全面反映出来，概述了文化资产证券化融资的一般程序（见图1-4）。SPV、真实出售、风险隔离、信用增级和偿付安排这五个环节是文化资产证券化融资区别于传统融资方式的关键所在。此外，本书还对文化资产证券化融资进行了经济学分析，从发起人视角指出推行文化资产证券化融资对我国文化发展的战略意义。

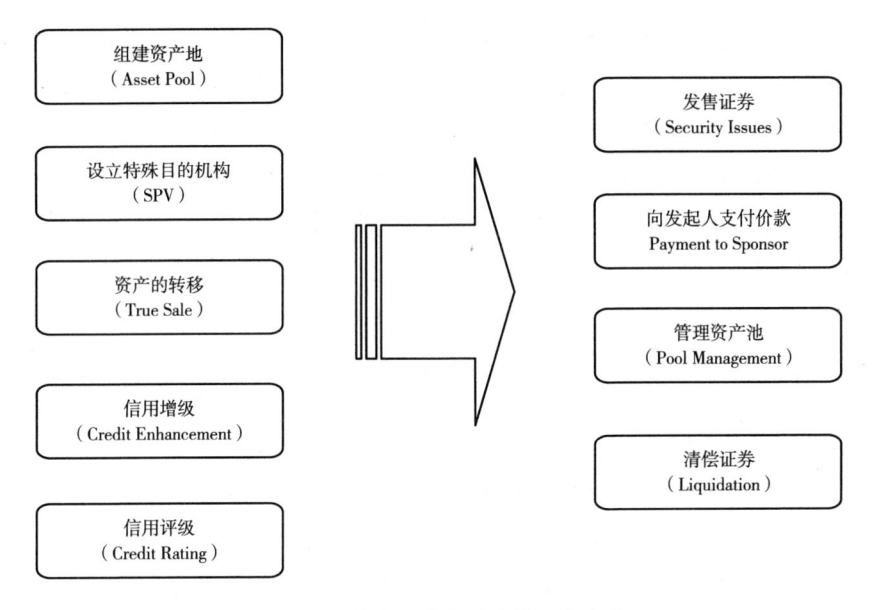

```
组建资产地                          发售证券
(Asset Pool)                     (Security Issues)

设立特殊目的机构                    向发起人支付价款
(SPV)                            Payment to Sponsor

资产的转移          ➡             管理资产池
(True Sale)                      (Pool Management)

信用增级                          清偿证券
(Credit Enhancement)             (Liquidation)

信用评级
(Credit Rating)
```

图 1-4　资产证券化融资的一般程序

第三章对文化资产证券化融资的资产定价进行研究。文化资产证券化的可行性存在需要解决的问题，主要是证券化过程中的价值评估问题。文化资产支持证券面临的主要风险并不是基础资产池被提前偿付的风险，而是文化资产所面临的实际商业风险和市场风险。而这种风险的防范和化解很大程度上依赖文化创意资产定价方法。文化资产自身特性导致其资产价值具有高不确定性风险，为文化资产证券化的定价带来困难。对于文化资产证券化的定价理论基础以及影响文化资产证券化定价的因素进行了分析，提出了可供选择的文化资产证券化的定价方法。

第四章以欧洲、北美洲、亚洲国家（地区）为例对国外文化资产证券化融资的发展经验进行了比较分析研究。美国资产证券化的经验是：政府主导是资产证券化产生和发展的重要途径；市场需求是资产证券化发展的动力；完善的法律、会计、税收制度为资产证券化的发展扫除了障碍等。英国资产证券化发展的关键是市场化机制，而不是依靠政府推动，英国政府对证券化的推动仅限于从管理的角度对其发展予以规范。通过对日本、印度资产证券化发展历史和特点的分析，有三点经验：社会经济环境的外部冲击是首要动因；构建完善的法规体系是快速发展的保障；国际投行的参与。

第五章是我国文化资产证券化融资模式的产品设计。通过研究国内外已经成功的文化资产证券化融资的案例,设计了主要文化资产证券化融资模式的产品;主要针对我国公益性文化事业单位与经营性文化企业的文化资产证券化融资模式进行了有效的研究,提出了多样化的文化资产证券化融资模式,如文化公共产品证券化融资、文化服务基础设施证券化融资、公益性文化项目资产证券化融资、大型文化企业应收账款证券化融资、文化版权资产证券化融资、中小型文化企业资产证券化融资、演艺产业的设备租赁费证券化融资、演艺行业不动产证券化融资、演艺产品的资产证券化项目融资、艺术品资产证券化融资、知识产权资产证券化融资、国有文化资产证券化融资等。

第六章对我国文化资产证券化融资所面临的风险进行了分析,并尝试提出防范的应对措施。文化资产证券化融资主要面临的风险包括三部分:证券化基础资产池风险;证券化交易结构风险;资产证券化产品风险。证券化基础资产池的风险包括本息不能按时收回风险和提前偿付风险。证券化交易结构风险包括基础资产"真实出售"风险、资产证券化参与主体风险、定价风险、资产支持证券发行风险、法律风险。资产证券化产品风险包括利率风险、汇率风险、通胀风险、等级下降风险、赎回风险、政策风险。针对我国目前试行资产证券化融资的难点问题,提出建设性的解决方案;并尝试探索一条具有我国特色的文化资产证券化融资风险监管体系。

第七章对文化资产证券化融资案例进行了研究。针对收益类文化资产、金融类文化资产、知识类文化资产选取了国内外的比较典型且较为成功的案例,国外的"大卫·鲍伊"音乐版权资产证券化作为世界首例文化资产证券化的案例,其意义或影响深远,它拓展人们的资产证券化视野与领域;而"梦工厂"电影版权证券化案例,一直为国内外的影视制作机构所借鉴。我国探索出了以未来收益资产为基础资产、以专项资产管理计划为 SPV 的华侨城欢乐谷主题公园入园凭证资产证券化,为国有文化企业资产证券化融资开辟了新路径;阿里小贷证券化的获批,为我国中小微型文化企业解决融资难问题提供了一个新的思路,本章详细地介绍了其融资的运作流程与交易结构等过程。从中可以基本概括出:文化资产证券化融资一般由文化资产原始权益所有人(以音乐、电影版权、票房及相关门票收入作为未来预期收益)、特设机构(专项资产管理计划)和投资者三类主体构成。目前,我国文化资产证券化融资方面,已经探索出以未来收益为资产的企业资产证券化、以信贷资产为基础资产的信贷资产证券化融资类型，有理由相信未来的文化资产证券化类型也会越来越丰富。

第八章主要结论与前景展望。总结全文并梳理出主要的结论或观点，同时，提出未来有待进一步研究的问题。对于我国发展文化资产证券化融资的前景给予期待，指出我国发展文化资产证券化融资的巨大需求；文化资产证券化融资产品的广阔市场；文化资产证券化融资新局面的开创。

五 主要创新点与局限

1. 研究视角的创新

目前我国对文化创意产业发展的研究成果颇丰，但涉及文化资产证券化融资这一问题的还相对较少，更缺乏系统的研究。近几年在文化创意产业发展实践中，融资问题越来越成为其发展的瓶颈，虽然"资产证券化"成为热点名词屡屡被提及，但大都只是停留在个案研究层面，偏重于某一局部产业的研究，缺乏深入的整体的宏观研究。此选题在当前属于多学科交叉研究的热点问题。按照相关关键字，笔者在中国期刊全文数据库、中国优秀博士学位论文全文数据库、中国优秀硕士学位论文全文数据库和中国重要会议全文数据库四个重要数据库中进行跨库检索。截至2013年11月19日，以"知识产权、证券化"为关键词、篇名，检索结果为75篇；以"文化、资产证券化"为关键词、篇名，检索结果为11篇；以"文化产业 资产证券化"为关键词、篇名，检索结果为8篇；以"文化资产证券化"为关键词、篇名，检索结果为2篇；以"文化资产证券化融资"为关键词、篇名，检索结果为0篇。

2. 研究内容的创新

研究内容新，针对性强。本书针对文化发展过程中的现实问题，提出参考性意见。文化单位"转企改制"过程中如何确保国有文化资产的保值增值而不流失，确保国有文化企业的主体地位，解决发展中资金短缺问题，给出有针对性的解决办法；对于微型和中小型文化企业的融资难题，提出了具有可操作性的融资模式。为防范我国文化资产证券化融资所面临的风险，提出具体防范措施或政策建议。此外，根据文化资产价值形态首次提出将文化资产划分为金融性文化资产、实物性文化资产与知识性文化资产三大类别，为文化资产证券化融资提供一个明晰的分析框架。

3. 研究方法的创新

采用比较研究和实证研究相结合的方法，既比较和借鉴各国以及国际社会有关文化资产证券化融资的经验做法，尝试对欧洲、北美洲、亚洲国家（地区）中的经典文化资产证券化融资案例进行深入剖析，系统地分析发达国家（地区）文化资产证券化的实践与最新进展情况，国际化比较与经验借鉴相结合，注重可操作性、指导性；同时，深入研究我国文化资产证券化融资的实际运行情况，对影响我国文化资产证券化融资问题的因素进行系统分析和对策比较研究。因此，本书在对文化资产证券化融资问题的研究方法上具有一定程度的创新。

4. 主要观点的创新

根据研究，本书提出了有别于以往研究成果的一系列重要观点，主要包括以下几个方面。

一是文化产业融资活动的展开必须以一定的金融市场为依托，针对我国金融市场发展现状，完善金融市场体系成为解决文化产业（事业）融资难问题的重要举措。

二是政府的政策性融资（政策性规定和政策性资金支持的融资业务与行为）有利于推动文化产业（事业）的快速发展，但这绝不是唯一途径，不能代替市场融资渠道，要正确处理政府与市场之间的关系。

三是文化资产证券化融资有利于国有文化资产的保值增值，避免国有文化资产流失，提升国有文化企业的市场主体地位。

四是引入资本市场，加快金融资本与文化资产结合，推动文化资产证券化，有利于解决中小型文化企业的融资难问题，激发微型和中小型文化企业的活力。

五是文化资产证券化融资在我国发展过程所面临的问题，有赖于法律环境、信用环境、担保环境等一系列外部环境的改善。

同时，本书虽然在研究视角、研究方法方面都做出了大胆的尝试，也提出了一些创新性的观点，但由于文化产业的行业关联性极强，资产证化融资理论也是一个复杂的话题，相关的研究和可供选择的视角比较多，研究的深度和广度有待继续拓展，具体领域的研究分析有待进一步展开。当然，受笔者学识水平、时间、能力等方面的诸多限制，本研究也就必然存在一定的薄弱环节和不足，有待在以后的研究中不断改进。此外，文化资产证券化融资的研究才刚刚起步，进一步研究的空间还很大，研究的深度和广度有待继续拓展，具体领域的研究分析有待进一步展开。

第二章　文化资产证券化融资问题的基本原理

一　文化资产证券化的基本概念界定

（一）文化资产

1. 资产的界定

资产是一个多角度、多层面的概念，不同学科有不同的定义。在会计学中，资产定义为负债的对称，指商品生产经营者所拥有的各种财产、债权和权利的总和，是各种财产、债权和权利与资金运用有关或者是资金运用的结果，因而在会计学上又把资产视作资金运用的同义语，资产业务便是资金运用的业务或反映资金运用的业务。我国2006年颁布的《企业会计准则——基本准则》对资产的定义："资产是指过去的交易或者事项形成、由企业拥有或者控制的、预期会给企业带来经济利益的资源。"在会计学中，资产仅指企业资产，因为会计一般是指企业会计，会计中的资产也就仅指企业资产。在社会学中，资产定义为社会成员所拥有的财产，包括在经济上付出代价而拥有的财产和经济上为付出代价而拥有的财产；前者如购买的商品，后者如继承的遗产和接受亲友馈赠的东西。在经济学中，资产比会计学中有更广泛的含义，资产是泛指一切财产，即一定时点的财富总量，由一定数量的物质资料和权利构成。资产是所有者付出经济代价而占有的能够给其所有者带来权益的财产。这样的财产可以是物质的，如各种物质资料；也可以是精神的，如专利权、版权、商标和商誉；还可以是物质与精神结合的产物，如有价证券。资产的定义包含三个要点：一是它归属于一定的所有者，其所有者或是作为生产经营者的企业，或是作为社会管理者的国家政府，或者作为消费者的个人，等等；二是它是所有者已经付出经济代价而占有的，继承遗产或者接受亲友馈赠从一定意义上说也可以视为经济上付出，因为一般来说有享受遗产的权利就必须尽义务，而馈赠往往是相互的；三是它能够给所有者带来权益，这种权益或者表现为给所有者带来收入，或者表现为给所有者带来享受，一般来说，属于生产消费的资产能够带来收入，属于生活消费的资产能够带来享受。

从资产证券化自身的特点来看，作为资产证券化对象的资产与会计学中资产的概念是有区别的。在会计学中，资产被认为是各种被占用或运用的资金存在形态，强调的是资金的实际投入和运用，没有资金的投入和运用就没有资产，对于那些在实际经济生活中确实存在的，但没有占用或耗费资金或者资金耗费无法估量的资产则排除在核算内容之外，如自创商誉、人力资源等。而资产证券化中的资产强调的是资产的现实存在性，只要是现实存在的、能够给企业带来经济利益的资源均应当纳入范围，资产证券化中的资产范围比会计学中的资产的范围要宽。此外，会计学对资产的计价强调历史成本原则，通常反映资产的取得成本，对于一些资产的现实价值则不能完全有效地反映出来，而资产证券化中的资产强调的是资产在模拟市场条件下的现实价值。因此，会计学中资产的范围并不能完全包含资产证券化中的资产的对象。

资产证券化中的资产，其内涵更接近经济学中的资产，而其外延则包括内在经济价值以及市场交换价值的所有实物和无形的权利。2010年全国注册资产评估师考试用书对资产含义的界定是特定权利主体拥有或控制的并能给特定权利主体带来经济利益的资源。《国际评估准则》在讨论资产定义时强调资产的权利特征时认为："在资产评估中，资产更多地被理解为是基于某项资产的各种权利的排列与组合。"

关于"资产"与"财产"的关系，康芒斯曾经有过精辟的论述："财产"的经济意义就是"资产"，而"资产"的法律意义就是"财产"。也就是说，"资产"与"财产"的含义是基本相同的，不过前者多用于经济，而后者多用于法律[①]。汉语中的"资产"和"财产"意义都相当接近，是融资者拥有的物权。但两者的细微差别也比较容易体

---

① 〔美〕康芒斯：《制度经济学》，商务印书馆，1962，第93页。

察：资产是能够带来收益的财产，财产不一定能够带来额外收益，但这种差异在缩小。

2. 文化资产的界定

迄今为止，我国尚无文化资产的规范定义，只是在 2004 年 8 月 16 日财政部发布的《民间非营利组织会计制度》中为"文物文化资产"设定了一个会计科目，将其定义为"用于展览、教育或研究等目的的历史文物、艺术品以及其他具有文化或者历史价值并作长期或永久保存的典藏等"[①]。

2007 年 9 月 29 日，财政部、中宣部、文化部、国家广电总局、新闻出版总署联合发布的《关于在文化体制改革中加强国有文化资产管理的通知》中以"新闻出版、广播影视、文化艺术领域国有企事业单位占有和使用的国有资产"的方式对国有文化资产做出了定义。应当指出，"文化资产即文化单位的资产"是一个错误的界定，这说明我们对何为文化资产的认识还很不成熟。当前，国内学者正尝试对文化资产进行界定。

李春满研究认为，文化资产区别于其他资产的最主要标志是其中承载着"文化"，广义上的大文化的概念不应是我们在探讨何为文化资产中所使用的概念，并据此提出定义：文化资产所承载的文化内容，特指精神成果层面，一般包括漫长的历史发展进化中形成的宗教信仰、哲学观念等观念意识、文学、艺术、学术思想、审美情趣等精神产品，以及社会制度、法律政治等生存方式和礼仪、习俗、人际交往等行为模式。承载这四个方面文化内容需要物质载体，这些载体包括书籍、绘画、音乐、舞蹈、戏剧、建筑、服饰、古玩等可触摸、可感知、可体验的各种文化形态，以这些文化形态存在的、能够反映这四种文化内容的资产才能被称为"文化资产"[②]。

王莉萍则从资产的经济学定义出发认为文化资产是一种战略性资产，是可以为企业带来超越其本身的附加价值或附加利益的东西[③]。

台湾学者李汾阳研究认为，文化资产指具有历史、文化、艺术、科学

---

① 财政部会计司制度一处：《民间非营利组织会计若干处理规定及其意义》，《会计研究》2004 年第 11 期，第 10~11 页。
② 李春满：《论文化资产的价值属性》，《中国资产评估》2013 年第 5 期，第 6 页。
③ 王莉萍：《浅析文化资产与企业绩效》，《企业科技与发展》2008 年第 8 期。

等价值，并经指定或登录的下列资产：古迹、历史建筑、聚落，遗址，文化景观，传统艺术，民俗与相关文物，古物，自然景观七大类别。

文化资产是文化企业的核心资产。不同于其他资产，文化资产的获利能力取决于其满足消费者文化需求的程度。文化资产经过流转，已经取得了排他性占有的产权，具备了进入生产阶段的条件；与文化资源相比，更具现实性、专属性、排他性和创造性。

学者喻学才等给予"文化资产"的界定，认为文化资产是文化遗产的经济价值形式。它具有如下特征：

（1）文化资产是确立了所有权的文化遗产，所有权是文化遗产经济价值的主要类型，一切从中国掠夺、盗窃或骗取的文化遗产均具有经济价值，必须物归原主，确实证明损毁或遗失的文化遗产必须定价赔偿。

（2）是可以以金钱作为测度确定其经济价值的文化遗产。

（3）法律法规允许文化资产可以在市场上进行交换或交易，实现其经济价值。

（4）法律法规不允许直接交易的文化资产，可以通过提取文化基因、信息的转化或复制等方式，利用传媒进行直接交流或交易，实现持续性的经济增值。

其还提出文化资产是文化资源和文化遗产的价值形式，文化资产包括文化资源、文化遗产和文化产业[1]。

王家新等认为，文化资产在具备经济学资产属性的内涵下，延伸了特定的文化属性。本质上是一种信息资产，具有信息的全部要素：广义的文化资源实际上是一种文化信息，文化资产承担了信源的角色，承载这些文化信息的各种文化形态即是文化信息的载体。文化资产的文化创造工作可以看作对文化信息的编码过程，而文化产品的消费过程则是对文化信息的解码过程，消费者就是信宿[2]。

总之，资产（asset）是一个经济学领域的概念，文化资产的界定也应当从经济学角度来确定，本书认为，文化资产是指某一特定主体由于过去的交易或事项而获得或控制的、能给其带来可预期的未来经济利益的文化资源。在这里，特定主体既可以是国家机构，也可以是组织或者个人。主

---

[1] 参见喻学才、王健民《文化遗产保护与风景名胜区建设》，科学出版社，2010。
[2] 王家新、刘萍等：《文化企业资产评估研究》，中国财政经济出版社，2013，第38页。

体可以通过已获得的排他性权利使用能够以货币计量的文化资源并使其产生经济效益。特定主体并不一定总是对资产资源具有完全所有权权利。资产是能够给经济主体带来经济利益的资源。文化资产是一种战略性资产，体现为有形的物质载体和无形的精神资产。

文化资产是指能够给文化资源的拥有者或控制者带来经济利益的资源。在经济学中的资产是指一切财产，即一定时点的财富总量，由一定数量的物质资料和权利构成。文化资产既包括文化相关物的股权、债权、物权及知识产权等各种资产与权益，还包括为文化相关物的权益流转提供的服务。

3. 文化资产的分类

本书从研究实际出发，将文化资产分为金融类文化资产、实物类文化资产（见图2-1），其中实物类文化资产又包括知识类文化资产、文物类文化资产。

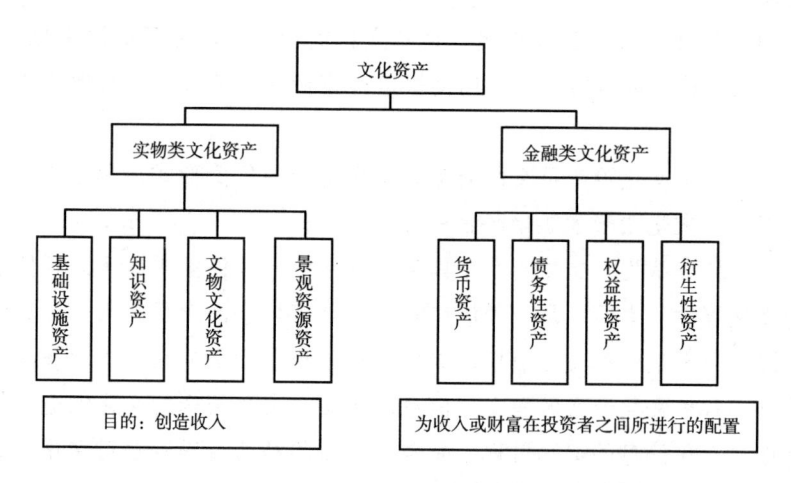

```
                    文化资产
                   /        \
          实物类文化资产      金融类文化资产
         /  |  |  \           /  |  |  \
      基础 知识 文物 景观    货币 债务 权益 衍生
      设施 资产 文化 资源    资产 性资 性资 性资
      资产      资产 资产         产   产   产
       
       目的：创造收入        为收入或财富在投资者之间所进行的配置
```

图2-1 文化资产的基本分类

（1）实物类文化资产

一个社会的物质财富最终取决于该社会经济的生产能力，即为社会成员提供产品与服务的能力。这种生产能力是社会经济中的实物资产（real assets）的函数。实物资产包括土地、建筑物、知识、用于生产产品的机械设备和运用这些资源所必需的有技术的工人。实物资产与"人力"资产包括了整个社会的产出和消费的内容。实物类文化资产指经济生活中所创造的用于生产文化产品和提供服务的文化资产。

实物类文化资产是指在文化再生产过程中，可供较长时间反复使用，并在使用过程中基本不改变原有实物形态的文化生产资料和其他物质资料，如博物馆、图书馆、影剧院、影视制作设备、音乐音像器材、印刷机械、传播发送工具等；还包括知识类文化资产，泛指各种非物资形态的文化资产未来收益要求权。严格地说，"无形资产"是会计学的定义，经济学界往往称其为知识资产或智力资本。在知识类文化资产的体系内，涉及三类非物质形态的财产权。一是知识、技术、信息等资产利益，其权利形态包括商标权、著作权、专利权等。二是资信类财产权利，该类财产主要是经营领域中的商业人格利益，其权利形态包括商誉权、信用权、形象权等。三是特许类财产权，该类财产权利由主管机关或社会组织所特别授予的资格优惠、特权等法律利益所构成，其权利形态即特许经营权等。根据党的十六届三中全会通过的《中共中央关于建立社会主义市场经济体制若干问题的决定》，文化财产权利应当包括文化领域的物权、债权、股权和知识产权等各类财产权。知识产权资产只是文化资产中的一项重要的财产权利。

（2）金融类文化资产

与实物类文化资产相对应的是金融类文化资产（financial culture-assets），金融类文化资产是实物类文化资产所产生的收入的要求权，具体是指一切代表未来收益或资产合法要求权的凭证，也称为金融工具或证券；是指文化单位或个人拥有的以价值形态存在的文化资产，是一种索取实物类文化资产的权利。金融类文化资产可以划分为基础性金融类文化资产与衍生性金融类文化资产两大类。前者主要包括债务性文化资产和权益性文化资产；后者主要包括远期、期货、期权和互换等。由于金融类文化资产对实物类文化资产所创造的利润或政府的收入有要求权，因此金融类文化资产能够为持有它们的文化单位或个人带来财富。当文化企业最终利用实物资产创造收入之后，就依据投资者持有的公司发行的股票或金融资产的所有权比例将收入分配给投资者。例如，证券持有者基于利率和证券的面值来确定获得的收入流。股票持有者或股东对公司支付债券持有者及其他债权人以后的剩余收入享有要求权。因此，金融类文化资产的价值源于并依赖公司相关的实物类文化资产的价值。实物类文化资产是创造收入的资产，而金融类文化资产只能定义为收入或财富在投资者之间的配置。

不论是实物类文化资产还是金融类文化资产，只有当它们是持有者的投资对象时方能称作文化资产。如孤立地考察中国人民银行所发行的现金和文化企业所发行的股票、债券，就不能说它们是金融类文化资产，因为对发行它们的中国人民银行和文化企业来说，现金和股票、债券是一种负债。因此，不能将现金、存款、凭证、股票、债券等简单地称为金融类文化资产，而应称之为金融工具。金融工具对其持有者来说才是金融资产。例如，持有商业票据者，就表明他有索取与该商品价值相等的货币的权利；持有股票者，表示有索取与投入资本份额相应的红利的权利；持有债券者，表示有一定额度的债款索取权。金融工具分为所有权凭证和债权凭证。股票是所有权凭证，票据、债券、存款凭证均属债权凭证。但在习惯上，这些金融工具有时也被称为金融资产。在实际操作中，实物类文化资产和金融类文化资产可以在个人及文化企事业单位的资产负债表中区分开来。实物类文化资产只在平衡表的一侧出现，而金融类文化资产通常在平衡表的两侧都出现。对文化企业的金融要求权是一种资产，但是，文化企业发行的这种金融要求权则是文化企业的负债。当我们对资产负债表进行总计时，金融类文化资产会相互抵销，只剩下实物类文化资产作为净资产。

（3）知识类文化资产

知识类文化资产包含在实物类文化资产之中。知识类文化资产包含知识和智力两个核心要素，它们可以通过产业开发，相应形成文化产业的两个重要门类：版权业和创意业。版权业是外化知识类文化资产，知识的产权营运所形成的文化产业门类，其经营模式主要是授权经营。创意业是内化知识类文化资产，智力的创造性开发所形成的文化产业门类，其营运模式主要是创新，它处于文化产业链条的最前端，决定文化产业发展的方向。

（4）文物类文化资产

包含在实物类文化资产之中。《民间非营利组织会计制度》给出了文物文化资产的定义为：用于展览、教育或研究等目的的历史文物、艺术品以及其他具有文化或者历史价值并作长期或者永久保存的典藏等。文物文化资产，是指由于其文化、历史、休闲或环境上的重要性而打算永久保留的实物资产，比如博物馆的收藏品、历史建筑物、墓碑、历史遗址等。政府维护这类资产是出于文化、教育、休闲等目的，而不是出于行政管理或产生收入的目的。一个国家的文物文化，是具有公共产权性质的特殊资源，应由国家进行永久性保护。

文物文化资产是由政府提供的，出于各种休闲、文化、教育和科学目的而供大众使用。大众都有权利使用，具有一定的非竞争性、非排他性和外部性。它们是基于非商业基础提供的，运营资金主要来自税收或捐赠。因此，它们应为准公共物品。毫无疑问，文物文化满足政府资产的定义，但是文物文化资产的成本或其他价值难以可靠地计量。首先，文物文化资产带来社会福利而不是经济利益，并且无法根据其使用价值进行有意义的财务估价；其次，其成本或其他价值的可靠性随环境而变。政府要使得文物文化资产处于良好的维护状态并无限期地供大众使用，这种法定或政治上的义务看起来像是政府的负债，但它并不满足政府负债的定义。所以，文物文化资产不应当出现在政府财务状况表中，但是政府对文物文化资产负有受托责任，因此不包括文物文化资产信息的政府财务报告是不完整、不称职的，无法如实评价公共产权保护情况和政府受托责任的履行状况。为此，建议将文物文化资产处理为政府以信托形式持有的资产，也即信托资产。

文物文化资产属于整个国家而不是政府，它们是人民的财产，由政府代表人民进行管理和控制，政府为了当代和后代的利益而以信托的方式持有这些文物文化资产，并有责任予以完好保护。为了人们的长期社会福利而保护文物文化资产，这也是政府信托理论的一个逻辑组成部分。根据信托会计原理，受托人应当将信托资产与其自身的资产相分离并单独报告。信托资产会计与一般的会计没有区别，可以根据受托人和受益人的信息需求采用不同的会计处理和报告方法。信托会计的独特之处在于，信托是一个独立的会计主体，它的交易、资产和负债等必须与受托人的相分离。为了实现管理和受托责任目的，文物文化资产的使用、维护和所处状态，应当在政府自身的财务报表之外予以报告。它们的会计处理方式取决于文物文化资产的性质及其使用目的。此外，鉴于文物文化资产的特殊性和复杂性，应当为文物文化资产的管理和报告设计相应的信息系统，并且必须考虑管理主体的目标责任以及这些资产的实物特征和公共物品特性。该系统追踪反映的信息可以包括，用于解释管理主体任务和责任的描述性、非财务性信息；关于所持有资产的性质和细节信息，比如某历史建筑物的风格、结构和重要性;绩效指标,比如游客人数以及游客的满意程度;资产的实物状况以及所要求的主要维护工作。

许多国家如澳大利亚、新西兰针对文物文化资产采用类似企业固定资产的会计处理和报告方法,但是有些学者和管理文物文化资产的机构仍然反对移用企业会计的方法处理文物文化资产。Mautz 提出,华盛顿墓碑的确是国家的珍宝,但是它只带来费用,是一种价值为负的所有权,并建议将这类国家珍宝称为"设施"而不是资产,应当单独记录[①]。在我国,财政拨款中的确有一类"文物文化事业费"的支出,但是当前的预算会计体系没有提供关于文物文化遗产状况的有关信息,造成"家底不清",不利于为文物文化的保护提供决策相关信息。

(二) 基础资产

资产证券化是一种结构性融资方式,其核心就是设计和建立一个严谨有效的交易结构。这一相对复杂的交易结构在资产证券化的实际运作过程中起着决定性作用,可以在此基础上形成一套比较规范的证券化运作方法和程序。但针对不同的证券化资产,应当根据其自身的特点,在具体操作中设计不同的资产证券化模式。资产证券化运用到文化资产中,则是指以文化资产(被证券化的基础资产)提供的未来现金流为支撑,并辅以必要的信用增级措施,在资本市场上发行有价证券以取得资金的融资方式。在文化资产证券化融资过程中,首先就涉及基础资产的选择问题,由于文化资产是个相当广泛的概念,包含的种类多样,而恰当的基础资产选择则是构建文化资产证券化融资的基础与前提。

文化资产证券化融资从性质上说应当属于资产证券化融资的一种,是一种特殊的资产支持证券。其特殊性主要应当归因于客体,即基础资产的特殊性。文化资产能否成功地进行证券化融资,关键在于被证券化融资的文化资产特性能否与资产证券化融资的特点很好地结合。可以进行证券化融资的基础资产必须是具备良好的历史记录和可以预测的稳定的未来现金流。这是文化资产证券化融资的首要条件。从表面上看,文化资产证券化融资是以文化资产为支撑,但实际上它却是以基础资产所产生的现金流为支撑,这是文化资产证券化融资的本质和精髓。只有满足了一定条件的文化资产,才能成

---

① 喻学才、王健民:《文化遗产保护与风景名胜区建设》,科学出版社,2010,第 26 页。

为文化资产证券化融资的基础资产。换句话说,文化资产证券化融资所"证券化"的不是资产本身,而是资产所产生的稳定的现金流。

1. 文化资产证券化融资的基础资产特征

文化资产证券化至今尚未形成一个统一的定义,作为沟通传统的直接融资和间接融资的一个有效通道,其本身正处在不断完善和深化的过程中。一般认为,文化资产证券化是指将缺乏流动性但具有某种可预测现金收入属性的文化资产或文化资产组合,转换成为在资本市场上可出售变现的证券的过程。在现实金融活动中,并不是所有的文化资产都能作为被证券化的基础资产,拟进行证券化的基础资产必须符合基本要求,应具备以下属性。

一是满足法律方面的要求,即基础资产应是合法财产,必须符合法律法规,权属明确。这就要求基础资产需在法律上能够准确、清晰地予以界定,并可构成一项独立的财产或财产权利;而且权属明确,没有争议,能够合法、有效地转让。对于比较特殊的收益权类基础资产,需要关注基础资产在法律层面如何界定,是否有法律法规依据;关注形成该基础资产的法律要件是否已经具备,原始权益人是否可以据此合法转让基础资产等,以确保交易的基础是合法的,具体条款应很明确。2013年3月15日,中国证监会颁布的《证券公司资产证券化管理规定》第八条规定:"本规定所称基础资产,是指符合法律法规,权属明确,可以产生独立、可预测的现金流的可特定化的财产权利或者财产。"第九条规定:"法律法规规定基础资产转让应当办理批准、登记手续的,应当依法办理。法律法规没有要求办理登记或者暂时不具备办理登记条件的,管理人应当采取有效措施,维护基础资产安全。基础资产为债权的,应当按照有关法律法规将债权转让事项通知债务人。"基础资产的法律瑕疵尽可能少,没有抵押或质押但权利限制情况存在,这是为了减少不必要的法律纠纷,提高证券化交易的效率。

二是可以产生独立的、可预测的现金流,即可以证券化的文化资产的历史统计资料应较完备,其现金流具有某种规律性,这意味着资产未来获取的现金流应该是可以计算出来的,资产的出售价格,证券品种设计和发行规模,都将取决于预期的现金流大小。现金流收入须由可以评估的要素组成,须有明确的计量方法、核对凭证等,需要关注基础资产现金流近年的历史记录、波动性,关注现金流预测的考量因素与依据等因素。

三是具有明显的信用特征,质量和信用等级能够被准确评估。被剥离出来的资产未来应具有可靠的现金流收入,并且这种资产权益相对独立,可以同其他资产形成现金流,这是可以被证券化的基础前提。在资产证券化过程中,几乎所有的资产证券化都包括某种形式的信用增级,由于证券投资者可能承担流动性风险,就需要通过信用增级来获得信用和流动性的支持,以降低发行人的成本。从国外来看,典型的资产证券化是把许多风险水平相近的资产捆绑在一起,组成一个资产池,通过信用评级机构的信用评级,以该资产为支持发行证券。在统计学意义上,如果被捆绑在一起的这些资产的坏账风险的数学期望和离散程度比较接近,则便于信用评级对资产的风险做出准确评估。

四是资产池的合理组合。资产池内资产的本息偿还要能分摊在整个证券的生命周期内,资产债务人具有多样性,这需要依赖资产证券化的资产组合机制。在构建资产池时,资产既要具有一定的分散性,即能够相互消除非系统性风险,又要有一定的规模性,规模越大,组合的效应就越明显,组合的现金流就越具有平稳性,并能通过分摊证券化过程中的固定费用,如法律费用、会计和承销费用而降低资产证券化的成本。

五是选择那些比较适合证券化的资产。如平均还款期至少一年,即可证券化资产的现金流收入至少是一年以后实现,资产证券化是为了提高资产的流动性,因此,一年以上的偿还期才可能促使发起人进行资产证券化运作;拖欠率和违约率低的资产,即资产获取偿付的拖欠率和违约率要维持在一个较低的水平,过高的拖欠率和违约率无疑会提高资产证券化的成本;完全分期偿还,即贷款本息的偿还分摊于整个资产的存续期间;清算值高,即要求证券化资产有较高的变现价值,或对于债务人的效用很高,以降低投资者的风险。

通常,具有以下属性的文化资产是难以进行证券化运作的:第一,资产池中的资产数量较少或金额最大的资产所占比例过高;第二,资产的收益属于本金到期一次偿还;第三,付款时间不确定或付款间隔期过长;第四,资产的债务人有修改合同条款的权利[①]。

[①] 戴天柱:《投资银行运作理论与实务》,经济管理出版社,2010,第339页。

2. 文化资产证券化的基础资产选择标准

在文化资产证券化融资过程中，最重要的一个环节就是资产重组，而资产重组的核心内容就是资产的选择，因为并不是所有的资产都适合证券化。根据国外文化资产证券化融资的经验，具有下列特点的基础资产比较容易实现证券化。

（1）具有未来的收益性资产，即该资产能够在未来产生现金流，且现金流可分摊于资产的存续期间；

（2）未来收益的可以预测性，即该资产的历史记录资料完备，现金流可预测；

（3）高质量，即该资产应保持一定时期的低违约率、低损失率，原所有者有良好的信用记录；

（4）可拆分性，即该资产本身所产生的现金流能够与其他资产所产生的现金流相分离；

（5）期限相似，本息偿还分摊于整个资产存续期间，且与基础资产的到期日结构相似；

（6）规模性，即该资产在数量上应当达到一定的规模；

（7）抵押物，基础资产的抵押物有较高的变现价值或它对于债务人的效用很高；

（8）同质性，具有标准化、高质量的合同条款，有很高的同质性，同质便于汇集以及统计。

与其他类型的资产相比较，文化资产符合资产证券化融资所要求的基础资产的各项条件。

但是，必须指出我国的金融机构与文化企业虽然已经逐渐认识到文化资产证券化发展的紧迫性，可是我国目前的法律、税收、会计等方面的制度对我国资产证券化的开展却形成了制度"瓶颈"：一是证券交易的法律法规不健全，缺乏对证券化资产的组合、收益的来源和分配等进行严格的规范；二是缺乏证券化交易的会计准则，文化资产证券化融资涉及以融资为目的的不同程度的交易，对发起人而言，证券化融资在会计处理上属于表外业务，而确立证券化是表外业务的关键在于转让的"真实出售"，但我国显然还没有针对这一交易的具体的会计准则；三是证券评级不规范，许多评级机构都与政府、企业、银行、证券公司等有千丝万缕的联系，因此很难做出独立、公正的评估报告。良好的制度环境是推进文化资产证券化发展的重要条件，我国应当进一步加快完善相关的制度框架与制度环境，为文化大发展大繁荣提供有力的制度支撑。

3. 我国文化资产证券化过程中最适宜证券化的基础资产

尽管证券化的理论与实践已经证明，"只要是能够产生现金流的资产都可以被证券化"，但是对我国这样一个证券化发展不够成熟的国家来说，还是应当采取一个积极、稳妥的发展路径，在探索中不断完善我国的文化资产证券化融资这一创新性融资方式，将那些在制度上比较容易突破、质量比较好的基础资产率先进行证券化融资，有利于推动我国文化资产证券化融资的开展。

中国证监会颁布的《证券公司资产证券化业务管理规定》第七条明确规定："基础资产是指符合法律法规，权属明确，可以产生独立、可预测的现金流的可特定化的财产权利或者财产。基础资产可以是企业应收款、信贷资产、信托收益权、基础设施收益权等财产权利，商业物业等不动产财产，以及中国证监会认可的其他财产或财产权利。"《关于证券公司开展资产证券化业务试点有关问题的通知》第二条明确指出："基础资产应当为能够产生未来现金流的可以合法转让的财产权利，可以是单项财产权利，也可以是多项财产权利构成的资产组合。基础资产为不动产收益权或特许经营收益权的，收益权的买卖不得违反法律、行政法规的规定，收益权应当有独立、真实、稳定的现金流历史记录，未来现金流保持稳定或稳定增长趋势并能够合理预测和评估；基础资产为债权的，有关交易行为应当真实、合法，预期收益金额能够基本确定。"该通知将可证券化的基础资产分为两类：一类是收益权，另一类是债权。债权作为可证券化的基础资产在各国都是比较通行的一种做法。在中国，"债"是指按照合同的约定或者依照法律的规定，在当事人之间产生的特定的权利和义务关系。对于债所享有的权利称为债权。债权（依据合同产生的债权）作为一种可供证券化的基础资产。所谓收益权，是指收取由原物产生出来的新增经济价值的权利。收益权是一种在未来可能形成的债权。

从目前的实践来看，基础资产可以分为两大类：债权类资产与收益权类资产。

债权类资产，主要是应收账款类资产，是一种财产，而且体现为会计报表上的资产。收益类资产，则是一种特殊的财产权利。我国《物权法》规定："物权是指权利人依法对特定的物享有直接支配和排他的权利，包括所有权、用益物权和担保权"，"所有权人对自己的不动产或者动产，依法享有占有、使用、收益和处分的权利"。所谓收益权，实际是从所有权人对不动产或动产拥有的物权中抽象出的一种权利，可以理解为所有权的一部分。由于收益权的最终实现形式一般是合同债权，也有人将此类资产定性为未来债权，但是我国法律对此尚不认可。

就债权类资产而言，主要是合同债。权属确认主要以依法生效的合同为依据，如融资租赁项目、股权转让款项目等，这些类型项目的债权人已履行完成主要的对应义务。合同债权作为基础资产的首要前提是其可以转让。《合同法》第79条规定了合同不能转让的三种情况（根据合同性质不得转让、按照当事人约定不得转让、依照法律规定不得转让），在考虑基础资产时应该予以注意。同时，还需要关注债务人的资信情况、偿还能力、持续经营能力、还款记录、违约记录、违约率与分散度等。

就收益类资产而言，其与未来经营性收入相关。收益类资产主要是基于收费权而产生的获取经济利益的权利，既依附于收费权，又相对独立。收费权一般来自法律、行政法规的直接规定或者行政机关的行政许可，具有特许性、排他性、垄断性等特点，而且收益确定性较大，价值容易评估。对于此类资产，需要关注法律依据是否充分；确认依法取得收费权的相关审批手续、法律与政策文件是否齐备；收费权相关的经营性资产的权益状况；是否与企业其他财产或财产权利可以分开等。由于收益权类资产的现金流来源于原始权益人未来经营性收入，其在转让后依然不能脱离原始权益人存在，因此基于风险隔离的要求，需要关注原始权益人的资产负债状况、偿还能力与财务稳健状况以及原始权益人每年的偿债安排[①]。

综合考虑基础资产的各项特征，现有我国文化资产证券化融资过程中最适宜进行证券化的基础资产主要包括三类。

一是应收账款类资产。包括贸易应收账款、信用卡应收账款、设备租赁费等。应收账款类资产的证券化融资在国内已有先例，但是用以证券化的应收账款通常是大型文化企业，中小文化企业案例则不多见。这是由中小文化企业的应收账款规模小、信用标准低、应收账款实现能力差

---

① 何小锋：《资本：资产证券化》，中国发展出版社，2013，第59页。

的特征决定的。因此，中小文化企业应收账款资产通常较难符合证券化资产的要求。然而，我国相当一部分中小文化企业是作为大型文化企业的配套企业而存在的，它们在与大型企业的业务往来过程中产生了大量的应收账款，这些应收账款有大型企业的信誉做担保，坏账率比较低，中小文化企业可以将这些应收账款转移给特殊目的载体（SPV），获得所需资金；而 SPV 则将其获得的应收账款进行结构性重组，构造资产池，以资产池预期现金流作为支撑发行证券，达到最终向资本市场为中小文化企业融资的目的。

二是收费类资产。主要包括公园门票收入、俱乐部会费收入、公共文化基础设施收费、保单收费等。这些资产相对来说可以产生比较稳定的现金流，也可以对应到相关的明确的资产。

三是知识类资产。如影片、唱片等知识产权的版税收入都可以进行证券化。在美国、日本等国家，利用知识产权资产进行证券化融资已经得到较为广泛的应用并取得了一定的成效。随着证券化的发展以及金融市场的创新，可以相信越来越多的资产将进入证券化市场。

无论具体类型如何，最适宜的基础资产都应当符合三个最重要的证券化条件：一是能够产生独立的未来可预测的稳定的现金流；二是持续的低违约率；三是产权清晰明确，符合国家法律法规。

（三）文化资产证券化融资的界定与特点

1. 文化资产证券化融资的界定

关于资产证券化的内涵，无论是实业界还是学术界，都尚未形成统一的认识。"资产证券化"这一术语由美国投资银行家 Lewis S. Ranieri 于 1977 年在一次同《华尔街日报》记者讨论抵押贷款过手证券时首次使用，此后，"资产证券化"（asset securitization）一词在金融界逐步流行起来[1]。它由"asset securitization"或"securitization"直译过来。其中，"资产"是证券化的对象和客体，"证券化"是将资产转换成为证券的过程。Steven L. Schwarcz 认为"证券化"这一术语特别用于以资产产生的现金流作为支

---

[1] Leon T. Kendall, Michael J. Fishman, *A Primer on Securitization.* Massachusetts: The MIT Press, 1996, p.31.

持发行证券①。

自资产证券化产生以来，不同的专家学者从各自不同的角度给出了资产证券化的定义。

James A. Rosenthal 和 Juan M. Ocampo 在《信贷证券化》一书中对资产证券化的定义为："它是一个精心构造的过程，经过这一过程贷款和应收账款被包装并以证券的形式出售。它是多年来资本市场上广泛的证券化——越来越多的融资通过证券机构实现——发展证券趋势的一个组成部分。"②

Paul W. Freeney 在其《资产证券化：重新定义银行》一书中对资产证券化的定义最经常被引用："资产证券化是指能够使储蓄者与借款者通过金融市场得以全部或部分地匹配的一个过程或工具。在这里，由银行或其余金融机构提供的封闭的市场信用被开放的市场信用取代。"③

Christine A. Pavel 在其《证券化》一书中对资产证券化的理解为："贷款的整笔出售或部分参与可以追溯至 1880 年以前。但证券化却是资产出售中新近出现的一种创新形式，它指的是贷款经组合后被重新打包成证券并出售给投资者。与整笔贷款出售和部分参与相似的是，证券化提供了一种新的融资来源并可能将资产从贷款发起人的资产负债表中剔除。与整笔贷款出售和部分参与不同的是，证券化经常用于很难直接出售的小型贷款的出售。"④

Frank J. Fabozzi 在其《资本市场：机构与工具》一书中对证券化的定义为："资产证券化可以被广泛地定义为一个过程，通过这个过程将具有共同特征的贷款、消费者分期付款合同、租约、应收账款和其他不流通的资产包装成可以市场化的、具有投资特征的带息证券。"⑤

美国证券交易委员会（SEC）将资产证券化定义为："将企业不流通

---

① Steven T. Schwarcz, "The Alchemy of Asset Securitization," *Stanford Journal of Law Business Finance*, 1994, Vol. 1 (1): 133-135.
② James A. Rosenthal, Juan M. Ocampo, "Analyzing the Economic Benefits of Securitized Credit," *Journal of Applied Corporate Finance*, 1992, Vol. 32 (1).
③ Paul W. Freeney, *Securitization: Redefining the Bank*, New York: St. Martin's Press, 1995, p. 1.
④ Christine A. Pavel, *Securitization*, New York: International Finance Corporation Publication, 1989: 12-13.
⑤ Frank J. Fabozzi, *Capital Markets: Institutions and Instruments* (Second Edition), Prentice-Hall Inc., 1996.

的存量资产或可预见的未来收入构造和转变成为资本市场上可销售和流通的金融产品的过程。在该过程中存量资产被卖给一个特殊目的机构（Special Purpose Vehicle，SPV）或中介机构，然后或中介机构通过向投资人发行资产支持证券（Assets Backed Securites，ABS）以获取资金。"①

国内一些学者对"资产证券化"也给出了尝试性的定义，如何小锋指出："资产证券化是资产采取证券这一价值形态的过程和技术，具体包括现金资产、实体资产、信贷资产和证券资产的证券化四种。"② 这一定义其实是一种广义的资产证券化，目的在于以更为有效的公开资本市场取代效率较低、成本较高的金融中介而获得融资。于凤坤认为："资产证券化是指证券化机构将可以产生稳定的可预见未来收入流的资产，按照某种共同特质汇集成一个组合，并通过一定的技术把这个组合转换为可在资本市场上流通的有固定收入的证券。"③ 邓伟利指出："资产证券化就是将金融机构或其他企业持有的缺乏流动性，但能够产生可预见的、稳定的现金流的资产，通过一定的结构安排，对其风险与收益进行重组，以原始资产为担保，创设可以在金融市场上销售和流通的金融产品（证券）。"④ 黄嵩则给出了更为细化的定义："资产证券化指的是把缺乏流动性但具有未来现金收入流的资产收集起来，通过结构性重组，将其转变成可以在金融市场上出售和流通的证券，据以融通资金的过程。"⑤

尽管国内外的机构、学者从不同角度对资产证券化做了定义，但是要给资产证券化下一个很全面的定义是一件较为艰难的事情。目前，我国学者对资产证券化的普遍定义为：资产证券化是指将缺乏流动性但未来现金流可预测的、可特定化的资产或政策组合，通过结构性重组，并采用一定的信用增级技术，转化为在资本市场上可以出售变现的证券的整个过程。

资产证券化融资自20世纪70年代在美国问世以来，已经获得了迅猛发展。从某种意义上说，证券化融资已经成为当今全球金融发展的潮流之

---

① John Henderson ING Barings, *Asset Securitization: Current Techniques and Emerging Market Applications*, Euromoney Books, 1997.
② 何小锋：《资产证券化：中国的模式》，北京大学出版社，2002，第1页。
③ 于凤坤：《资产证券化：理论与实务》，北京大学出版社，2003，第3页。
④ 邓伟利：《资产证券化：国际经验与中国实践》，上海人民出版社，2003，第7页。
⑤ 黄嵩：《从资产证券化的理论体系看中国突破模式的选择》，《学习与探索》2002年第1期。

一。作为一种结构性融资技术，资产证券化的核心是设计和建立一个严谨有效的交易结构，并在此基础上形成一套比较规范的证券化运作方法与程序。资产证券化融资从住房抵押贷款证券化成功运作起步，进而将其应用到其他资产上，就产生了其他资产证券化。目前，美国文化资产证券化已广泛运用于电子游戏、音乐、电影、休闲娱乐、演艺、主题公园等文化产业的各个领域。

借鉴国内外对资产证券化的定义，笔者尝试对文化资产证券化做了如下界定：文化资产证券化融资是指发起人将预计能够产生独立的、可预测的现金流的基础资产，通过一系列金融工具的结构安排和组合，对基础资产中的风险及收益要素进行分离与重组，并实施一定的信用增级，进而将该资产的预期现金流的收益转换成为可以在金融市场上出售和流通的证券，并据此融资交易的技术和过程。文化资产证券化融资的基础资产一般来讲不是原始形态的资产，而是由原始形态的资产衍生出来的财产权利或实际收益。

作为一种融资方式，文化资产证券化融资的具体操作十分灵活，而且作为一种金融现象，它又是处于不断的发展变化之中的，因此，要给它一个十分精确的定义极其困难，甚至是不可能的，也是不现实的，因此，我们没有必要去探究概念的精确，从总体上把握资产证券化融资的交易特征、交易结构、交易规则，了解到"文化资产证券化"这一表述本身并不具有非常严密和确定的内涵与外延，才能以更加开放和务实的视角来认识和探讨这一金融现象。从实证的角度来看，不可能也不必要从理论上苛求给文化资产证券化融资下一个极其精准的定义。

2. 文化资产证券化融资的特征

与传统的资产证券化融资相比较，文化资产证券化融资具有如下特征。

（1）文化资产权属模糊

国有文化资产的所有权与使用权模糊不清，有关权责方面的界限不明确。没有个人或管理部门能对国有文化资产顺理成章地享有完全的所有权和使用权，因而没有人可以在根本上完全操作国有文化资产的运营。这种现象的直接后果，从资本层面看，就是文化资本运转、操作缓慢、程序复杂，涉及不必要的方面众多，效率低下，致使文化资本失去资本的增值职能，以及国有资产严重流失等；从该行业总体情况看，反映为行业结构混乱、经营效率低下、浪费严重、发展迟缓等。

(2) 文化资产估价较难

文化资产和未来收益难以获得金融机构和信贷市场客观、有效的评估和认可。由于文化产品的特殊性，文化资产大都属于无形资产，如知识产权、创意等，其价值主要体现在创意和思想上，而创意和思想这种意识形态的事物很难用货币去衡量；无形的文化资产相对于不动产而言，很难准确地测量和评估，无形资产未来的市场收益也不易确定，影响无形资产收益的因素纷繁复杂，例如版权中包括复制权、发行权、放映权等多种财产权，赢利模式不同，其估值方式也各不相同；技术进步、观众审美偏好、保密程度、市场供求等诸多因素都对无形资产的收益有不可忽略的影响。此外，文化资产的价值评估体系没有建立起来，金融机构在对文化企业进行资料收集和考核的过程中，需要付出大量的时间成本和物质成本，进一步加大了融资的难度。因此，为避免损失，银行等金融机构一般不愿对文化企业放贷。同时，以抵（质）押形式向银行申请贷款时，银行不会接受风险大的无形资产作为抵（质）押。

(3) 文化资产经营风险较高

文化产品意识形态的特殊性使之要通过严格的审查才能进入市场，未通过审查而难以收回成本的情况时常发生，政策不确定性也会影响文化企业的经济效益和经营范围，加大了运营风险。进入市场之后，其市场销售情况也受到作品本身的艺术性、一定时期的审美观和文化消费潮流等综合因素的影响，市场不确定因素较多。此外，很多文化企业都是"项目性"，如电影、电视剧拍摄等，无法产生持续稳定的现金流。文化产品的易仿制性，文化产业领域的无形资产，如剧本、节目形态，随着文化产品投入市场，不可避免地需要对外公开，不具有保密操作的可能。相比技术领域的无形资产，文化产业领域的无形资产的可模仿更强，模仿难度也比较小。因此，出于投资风险和回报率的考虑，很多金融机构不愿轻易涉足。

(4) 文化企业资产具有"轻资产"特征

主要表现在文化企业所拥有的土地、房产、机器设备等有形资产占总资产的比例比较小，没有充足的有形资产作抵押，而这类资产恰恰是我国大多数的文化产业所缺乏的。人力资本、版权（知识产权）这类文化资产并不符合传统商业银行采取当铺式的融资方式，根据中国人民银行指定的贷款通则要求，商业银行在对企业开展贷款业务时，必须用企业的有形资产或金融资产进行抵押。由于文化产业法规体系不完善，投融资机制不健全，以及金融监管部门对贷款风险管理加强，加之我国金融创新有限，没有针对文化产业的成熟的内部信用品评级制度和第三方评级公司，金融机构对文化产业融资主体普遍缺乏信心，金融机构基于投资安全性的考虑，就会对文化产业"惜贷"。

（5）文化资产规模效益缺乏

目前，我国大部分文化企业规模小，中小文化企业占多数，其资金需求面广、频率高，但所需金额的数目并不大，而金融部门向这类文化企业提高贷款服务缺乏规模效益，需要制度较高的交易成本，商业银行不会把主要精力投入其中。同时，中小文化企业由于自身条件的限制和规模约束，缺乏信用记录和财务审计，大部分信息是封闭的，跟银行之间形成信息不对称，在正式的资本市场面临着更多的市场失灵和更大的融资约束。在直接融资方面，受最小资本规模的限制，大部分中小文化企业无法在正式的资本市场发行股票。目前推出的中小企业板也有经营年限和企业规模的限制，大多数中小文化企业仍然难以利用资本市场进行权益资本融资，面临的外源融资困难较大。

二 文化资产证券化融资的基础理论研究

（一）文化资产证券化融资的理论基础

1. M－M 理论——资产证券化融资的理论基石

对任何融资手段的解释都必须考虑经济学上的一个著名理论：M－M 理论。1958 年 6 月，美国学者莫迪利亚尼和米勒在发表于《美国经济评论》的《资本成本、公司财务与投资管理》(*The Cost of Capital Corporation Finance and the Theory of Investment*) 中提出了著名的 M－M 理论，为现代融资结构理论做出了开创性的贡献。1961 年在《商业学刊》发表的《股利政策、增长和股票估价》论文中提出一项推论；1963 年在《美国经济评论》发表的《企业所得税和资本成本：一项修正》一文中，对 1958 年提出的理论进行了修正；1966 年在《美国经济评论》上发表的《电力公用事业行业资本成本的某些估计》的一个实证结果，形成了修正的 M－M 理论。虽然后来许多经济学家对它不断修正，但其根本仍是企业实现价值最大化最优融资结构均衡法。

M－M 理论认为：在完善的市场中，企业的资本结构与企业的市场价值无关，或者说，企业选择怎样的融资方式均不会影响企业市场价值。认为企业融资结构（债务融资、股权融资）与企业市场价值无关的 M-M 理论有着严格的假设前提，即它是在不考虑企业和个人所得税、没有企业破产风险、资本市场充分有效运作等假设条件下成立的。其后莫迪利亚尼和米勒对 M-M 理论做了修正，加入了企业所得税，得出的结论是负债杠杆对企业的价值和融资成本有影响：企业向债券持有人支付的利息计入成本而免交公司所得税，而股息支出和税前净利润要交所得税，即利息具有税盾作用，从而使企业价值随着负债融资程度的提高而增加。当企业负债率达到 100% 时，企业价值会达到最大，而融资成本最小。也就是说，最佳融资结构的资金来源应该全部是债务融资。

该理论基本思想：其一，企业的市场价值与其资本结构无关，只取决于预期收益水平；其二，股票的每股预期收益率应等于相应资本化率，并加适当溢价；其三，任何情况下，企业投资决策的选择点只能是纯粹权益流量资本化率，它完全不受用于为投资提供融资的证券类型的影响；其四，在给定投资政策情况下，股利政策的改变意味着只是对任何期间内总收益在股利和资本利得之间分配上的改变，这样的改变不可能影响市场价值的评估；其五，在股权融资和借款之间的选择不会影响到一个公司的市场价值和资本的平均成本及其资本杠杆；其六，企业的红利政策不影响其市场价值[1]。

M-M 理论的重要性在于它一方面指出了这个领域进一步研究的方向和如何去做最优资本结构决策；另一方面在于他们所提出的"无套利分析方法"，为以后的融资理论发展奠定了基础。但是，由于该理论是建立在一系列假设基础上的，缺乏现实性和可操作性，没有为现实决策提供强有力的理论依据，它却为研究企业融资问题提供了一个有价值的起点和框架，其后出现的企业融资理论大多是在放宽 M-M 各项理论假设条件的基础上逐步形成和发展的，因此，对该理论及其发展理论的考察对我们深入研究企业融资问题具有重要意义。从上面的理论可以看出，文化创意产业利用文化资产进行债务融资可以相应地降低融资成本。

2. 权衡理论（平衡理论）

权衡理论是产生于 20 世纪 70 年代的一种新的融资结构理论，它既考

---

[1] Modigliani, F., Miller, M. H., "The Cost of Capital Corporation Finance and the Theory of Investment," *American Economic Review*, 1958 (48): 261-297.

虑了负债带来的利益，又考虑了负债导致的风险和各种费用，并对它们进行了适当的平衡。在 M-M 理论之后，许多经济学者从财务角度讨论了企业资本结构与企业价值之间的关系，并对 M-M 理论进行了各种修正，从而提出了平衡理论。它修正了 M-M 理论没有考虑企业风险、得出企业负债率越高其价值越大的结论；平衡理论，正是在考虑了企业风险、破产成本、代理成本等因素的前提下而形成的融资理论。

权衡理论认为，制约企业无限追求免税优惠或负债的最大值的关键因素是债务上升带来的企业风险和费用，企业融资是一个"平衡"体系，存在融资成本与融资收益的平衡问题。因此，企业最佳融资结构应当是在负债价值最大化和债务上升带来的财务危机成本以及代理成本之间选择最合适的位置。企业最佳的融资结构"平衡点"应当是考虑到企业风险、破产成本、代理成本的因素，企业不可能实现完全的债权融资，理想的债权与股权融资的比例就是税前付息的好处与破产、代理成本之间的平衡。换言之，正是这些约束条件（其中最重要的是破产机制）使企业不可能实现100%的债权融资结构。

权衡理论的代表人物为罗比切克（Robichek）、考斯（Kraus）、鲁宾斯坦（Krubinmstein）、斯科特（Sconet）等，代表作品为 1966 年罗比切克和梅耶斯的《最优资本结构理论问题》。权衡理论放松了 M-M 理论中的假设条件，引入均衡这一概念，通过更为清晰和严谨的数学推导，使企业融资具有最优解的可能性，从而为企业融资理论的研究提供了一种新思路，但由于平衡理论长期以来一直局限在破产成本与税收利益这两个概念所形成的框架中，最终走入困境，宣告完结。权衡理论为文化创意产业利用文化资产融资选择融资方式确定合理的资本结构奠定了理论基础。

3. 新优序融资理论

M-M 理论和平衡理论中有一个重要的假设条件，即信息充分。根据这一假设，企业管理者和投资者双方对企业未来收益都具有充分的信息，并依据充分的信息做出判断和决策，实现企业的市场价值。而实际中，双方同时获得充分的信息是不存在的、不能实现的，即存在信息不对称现象。20 世纪 70 年代以后，对信息不对称现象的研究开始渗透经济学的各个领域，包括企业融资领域。

新优序融资理论是梅耶斯（Stewart C. Myers）和迈基里夫（Nicholas

S. Majluf）于 1984 年沿着信息不对称的思路，系统地提出了新优序融资理论。其在信息不对称条件下包括三个基本点：一是企业将以各种原因为借口，尽可能避免通过发行普通股或任何形式的风险证券来获得融资；二是为使内部融资能满足达到正常权益投资收益率的投资需要，企业必须要确定一个目标股利比例；三是在确保安全的前提下，企业才会选择通过对外进行融资，以满足企业的部分融资需求，并且这种融资会从发行风险较低的证券开始。

新优序融资理论认为企业的融资决策是根据成本最小化的原则来依次选择不同的融资方式。企业融资的一般顺序为：首先选择无交易成本的内部融资；若资金不够再选择交易成本较低的债务融资（先是银行贷款，然后是发行债券）；而对信息约束条件最严，并有可能导致企业市场价值被低估的股权融资则排在企业融资顺序的末位。因此，为提高企业价值，管理人员应该提高自有资金比重，降低负债比例，增强自我筹资的能力。

梅耶斯和迈基里夫合作完成的《企业知道投资者所不知道信息的融资和投资决策》一文中，通过建立梅耶斯—迈基里夫模型，对上述观点进行了系统的论证。新优序融资理论第一次正面回答了企业的融资偏好问题。按照这一理论，企业的资本结构是在企业新项目筹资意愿的驱使下形成的，融资过程中先考虑内部融资，然后再考虑低风险的债券，最后才是采用股票，这就是现代融资理论的"融资定律"[①]。

4. 代理成本理论

在现代企业治理结构中，企业所有者和经营者之间存在信息不对称问题，因此产生了代理问题。代理成本理论是詹森（Jensen）和麦克林（Meekling）在 1976 年发表的论文《企业理论：管理行为、代理成本和所有权结构》中联合提出的。该理论系统地分析和解释了信息不对称情况下的企业融资结构问题。他们认为，许多企业问题都可以看作代理的某一种特例，由于委托人、代理人的效用不同而产生监督成本、约束成本以及剩余损失等代理成本。它是企业所有权结构的决定因素，是现代企业里所有

---

① Myers, S. C. , Majluf, N. S. , "Corporate Financing and Investment Decisions When Firms have Information that Investors do not Have," *Journal of Financial Economics*, 1984 (13), pp. 187 – 360.

者与管理者之间因契约产生的代理问题所造成的。

詹森和麦克林把代理关系定义为"委托人授予代理人某些决策权，要求代理人提供有利于委托人利益的服务"，代理关系存在于所有的组织和合作中。假定委托人和代理人都以追求自身效用最大化为目标，那么，代理人就不会总是根据委托人的利益来做出行动决策，即不能实现委托人利益的最大化。为解决这一问题，可以采取以下两种方式：一是委托人可以通过激励和监督代理人的方式，使其为自己的利益尽最大努力；二是代理人可以用一定的财产担保不侵害委托人的利益，否则以此财产作为补偿。即便如此，代理人的行动与使委托人效用最大化的行动之间仍会有一定的差异，由此给委托人利益带来的损失被称为"剩余损失"。委托人的监督成本、代理人的担保成本和剩余损失被定义为代理成本。债权融资和股权融资都存在代理成本，融资的最优结构取决于"所有者都愿意承担的总成本"，即企业进行的融资选择就是所有者在债权的代理成本和股权的代理成本之间做出权衡，以使其所承担的总代理成本最小[①]。

詹森和麦克林在对股权和债权的代理成本进行分析的基础上得出基本结论，认为均衡的企业所有权结构是由股权代理成本和债权代理成本之间的权衡关系决定的，企业最优资本结构应该是在给定内部资金水平下，能够使代理成本最小的权益与负债比例。最优负债与权益比率就在实现企业价值最大化的那一点上，这一点也是边际负债成本正好抵销边际负债利益的地方。

虽然 M-M 理论、平衡理论、新优序融资理论、代理成本理论的理论假设和适用条件不同，分别考虑了税收、信息不对称、委托代理等因素对微观融资主体的选择、融资效率的影响，但它们都是通过利用经济学中最优化分析方法，从资金使用成本、成本收益平衡、融资风险和代理成本最优等角度，对企业融资的偏好、行为进行了科学的分析和论证，为文化创意企业在选择文化资产融资方式及优化文化企业资本结构等问题上提供了理论支撑，为我们研究文化创意产业融资问题拓宽了思路，提供了更多的选择空间。

[①] Jensen, M., William, M., "Theory of Film: Managerial Behavior, Agency Costs, and Ownership Structure," *Journal of Financial Economics*, 1976 (4), pp. 305 – 360.

（二） 文化资产证券化融资的基本原理

美国是最早进行资产证券化也是资产证券化最发达的国家。文化资产证券化的案例也是最先在美国出现的，即鲍伊债券的发行。除此之外，在专利权领域、商标权领域也都有证券化融资案例产生。我国资产证券化融资开始的时间也并不长，文化资产证券化融资则刚刚起步。文化资产证券化融资的流程与其他资产证券化融资基本一致。与资产证券化融资的问题一样，文化资产证券化融资也存在一定的问题，如文化资产本身的特点使资产池的构建较难、文化资产的价值评估等。自20世纪70年代以来，资产证券化在西方发达国家（地区）发展迅速，证券化的资产范围已经扩展到了租金、版权、专利费、信用卡应收账款、汽车消费贷款、公园门票收费等广泛领域。现如今，资产证券化已有十几年的发展历史，在实践中已经发展出一套较为详尽、完善的运作规程，为文化资产证券化融资提供了非常好的理论基础和现实依据。

1. 文化资产证券化融资的操作流程与运作机制

所谓文化资产证券化融资是指发起人将预计能够产生独立的、可预测的现金流的基础资产，通过一系列的金融工具的结构安排和组合，对基础资产中的风险及收益要素进行分离与重组，并实施一定的信用增级，进而将该资产的预期现金流的收益转换成为可以在金融市场上出售和流通的证券，并据此进行融资交易的技术和过程。

文化资产证券化融资的主要特点是将原来不具有流动性的融资形式变成流动性的市场性融资。在证券信用阶段，融资活动以有价证券为载体，有价证券把价值的储藏功能和价值的流通功能统一于一身，即意味着短期资金可以长期化，长期资金也可短期化，从而更好地适应了我国文化快速发展而带来的对资金融通的要求。

文化资产证券化融资的目的在于将缺少流动性的基础资产通过结构重组在证券市场上市，进而转化为流动性高的资产，盘活文化存量资产，提高资产使用效率，其创立的关键在于被证券化的资产能够产生可预测的、稳定的现金流。所以，表面上文化资产证券化融资似乎是以文化资产为支撑，实际上却是以文化资产所产生的现金流为支撑的，这是文化资产证券化融资问题的本质和精髓。换句话说，文化资产证券化所证券化的不是文化资产本身，而是文化资产所产生的现金流。因此，基础资产的现金流分析也就成为文化资产证券化融资问题的核心。基础资产的现金流分析主要涉及三个方面的问题：文化资产的评估、文化资产的风险及收益分析。

文化资产的正确评估来自对基础资产的正确估价，否则，文化资产证券化融资将无从谈起。总体来说，文化资产估价可以归为三种方法。第一，现金流贴现估价法。这种方法认为，一项资产的价值应等于该资产预期在未来所产生的全部现金流的现值总和。第二，相对估价法。这种方法根据某一变量，如收益、现金流、账面价值或销售额等，考察同类可比资产的价值，借以对某一项新资产进行评估。第三，期权估价法。它使用期权定价模型来估计有期权特征的资产的价值。使用的估价方法不同，得出的结构可能会有显著差异，所以如何选择合适的估价方法对文化资产进行评估就成了一个关键问题。当然，这三种方法不应当被看作是相互排斥的，而是相互补充的。

文化资产的收益来源于资产所产生的现金流，为了获得收益，文化资产的所有者要承担相应的风险。把风险转让出去的同时，也必须把相应的收益权让渡给参与证券化融资的其他机构或个人，从而实现收益与风险的分离和重组。由此可见，文化资产证券化融资是对既存资源的重新配置，使参与证券化融资的各方都从中受益。文化资产的风险与收益分析则是从风险需得到补偿的角度出发，来计算某一种文化资产或文化资产组合的收益率，而这个收益率，从文化资产估价的角度来说，就是文化资产未来现金流的贴现率。因此，文化资产的风险与收益分析模型在基础资产的现金流分析中的作用是用来确定证券化文化资产未来现金流的贴现率。如果不能对文化资产进行风险与收益分析，就无法用现金流贴现法来估价。

在可预期现金流的基础上，文化资产证券化还包含三大基本原理，即资产重组、风险隔离、信用增级原理（见表2-1）。这三个基本原理其实是对基础资产现金流的进一步分析，是对资产证券化融资核心原理的深入。任何一项成功的文化资产证券化融资，必须对基础资产进行成功的重组以组成资产池，并实现资产池和其他资产的风险隔离；同时，还必须对资产池进行信用增级。

表2-1 文化资产证券化的三个基本原理

原理	具体内容
资产重组原理	文化资产的所有者或支配者为了实现发行证券的目的,运用一定的方法和手段,对文化资产进行重新分配与组合的行为。在文化资产证券化过程中,主要是指通过资产的重新组合来实现收益的重新分割和重组,从而使资产证券化融资的过程达到最佳、最优、均衡和低成本的目标。 一般包括如下内容:①最佳化原理。通过资产重组使基础资产的收益达到最佳水平,从而使以资产为支持发行的证券价值达到最佳化。②均衡原理。资产重组应将文化资产的原始所有人、策略投资者以及将来的证券持有人的利益进行协调,以有利于证券的发行和未来的表现,并至少应该保持原有的均衡不被破坏。③成本最低原理。在文化资产证券化融资过程中,必须坚持低成本的策略,也就是说必须降低资产重组的操作成本。④优化配置原理。按照"边际收益递减"理论,在某一种资产连续追加投入的过程中,边际投入所能带来的边际收益总是递减的,当边际收益与边际成本趋于一致时,资产投入的效益就达到最优化的状态;通过对资产的不断调整与再重组实现社会资源配置最优化
风险隔离原理	通过隔离基础资产的风险和其他资产的风险来提高资产营运效率并最大化文化资产证券化参与各方的收益。 实现风险隔离的过程:(1)证券化资产的真实出售。①当事人意图符合资产证券化目的;②发起人资产负债表已进行资产出售处理;③出售的资产一般不得附有追索权;④资产出售的价格不盯住贷款利率;⑤出售过的资产已经过"资产分离"处理。(2)在交易中设立SPV。SPV的存在使资产与发起人之间在法律上完全隔离,从而避免了资产与发起人之间的连带关系。 破产隔离从两个方面提高了资产运营的效率:①通过破产隔离,把基础资产原始所有人不愿或不能承担的风险转移到愿意而且能够承担的人那里;②通过破产隔离,投资者能够只承担他们愿意承担的风险,而不是资产原始所有人其他资产的风险
信用增级原理	为使证券化产品能够吸引更多的投资者参与,并有效地降低票面利率和发行成本,SPV一般都对证券化产品进行信用增级,利用第三方提供的信用担保或利用基础资产所产生的现金流来实现自我担保,即外部增级和内部增级,以提高所发行证券的信用级别,从而提高资产的售价

根据文化资产证券化融资的三大基本原理,文化资产证券化融资形成了自己独特的交易结构与运作流程(见图2-2)。简单地讲,文化资产证券化融资运作的交易过程是:发起人或者原始权益人(originators)、将拟证券化资产出售给一个SPV,汇集成一个资产池,SPV以资产池所产生的

现金流为支撑，设计各种各样的有价证券公开发行融资，然后用资产池产生的现金流来清偿所发行的有价证券。其中，信用增级机构、信用评级机构、担保机构、证券承销商、附属便利提供机构和服务商等为整个文化资产证券化融资运作提供各种服务。在文化资产证券化融资运作中，有两样事情关系文化资产证券化融资运作的成败：一是 SPV；二是资产池所产生的现金流。SPV 具有一种特殊的组织形态，并具有不可替代的特殊作用，它既起着风险隔离的作用，也隐藏着一些容易被忽视的风险。而资产池所产生的现金流，是最后清偿所发行的有价证券的资金来源，是决定能否开展文化资产证券化融资运作的必要条件。

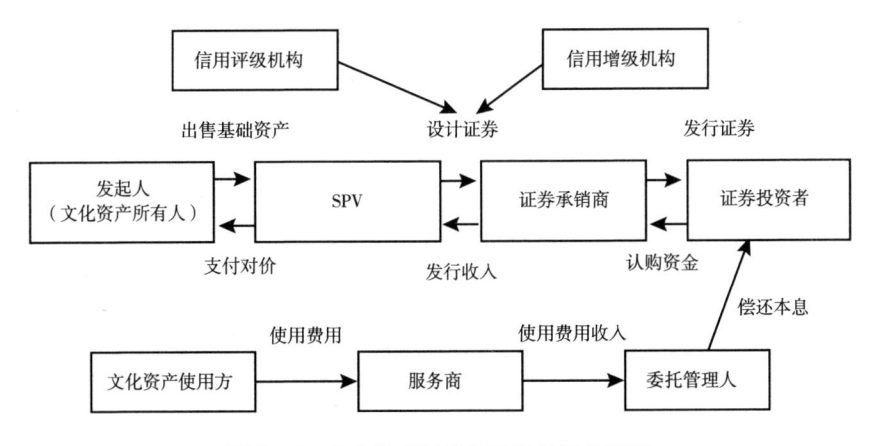

图 2-2　文化资产证券化融资的运作流程

文化资产证券化融资相对其他融资方式有更为优越的分散风险、配置资源的功能，这主要得益于其自身精巧的结构。如果说一系列的合同安排构成了静态的文化资产证券化融资的交易结构，那么文化资产证券化融资的运作流程则从动态的角度演示了它的基本原理。完整的文化资产证券化融资的基本操作步骤见表 2-2。

文化资产证券化融资的步骤一般可以简化处理为图 2-3 进行运作。

从实践来看，文化资产证券化融资的具体操作流程与运作机制如下[①]。

[①] 刘洋：《北京市文化创意产业资产证券化的发展模式研究》，硕士学位论文，对外经济贸易大学，2012。

表 2-2　资产证券化融资的基本操作步骤

步骤	实施的具体方法
确定证券化资产并组建资产池	资产证券化的发起人（文化资产的原始权益人）在分析自身融资需求的基础上，通过发起程序确定用来进行证券化的资产，确定资产证券化的融资目标，组成特定的资产组合，即资产池
设立特殊目的机构	SPV 是专门为文化资产证券化设立的一个特殊实体，它是资产证券化运行的关键性主体。组建 SPV 的目的是最大限度地降低发行人的破产风险对证券化的影响，即实现被证券化资产与原始权益人（发起人）其他资产之间的"风险隔离"。SPV 被称为没有破产风险的实体：一是指 SPV 本身的不易破产性；二是指将证券化资产从原始权益人那里真实出售给 SPV，从而实现了破产隔离。为了达到"破产隔离"的目的，在组建 SPV 时应该遵循以下要求：债务限制、设立独立董事、保持分立性、满足禁止性要求
实现项目资产的真实出售	证券化资产从原始权益人向 SPV 的转移是证券化运行流程中非常重要的一个环节。SPV 成立后，与发起人签订买卖合同，发起人将资产池中的资产出售给 SPV。这一交易必须以真实出售的方式进行，即出售后的资产在发起人破产时不作为法定财产参与清算，资产池不列入清算范围，从而达到"破产隔离"的目的。破产隔离使得资产池的质量与发起人自身的信用水平分离开来，投资者就不会再受到发起人的信用风险影响，即原始权益人的其他债权人在其破产时对已证券化的资产没有追索权，实现了证券化资产与原始权益人之间的破产隔离
完善交易结构，进行信用增级	为了吸引投资者，改善发行条件并降低融资成本，SPV 必须进行信用增级，以提高所发行证券的信用级别，使投资者的利益能得到有效的保护和实现。信用增级的水平是资产证券化成功与否的关键之一。信用增级手段主要分为内部信用增级和外部信用增级，内部信用增级包括划分优先/次级结构、建立利差账户、开立信用证、进行超额抵押等，外部信用增级主要通过金融担保来实现
进行信用评级，为投资者提供证券选择的依据	在文化资产证券化交易中，信用评级机构通常要进行两次评级：初评和发行评级。初评的目的是确定为了达到所需的信用级别进行的信用增级水平。在按评级机构的要求进行完信用增级后，评级机构将进行正式的发行评级，并向投资者公布最终评级结果。信用等级越高，表明证券的风险越低，从而使发行证券筹集资金的成本越低。由于出售的资产都经过了信用增级，一般的，资产支持证券的信用级别会高于发起人的信用级别
发行证券，向发起人支付资产购买价款	信用评级完成并公布结果后，SPV 将经过信用评级的证券交给证券承销商承销，向投资者销售资产支持证券，可采取公募或私募的方式来进行。由于这些证券一般具有高收益、低风险的特征，主要由保险公司、投资基金和银行机构等机构投资者购买。SPV 从证券承销商那里获得发行现金收入，然后按事先约定的价格向发起人支付购买证券化资产的价款，此时要优先向其聘请的各专业机构支付相关费用

续表

步骤	实施的具体方法
实施资产管理与服务工作	证券挂牌上市交易后,SPV 要聘请专门的服务机构来对资产池进行管理。服务机构的作用主要包括:收取债务人每月偿还的本息;将收集的现金存入 SPV 在受托人处设立的特定账户;对债务人履行协议的情况进行监督;管理相关的税务和保险事宜;在债务人违约的情况下实施有关补救措施
清偿证券	按照证券发行说明书约定,在证券偿付日,托管银行按约定期限,将收款交给 SPV,由 SPV 对积累金进行资产管理,以便到期时对投资者还本付息,待资产到期后,向聘用中介机构付费。当证券全部被偿付后,如果资产池产生的现金流还有剩余,那么这些剩余的现金流将被返还给交易发起人,资产证券化交易过程也随即结束

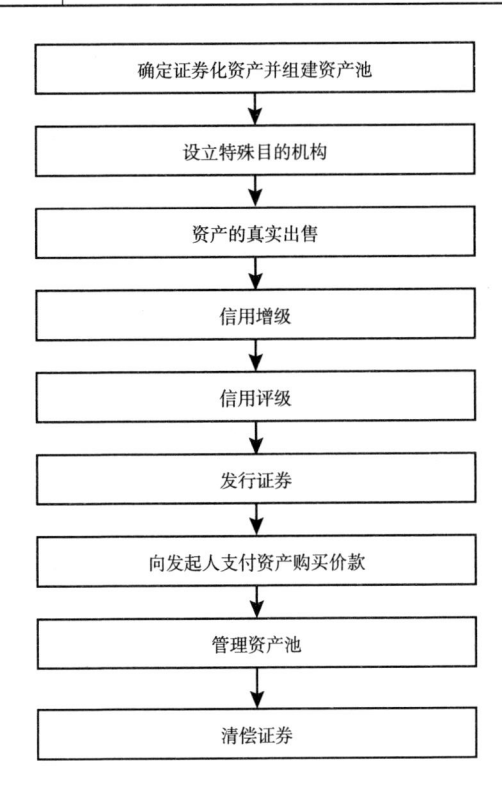

```
确定证券化资产并组建资产池
        ↓
    设立特殊目的机构
        ↓
     资产的真实出售
        ↓
       信用增级
        ↓
       信用评级
        ↓
       发行证券
        ↓
  向发起人支付资产购买价款
        ↓
       管理资产池
        ↓
       清偿证券
```

图 2-3　资产证券化融资的基本运作流程

资料来源:根据何小锋等《资产证券化:中国的模式》,北京大学出版社,2002,第 121~124 页整理。

（1）构建证券化融资的文化资产组合，即构建资产池

确定文化资产证券化的融资目标，可将那些能够产生持续资金流的文化资产作为基础资产（版权、专利权等知识产权使用费），组成特定的资产组合，即资产池；其所有者作为文化资产证券化的发起人，并专门成立特殊目的机构，将基础资产出售给SPV。

文化资产证券化的基础资产池，实质上就是通过对一定特征和规模的资产进行分割、重组，组成一个可以有效分散风险、具有稳定收益、形成一定规模的资产组合，以减少未来现金流的不确定性。在资产池中资产选择方面，需要注意以下几点：一是避免资产不合理集中所导致的未来偿付风险，注意风险分散；二是保障持续的现金流，合理搭配资产，将存续期内变现期限不同的资产按一定比例组合在一起；三是具有稳定的可持续的收益，以保证资产证券化的有效推行。

（2）设立特殊目的机构

SPV成立后，与文化资产原始权益人（发起人）签订买卖合同，将资产池中的资产出售给SPV。这一交易必须以真实出售的方式进行，即出售后的资产在发起人破产时不作为法定财产参与清算，资产池不列入清算范围，从而达到"破产隔离"的目的。破产隔离使得资产池的质量与发起人自身的信用水平分离开来，投资者就不会再受到发起人的信用风险影响。

（3）有效的基础资产评估

文化资产证券化融资首先要实现基础资产的真实出售，即将一定期限的使用收益权以契约的形式出售给SPV。实现出售的关键在于出通过专业的资产评估机构预测该基础资产所产生的预期现金流，从而进行价值评估和评级。定价问题是金融问题的核心问题，从文化资产证券化融资的流程可以看出，只有给资产池确定一个合理的价格，才能保证资产的真实出售和各参与方的利益均衡，防止内幕交易；为此，应当对作为基础资产的文化资产进行评估。评估的真实有效十分关键，此后的证券化产品设计都需要围绕这一估值进行。

文化资产证券化融资的对象不是文化资产本身，而是文化资产所产生的现金流。因此，基础资产的现金流分析成为文化资产证券化的核心内容。现金流之于证券化的基础作用还体现在证券清偿所需资金完全来源于证券化资产所产生的现金流，即资产证券化具有"自身清偿"特征。基础资产所产生的现金流在期限和流量上的不同特征会直接影响以其为支付的

证券的期限和本息偿付特征。所以，在设计文化资产证券化融资产品时，必须首先对基础资产的现金流进行分析，在此基础上才能设计出既符合基础资产的现金流特征，又满足市场投资者需求的产品。SPV作为证券发行方对基础资产所产生的现金流进行重新安排和分配，设计出风险、收益和期限不同的证券。

（4）资产组合的信用增级与信用评级

在对文化资产拥有或控制者的基础资产进行评估后，为了吸引投资者，保证证券的成功发行，SPV必须进行信用增级，使投资者的利益能得到有效的保护和实现。同时，还需要根据企业的融资需求和市场的要求，采取破产隔离、区分优先证券和次级证券、引入金融担保等信用增级的技术和方式，提高证券的信用级别，降低发行风险和融资成本。信用增级的水平是文化资产证券化融资成功与否的关键之一。信用增级机构一般按担保金额的一定百分比收取服务费。同时，它只承担超过历史损失的损失。信用提高即可由发起人进行，也可由第三方进行。

评级时主要考虑资产的信用风险，即发行人不履行义务的可能性；发行人承担责任的法律条款和特性；当发生破产时，发行人能担当责任的程度。一般不包括利率变动等因素导致的市场风险，或基础资产提前支付所引起的风险。评级机构根据对证券化资产信用风险的评估结果，给出资产证券的信用级别。由于出售的资产都已经过了信用增级，因此，资产证券的信用级别都会高于发起人的信用级别。文化资产证券化的发行既可以通过公募发行的方式来进行，也可以通过私募发行的方式来进行。

（5）证券的发售和资产转让支付

经过信用评级和信用增级后，SPV将证券交给证券承销商发行。证券承销商将证券发行所筹集到的资金交还给SPV，SPV再按事先约定的价格支付购买基础资产的资金。

一般来说，文化资产证券化融资过程中发行的证券主要有债券、优先股、信托受益权证等。SPV通常由特殊目的公司（Special Purpose Company，SPC）或特殊目的信托机构（Special Purpose Trust，SPT）来承担，根据目标市场和文化资产所有者资产的具体情况，合理设计证券的发行利率，寻找合适的证券承销商。资产支持证券的发行可以通过公开发售的方式进行，也可以提供私募的方式发行，或者两者同时进行。证券承销商通过向投资者出售证券，SPV从证券承销机构处获取证券发行收入，然后按照事先约定的价格向发起人（文化资产原始权益人）支付购买证券化资产的价款。经过SPV，实现文化创意产业的融资需求，实现文化资产证券化融资。

（6）资产售后管理和服务

证券挂牌上市交易后，服务机构对资产池进行管理，负责收取、记录由资金池所产生的现金收入，并将这些收款全部存入托管银行的收款专户。证券发行后，需注意两大方面：一是对文化资产使用权的管理，防止价值外溢，有效保护产权所有者的权益和SPV的利益；二是在财务管理上，要保障各个参与方的权益，由SPV指定托管机构（一般为商业银行）。托管机构主要负责从文化资产使用方收取使用费，并将其作为本息偿付给证券投资者，将剩余收益返还给SPV，并提供资金和账户的委托管理。由资产池所产生的收入在还本付息、支付各项费用之后，若有剩余，按协议规定在原始权益人与SPV之间进行分配。至此，整个文化资产证券化融资过程即告结束。

需要说明的是，以上只是文化资产证券化融资运作的最一般或者最规范的流程，实践中交易过程会有所差异。这种运作流程的设计使文化资产的发起人、特殊目的机构、托管机构、服务商之间形成了一种相互监督、相互制衡的机制，从而降低了各方的违约风险。而各种文化资产所有者拥有或控制的资产通过证券化的形式，重新分割和组合，资产的流动性、收益及风险进行了重新组合和匹配。对投资者而言，金融市场上也有多种不同期限及回报率的金融产品来满足投资者的需要。

2. 推进文化资产证券化融资的实践路径

（1）基础资产的选择

作为资产证券化的基础，资产池中基础资产的选择往往决定了证券化的成败。如前所述，根据国外资产证券化多年的经验，产权清晰且商业化用途多元的文化资产适宜进行资产证券化。

作为文化资产证券化融资的探索期，应当选择版权、专利权等这类知识产权清晰而明确的资产作为基础资产。目前，我国知识产权交易发展迅速，交易量和交易额也有较高的增长率，中介机构在专利使用权价值评估和风险测量方面也有着丰富的经验。这些都为文化资产证券化的实践提供了良好的基础。在选择以版权、专利权等知识产权作为基础资产时，需要注意以下几点：一是这类资产必须是合法和有效的知识产权；二是这类知识产权的权利归属要清晰；三是证券的存续期必须少于知识产权受保护的剩余年限。

（2）SPV 的构造

文化资产证券化融资结构的核心是风险隔离机制的设计，其中重要的一环是 SPV 的设立。SPV 为破产隔离机构：一是 SPV 的业务范围受到严格限制，使 SPV 远离破产风险；二是 SPV 独立于发起人、服务商等实体，使 SPV 不受这些实体破产与否的影响。SPV 在文化资产证券化中扮演十分重要的角色。SPV 的组建形式有以下几种。

信托型 SPV，也被称为特殊目的信托机构（SPT）。以信托方式设立 SPV 是指发起人将标的的资产（基础资产）转让给 SPV，成立信托关系，由 SPV 作为证券的发行人，发行基于标的资产的信托收益证书。在此信托关系中委托人为发起人（原始权益人），受托人为 SPV，信托财产为证券化资产组合，受益人则为信托收益证书的持有人。

公司型 SPV，也被称为特殊目的公司（SPC）。其特点是把一个或一组发起人的基础资产加以证券化，而不管这些资产是否彼此相关，且这些证券化交易可以依次进行也可以同时进行；能够极大地扩大资产池的规模，从而摊薄证券化交易较高的初始发行费用。

合伙型 SPV，也被称为特殊目的合伙（Special Purpose Partnership，SPP）。在合伙经营形式中，由合伙人分别按各自的所得纳税，合伙企业本身不交纳所得税，因而合伙型 SPV 可以避免双重征税的问题。合伙型 SPV 主要向其成员即合伙人购买标的资产，主要为其成员进行资产证券化融资服务。合伙人须对合伙企业的债务承担无限责任；一般采取有限合伙形式。

从各国的实践来看（见表 2-3），公司式 SPV 与信托式 SPV 之间的区别在于前者的核心是基础资产"出售"给受托机构，后者的关键是基础资产被"信托"给受托机构，二者都实现了所有权的转移和风险的隔离，是实质上的"真实出售"。从大的方向看，SPV 由 SPT 向 SPC 演进，SPP 逐渐消失，主要原因在于 SPC 发行证券多样化，而 SPP 无法实现破产隔离。

目前，我国资产证券化融资实践中有两种 SPV，即信托公司的特殊目的信托和证券公司的专项资产管理计划。前者由于有信托法的规则，天然地能够实现破产隔离；而后者的法律关系依托投资者与证券公司之间的委托代理关系,并不能真正实现破产隔离。不同的法律关系下,投资者面临的风险类别明显不同。我国相关法律规定对公司制企业发行股票和债券都有较高的注册资本和盈利门槛要求,这无疑会增加企业的融资成本,甚至将许多中小企业拒之门外。而 SPT 这类模式,根据我国《信托法》,为 SPT 的设立提供了法律依据,并且这种形式成本低,手续简单,税收方面有优势。因此,在 SPV 设立形式上,SPT 这种信托式特殊目的机构更适合文化资产证券化的要求。SPV 的比较见表 2-4。

表 2-3　SPV 设立形式比较

国家(地区)	SPV 类型	优点	缺点
美国	SPC / SPT	两者模式可择优选择	容易引发不同模式间的套利行为
中国香港	SPC	独立实体,可灵活发行多种证券;可以通过扩大资产池规模降低初始发行费用	运作成本高;法律监管严;一般需要纳税
中国内地	SPT	成本低、手续简单;税收方面有优势	发行证券种类受限制

表 2-4　SPV 的比较

	信托型(SPT)			公司型(SPC)	有限合伙型(SPP)
	授予人信托	所有者信托	主信托		
优点	风险隔离;可避免双重征税	可发行多级证券;免税;风险隔离;实际无税收	可提前融资;本金款项使用灵活;分配款项灵活;免税	方便灵活;可发多种 ABS;初始发行费用低	免税实体优势;为合伙成员进行证券化融资
缺点	不能发行等级不同的证券;不得再投资	有些国家无信托制度	有些国家无信托制度	法律监管较严;需要纳税	注册手续烦琐;合伙份额转让受到严格限制;风险隔离效果欠佳
风险		法律风险;信托财产管理风险		实体合并风险	风险隔离的风险

资料来源:赵宇华:《资产证券化原理与实务》,中国人民大学出版社,2007,第 60 页。

(3) 以外部增级作为主要的增级方式

根据《信贷资产证券化试点管理办法》规定,资产证券化可以通过内部或外部信用增级方式提升信用等级。内部信用增级指的是依靠资产自身为防范信用损失提供保证。其基本原理是,以增加抵押物或在各种交易档次间调剂风险的方式达成信用提升。例如,通过将发行的证券划分不同偿付等级。外部信用增级主要通过第三方提供信用增级工具，如提供保险、金融担保等，增加证券的信用等级，降低融资成本。考虑到文化资产证券化刚刚起步，社会对知识产权价值的认识还需要一个过程，文化资产证券化融资在内部增级之外，还需要通过第三方提供担保和保险等外部信用增级工具，增加资产的信用等级。

（4）以渐进式的政府为主导的发展模式

美国的文化资产证券化是在金融机构自发创新和政府的推动下发展起来的，直到金融危机后才明确对贷款信用审查和资产支持证券自持比例提出限制要求，但总体监管环境仍宽松。中国资产证券化遵循先管制后发展的思路，发展之初就制定了配套法律法规，分阶段试点、参与机构审批制、发行额度限制等措施。

文化资产证券化融资在我国还属于新生事物，相关的法律、税收制度、中介机构还有待建立和完善，因此在初始阶段适宜采用政府主导型的发展模式，不急于将文化创意产业资产证券化的发展完全交由市场力量主导。金融完全自由化的粗放模式不适用于发展中国家金融市场的客观条件，中国在政府指导下的渐进式的发展方向在防范风险上有其优越性。

三　推行文化资产证券化融资对于我国文化发展的意义

我国资产证券化试点工作虽然开始于 2005 年，但这主要针对的是信贷资产的证券化与企业资产证券化。2010 年中国人民银行、财政部、文化部等部门联合颁布了《关于金融支持文化产业振兴和发展繁荣的指导意见》指出，要深入推进文化与金融合作，推动文化产业成为国民经济支柱性产业。2014 年 3 月 17 日，文化部、中国人民银行、财政部联合颁布《关于深入推进文化金融合作的意见》，提出："创新文化资产管理方式。推进符合条件的文化信贷项目资产证券化，释放信贷资源，缓解金融机构资本充足率压力，盘活存量资产，形成文化财富管理。鼓励资产管理机构和金融机构市场化处置改制文化企业资产。提高文化类不良资产的处置效率"，对文化资产证券化提出了明确的要求。此次出台资产证券化发展的相关措施，有利于推动我国文化资产证券化的进一步发展。

国务院颁布《关于推进资本市场改革开放和稳定发展的若干意见》，强调指出应"建立以市场为主导的品种创新机制，研究开发与股票和债券相关的新品种及其衍生产品，加大风险较低的固定收益类证券产品的开发力度，为投资者提供储蓄替代型证券投资品种，积极探索并开发资产证券化品种"。上述政策文件为文化资产证券化在我国的探索发展提供了政策支持。

（一）给予文化资产拥有者（原始权益发起人）带来的益处

资产证券化在全球的迅猛发展表明，资产证券化是世界金融市场最具生命力的创新之一，是国际资本市场上最重要和最具活力的组成部分。资产证券化一直处于内涵不断深化、边界不断扩展的发展过程中，其载体和方式不断扩大化和复杂化，并日益渗透经济领域的各个层面，对经济发展日益产生重大而积极的影响。对发起人来讲，资产证券化作为一种新型融资工具，能够有效提高资本比率、改善财务结构、降低融资成本和经营风险、提高资产收益率；对投资者而言，资产证券化为投资者提供了一种高质量的新型投资工具，使其能在保证安全性的同时，也能获得较高的流动性和投资回报。由于资产证券化存在以上诸多优点，从而将资本的供求双方巧妙地衔接起来，促进了资本市场的发展，而资本市场的发展又降低了宏观经济的运行成本，优化了资源配置、促进了经济增长。

1. 实现文化资产原始权益人资本的最大利用，降低融资成本

传统的融资方式是以融资方的整体信用为担保，文化资产证券化融资则是一种结构性融资而非产权融资，是一种收入导向型的融资方式，其信用基础是一组特定文化资产，而非发行人的整个文化资产。贷款、企业债券、股票等方式都是以发行人的全部资产和信用为支撑的，投资者进行投资必须考虑发行人的整体信用和经营状况，而在文化资产证券化融资过程中，投资者只需要考虑基础资产的质量。文化资产证券化可以通过真实出售和破产隔离的结构设计，再辅以信用增级等手段，使发行证券的信用级别独立于融资方的信用级别，大大提高了证券的信用级别。也就是说，即使融资方的信用级别并不高，文化资产证券化后的证券也可能有比较高的信用级别，信用级别的提高必然使投资者的要求回报率降低，所以节约了融资成本。

另外，由于文化资产证券化可以使证券的信用级别高于原有融资人的整体信用级别，原来可能因为信用级别不够而无法融资的融资人也可以获得融资的机会，这就拓宽了其融资渠道。信用级别通常还会带来一个差额收益，这个收益一般由原始权益人获得。这样对发起人来说，既能获得收益，又能留住客户，吸引力较大。一般 SPV 的财务杠杆率（财务杠杆 = 负债/资本）要比原始贷款人整个资产负债表的杠杆率要高。文化资产发起人从它所拥有的资产中挑选出高质量资产（这些资产必须达到投资者认可的标准），SPV 用这些资产作为支撑，发行资产证券化进行融资，以支付发起人的购买款项。发起人转让资产、偿还负债后，财务杠杆率下降，又可以用既有的资本支撑开展新的融资活动。

2. 增加了发起人的收入，提高了资本收益率

文化资产原始权益人（发起人）在将资产转移出资产负债表并保留资产适当风险的同时，还可以作为证券化融资结构中的服务商和信用增级机构，从而获得服务费收入和由基础资产产生的剩余收入。根据不同的会计规则，服务费和剩余收入可以提前获得、在融资过程中获得、在融资过程后期获得或者结合起来获得，并且由于通过资产证券化提高了财务杠杆率，所以发起人能够在更大的资产规模基础上获取收入，而一般的资本结构则无法支持如此规模的资产。

3. 创造了一种的融资方式，改变企业偏重于间接融资局面

文化资产证券化是一种信用体制的创新，打通了间接融资与直接融资的通道，构建了金融体系中银行信用与市场信用之间的转化机制；完成了从整体信用基础向资产信用基础的转化；把市场信用的资产组合功能与中介信用的投资组合功能有机结合在一起，降低了信用交易成本。

当贷款、应收账款等资产按照规范的证券化融资结构标准设计后，文化资产原始权益人（发起人）收回了现金，实现了融资。发起人其他资产的信用风险以及发起人本身的各种风险因素，都不会影响已经证券化的资产和证券化的融资结构，即文化资产证券化的投资者无须承担发起人的风险。即使发起人破产了，但由于发起人已经出售了用于证券化的资产，所

以这部分资产不会被当作发起人的资产用于偿还发起人的债务。这被称为"破产隔离"：一是指资产证券化的融资结构与发起人的破产风险相互隔离，二是指SPV无破产风险，SPV除了进行证券化业务外，不可进行其他业务，不得举债等。

一个文化企业直接融资的最长期限，依据其信用状况不同而有所不同；即使对于最高信用级别的企业，银行业很少提供七年以上的贷款，这是由于银行本身的负债项目大多来自居民的储蓄，其期限较短的缘故。资产证券化融资的发起人，通过证券化融资获得新的投资者，这些投资者拥有更高的信用级别和长期的投资期限，从而可以延长融资期限，而且资产证券化本身的期限结构可以设计成复合的多期限结构，以适应不同投资者的需要。

4. 有助于发起人提升资产负债管理能力，优化财务状况

文化资产证券化对发起人的资产负债管理的推升作用体现在它可以解决资产和负债的不匹配性。由于证券化采用了表外融资的处理方法，发起人将被证券化资产转移到资产负债表外，从而达到改善资产负债表结构、优化财务状况的目的。由于文化资产所有者（企业或个人）要面临提前偿付的风险，所以很难建立一种与这些资产不确定的现金流量结构相适应的负债结构，证券化将提前偿付风险转移给了投资者，这就为文化资产原始权益人（企业或个人）提供了一种偿还期与其资产的偿还期相应匹配的资产筹资方式。这正是资产证券化对发起人最具有吸引力的一个原因，这种融资技术为发起人的中期和长期应收款、贷款等资产提供了相匹配的负债融资来源。证券化的融资可以在期限、利率和币种等多方面帮助发起人实现负债与资产的相应匹配，使发起人可以和不同情形的债务人开展更大的业务量，而如果没有这种融资技术，那么同样大的业务量则是不可能实现的。通过资产证券化，改善了资产负债表结构，使资产或负债表外化，避免过度负债。

另外，除了部分信托计划可以通过股权和收益权的形式存在外，银行贷款和公司债等都以负债的形式存在于公司的资产负债表中，提高了融资主体的资产负债率，对其信用评级会有负面影响。而资产负债表则可以通过资产出表的形式改善公司的资产负债表，增强公司资产的流动性，为其进一步进行债权融资释放了额度。此外，资产证券化还可以使公司把未来服务费收入流提前兑现为现期盈利，如果不进行证券化，通常这种收入要在贷款的整个期限内才能逐步实现。

5. 能够避免文化资产的流失，实现国有文化资产的保值增值

有资产就有一定的风险。这种风险可能来自市场波动引起的价值方面，也有可能来自各种法律事实或社会、自然事件引致的权益损失风险。资产的风险性，要求经营者不但要强化资产管理，控制资产风险，同时及时地通过调整资产结构，转化风险，从而避免国有文化资产流失，促进国有文化资产的保值增值。文化资产证券化可以将大量需要调整的信贷资产通过转让到 SPV 机构进行表外处理从其资产负债表中消除，降低风险较大的资产的占比。

此外，国有文化资产拥有者可以通过证券化获得大量资金，而且由于证券化所带来的价值增长是免税的，特别是对于证券化对于原始权益人无追索权，同时证券的发行为未来文化资产价值的实现提供了保险。国有文化资产所有者仍然保留所有权。信用增级和资产远离破产可能性，证券化的信用度高于权利人的信用度。由于资产证券化经过信用增级，所以它在信用评估中一般会获得高于发起人本身的信用级别，从而被投资者接受。这些投资者不会对发起人企业投资，但是可以对发起人的证券资产进行投资，这样发起人（国有文化资产拥有者）企业既扩大了融资对象，也提高了自身在资本市场中的声誉。

（二）实施文化证券化融资对我国文化发展的战略意义

推广文化资产证券化融资业务对我国文化发展具有重要的战略意义，从市场运行的角度来看，资产证券化有助于盘活国有文化存量。目前，我国文化存量资产庞大，而资产证券化能将流通性较差的存量资产转化为具有良好流通性的证券，从而增加资本的良性循环，达到改善流动性、盘活存量的目的。还有利于深化我国文化投融资体制改革，证券化可以促进资本市场的发展，打通货币市场与资本市场的联系，引导资金流向实体经济，促成资金和文化资源的有效配置，推动文化产业的健康快速发展。根据我国的实际情况，适时采用适当的形式将资产证券化融资这一金融创新工具引入我国文化领域，服务于我国的文化建设。为此，我国有必要发展属于直接融资的证券化技术，引导资本市场资金进

入文化市场形成良性互动，更好地发挥市场在文化资源配置中的决定性作用，将政府对文化经济的不当干预降至最低，形成文化产业发展的良好循环。

1. 有利于深化我国文化投融资体制改革

改革开放以来，政府是投资主体，财政拨款是文化企业的投资资金来源的唯一渠道。随着我国经济体制逐步由计划经济向市场经济转变，社会投融资体制也发生了深刻变化。这种变化主要表现为投资主体、融资渠道和投融资方式的多元化的格局开始出现，投融资活动的计划范围缩小而市场化成分逐步提高，资本市场加速发展，宏观调控越来越注重运用经济手段和间接方式。推行文化资产证券化融资将对深化现有经济条件下我国文化投融资体制改革具有重大意义。

文化资产证券化融资有利于构建多元化文化投资主体和投资渠道，能为我国文化发展开辟一条宽阔的投资渠道；文化资产证券化融资将为多元化的文化投资主体提供更多的投资品种和工具，使投资不再局限于固定资产投资，通过资产证券化使投资的范围进一步扩大到流动资产、无形资产投资及多种金融性投资等。文化资产证券化融资有利于形成多元化融资渠道，过去单一的财政拨款渠道已经被以金融为主导的多元化融资代替。目前我国的文化领域融资渠道既包括政府财政融资，又包括银行贷款的间接融资和文化企业发行债券与股票的直接融资，还有各种方式的外资利用。文化资产证券化融资不仅包括目前企业发行股票、债券等形式的"一级证券化"，而且还进行"二级证券化"，即将目前缺乏流动性、具有稳定的未来现金流量的资产，出售给特殊目的机构，由SPV进行结构性重组，发行资产支撑证券，从而使文化资产的原始持有人达到融资的目的。

文化资产证券化融资是指文化资产的拥有者以其未来的现金收入作为一种抵押，在资本市场以发行证券的方式进行变现性融资。可证券化的文化资产主要有应收账款类资产、信贷类资产、债权类资产等。

证券化的资产实行真实销售，这样就与原始权益人的破产风险隔离；证券化的资产有比较稳定的未来收入，这样未来现金流量的可预测性较高；证券化的资产实行信用增级，使信用等级往往高于原始权益人的信用等级，这些都可以减少投资者的投资风险。同时，与同类评级年限的债券相比,其收益率也较高。这种相对较高的收益率和低风险使文化资产证券化融资对投资者有较强的吸引力,成为一种良好的融资工具。

随着居民收入在国民收入分配中所占比例的增加,我国的融资结构发生了重大变化,储蓄主体由政府变为居民,居民已经成为最大的储蓄者,居民的资产主要是金融资产,而金融资产又以国有银行的存款为主。与改革开放前比较,储蓄主体与投资主体分离开来,而我国的经济发展需要大量的资金投入,因此必须有一个高效的储蓄—投资转化机制。储蓄只有转化为生产资本而增值,才是真正意义上的储蓄资本,才能发挥储蓄的作用。在储蓄向投资的转化过程中,直接融资方式有利于释放国有银行的金融风险,也有利于解决国有企业过高的资产负债率问题。发展资本市场,迫切需要多元化的融资工具以供居民选择,这正是文化资产证券化这种创新的融资方式应运而生的根据。文化资产证券化能大力促进我国文化投融资体制的改革。

2. 有利于促进文化消费

经济增长的影响因素主要有投资、消费和出口。运用消费信用方式来扩大社会消费需求、启动消费市场是市场经济国家的通用做法,美国等一些发达国家在这方面有比较成熟的经验。为扩大消费需求,增加居民的消费支付能力,必须推行消费信用形式。面对文化市场(买方市场)的需求不足情况,刺激居民消费贷款活动,应当成为我国金融机构在新形势下发挥作用的重要领域。但是,由于目前我国商业银行的存量信贷资产的质量较差,甚至存在大量坏账,银行缺乏提供如此巨大资金的能力;银行受资本充足率的约束,也间接限制了提供消费信贷的规模;为履行安全性的方针,银行对消费贷款设置非常苛刻的条件,从而影响消费贷款业务的发展,进一步影响经济增长。

银行信贷资产证券化能有效地克服传统抵押贷款的局限性而成为实行消费信用的一种良好形式,能够很方便地进行低成本融资;商业金融机构吸收存款需要向中央银行缴纳法定存款准备金,而资产证券化融资作为销售收入的实现,不需要缴纳准备金,因此可以降低银行融资成本。同时,信贷资产证券化是通过把资产支撑的证券售卖给广大投资者的一种变现性融资方式,因此可以极大地提高银行资产的流动性和转移信贷风险,促使银行的储蓄向投资的转化，以有效解决消费信贷的资金约束问题。信贷资产证券化作为一种新型的资金供给方式，将因其融资的方便性、低成本、高流动性和转移风险的诸多优势，为商业金融机构提供消费信贷的巨大保证。从而有助于信贷结构的优化，刺激消费需求，扩大内需，促进经济的高速稳定发展。

3. 有利于盘活国有文化企业的不良资产，促进国有文化企业改革

文化资产证券化不仅能够盘活银行不良资产，也可以盘活文化企业不良资产。文化企业可以将应收账款集中起来，进行结构性重组，并重新分割为证券转售给市场上的投资者，以盘活不良的应收账款。通过盘活不良应收账款，文化企业可以加速资产周转和资金循环，创造新的投资机会，优化资源配置，从而在相同的资产基础和单位时间内创造出更多的收益，提高文化资产收益率。发起人可以通过文化资产证券化将贷款出售获得现金，或者以贷款为支持发行债券进行融资；不管通过哪种方式，文化资产证券化使拥有贷款等流动性差的资产的主体可以将流动性较低的贷款变成具有高流动性的现金，从而为他们提供一条新的解决流动性不足的渠道。

目前，我们不仅要依靠文化企业经营机制的改革、减少银行负债、降低利息负担来改善文化企业的经营状况，还需要通过文化资产证券化融资，以未来的现金流量为担保，进行"自主"融资，盘活流动性欠佳的文化资产，改善文化企业的资产结构，不增加资产负债率，达到增加企业利润的最终目的。

不论是发行公司债、申请银行贷款，还是借道信托计划，融资主体的融资成本都取决于企业自身的信用等级。此外，企业也可以采用土地、固定资产、房产等抵押或第三方担保的方式提高自身的信用等级。因此资产规模大、自身信用等级较高的企业具有绝对的融资优势，通常能获得较高的融资额和较低的融资成本，而对于自身信用等级较低的企业，融资成本则相对较高。资产证券化融资模式则通过资产剥离为后者提供了很好的降低融资成本的工具。通过资产的打包以及相关的信用增级安排，资产证券化产品的信用评级很有可能高于公司自身的信用评级，从而为公司降低融资成本。

按照美国穆迪公司和标准普尔公司的评级标准，我国国有企业的信用等级一般在 Baa1/BBB⁺ 以下，有很多企业甚至在投机级别（Ba1/BB⁺ 以下），这使我国国有企业很难到国外进行筹资。而国有企业如果利用资产证券化，则通过信用提高，只要拥有能产生稳定现金流量的资产，就可以发行资产支持证券，从而吸引海外资金。

4. 有利于改善文化企业的经济结构

资产证券化融资方式具有融资成本低的特点。由于投资级的资本担保公司的介入，资产支持证券的信用等级被提升，这就降低了资产支持证券的投资风险。同时，与同类评级及年限的债券相比，资产支持证券的收益率也较高。资产支持证券的这种投资风险低、收益较高的特点能增强对投资者的吸引力，这样融资企业就无须用折价销售或提高利率等手段来促销。在正常情况下，资产支持证券能以等面值甚至超面值发行，而且支付的利息率比融资企业发行的类似证券要低。此外，支付给托管机构、资本担保公司和证券承销商等中介的总费用也比传统融资方式低廉。这样，融资文化企业就可以利用资产证券化融资成本低的特点，剥离不适合企业长期战略需求的资产，筹集到大量的资金，以便进行资产重组和并购，实现资本的优化配置，使资本发挥更大的效用。

文化资产证券化不仅可以使融资企业筹集到较多的资金进行并购，而且在企业并购完成之后，还有助于企业及时处置冗余资产，使之变现，达到企业资产"消肿"的目的。文化资产证券化融资是资产重组和并购的重要工具，随着文化资产证券化的广泛开展，这种融资方式在我国文化大发展大繁荣中的重要作用将日益显现出来。

5. 有利于推动微型和中小型文化企业快速发展

相较其他融资渠道，我国中小文化企业选择进行资产证券化融资具有一定的可行性。首先，我国相当一部分中小型文化企业是作为大型文化企业的配套企业而存在的，它们与这些大型文化企业的业务往来产生相当规模的应收账款，这些应收账款有大型文化企业的信誉做保证，坏账比例较低，具有证券化融资的价值。其次，在众多中小文化企业中，有相当一批文化企业拥有高新技术产权，却缺乏足够的资金实现知识类资产的产业化，这些文化企业可以将这些知识类文化资产产权真实出售给 SPV，再由

SPV将这些文化资产集结成资产池，以其产生的使用费收入为支撑发行证券，实现融资。最后，一般而言，对于处于成长期的中小文化企业，其前期项目已经投入运营，能够产生稳定的预期现金流，也可以其为支持证券实现文化资产证券化融资。

我国中小文化企业拥有大量的自主知识产权产品，而国内的风险投资尚不发达，难以满足这类企业的融资需求。通过知识类资产证券化融资，一方面知识产权经过结构性重组和信用增级等技术处理后，总体风险得到有效控制，所发行的证券风险较低；另一方面，投资者通过投资知识产权支持证券，能够分享科技进步带来的收益。在美国、日本等国家，中小文化企业通过资产证券化融资，已经得到比较广泛的应用并取得了一定成效。文化资产证券化融资有利于文化资产的原始权益人充分实现文化资产的经济价值，从而达到鼓励全社会进行自主创新的目的。文化资产证券化可以为文化资产的创造者提供以文化资产为依托的全新融资途径，从而实现在自主创新过程中资金需求与供给的良性循环。文化资产证券化可以使文化资产的经济价值的评价进一步建立在市场评价基础之上，从而为自主创新的成果提供市场指引。

本章小结

本章主要介绍了文化资产证券化融资的基本概念、基本特点、基本原理、理论基础。首先，论述了文化资产证券化融资的文化资产的概念、特点与分类，指出文化资产证券化融资的对象不是文化资产本身，而是文化资产所产生的现金流。因此，基础资产的现金流分析成为文化资产证券化的核心内容。其次，介绍了文化资产证券化融资的核心原理和三大基本原理——资产重组原理、风险隔离原理和信用增级原理，以及文化资产证券化融资的基本交易结构与运作流程。再次，简述了文化资产证券化融资的实践操作步骤。最后，介绍了文化资产证券化融资对我国文化发展的战略意义以及文化资产证券化融资在我国的发展情况。

第三章 文化资产证券化融资的资产定价

文化资产证券化融资的核心问题是资产定价,即如何对未来的现金流进行准确定价,资产定价是否准确、合理将直接影响文化资产证券化融资运作效率的高低,而资产定价是否准确、合理又取决于对未来现金流量预测的准确程度、贴现率的选取以及具体采用的定价方法。因此,准确预测资产池的未来现金流量,选取科学合理的贴现率和定价方法将对提高文化资产证券化融资运作效率起到非常关键的作用。

严格意义上说,文化资产证券化融资运作过程中需要两次资产定价过程,第一次是发起人将资产出售给发行人的过程,即对拟出售的资产池进行定价;第二次是在发行人以购买的基础资产为担保发行资产支持证券时对资产支持证券的定价。由于本书研究的立足点是发起人,并且发行人往往是由发起人设立的,两者之间存在隶属关系,加之第一次定价过程的基本机理与第二次定价过程的基本机理相同,所以本书有关定价的论述基本上以第一次定价过程为主,同时力求兼顾第二次定价过程,即资产池定价为主,资产支持证券定价为辅。

一 文化资产证券化之定价方法

(一) 基于融资目的的文化资产价值评估常用方法

从文化资产证券化融资的过程可以看出,对被证券化的文化资产价值评估的准确与否是关系资产池构建以及整个文化资产证券化交易行为能否顺利实施的关键。目前,我国对文化资产价值进行评估主要采用收益法、成本法及市场法等评估方法。

1. 收益法

也称收益现值法,是指通过估测文化资产未来预期超额收益,并按适当的折现率折算为现值,以此来确定文化资产价值的评估方法。收益法的基本思路是估计文化资产的未来收益,再将未来的收益折现为现时价值。收益法按照"将利求本"的思路,即采用本金化和折现的途径来判断和估算文化资产价值。该思路认为,任何一个理智的投资者在购置某项文化资产时,所愿意支付的货币数额不会高于该文化资产在未来能给其带来的回报,即超额收益总额。收益法以文化资产的预期获利能力为基础,根据文化资产的预期超额收益来评估其价值,预期超额收益越大,其价值就越高。由于潜在的买方(投资方)购买文化资产的目的在于取得投资收益,所以这种评估方法是较为科学合理的评估方法之一。收益法在应用上可以表示为公式3.1。

$$V = \sum_{t=1}^{n} \frac{R_t}{(1+r)^t} \tag{3.1}$$

其中:V——文化资产评估值;

R_t——未来第t个收益期的预期收益额,收益期有限期还包括期末文化资产剩余净额;

t——文化资产预期收益期限;

n——收益年期;

r——折现率。

(1) 收益法应用的基本前提

收益法应用的必须具备的前提条件是被评估文化资产的未来预期收益可以预测并可以用货币衡量;文化资产拥有者获得预期收益所承担的风险也可以预测并可以用货币衡量;被评估文化资产预期获利年限可以预测。

(2) 收益法中主要参数的确定

收益法主要基于折现理论,将目标资产未来一定寿命期内的收益,依据一定的折现率折现为评估基准日的现值。用收益法来评估文化资产的时候必须考察四个方面的因素:预期使用文化资产产权带来的未来净收益数量;预期未来净收益实现的时间因素,也即文化资产产权的剩余寿命;未来收益的折现率;实现未来预期收益的风险率。

(3) 收益额

收益额是指资产在正常使用情况下所能取得的未来收益期望值。收益额可以以税后利润(净利润)、现金流量或利润总额来计算。选择哪种收益额由所评估文化资产的类型、特点及评估目的决定。一般在规范的评估市场多采用现金流量作为收益额，因为净利润的计算是以权责发生制为基础的，而现金流量的计算是以收付实现制为基础的。在净利润计算过程中，会计方法选择的不同以及会计估计的应用，都会对文化企业净利润产生不同的影响。也就是说，净利润在计算时容易受人为因素的干扰与操纵，而现金流量则更具客观性。

值得强调的是，收益额指的是评估基准日以后未来取得的收益，它不是历史或现实已经发生的数额，它不可能直接从财务报表获得，它需要使用一定的预测技术计算得来。另外，收益额在这里指的是客观收益，它通常是以对该类文化资产的利用所带来的社会平均正常收益水平来衡量，而不是以文化资产给特定所有者带来的收益来计量，这样计算出的最终估值更符合社会对资产价值判断的标准。

（4）折现率

折现率是将文化资产未来所带来的预期超额收益换算成现值的比率。从本质上讲，折现率是一种期望投资报酬率，是投资者在投资风险一定的情况下，对投资所期望的回报率。折现作为一个时间优先的概念，认为将来的收益或利益低于现在的同样收益或利益，并且随着收益时间向将来推迟的程度而有序地降低价值。在资产评估中，因文化资产所处的行业、种类、市场条件等不同，文化资产的折现率也不相同。一般来说，文化资产所处行业风险越大，未来收益实现的不确定性就越大，投资者都会要求较高的折现率。另外，文化资产投入某一特定用途的机会成本也会使对文化资产在该用途下的回报的期望与投入其他用途时的回报的期望不一样。从理论上讲，折现率是社会正常投资报酬率（无风险报酬率、安全报酬率）与文化资产投资风险报酬率构成的，一是无风险报酬率，二是风险报酬率。

在市场经济发达国家，无风险报酬率一般选择同期政府债券利率。从我国目前情况来看，除可以选择国库券利率以外，也可以考虑国家银行存款利率。无风险报酬率突出了投资回报的安全性和可靠性，而国库券利率和银行存款利率基本都能保证这两点。风险报酬率是指超过无风险报酬率以上部分的投资回报率，文化资产的风险报酬率主要取决于文化资产本身的状况以及运用和实施文化资产的外部环境。一般来说，文化资产投资收益高，风险性强。评估时，评估者应根据该项文化资产的功能、投资条件、收益获得的可能性条件和形成概率等因素，科学地测算其风险利率，以进一步测算出其适合的折现率。另外，折现率的口径应与文化资产评估中采用的收益额的口径保持一致。折现率不可能存在一个经验的或通过某种途径取得一个统一的适合各种资产评估的通用折现率。折现率的确定要由评估师根据社会、行业、企业和评估文化资产的资产收益水平综合分析确定。

还有一个与折现率相关的概念叫作本金化率，本金化率与折现率在本质上是相同的，将未来有限期预期收益折算成现值的比率称为折现率，而将未来永续性预期收益折算成现值的比率称为本金化率。

（5）收益期限

收益期限通常指文化资产获利的持续时间，一般以年为单位。评估师根据未来获利、损耗情况等确定收益期限，也可以根据法律契约或合同的规定来确定。

（6）收益法的优点与不足

收益法评估文化资产的优点在于能够真实和较准确地反映文化资产本金化的价值；与投资决策相结合，评估结果容易被买卖双方接受。其缺点在于预期收益预测的难度较大，不仅受主观判断的影响，而且直接受到未来收益不可预见因素的影响，在评估中折现率和本金化率也比较难以确定；该种评估方法一般适用于文化企业整体资产和可预测未来收益的单项生产经营性文化资产的评估。

2. 成本法

成本法，也称为重置成本法，是以现行市场价格为基础，评估重新开发或购买文化资产所需要的成本，从而确定被评估文化资产价值的一种评估方法。成本法的基本理论依据是成本价值理论，该种理论认为文化资产的价值与其成本呈正相关关系，通过比较成本的变化就能映射出文化资产价值的变化。成本法就是用这种思路将成本重置，再扣减各种损耗从而得出基准日的评估价值。一般将损耗称为贬值，主要有实体性贬值、功能性贬值和经济性贬值。

成本法的基本计算公式是：

文化资产价值评估值 = 重置成本 − 实体性贬值 − 功能性贬值 − 经济性贬值

或者

文化资产价值评估值 = 重置成本 × 成新率

重置成本是指现时市场条件下，重新创造或购置一项全新文化资产所耗费的全部货币总额，包括合理的成本、利润和相关税费等；重置成本有复原重置成本和更新重置成本。

实体性贬值即资产的"折旧"，也称有形损耗，是资产使用以及自然力作用导致的资产物理性能损耗而引起的资产价值损失。被评估的文化资产一般不处在全新状态，所以大都具有实体性贬值。

功能性贬值是技术进步引起的被评估文化资产与现有社会流行使用的、类似的、先进的文化资产相比功能相对落后而造成的文化资产价值贬值。由于新技术的发展，先进资产在设计、材料、工艺方面的改进，导致原有旧资产的利用效率相对降低，出现功能性贬值。

经济性贬值是指由于外部环境的变化而引起的资产闲置、收益下降等资产价值损失。外部环境主要包括宏观经济政策、市场需求、通货膨胀、环境保护等。文化资产的经济性贬值主要表现为运营的文化资产利用率下降，甚至闲置，并由此引起资产的运营收益减少。需要注意的是，经济性资产贬值通常是相对整体资产而言的，一般在对单个文化资产进行评估时不需要考虑。

在计算功能性贬值和经济性贬值时候，贬值额通常为正值。不过，在评估实践中，也会出现负值的情况。如果功能性贬值出现负值，说明社会所普遍使用的文化资产的功能更加强大，这就出现了所谓资产的功能性溢价；而当被评估文化资产及其设计产品有良好的市场前景或重大政策利好时，实际生产能力可能会长期超过设计能力而出现资产的经济性溢价。

成新率也叫观察法，是指对被评估文化资产，由具有专业经验的专业技术人员对资产的各个主要部位进行技术鉴定，并综合分析资产的设计、制造、使用、改造情况和物理寿命等因素，将评估对象与其余全新状态相比较，判断使用磨损和自然损耗给资产的功能、使用效率带来的影响，以此确定评估文化资产的成新率，进而估算出资产实体性贬值的方法。一般可用于演出设施与演出设备等资产的评估。成新率类似我们俗称的"成色"（新旧程度）的概念，成新率与实体性贬值是两个相对的概念，两值之和为1。

成新率的确定，可以采用专家鉴定法和剩余经济寿命预测法。

专家鉴定法，指邀请有关技术领域的专家，对被评估文化资产的先进性、适用性做出判断，从而确定其成新率的方法。

剩余经济寿命预测法，是由评估人员通过对文化资产剩余经济寿命做出预测和判断，从而确定其成新率的方法。其计算公式为：

$$成新率 = 剩余使用年限 /（已使用年限 + 剩余使用年限）\times 100\%$$

其中，已使用年限比较容易确定，剩余使用年限应由评估人员根据文化资产的特征，分析判断获得。

成新率是运用重置成本法评估有形资产时使用的一个重要概念，无形资产不存在有形损耗，重置成本法评估无形资产时只是为了操作上的方便才借用这一概念，因此它的运用也受到较大程度的限制，在评估实践中，一般选择综合考虑了被评无形资产的各种无形损耗（功能和经济方面的）后的折算比率。

（1）成本法应用的前提条件

符合继续使用前提，即被评估文化资产在评估前后不改变其用途；

被评估文化资产必须是可以再生、可以复制的；

被评估文化资产在特征、结构及功能方面必须与假设重置的全新文化资产具有可比性；

被评估文化资产必须是随着时间推移而具有贬值性的资产，如古董等可能就不具备这种特性。

（2）成本法的评价

成本法主要适用于可复制、可再生、可重新建造的文化资产价值评估。该方法虽然容易掌握，但需要逐项确定重置成本，在评估文化资产时较费工时，有时还会发生重复与遗漏的情况。成本法是从有形资产的评估方法中借用过来的，在用于文化资产价值评估时的局限性主要表现为如下四个方面。

一是有些文化资产的价值主要不是根据研发成本而确定的，而是取决于它给文化资产所有者带来的预期收益；有些文化资产（经典的艺术作品）可能要经历多次反复的试验，而有些文化资产（作品创意）则是只是创作者的灵机一动，虽然前者的成本远高于后者，但是后者在应用到生产创作实践中之后所带来的收益不一定会小于前者，有时候可能会大于前者。

二是成本法所计算的只是为获得某项文化资产而付出的可用货币计量的成本，但是隐藏于文化资产创造过程中的创作者的脑力劳动，难以进行货币化衡量。

三是文化资产价值中隐含着较大的不确定性，但是使用重置成本法进行评估的时候并不考虑文化资产特有的不确定性，导致使用该种方法得出的评估结果往往严重偏离文化资产的真实价值。

四是成本法需要合理确定贬值，但是文化资产的贬值与文化资产的估值一样，都是难以确定的。以一个难以确定的价值去评估另一个难以确定的价值，使成本法的实际应用存在较大的困难。

3. 市场法

市场法，又称现行市价法或市场比较法，是指以市场上相同或相似资产的近期交易价格为基础，经过直接比较或类比分析，找出评估对象与参照物之间的差异并加以调整，从而计算出文化资产价值的技术方法。

市场法的基本思路是对比，按照替代原则的基本思想，选择近期已经交易的一个或几个与被评估对象相同或类似的文化资产作为参照物，将被评估文化资产与所选择的参照文化资产进行比较，找出在某些可比较因素上两者之间的差别并量化这个差别，通过对可比较因素的修正，计算出被评估文化资产的价格。

市场法的基本公式：

$$文化资产评估价值 = 市场参照物成交价格 \times (1 \pm 调整系数)$$

或者

$$文化资产评估价值 = 市场参照物成交价格 \pm 差异调整额$$

市场比较法是"根据替代原则，采用比较和类比的思路"判断文化资产价值的评估技术路线。因为任何一个正常的投资者在购置某项文化资产时，其所愿意支付的价格不会高于市场上具有相同用途的替代品的现行市价。运用市场法，要求充分利用"类似资产成交价格信息"，并以此为基础，判断和估算被评估文化资产的价值。运用已经被市场检验的结论来评估类似文化资产价值，显然容易被资产业务各当事人接受。

虽然文化资产具有的非标准性和唯一性特征限制了市场比较法在文化资产评估中的使用，但这不排除在评估实践中仍有应用市场比较法的必要性和可能性。国外学者认为，市场比较法强调的是具有合理竞争能力的财产的可比性特征。如果有充分的源于市场的交易案例，可以从中取得作为比较分析的参照物，并能对评估对象与可比参照物之间的差异做出适当的调整，就可以应用市场比较法。

（1）市场法应用的基本前提

通过市场法进行文化资产评估需要满足两个最基本的前提条件：一是要有一个活跃的公开市场；二是公开市场上存在可比的文化资产及其交易活动，并且可比的指标、技术参数等资料能够获得并能以货币量化。文化资产及其交易的可比性，是指选择的可比文化资产（参照物）及其交易活动在近期公开市场上已经发生过，且与被评估文化资产及文化资产业务相同或相似。

如果使用市场比较法评估文化资产价值，评估人员应注意以下四个方面的事项。

一是作为参照物的文化资产与被评估文化资产至少要满足形式相似、功能相似、载体相似及交易条件相似的要求。所谓形式相似，是指参照物与被评估资产按照文化资产分类原则，可以归并为同一类；所谓功能相似，是指尽管参照物与被评估资产的设计和结构不可避免地存在差异，但它们的功能和效用应该相同或近似；所谓载体相似，是指参照物与被评估资产所依附的产品或服务应满足同质性要求，所依附的企业则应满足同行业与同规模的要求；所谓交易条件相似，是指参照物的成交条件与被评估资产模拟的成交条件在宏观、中观和微观层面上都应大体接近。

二是收集类似的文化资产交易的市场信息是为横向比较提供依据，而收集被评估文化资产以往的交易信息则是为纵向比较提供依据。对于横向比较，评估人员在参照物与被评估文化资产在形式、功能和载体方面满足可比性的基础上，应尽量收集致使交易达成的市场信息，即要涉及供求关系、产业政策、市场结构、企业行为和市场绩效的内容。

其中对市场结构的分析尤为重要，即需要分析卖方之间、买方之间、买卖双方，以及市场内已有的买方和卖方与正在进入或可能进入市场的买方和卖方之间的关系。评估人员应熟悉经济学市场结构做出的完全竞争、完全垄断、垄断竞争和寡头垄断的分类。对于纵向比较，评估人员既要看到文化资产具有依法实施多元和多次授权经营的特征，使过去交易的案例成为未来交易的参照依据，同时应看到时间、地点、交易主体和条件的变化也会影响被评估文化资产的未来交易价格。

三是作为市场法应用基础的价格信息应满足相关、合理、可靠和有效的要求。相关是指所收集的价格信息与需要做出判断的被评估文化资产的价值有较强的关联性；合理是指所收集的价格信息能反映被评估文化资产载体结构和市场结构特征，不能简单地用行业或社会平均的价格信息推理具有明显结构异质特征的被评估文化资产的价值；可靠是指所收集的价格信息经过对信息来源和收集过程的质量控制，具有较高的置信度；有效是指所收集的价格信息能够有效地反映评估基准日的被评估资产在模拟条件下的可能的价格水平。

四是无论是横向比较还是纵向比较，参照物与被评估文化资产会因时间、空间和条件的变化而产生差异，评估人员应对此做出言之有理、持之有据的调整。参照物成交时间与评估基准日的间隔时间不能过长，应当在一个适度的时间范围内。

(2) 市场法的评价

市场法的优势在于评估所需要的文化资产信息直接从市场中获得，它反映了社会对文化资产价值的认可的现时状况。应用市场法得出的评估值是以众多买家和卖家共同博弈的结果为基础推算得来的，因此评估值容易被文化资产活动相关的各方接受。市场法应用的主要障碍是需要一个活跃和规范的文化资产交易市场，没有这样的市场，对文化资产信息的取得就不完整，评估值就会偏离资产的公允价值。具体而言，应用市场法对文化资产价值进行评估时候的局限性主要表现为以下三个方面。

第一，选择市场参照物时存在困难。在使用市场法对文化资产价值进行评估时，必须找到与待评估文化资产相同或类似的文化资产作为市场参照物，但被证券化的文化资产大多具有较强的特殊性，很难找到与其相同或类似的文化资产，从而使市场参照物的选择较为困难。

第二，在假设存在"市场参照物"的前提下，作为"市场参照物"的文化资产一般是先于待评估文化资产产生并有可能已经获得实施。在这样的情况下，待评估文化资产在市场上的出现，将会与作为市场参照物的文化资产形成竞争，从而影响作为市场参照物的文化资产的未来收益。在这种情况下，仍然使用作为市场参照物的文化资产当前的价值进行评估，将会导致评估结果与文化资产的真实价值存在较大的差异，一般情况是出现对评估文化资产价值的高估；虽然可以通过调整定价倍数的方法对评估值进行修正，但是对定价倍数的调整存在较大的人为因素，难以保证评估结果的客观性和准确性。

第三，作为市场参照物的文化资产的宏观环境与待评估文化资产的宏观环境、行业情况有所不同，影响文化资产价值评估的准确性。运用市场法进行文化资产价值评估是要求可以准确获得作为市场参照物的文化资产的相关经济、创意资料等，但是在实践中，由于文化资产创意作品中凝结了一些极为重要的创意与技术参数，该资产的所有者权利人往往采取保密措施，使评估者很难获得。

总之，上述三种方法与市场有密切的关系，因为成本法中的成本与收益法中的收益，都需要依据客观事实（其中经常是市场数据）进行直接或间接的论证；如果得不到来自市场或客观的事实数据资料，就很可能得不到一般希望得到的符合公允市场价值、市场价值、公允价值这三个主要评估价值标准的评估结果。目前，收益法是文化资产价值评估中应用最为频繁的方法，成本法次之，市场法可能用得少一些。收益法对许多文化资产的评估来说，是一种有说服力的评估方法；成本法是在文化资产价值评估时容易获得其创造成本时所采用的方法；市场法是通过比较产权在开放市场上的类似交易来确定评估价值的，这样的可比较的类似交易当然必须是公之于众的，并且由于文化资产产权经常需要评估的是公允市场价值[①]，参与交易的还应该是自愿和独立的交易者，使用市场法评估文化资产产权最大的困难就是缺少与所评估文化资产产权可比较的类似交易的数据资料，文化资产的市场价格信息条件往往比不动产、动产与企业差得多，某些文化资产产权类型的交易本来就不多，公开的价格信息就更少了，因此，采用市场法确定所评估文化资产产权价值的比较少。成本法和市场法都有较大的局限，成本法只适合某些特殊的文化资产，市场法则依赖较为充分的信息披露，而收益法的应用范围更广，更为适合用于文化资产价值的评估。

（二）现在比较流行的三种文化资产定价方法

文化资产证券化定价的核心问题就是要根据文化资产（基础资产）的未来现金流来确定一个投资人和原始权益人都可以接受的价格，而问题的关键就是对文化资产真实价值的评价。资产的正确评估来自对基础资产的正确估价，否则，文化资产证券化融资将无从谈起。

[①] 公允市场价值，"系自愿的买方与自愿的卖方之间产权交易的价格；该交易对买或卖都不存在强制，且交易双方对于有关的事实状况都已有恰当的了解"。参见美国 Uniform Standards of Professional Appraisal Practice（USPAP），2010~2012 年版。

在文化资产证券化融资过程中有两次关键的现金流配置，一是发起人将资产池未来的整个现金流出售或转让给发行人，二是发行人将所购得的未来现金流出售给投资者。因此，准确预测未来各期的现金流量成为文化资产证券化定价的首要任务和关键环节。

所有债券的定价都必须反映其现金流量的特性。资产证券化定价模式在美国已经得到充分发展，从本质上说，资产担保证券 ABS 和抵押支持证券 MBS 在定价机制上都是根据未来的本金偿还、利息回收的现金流量预测来确定收益率水平，由于 MBS 的定价更为复杂，所以在研究 ABS 定价模式时适当地借鉴其方法。对于文化资产证券化定价的分析，大致要考虑两个关键性问题：一是现金流量预测分析，它涉及未来各期的现金流量中的本金偿还、利息支付和提前偿付额的问题，因此应确定提前偿付、借款人违约行为等因素的影响，对贷款未来的现金流量进行预测。二是各期利率的确定，由此形成了不同的定价方法或模式。资产证券化产品的定价思路与一般固定收益产品相似：获得每期的现金流量；选择合适的利率曲线；计算利差（名义利差、零波动率利差、OAS）；最后根据计算得到的利差判断该证券化产品的价值如何。

在国外，由于资产证券化的发展已经走过几十年的历程，资产支持证券的规模在金融资产总量中已经占相当比重，对资产支持证券的定价也进行了一系列研究，构建了各具特色的有关定价模型。资产证券化产品定价可以分为绝对估值和相对估值两种：绝对估值是指计算资产证券化产品未来现金流量的现值，由此确定出绝对的价格，绝对估值更多地使用在商品、股票等定价上，在证券化产品中并不常使用。相对估值是指将证券化产品的收益率与对应的基准收益率对比，最常用的基准包括国债收益率、特定评级证券收益率和同一发行人。相对估值是固定收益产品主要的定价方法，在交易时投资者也习惯直接使用利差进行报价。总体来说，比较常见的有下面几种。第一，现金流贴现估价法。这种方法认为，一项资产的价值应等于该资产预期在未来所产生的全部现金流的现值总和。第二，相对估价法。这种方法根据某一变量，如收益、现金流、账面价值或销售额等，考察同类可比资产的价值，借以对某一项新资产进行评估。第三，期权估价法。它使用期权定价模型来估计有期权特征的资产的价值。使用的估价方法不同，得出的结果可能会有显著差异，所以如何选择合适的定价方法对资产进行评估就成了一个关键问题。

1. 现金流贴现估价方法

现金流贴现法（Discounted Cash Flow，DCF），这是目前国内主要采用的基础资产定价方法，现金流贴现法通过计算一项资产预期在未来所产生的全部现金流的现值总和来得到资产的价值，它的基石是现值规律，即任何资产的价值都等于预期未来现金流的现值总和。现金流量贴现法见公式3.2。

$$V = \sum_{t=1}^{n} \frac{CF_t}{(1+r)^t} \tag{3.2}$$

其中：V——资产的价值；

n——资产的寿命；

CF_t——资产在 t 时刻产生的现金流；

r——反映预期现金流风险的贴现率。

公式 3.2 中，资产的现金流因其所估价资产的不同而各异。对于实体资产，现金流是税后净现金流；对于证券资产，股票的现金流是红利，债券的现金流是利息和本金；对于信贷资产，现金流就是利息和本金的偿还。DCF 法中的贴现率将取决于所预期的现金流的风险程度，风险越高则贴现率就越高；反之，风险越低，贴现率就越低。当被估价资产当前的现金流为正，并且可以比较可靠地预计未来现金流的发生时间，同时，根据现金流的风险特性又能确定出恰当的贴现率，这时信贷资产证券化和部分文化企业资产证券化可以采取这种估价方法。采用 DCF 法可以在现金流量确定的情况下用文化企业确定的折现率对未来的现金流进行折现，可以得到准确的价值。当未来的现金流很难确定的情况下，这种方法由于没有考虑到未来现金流的不确定性，不能准确地评价资产价值。

在外部环境的不确定性越来越明显的情况下，传统的 DCF 方法存在致命的本质缺陷，主要原因是其理论方法的假设与实际情况的差异。DCF 方法的有效性是建立在以下两个基本假设之上的：一是现金流按照预计的情况发生；二是管理者对经营策略的被动接受，不做任何改变。具体地讲，这些假设的内容主要包括以下两点：一是投资者能够准确估价或预计文化资产在生命期内各年所产生的净现金流，并且能够确定相应的风险调整贴现率；二是在文化资产证券化交易的分析、决策和实施过程中，决策者和管理者仅扮演被动的角色，只能静观其变、被动接受，而不能采取行动,进行相机决策,即决策者不能针对因为各种原因产生的外部市场条件和竞争状况的改变而进行决策变更,不存在管理柔性。而现实的情况与上述基本假设存在很大差异。首先,大量的不确定性因素客观存在是现实经济生活的本质特征,很难准确估计未来的现金流;其次,外部市场环境的波动在不断加剧,管理者在相应的情况下可以做出相应的决策;最后,我国资本市场尚不发达,没有完备的数据库,准确地估计相应贴现率存在实际困难。

静态现金流折现方法的关键是求出资产支持证券的内含收益率(也称到期收益率,是指资产未来现金流的折现值等于资产实际价格时的回报率。由于到期收益率依赖于资产的实际出售价格和支付方式,所以购买该项资产的到期收益率并不一定等于该项资产的期间收益率),利用得到的内含收益率对资产支持证券的未来现金流进行折现,资产支持证券预期现金流的折现值即为资产支持证券的价值。

静态现金流法是文化资产证券化最基础的定价方法。这种方法的最大优点是简单,但是没有考虑资产支持证券的一些个性特点,具有很大的局限性。在静态现金流折现法中,假设在资产支持证券存续期内利率是固定不变的,并且基础资产按一定的规律提前偿付。在提前偿付标准被确定以后,资产支持证券的未来现金流被唯一确定。实际上,对于资产的未来各期现金流都按照一个相同的到期收益率进行定价意味着在这个金融市场上,对于不同时刻和不同期限的投资只存在一种利率,而事实上我们知道,通常不同到期期限所对应的到期收益率是不同的,也就是说,在金融市场上存在多种利率。一旦对拟出售的资产按照一个简单的到期收益率进行定价,则不但会因为相同到期期限对应两个利率水平而诱发套利行为,还会由于利率期限结构以及利率的波动性,造成资产池的定价出现较大的偏差,从而降低定价效率和资产证券化效率。由于该定价模型中的前提假设条件过于简单化,在很大程度上影响了该模型的实用价值。

静态现金流量报酬率提供了一个简单而实用的评比标准,可以作为文化资产选择的指标,但是它无法反映利率期限结构,也就是说,该方法是以单一的贴现率来折现所有现金流量,并没有顾及即期收益率曲线上所反映的不同期限贴现率不一定相同。为此,引入了静态利差法。静态利差,也被称为零波动利差,仍然是一种静态的价值分析方法，不考虑未来不同利率的变化以及可能引起的提前偿付的波动，是在假设债券持有至到期的情况下，运用国债的即期收益率曲线所实现的价差。因此其与静态现金流量收益率法唯一的区别在于以整条到期收益率曲线而非债券的平均报酬率（到期收益率曲线上的一个点）来评价债券的价格。

2. 相对估价法

这种方法根据某一变量，如收益、现金流、账面价值或销售额等，考察同类"可比"文化资产的价值，借以对一项新文化资产进行评估。

采用相对价值估价方法的核心就在于合理选择已有市场交易的可比对象，以确保评估对象的价值能被正确地评估。选择的可比公司应在统一标准衡量下具有类似的现金流模式、增长潜力和风险状况，并保证市场定价方式是公平合理的，也即市场的有效性是较高的。在合理地选择了可比对象后，需要一种标准化的价值衡量方法。比如利用市盈率、市售率等指标分别对公司所产生的收益、销售收入和重置成本进行标准化，作为目标文化企业价值评估的参考，并有利于对目标文化企业进行公正的评价。在相对估价法中，文化资产的价值通过参考、可比把被评估文化资产产生的评价指标与类比文化资产的评价指标相比较，其中应用最广泛的三个比率是行业的平均市盈率、价格/账面值比率和价格/销售额比率。另外，价格/现金流比率、价格/现金红利比率和市场价值/重置价值比率（又称托宾Q值）等也是在实际中经常用到的。

相对估价法的魅力在于简单且易于使用。应用该方法可以迅速获得被估价文化资产的价值，尤其是当市场上有大量"可比"文化资产进行交易，并且市场在平均水平上对这些文化资产的定价是正确的时候。但是相对估价法也容易被误用和操作，这一点在利用可比资产确定比率数值时尤为突出。在现实条件下，并没有在风险和收益方面完全相同的两种文化资产，因此相对估价法在相当程度上具有主观性。

尽管如此，相对估价法的应用范围还是相当广的，尤其是在实体类文化资产证券化中。应该说，绝大部分实体类文化资产在证券化前都是通过相对估价法来确定价值的。同时，由于简单易行，相对估价法也常常被用来作为辅助的估价方法。但是由于这种方法没有考虑到不同文化资产的不同特征所带来的现金流也不同，而且同类可比文化资产的价值本身就不一定能够得到准确的评估,不适合文化创意产业中那些具有投资巨大、交易结构复杂的文化项目估价。

3. 期权估价法

期权估价法,是一种基于期权的定价方法。由于现金流贴现估价法和相对估价法等传统定价方法采用孤立静止地看待基础资产的未来现金流,实际应用时的局限性已经表现得越来越明显,特别是在外部经营环境日益不确定的情况下,传统定价方法应用在文化资产证券化交易中的缺陷体现得越来越明显,而期权理论的引入能够很好地解决这一问题。期权估价法使用期权定价模型来估计有期权特性的资产的价值。期权的价值其实反映在期权调整利差与静态利差之间的差异上:期权价值 = 静态利差 - 期权调整利差。

期权调整利差法比静态利差法更多地考虑了多种可能的利率波动性。

期权是指仅在一定情况下,期权标的资产的价值超过了看涨期权的执行价格或低于看跌期权的执行价格时,才产生收益的资产。近年来,期权定价模型获得了迅速的发展。这些期权定价模型可以用于评估具有期权特性的任何资本的价值。

如果一种资产的收益是某一标的资产价值的函数,则该资产可以被看作期权。如果资产价值超过某一预定水平,则被估价资产的价值为超过的部分。如果没有超过,则被估价资产毫无价值,那么该资产可以被视作看涨期权。如果标的资产的价值在预定水平以下,则被估价资产有价值。如果超过了预定水平,则被估价资产毫无价值,那么该资产可被视为看跌期权。

很多证券资产本身就是期权产品,所以可以直接用期权的定价模型来估价。还有一些资产通常不被看作期权,但具有期权的某些特性。例如公司股票可以看作公司整体为标的资产的看涨期权,公司债务面值代表其执行价格,债务期限为期权的寿命。专利权可以被认为是产品的看涨期权,用于获取专利的投资支出为执行价格,专利失效日为期权的到期时间。对具有期权特性的文化资产进行证券化融资时,期权估价法无疑是一个最为重要也最为常用的方法[1]。

---

[1] 葛培健主编《企业资产证券化操作实务》,复旦大学出版社,2013,第17~19页。

随着金融工程理论的兴起和发展,期权定价的理论与方法也在不断发展与增加。目前,常用的期权估价模型有以下几种。

(1) 期权调整价利差定价模型

给资产证券化产品定价先要确定该产品是否是含有期权。如果不含嵌入式期权,则可以直接计算名义利差或者零波动率利差,如静态现金流折现方法;如果含有期权,则可以计算期权调整利差。在期权估价法中,最为流行的方法是期权调整利差法定价模型,也称为期权调整利差法(Option-Adjusted Spread,OAS),是一种基于期权的定价法。期权调整利差法在当今已被认为是分析 ABS 产品价值的标准方法。

期权调整价差模型在一定程度上考虑了资产支持证券的个性特征,在资产支持证券定价中得到比较广泛的运用。其实质是通过利率情景模拟来量化证券持有者因承担额外风险而享有超过国债收益率之上的回报率,具体来说,就是将债券存续期分为不同的阶段,通过设想每一阶段利率可能出现的情况,建立起一个树状的现金流模型。在每个利率树权上,对应不同利率会有一系列现金流量。对于包含提前偿付期权的资产支持证券而言,债券价格的变动就被限定在既定的利率枝权上,一旦利率下降,导致该债券价格上涨,借款人就会执行提前偿付期权,即债券被提前偿付,在这一个点上,投资者就会收到面值加上一个提前偿付期权。超过这个点,未来现金流就会终止。将每个时点上的全部现金流量按发生的概率相应加总,然后再以相应时段的国债收益率加上一个固定利差计算前面得出的各时点现金流量的现值,从而得出该证券的理论价值,将这个理论价值与实际价格相比较:两者相等,说明计算中所用的固定利差就定义为期权调整利差;若两者不相等,则继续用不同的利差进行试错法则计算,直到得到一个与实际价格相等的理论价值,则此时的利差即为期权调整利差,理论价值与实际价格之间的差额即为提前偿付的货币价值。

期权调整利差定价模型可以通过公式 3.3 计算每条利率路径依赖的对应现金流量的现值。

$$PV = \frac{1}{N}\sum_{n=1}^{N}\sum_{r=1}^{r}\frac{cf_i^n}{\prod_{t=1}^{t}(1+r_i^n+OAS)} \quad (3.3)$$

公式 3.3 中,PV 为现金流现值,N 为模拟得到的利率路径总数,i 为模拟时设定的时间步长分割点,r_i^n 为每个时间步长中的基准利率水平,通常为即期国债利率。

利用以下等式求出一个调整的 OAS 值：如果在交易的证券化产品的现值为 P，令 $P = pv$，利用试错法即可求出期权调整利差 OAS，然后用公式 3.3 对产品进行定价。OAS 反映了期权调整以后的利差，因此期权成本就是在零波动率环境下所获得的利差和调整期权后的利差之间的差异。从计算过程中可以看出，确定利率变动率和确定提前偿还模型是运用 OAS 的主要工作。

OAS 将预期利率的波动结合到定价模型之中。对于资产支持证券，利率波动越大，提前偿付行为的不确定性也越大。因此，不仅利率的绝对数值对资产支持证券价格有较大的影响，利率的运行轨迹同样对资产支持证券的价格有重大影响。这种定价方法的不足之处在于，通过模型定出的价格对假设条件过于敏感，对一些差别较大的债券进行定价往往不是很理想。

对于具有不确定现金流量的债券而言，利率情景模拟分析的好处是它可以包括关于不确定现金流量的多个可能状态的假设；但是利率情景模拟分析最大的缺点是它不是内生的。通常在实际应用中，过多的超乎实际情况的信息（利率路径依赖的数量、利率变化的范围等）被运用于情景分析。根据常识，在一个分析中假设包括的越多，所有假设被证明有效的可能性就越低。因此，利率情景模拟分析的内在缺陷决定了通过 OAS 方法计算出的债券期权调整利差与投资者取得的利差极有可能不同，前者是对所有的利率路径的加权平均值，而后者依赖于两个变量：利率的实际路径与提前偿付这种行为假设的准确性。因此，OAS 不能视为既定结果，而应被看作所有可能性的综合概算。

期权调整利差法在实践中使用最广，其主要特色在于它考虑了利率动态过程对于现金流量与提前还本的影响，所以它能更好地模拟未来利率路径的完整的概率分布，但期权调整利差法评估的准确性受制于其采用的提前还本模型和利率模型的准确性。

（2）如何计算期权调整利差

资产证券定价的一个关键性问题是各期利率的确定，目前一般应用蒙特卡罗模拟模型法和利率二叉树模型法。

一是蒙特卡罗模拟模型法。资产证券化由于提前偿还可能使其隐含的一个借款人的赎回期权，此期权的执行受利率路径影响，即在不同利率路径下，期权的执行情况会有不同，而造成现金流量的不同。说明在定价时必须考虑现金流量的利率路径依赖性。通常用蒙特卡罗模拟（Monte Carlo Simulation）来计算期权调整利差，其原理在于尽可能考虑所有的利率路径。路径不同，每一条路径的现金流量的形态就不同，每一条路径所计算出来的证券价值就不同。由于多数证券化产品的现金流依赖利率变化，即路径依赖，因此使用蒙特卡罗模拟计算OAS。蒙特卡罗模拟技术则充分挖掘了现金流路径依赖的特性，并且因为模拟产生了更多的路径、获得更多的信息因而估值也更为准确。这一方法的实现包括四步：路径模拟、现金流分布、每条路径现金流现值和待分析产品的理论价值。

蒙特卡罗模拟模型（Monte Carlo Simulation Model）是通过蒙特卡罗模拟的方法，产生随机利率路径来模拟现实的利率变动，由此模拟出的是一系列的远期利率，利用它进一步计算未来的现金流量，并将它贴现为现值，完成资产证券化产品的定价。具体过程是：产生随机的短期利率（远期利率）演变路径；利用短期利率计算出即期利率，作为计算未来现金流量现值的贴现率；将各期远期利率作为参数代入相应的随机的提前偿付模型，计算出各期的提前偿付额；根据抵押合同利率和还款期，计算定期本金偿付额和应得利息；将提前偿付额、定期本金偿付额和应得利息汇总，计算出未来各期总的现金流量；将未来各期的总现金流量贴现为现值，并相加得到与一条利率路径相对应的MBS价格；通过重复以上步骤，得出足够多路径对应的MBS价格；通过计算足够多路径对应的MBS价格的算术平均值，即可得出MBS的评估价格。

利用蒙特卡罗模拟模型进行MBS定价，其关键是随机利率路径如何产生。具体来看，随机利率路径的产生直接取决于利率的期限结构、波动率。利率期限结构是指基于当前国债利率（无风险利率）而得出的理论上的即期利率曲线。波动率决定了通过模拟所得到的利率的分散度。通常各投资者所面临的利率期限结构没有大的差别，但是不同人对于波动率的假设却有很大的不同，由此可能产生不同的模拟模型；而且随机利率路径必须由未来利率期限结构的无套利模型产生，即运用该利率路径对国债的定价必须等于其市场价格，这是蒙特卡罗模拟的必要条件。

蒙特卡罗模拟最大的优点在于按时间发展顺序，从前往后生成标的资产每个时间点的价格，也就是价格路径。当标的资产价格受特定信息影响或期权价值对标的资产价格存在路径依赖时，可以较灵活地在每个时间点判断，并得到特定条件下的期权定价。因此，在资产证券化业务中现金流量有很强的利率路径依赖性，蒙特卡罗模拟因为处理这种路径依赖性问题的优点而被广泛地采用。

二是利率二叉树模型法。利率二叉树模型（Binomial Interest Rate Tree Model）是评估利率期权的一种有效方法。在利率二叉树模型中最主要的就是构造短期利率的演变规律，接着由给定的利率期限结构推导出各期远期利率的树状图，然后计算出没有提前偿付的 MBS 价格，进而得出提前偿付的期权价格，最终可以计算出提前偿付的 MBS 价格。利率二叉树模型法在目前现状下，可能是一个比较好的定价方法。

二叉树期权定价模型（Binomial Pricing Model）由 Cox、Ross 和 Robinstein 提出，其基本概念是先求得风险中性假设①下未来现金流量的期望值，再以无风险利率折现而得到期权的现值。该模型研究的是对标的资产的价格服从非正态分布的期权定价模型，它基于一种简单的资产价格运动过程，该过程认为在任意时间，资产的价格都可能朝着向上和向下两种可能的方向变动。二叉树是对不确定进行推理的一种方法。一般来说，这种工具可以系统分析在不确定下的决策问题。同时，这种工具也允许将决策者的主观判断融入分析。二叉树方法是一个图像模型，每一棵树有四个要素：

①所有决策产生的轨迹；

②可能的结果和每种结果的收益；

③每一种结果发生的概率；

④在每一点决策者所获得的信息。

在二叉树模型当中，所有可能的路线都应该被包括其中，而且在每一个节点只能够选择一条路线，决策的过程就是从树根到树叶的过程。利用二叉树方法可以考虑不同的可能性，明确所要考察的问题，而且将所要面临的风险进行分类，并将各种风险进行估计。二叉树可以用来对大部分的投资项目进行估值，还可以作为决策分析的框架，因为这种方法考虑了投资决策是可以分类和有顺序的。其主要优点有表达性很强，而且灵活；能将所有的可能结果列出来；能够对任何现金流进行建模；表示出变量之间

---

① 风险中性假设假定管理者对不确定性持有风险中性态度，其核心环节是构造出风险中性概率。期权定价属于无套利均衡分析，适合于风险中性假设。由于期权定价属于无套利均衡分析，参与者的风险偏好不影响定价结果，所以可用风险中性概率替代真实概率。

的依存关系；能够对条件现金流进行建模。除此之外，当决策时间为离散的时候，或者之前的收入对决策有重要影响的时候，二叉树方法要比期权定价方法更有用①。

（三）各定价模型比较分析

静态现金流折现法（SCFY），又称"静态现金流收益法"，是比较流行的方法。资产证券化产品与普通债券不同，普通债券是到期还本付息，现金流比较集中，可以用简单的静态现金流折现模型进行折现。而证券化产品一般是分期还本付息，现金流分散于各个时期，不同期限贴现率不一定相同，而静态现金流折现法只是以单一折现率来折现所有现金流，并未考虑不同利率路径之下现金流量的波动性。静态现金流折现法的优点是最简单易行，可以为其他各种方法提供一个标准，但是它有很大的缺陷。第一，未考虑实际的利率期限结构，未来利率波动的加剧将使定价结果产生的误差不断放大；第二，只考虑了贴现率的变化，并未考虑不同利率路径下现金流量的波动性。因此，依靠这种方法的投资者必须主观地判断需要多大的收益来补偿这些缺陷所造成的不确定性。

与折现现金流法等传统定价方法相比，期权方法具有明显的优势，折现现金流法不能处理未来的现金流不确定性，而期权的引入能解决这一问题，在实际市场上，由于需求变化不确定性以及市场竞争的作用，现金流可能会与最初预期有所不同，当新的信息逐渐被获取，市场风险降低，管理者会转换运营战略来把握有利的机会并减少损失，比如说，管理者可以在资产寿命期内推迟、扩张、收缩、放弃或转换至不同阶段等，这些决策行为本身是有价值的。

然而这并非说传统的方法应被彻底地抛弃。新的实物期权评价方法应包括两部分内容，一部分为传统的现金流，另一部分为适应运营或战略柔性的期权价值。在应用实物期权方法解决定价问题时，首先需要分析基础资产中包含的各种实物期权，在计算出各实物期权个体价值之后，通过一定的关系检验鉴别单个实物期权之间的关系，求出复合期权，把DCF法计算的资产价值加上复合期权价值可以得到基于实物期权的资产价值。所以

---

① 周宇、董明敏：《企业价值评估方法中实物期权定价理论的地位和现状研究》，《价值工程》2006年第7期，第53页。

说，实物期权方法并不是对其的彻底否定，而是批判地继承和发扬。

总之，使用的估价方法不同，得出的结果可能会有显著差异，所以如何选择合适的方式对资产进行估价也就成了一个关键的问题。一般来说，信贷资产证券化和部分证券资产证券化（尤其是稳健性的证券化投资基金）可以采取现金流贴现估价法；实体资产证券化更多地运用对比估价法；而对证券资产证券化中很多衍生品的估价则常常运用期权估价法。以上三种方法的运用不是互相排斥的，而是互相补充的。目前，我国在资产证券化融资过程中应用较多的是期权调整利差定价法。我国信贷资产证券化的历史数据不够完善，在运用期权调整差价模型进行定价时候，可以先借鉴国际上的相关数据，结合我国自身市场特点，如债券价格波动性、债券收益率特性等加以调整，构造相应的定价模型进行模拟求解；随着我国信贷资产证券化经验的不断积累，再根据我国的数据进行定价。

二 影响文化资产证券化定价的因素分析

文化资产证券化产品与普通债券的定价具有一定的相似性，两者的定价都是以资金的时间价值为基础的：通过预测产品的未来产生的偿付现金流，并计算出相应的收益率作为折现的标准，以此得到的现金流折现值就是产品的价值。但是由于文化资产证券化产品由于是基于特定文化资产的偿付现金流，与普通债券不同，因为有提前偿付问题的存在，因此证券未来各期的现金流并不确定，因而在实际的定价中还会考虑其他的相关因素，如发行所需的各种费用、未来可能出现的各种风险、发行人的资质与发行时市场的整体情况等。一般来说，影响文化资产证券化定价的因素主要有以下几个方面。

（一）法律因素

法律因素是指文化创意企业与外部发生经济关系时所应当遵循的各种法律、法规和规章。它通常由中央和地方各级政府所颁布的各类法律条款组成，具有规范性和引导性。建立一个公平有效的法律体系是市场经济的基本要求之一，也是保证文化资产证券化融资有效、有序进行的根本保证。进行文化资产价值评估时，应当首先检查核实被评估文化资产的产权权利状况以及法律效力状况。作为证券化的文化资产必须是产权明确、界定清晰的财产或财产权利，没有法律纠纷或产权不清的问题。

文化资产证券化融资过程既是一个经济过程也是一个法律过程，它涉及众多的主体（债务人、原始权益人、特殊目的机构、信用增级机构、资信评估机构、服务商、受托人、投资银行、投资者等），这些主体的设立、活动、推出都要涉及法律上的规范；文化资产证券化融资的每一个环节都涉及不同参与者的权利义务问题，需要通过契约来维系，通过法律来保障；文化资产证券化融资所特有的"破产隔离""真实销售"等更需要由法律来加以规定。在文化资产证券化交易中，如果发起人面临的是一个法律环境缺乏，证券化交易就可能会比较困难或甚至不可能完成。

（二）国家金融政策

金融政策是指政府为实现经济调控目标而采取各种方式调节货币、利率和汇率水平的各种方针与措施的总和。一般而言，一个国家的宏观金融政策主要包括三大方面，即货币政策、利率政策和汇率政策。这三大政策的变动，会对文化企业融资产生重要的影响。这是因为相对有形资产抵押贷款等其他融资方式而言，文化资产产权融资违约风险更大，其债权人要求的回报率更高，从而导致融资成本提高，因此，利用文化资产产权进行融资的高新技术企业对国家利率政策的变化格外关注。此外，国家货币政策的选择、市场货币供应量的变化以及金融机构的贷款政策的变更都会对文化创意企业融资模式的选择产生影响。

利率变化通过三个方面对证券化价格产生影响：一是利率变化导致证券本身价格发生变化，从而影响投资者获利的大小；二是利率变化导致证券利息收入再投资收益率的变化，从而影响投资者的未来收益；三是利率变化导致证券本金流量发生变化，进而给投资者的收益带来影响。

利率变化对固定利率和浮动利率的证券价格影响不同，对于固定利率的证券，因为息票利率不随市场利率的变化而变化，所以当市场利率因通货膨胀率等因素发生变化时，证券的实际价格将随之发生变化；对于浮动利率的证券，息票利率会定期调整以适应市场利率的调整。可预见的现金流是促进文化资产证券化融资发展的极其重要的因素，为了实现可预见的现金流，被证券化的文化资产一般是采用固定利率的定期支付的资产，特别是当这些文化资产包含禁止提前支付的规定时，会大大促进文化资产证券化的发展。

利率政策的调整效果取决于利率市场化的程度，近年来我国的利率市场化改革的步伐加快，但是目前仍然实行存贷款利率上下限管理，利率上下限的决定权仍高度集中在政府手中。因此，我国各类经济主体对利率调整的反映程度较低，在文化资产证券化融资过程中，利率的影响也不如理论分析上那样重要，但是随着我国利率市场化进程的加快，利率对文化资产证券化定价的影响会日渐突出。

（三）提前赎回

提前赎回是文化资产证券化特有的特征。发行人只要拥有这种权力，就可以在市场利率下降时利用较低利率的新债来代替旧债，以减少债务负担。当市场利率下降时，发行人就会实施提前赎回以缩短偿还期，在这种情况下，债权人只能以较低的利率进行再投资，因此，对债券持有人来说，这实际上是一笔损失，所以债权人往往要求比较高的债券利率。提前赎回在某种意义上是一种嵌入式的期权。因此，提前偿付的存在使文化资产未来现金流具有很大的不确定性，继而直接影响证券的价格。

提前赎回可分为两类。第一，系统性提前赎回，指由于利率变动使再融资成本下降，借款人可以获得更廉价的资金而导致的提前赎回。第二，非系统性赎回，是借款人偶然的变动引起的提前赎回，由于非系统性提前赎回是由偶然事件引起的，无法研究它的影响。因此，主要分析影响系统性提前赎回的因素。

现行的市场利率。由于现行市场利率水平的变化往往与现行债券的价格有密切关系：市场利率水平下降，债券价格上升；市场利率上升，债券价格下降。所以提前偿付与现行市场利率有一定的关系，当现行债券的价格上升时，就更可能导致债券的提前赎回；相反，当现行债券价格下降时，债务人一般不会提前赎回。

到期时间。在其他条件不变的情况下，到期时间越长，利率下降的可能性越大，债务人提前赎回的可能性也就越大。存续期内借款人对市场收益水平的波动性预期。由于波动性预期越大，证券朝借款人有利方向变动的可能性就越大，所以债务人提前赎回的可能性就越大[1]。

提前还款率。债务人自身财务状况或市场利率发生变化，可能导致

---

[1] 高峦：《资产证券化研究》，天津大学出版社，2009，第112页。

债务人的提前偿付，从而影响产品的现金流量结构。在对 MBS 产品定价时，资产池中为上千甚至上万笔同质贷款，发行机构通过历史数据积累，形成对提前还款较成熟的估计模型。本产品对提前还款因素估计的难点在于贷款数目少、单笔金额较大，单个企业提前偿还行为将极大影响提前还款率。在募集说明书中，仅给出了不同提前还款率下各档证券加权平均剩余期限的变化，而未给出对提前还款率的估计。由于优先 A 档和优先 B 档均为固定利率发行，发行后提前还款行为不影响优先层的收益。

（四）资产创造收益的能力（赢利能力）

文化资产的获利能力是指文化资产创造收益的水平，即其能给该文化资产所有者或控制者带来超额收益的能力。文化创意企业的盈利能力是通过对创意产品拥有的传播权、复制权而获得的。资产评估关注的重点是文化创意企业无形资产能否带来收益、能带来多大的收益，创意产品是否受到消费者的欢迎、是否有广阔的市场都会影响其价值。文化资产的价值是由未来收益期限内文化资产的收益额来确定的，包括有效寿命期间、文化资产使用权的转让值、文化资产年收益评估值等。一项文化资产，在环境、制度允许的条件下，获利能力越强，其评估值越高；获利能力越弱，其评估值越低。有的文化资产，尽管其创造成本很高，但不为市场所需求，或收益能力低微，其评估值就很低。

衡量文化资产创造收益的水平应该注意以下几个方面的问题。关注预期收益，即文化资产能够在评估基准日以后创造的未来收益，只有这些收益才能体现出被评估文化资产的价值。关注超额收益，文化资产所创造的收益是指不包括文化资产所依附的任何有形资产的正常收益在内的超额收益，或者是指超过整体资产的社会平均收益水平的超额收益。关注历史收益的作用，历史收益是业已真实发生的、相对更为可靠的资料，在进行预期收益测算中可作为重要参考，并且如果能得到一定时期的历史收益情况，对于分析文化资产带来的超额收益的趋势和波动性等方面也很有帮助。分析文化资产所产生的收益必须建立在确实可靠条件的基础上，力求做到不随意夸大或过于保守造成虚增或贬低文化资产所创造的收益。测算预期收益和区分超额收益过程中人为因素往往会起到很大的作用，评估人员应当尽量充分合理地使用全面的信息进行客观的测算。

（五）使用期限

就价值本身而言，文化创意企业的文化资产价值与该文化资产产生收益的年份密切相关，文化资产使用期限的长短，直接影响文化资产的评估值。所以文化资产的使用期限是影响文化资产评估值的一个重要因素。

使用期限因素。文化创意企业的评估值有一定的使用期限。使用期限的长短，一方面取决于该文化资产先进程度；另一方面取决于其无形损耗的大小。文化资产越先进，其领先水平越高，使用期限越长。例如广告设计行业，可以作为一种文化资产进行评估。广告的设计应当跟得上时代的进步，适应市场的需要，具有先进性，才会取得更高的评估值。确定使用期限的原则和依据是受法律保护而不受有效时间影响的文化资产，以法律保护年限为文化资产的使用期限；既受法律保护，也受经济年限限制的文化资产，以"孰短"的原则确定其使用年限；不受法律保护的文化资产，由技术测定的有效经济收益年限为其使用年限。

市场因素。①文化资产市场需求情况是评估值随市场需求的变动而变动。市场需求越大，则评估值就越高；市场需求越小，且有同类文化资产替代时，则其评估值就越低。②文化资产的适用程度。文化资产的适用范围越广，适用程度越高，文化资产的评估值越高。

文化创意产品的市场替代性。文化创意企业的产品具有市场替代性是因为创意产品是一种以智力劳动和信息投入为主的产品，投资成本小，市场替代性强，这可能导致一系列形式和内容相近或雷同的创意产品的出版和发行，而且很难认定其属于侵权行为。这种很强的产品替代性，使无形资产的价值降低。

（六）宏观经济因素等其他因素

宏观经济形势对产业发展、企业发展以及资产定价都有直接或间接的影响。不同时期国家的经济增长水平、宏观发展战略、财政金融政策、通货膨胀水平、进出口贸易、利率、汇率水平都不一样，企业面临的生存发展环境也就不同。在资产定价过程中，宏观因素会影响企业未来的预期收益和风险回报，也会影响文化企业相关交易行为。因此，宏观经济因素对文化资产证券化定价有极大的影响。

本章小结

　　资产定价是文化资产证券化融资的核心问题。从文化资产证券化融资的过程可以看出，目前我国对文化资产价值进行评估主要采用收益法、成本法及市场法等评估方法。文化资产的正确评估来自对基础资产的正确定价，而资产定价是否准确、合理又取决于对未来现金流量预测的准确程度、贴现率的选取以及具体采用的定价方法。当前，在资产证券化融资过程中比较流行的定价方法主要有现金流贴现估价法、相对估价法及期权估价法，如何选择合适的定价方法对文化资产进行评估就成了一个关键问题。文化资产证券化融资运作过程中需要两次资产定价过程，因此，有必要对影响文化资产证券化定价的几种因素进行具体分析。

第四章　文化资产证券化融资的国际经验与借鉴

资产证券化最早起源于美国，以 1970 年 2 月美国房贷公司（Ginnie Mae）首次发行以住房抵押贷款转手证券为标志，之后的 40 多年的时间里，资产证券化发展迅速，已经扩展到欧洲、拉丁美洲、亚洲等国家和地区。美国作为全球最大的资产证券化市场，资产证券化产品几乎涵盖了所有资产，其相关的市场机制、制度及技术均比较完备。欧洲资产证券化虽然大量借鉴了美国经验，但是呈现了自身的特点：中小企业贷款证券化成为欧洲中小企业主流的融资方式（主要是西班牙、德国）；许多法律和监管问题的妥善解决，使欧洲迅速发展成为资产证券化全球第二大市场。亚洲的资产证券化最早出现在日本，初期发展比较缓慢。1997 年爆发的金融危机对亚洲企业和银行的资产结构和融资能力造成了严重的影响，促使中国香港、泰国等地区的企业和金融机构纷纷谋求通过资产证券化的方式筹集资金，从而促使亚洲的资产证券化进入快速发展阶段。

世界范围内最早的一例文化资产证券化融资实践是音乐版权资产证券化。在普曼集团（Pullman Group）的策划下，英国著名摇滚歌星大卫·鲍伊（David Bowie）将其在 1990 年以前录制的 25 张唱片的预期版权资产（包括 300 首歌曲的录制权和版权）许可使用费证券化，于 1997 年发行了鲍伊债券（Bowie Bonds），为其筹集到 5500 万美元。鲍伊债券的成功发行起到了很好的示范作用，极大地拓宽了资产证券化的操作视野。2005 年 5 月，美洲银行以披头士（Beatles）唱片专辑 50% 权益为担保，将其总额为 2.7 亿美元的贷款打包出售给了福特雷斯投资集团公司（Fortress Investment Group）。毋庸置疑，随着投资者对文化资产产权更为熟悉，发行人不断探索更多元化的融资路径，还会出现更多富有创意的文化资产证券化类型。目前，资产证券化的基础资产种类已经从最初出现的住房抵押贷款扩展到了 100 多个品种，已经有越来越多的资产加入证券化融资的行列。可以说，只要是未来能够产生稳定现金流量的资产都可以进行资产证券化，并且通过扩大基础资产池的规模可以减少单位资金成本，实现规模效应，提高对资产池的运作效率，资产证券化基础资产池的规模有不断扩大的趋势。证券化融资技术已经实现了广泛应用。

从国外的实践来看，美国等发达国家文化资产证券化融资步伐快速发展，文化资产证券化融资的基础资产类型已经非常广泛，从音乐版权、电影版权到药物专利权再到足球电视转播权，甚至油气勘探资料等，都被纳入文化资产证券化融资的范围，由此可见，虽然文化资产作为"非常规资产"，具有与传统的证券化资产不同的特点，导致其证券化融资复杂性及难度提高，但是由于二者实质上都具备资产证券化的最基本要素——可预测的未来现金流量，因此，在创新性金融工程制度安排下，文化资产证券化具有其合理性和客观基础。现代经济已经发展到知识经济阶段，在知识产权资产对社会经济的重要性和影响力日益增大、金融工程技术日益发展的背景下，文化资产证券化融资前景广阔，意义重大。现如今，证券化从最初的音乐版权资产开始，已拓展到电子游戏、电影资产、休闲娱乐、演艺、主题公园等与文化产业相关联的文化资产，以及时装品牌、医药产品专利、半导体晶元，甚至是专利诉讼的胜诉金。尽管从目前来看，文化资产证券化融资在整个资产证券化市场中的份额还很小，但是它已经显示出巨大的发展潜力。随着证券市场的发展，资产证券化经历了从住房抵押贷款证券化到非抵押资产证券化的发展过程。比较借鉴国外成熟经验，有助于构建中国文化资产证券化模式体系。为推动我国的文化产业与文化事业的健康快速发展，应当积极探索、大胆试验，借鉴国外的经验，寻找一种行之有效的文化创意产业的融资方式。

一　美国文化资产证券化融资的现状与经验

（一）美国文化资产证券化融资的概述

华尔街流传着这样一句话："只要你有现金流，那么，你就可以做成证券销售。"在这样的金融氛围之下，世界上第一例文化资产证券化融资的案例诞生在美国。美国本土文化资产证券化的发展，始于"鲍伊债券"，这一案例具有历史性的意义，成功地打破了传统的资产证券化模式，让人们第一次注意到文化资产的资本价值,从而开启了文化资产证券化融资的全新时代。

鲍伊债券之后,美国开始出现一系列文化资产证券化融资的交易案例,从美国文化资产证券化的实践来看,文化资产证券化的基础资产可以说是十分广泛的,时至今日,其基础资产范围已扩展至诸如电影、演艺、休闲娱乐、电子游戏及主题公园等与文化产业息息相关的文化资产,以及医药科技产品的专利、时装品牌、半导体芯片技术,甚至连与专利有关的诉讼胜诉金,都可被纳入文化资产证券化融资的基础资产。

在美国的文化资产证券化融资案例中,虽然音乐产业的证券化数量最多,但若论规模,则当数电影行业,原因在于电影行业的资金需求较大,而且电影作品的可预测、可清楚定义并且相对稳定的现金流也更大。电影产业的资金通常是由少数卖座的影片所得收益为其他影片提供资金,并借助各种投资组合来减缓收益的波动,因此十分适合通过证券化的方式筹集资金。21世纪福克斯公司、梦工厂、环球制片公司和威秀娱乐集团都曾借助证券化实现融资。

1. 美国文化资产证券化的发展历程

资产证券化是现代金融领域最重大的创新之一,是融资方式的重大突破,既有别于传统权益融资,又有别于传统债务融资,是以资产的现金流为支持的结构性融资。过去30年,美国金融创新集中体现在资产证券化领域。美国资产证券化比例超过 GDP 的50%。资产证券化是市场的重要融资方式,资产证券化规模占 GDP 比重连续10年在50%以上。2012年美国发行资产证券化产品规模2.07万亿美元。同比增长24.38%[①]。美国的金融机构核心竞争力体现在证券化产品的设计能力,体现在证券化产品市场的销售能力,包括标准的制定能力、交易结构的设计能力、信用评级的影响能力,产品市场的销售能力。美国文化资产证券化大致经历了四个阶段。

第一阶段是孕育阶段。从1970年美国政府国民抵押贷款协会(FNMA)发行住房抵押贷款转手证券(这也是全世界第一个资产证券化产

---

① 参见2014年中国资产证券化高峰论坛相关数据,2月27~28日。

品）开始，到 20 世纪 80 年代中期。这一阶段主要围绕住房抵押贷款证券化（RMBS）进行创新，但也为以文化资产为标的证券化的产生创造了极为有利的条件。

进入 20 世纪 80 年代，证券化技术的逐渐成熟，证券化的基础资产从最初仅限于居民住房抵押贷款进一步扩展到商业房地产抵押贷款、汽车贷款、信用卡贷款、应收账款等，其市场规模也不大。资产证券化的标的由最早的不动产抵押贷款债权，逐渐移植到非抵押贷款资产领域，进一步向非金融部门渗透，转变成各种其他金融资产。而这些进行证券化的非抵押贷款基础资产池主要包括四类。

一是金融机构的非抵押贷款资产，如信用卡应收款，汽车购买贷款，普通工商业贷款，学生教育、农业、中小企业等政策性贷款，汽车、计算机、飞机、生产线等设备融资租赁应收款，一般贸易应收款，银行等储蓄机构的不良贷款，医疗保险应收款等。

二是非金融部门的项目资产池，如酒店、酒吧等特许经营许可应收款，公路、桥梁等收费基础设施应收款，石油、天然气、电力等能源供应收入，航空、铁路、轮船等客运收入，汽车制造商的购车信贷等。

三是公共领域收入资产池，如地方和州的未来公共税收或财政收入的证券化等。

四是文化领域收入资产池，如版权、专利权等文化资产收入的证券化等。

第二阶段是起步阶段，从 20 世纪 80 年代中期到 90 年代中后期。这一阶段表现为被证券化的基础资产类型不断多元化，首先从住房抵押贷款扩展到商业房地产抵押贷款，出现了商业房地产抵押贷款证券化，与住房抵押贷款证券化合称抵押贷款证券化。此后，基础资产进一步扩展至信用卡应收款、汽车贷款、学生贷款，以及其他各种债权类和收益权类资产。1997~2002 年，资产证券化融资开始将证券化的基础资产拓展到知识资产，把知识资产当作一种商品、一种文化资产来生产和经营，将知识产权资产的预期收益权作为融资方式，通过结构化设计，在资本市场发行证券融通资金，从而拓展了融资渠道。尤其是对高科技文化企业来说，知识产权就是其最重要的文化资产。

1997 年，美国发行了由普曼集团策划的证券鲍伊债券，它的基础资产是英国著名摇滚歌星大卫·鲍伊在 1990 年以前录制的 25 张唱片的预期版权（包括 300 首歌曲的录制权和版权）的许可使用费，鲍伊债券的发行为其筹集到5500万美元，成为世界上最早的文化资产证券化融资案例。自此以后，一系列文化资产证券化融资案例相继进行，例如2002年美国著名导演斯皮尔伯格创办的梦工厂，用拍摄电影的版权许可费收益权作为基础发行债券，融资10亿美元。如今美国文化资产证券化已由版权向专利和商标领域扩展。

在1999年的秋天，Thelen Reid&Priest律师事务所为一家名为Bill Blass的时装公司提供债券发行的法律服务，帮助该公司以包括Bill Blass商标在内的资产为基础，实现了债券的发行。其后许多时装公司开始意识到文化资产证券化融资能够为公司带来巨大的资金流，纷纷与UCC资本公司签订关协议，将公司所拥有的知识产权资产通过证券化的方式进行融资，其中就包括著名的Candie's公司。

美国文化产业的繁荣，其金融支持体系功不可没。在金融业发达的美国，文化产业金融服务早已超越版权质押贷款模式，开始利用版权证券化为电影业服务。

2001年，AmRe公司通过融资获得4.5亿美元的资金用以购买美国梦工厂的多部影片的未来收益，并以此为基础进行证券发行。2002年和2003年，Royalty Pharma（美国药业特许公司）也先后实现了两笔药物专利证券化。随后几年间，体育产业也开始将目光投向资本市场，加入了资产证券化融资的队伍。一些职业体育联赛球队如美国冰球联盟的纽约冰人队，就将该球队的电视转播合同收益打包，发行了债券。

文化资产证券化的启蒙和发展在美国表现出了活跃的局面，让人看到了这一市场的巨大潜力与生机。

普曼集团公司至今也没有将鲍伊债券案例的融资方案及交易细节对外披露。大卫·普曼（David Pullman）在对商业方法专利进行研究后认为，其策划设计的鲍伊债券案例融资方式同商业方案一样可以获得专利认可。2002年7月，大卫·普曼向美国专利商标局（USPTO）就其设计的音乐版权税收入证券化方案申请专利保护。美国专利商标局经过调查后认为，大卫·普曼并不是第一个就该方案提出专利申请的人，在他之前已有很多人曾就类似方案提出过专利保护申请[①]。这一现象说明，文化资产证券化融

---

① "U. S. Patent Full-Text Database Boolean Search," http：//patft. uspto. gov/netahtml/PTO/search-bool. html.

资如今在美国已开始被广泛接受，并且人们意识到文化资产证券化的操作方案本身也是一种资产①。

第二阶段是从20世纪90年代中期至2007年中次贷危机爆发，特别是2003~2005年，文化资产证券化处于停滞阶段。在此阶段虽然出现了担保债务凭证（包括担保贷款凭证和担保债券凭证，前者的基础资产为贷款，后者的基础资产为债券）的证券化品种创新，但是由于资产证券化产品可以被多次证券化，产品链条延长，出现了衍生化的资产证券化产品信用违约现象，资产证券化衍生品事后被普遍认为是危机产生的主要原因之一。

2002年美国监管当局出台了《萨班斯法案》，该法案的出台给文化资产证券化融资的发展添了一层冰霜，在接下来的几年中，文化资产证券化几乎没有什么发展。2003年之后，美国文化资产证券化的表现进入了低潮期。尤其是网络经济崩溃之后，美国金融界变得谨小慎微，对于文化资产证券化融资始终持观望态度，文化资产证券化发展遭遇了资本市场自身的冷淡期。Douglas Elliot曾就这一问题发表过观点②，他认为，文化资产证券化融资遭冷遇的主要原因在于它的风险要比其他资产证券化的风险来的更大。而Erica Morphy对这一问题的看法则是③，文化资产证券化的低迷主要是由于其程序太过烦琐，即使采取各种措施最大限度地将其简化，工作量仍然很大。美国关于文化资产证券化的法律数量庞大，美国法院对这些法律的解读也不尽相同，如果再加上其他国家的法律和国际条约，关于文化资产证券化的法律体系将更加复杂。

从2003年中到2004年早些时候，文化资产融资首次扩大到非现金流的知识产权资产方面。像信安集团（Principal Financial Group）旗下的知识产权金融公司——IPI金融服务，在这一时期进入市场，并且对与现金流无关的知识产权从许可扩展成了债务资本。把知识产权资产的现金流当作一种基础资产被用来支持证券化和债券发行。现金流的持续性以及将它们模式化，使像标准普尔和穆迪这样的评级机构能够将这些交易

---

① Krystal E. Noga, "Securitizing Copyrights: An Answer to the Sonny Bono Copyright Term Extension Act," *Tulane Journal of Technology and Intellectual Property*, Spring, 2007.
② Douglas Elliot, *Asset-Backed IP Finance: From Ideas to Assets: Investing Wisely in Intellectual Property*, John Willey & Sons, Inc.
③ Erica Morphy, "Intellectual Property Securitization-a Potential Gold Mine?" *International Securitization & Structured Finance Report*, Sept. 30, 2002.

进行评级。从某种意义上讲，这些交易借鉴了其他获得巨大成功的资产分类（抵押、信用卡和汽车信贷）的模式，并且在几乎无人知晓的情况下降知识产权资产作为一种基础资产进入了市场。在这种交易中，知识产权可以被看作到达终点的另一种办法，但是投资者关注的并不是知识产权风险，相反他们会观察历史现金流以使它们对将来用于支付其账单的现金流有一些安慰。

2005年，美国文化资产证券化融资开始表现出复苏的迹象。美国UCC资本公司策划的BCBG Max Azria文化资产证券化交易案例曾经被美国许可使用费征收协会（LES）和《证券化新闻》（*Securitization News*）同时评为当年的最佳交易案。商标、品牌的证券化发展虽然不及电影和音乐产业，但在近几年也有长足的发展，典型案例是2003年Guess商标证券化案。专利证券化的发展较为迟缓，到2009年为止，美国仅有两笔药物专利证券化案例。

从鲍伊债券案例开始，文化资产证券化融资在美国已经发展了几十年，其交易金额最初仅为3.8亿美元，然而到2000年美国文化资产证券化融资的交易金额已增至11.3亿美元，交易总规模更是扩大到20.4亿美元[1]。耶鲁大学的Zerit专利证券化案例以失利收尾，这让人们开始怀疑知识产权证券化的可行性，"我们知道问题出在哪里，但是我们不知道如何去改变它……"[2]。随后，Royalty Pharma公司总结经验，成功实现了第二笔专利证券化交易，消除了人们对文化资产证券化融资的疑虑。2005年，Tideline交易案例的成功实现了文化资产证券化融资的进一步发展，它改变了为某一次特定交易而设立临时SPV的做法，建立了长期独立的专业化SPV。这样不仅降低了证券化融资的成本，还能提高证券化效率，同时表明美国文化资产证券化已经从对其可行性的探讨，发展到探索高效运行方式的新阶段。

第四阶段是从2007年中至今的再探索再复苏阶段。2007年春天，美国爆发了次贷危机。这次危机虽然由住房抵押贷款引起，但是对其他资产证券化产品也产生了不良影响。2009年过后，经济危机的影响依然存在，

---

[1] 黄文凉：《智能财产权新金融商品》，《玉山银行集》（双月刊）2005年第8期。
[2] John S. Hillery, *Securitization of Intellectual Property：Recent Trends from the United States*, Washington｜CORE (Mar., 2004), at 30, available at http：//www.lip.or.jp/summary/pdf/WCORE2004s.pdf.

但是文化资产证券化融资却迎来复苏，比如摩根士丹利公司帮助 Vertex 制药公司实现知识产权资产证券化融资。在这一阶段，美国对资产证券化采取了一系列改革措施，出台了相应的法律法规，加强了对资产证券化的监管。此后，资产证券化市场开始恢复，并出现了一些新的变化趋势：一是资产证券化产品的分档结构简化，证券档级往往不超过六档，而危机前一个资产证券化项目甚至有几十个档级的证券；二是产品链条大大缩短；三是资产证券化衍生品数量大幅下降。而文化资产证券化融资在下一步的发展趋势是包括知识产权资产在内的文化资产证券化融资进入快速发展阶段，例如文化创意、商业秘密等都可以成为证券化融资的基础资产。从电子游戏、音乐、电影、休闲娱乐、演艺、主题公园等与文化领域相关联的文化资产，到时装的品牌、最新医药产品的专利、半导体芯片，甚至专利诉讼的胜诉金，大都已成为证券化的对象（见表4-1）。

但是同时应当看到，文化资产证券化融资发展中所遇到的瓶颈问题，一是文化资产出售者及证券购买者范围过小，导致文化资产证券化融资市场无法达到经济规模；二是证券化标的利益尚不足以达到可供证券化的地步；三是文化资产价值评估问题，由于文化资产产权价值计算方式缺乏明确的标准，导致风险无法评估。因此，只有未来当文化资产产权发展到拥有稳定的现金流量且风险可以明确估算时，才可以创造更多证券化融资机会与市场。

表4-1 美国文化资产证券化融资情况一览

结束日	借方	类型	产业	配售代理
Feb-97	大卫·鲍伊	版税收入	音乐	普曼集团公司
Nov-97	梦工厂1	版税收入	电影	贝尔斯登
Jun-98	Motown Bonds	版税收入	音乐	普曼集团公司
Nov-98	Ashford & Simpson Bonds	版税收入	音乐	普曼集团公司
Jan-99	科林斯集团	刻录/出版费用	音乐	CAK Universal 公司（aka ucc capital）
Feb-99	TVR Records	刻录/出版费用	音乐	CAK Universal 公司（aka ucc capital）
Apr-99	SESAC	许可收益	音乐	CAK Universal 公司（aka ucc capital）
Apr-99	L. A. Arena Funding	命名权	体育	贝尔斯登

续表

结束日	借方	类型	产业	配售代理
May – 99	科蒂斯·梅菲尔德	版税收入	音乐	CAK Universal 公司（aka ucc capital）
Jun – 99	Barret Strong	版税收入	音乐	CAK Universal 公司（aka ucc capital）
Jun – 99	詹姆斯·布朗	版税收入	音乐	普曼集团公司
Jun – 99	铁娘子（英国重金属乐队）	版税收入	音乐	Global entertainment finance
Aug – 99	A. B. Quintantillas 3	版税收入	音乐	CAK Universal 公司（aka ucc capital）
Oct – 99	比尔·布拉斯	许可收益	服装	CAK Universal 公司（aka ucc capital）
Jan – 00	梦工厂 2	版税收入	电影	贝尔斯登,大通证券
Jun – 00	艾斯里兄弟合唱团	版税收入	音乐	普曼集团公司
Aug – 00	生物医药	专利权	医药	西德意志银行
Sep – 00	Marvin Caye	版税收入	音乐	普曼集团公司
Nov – 00	阿佰斯餐馆	特许经营/许可收益	餐饮	摩根士丹利, swiss renew markets
Mar – 01	Chrysalis 公司	版税收入	音乐	英格兰皇家银行
Dec – 01	Gloria Vanderilt	许可收益	服装	UCC Captial
Aug – 02	Candie's	许可收益	服装	UCC Captial
Apr – 03	Guess 公司	许可收益	服装	JP 摩根证券
Jul – 03	Royalty pharma AG	专利权	制药	瑞士信贷第一波士顿
Aug – 03	Melrose investor LLC	版税收入	电影	美林证券公司
Jan – 04	BCBG Max Azria	许可收益	服装	UCC Captial
Aug – 04	royalty securitization trust	专利权	制药	贝尔斯登,瑞银证券

资料来源：Douglas Elliot, *Asset-Backed IP Finance*：*From Ideas to Assets*：*Investing Wisely in Intellectual Property*, John Willey & Sons, Inc., 2009。

美国是全球文化产业最发达的国家，也是市场主导型文化产业发展的典型。在美国，与住房贷款证券化市场以及资产支持债券市场相比较，文化资产证券化市场还只是一个尚未苏醒的金融巨人[①]。CAK/UniversaL 资信公司的总裁 Robert D'Loren 认为，金融界已经意识到知识

---

① Matthew Benz, "Bowie Bonds：One-Off or a Sound Vision for the Future," *Billboard Magazine*, June 20, 2001, http：//www.pullmanco.com/article136.htm.

产权是一种极其重要的文化资产，对于知识产权资产进入金融领域的前景十分看好："十几年前，公司90%的净资产是有形资产……如今，公司90%的资产是无形资产。那么，对金融界来说，在未来如何对待知识产权资产是个重要的问题。要么想办法接受，要么其资产证券化基础资产的范围将大大缩减。"① 如今随着文化资产产权市场价值的提升，美国不少公司的资产中知识产权资产所占的比重日益增加。可以预见，文化资产证券化的前景是非常广阔的，在未来肯定会成为资产证券化领域的主力军②。

资产证券化是近十几年来国际金融领域十分重要的创新之一，文化资产证券化融资是金融资本与文化资本的一种有效结合，是以金融技术为依托，以文化资产的信用为担保，以证券化为载体的融资方式。它具有融资成本低、实施难度小、不影响文化资产的产权权属和融资风险小等优势。我国的文化产业知识产权所有人应积极利用这种先进的融资方式，借变现债权来改善现金流状况，优化自己的资产负债结构，提高资金周转率，还可以利用所得价款进行后续研发，寻找更好的市场机会。

2. 美国文化资产证券化产生与迅速发展的原因

资产证券化起源于美国的住房抵押贷款市场的发展，美国之所以成为世界上资产证券化最为发达的国家，其中一个重要的原因在于美国拥有庞大、发达的抵押贷款市场，而抵押贷款市场的发展也直接促成了资产证券化的出现。资产证券化之所以能在过去的40年中取得了快速的发展和巨大的成功，是因为其适应特定的经济环境需要，以创新的交易结构设计和技术处理，使不具流动性或流动性不强的资产流动起来，提高了资产运营的效率，通过把信贷市场与资本市场联系起来，满足了市场的巨大融资需求，在这个过程中给市场的各个参与各方带来了不同的好处，形成一个多赢的利益格局。抵押贷款支持证券或抵押支持证券（Mortgage-backed Security，MBS），属于资产支持证券（ABS）的一种，也是规模最大、影响力最广和最重要的一种资产支持

---

① Matthew Benz, "Bowie Bonds: One-Off or a Sound Vision for the Future," *Billboard Magazine*, June 20, 2001, http://www.pullmanco.com/article136.htm.
② 杨亚西：《知识产权证券化：知识产权融资的有效途径》，《上海金融》2006年第11期。

证券。MBS的基础资产为房产抵押贷款，即贷款机构将其发放的房产抵押贷款，出售给SPV，以这些房产抵押贷款为支持发行证券。这些证券的资金偿还来源于房产抵押贷款人偿还的贷款。住房抵押支持证券的风险低、投资级别高，发行后获得了机构投资者的热烈欢迎，因而，住房抵押支持证券问世后获得迅猛发展，并且这种债券发行模式被迅速推广至其他一切能够产生较为稳定预期现金流的金融资产，如消费品抵押贷款、应收账款和信用卡贷款等，这种债券被统称为抵押支持债券或者资产支持证券。

美国资产证券化能够迅速发展的另一个重要原因在于其独特的制度基础。在40多年的不断发展、开拓与创新的实践过程中，形成比较完整、规范的资产证券化的法规框架和富有弹性的法律规定，基础资产的质量和类型、融资需求的多样化与不断变化的经济金融环境相结合，对资产证券化模式的演变产生了深刻影响，创新机制与选择机制交互作用，成本—收益原则演绎出特殊目的机构最多样化的契约架构模式，而这一切又都是在政府的大力推动下才得以实施的，从而使美国的模式发展最具有代表性。

第一，美国没有专门规范资产证券化的立法，而是透过现有的证券法律法规对它进行证券法层面的调整，并借助证券市场最高监管机构证券交易委员会（SEC）充分的执法权力和具有造法功能的法院务实的司法操作，确保证券法体系的市场经济导向，以适应金融市场发展的需要。美国的证券活动受到联邦立法和所属各州法律法规的监管，美国联邦证券法体系主要由七项立法组成[1]，从有利于投资者保护的角度，将不断推陈出新的金融创新产品纳入监管范围；以众多的但明显偏重于机构投资者的立法豁免，培养机构投资者投资群体，以形成稳定的资本市场；以主管机构SEC充分的执法权限和遵循先例的法院务实的司法操作，进行法律的及时立法、修改、废除以及以市场为价值取向的法律解释，有效保证法律的时代性与灵活性，最终形成既"管得宽"又"管得严"的开放型证券法律制度。

第二，建立起规范化标准。资产证券化由于使用证券载体而必然牵涉

---

[1] 美国联邦证券法体系主要包括《1933年证券法》《1934年证券交易法》《1935年公用事业控股公司法》《1939年信托契约法》《1940年投资公司法》《1940年投资顾问法》《1970年证券投资者保护法》。

到广大的投资者,再加上其精巧复杂的融资结构也给投资者带来判断ABS价值、评估相应风险和预防可能损害方面的困难,因此有必要将资产证券化活动纳入证券法的监管范畴;但是ABS与发行人信用脱钩,完全依赖资产产生的现金流偿付证券权益的特性,又使它显著地区别于通常意义上的证券。在美国,并不因为一项投资工具使用了证券一词,就当然认为属于证券法中的"证券",其性质取决于相关经济实质的分析及相关法律法规的确定。

第三,由政府推动而非民间自发产生。在美国,为推动金融演进以促进经济增长,SPV并非由具有利益关系的当事者出面设立,而是在政府支持下设立,这种独立的SPV所从事的业务就是斡旋于潜在发起人和投资者之间,以满足对于证券化技术的需求。SPV一般仅有很少的自有资本,没有专门的董事会成员,股东结构简单,较少甚至没有自己的雇员,常常被称为"空壳公司",只是专门用于证券化操作的载体。美国ABS完全由政府推动,除由政府全资拥有或授权的机构直接参与外,美国政府还提供了一系列优惠政策,如"机构"发行抵押贷款证券不同向美国证监会登记和获得批准;美国联邦储蓄银行的会计系统、储蓄信托公司和欧洲清算系统为这些"机构"发行的抵押贷款证券提供清算服务;由政府授权"机构"发行的标准抵押贷款证券可以作为无风险投资工具,任何金融机构都可以不受限制地持有;金融机构持有的这些"机构"发行的抵押贷款证券可以作为从联邦储备银行和联邦住房贷款银行获得的担保等;以政府信用担保为基础,降低了委托—代理的风险,能够极大地增强了投资者的信心和积极性。美国是市场经济发达国家,在证券化早期发展阶段,尤其是在促进二级市场达到一个必要的完善程度和组织水平方面,政府的强力介入发挥了非常重要的作用。

第四,修改SPV的"投资公司"定性,简化相应的监管要求。SPV是资产证券化中创设的专门用于购买、持有、管理证券化资产并发行ABS的载体。SPV作为进行证券化交易而专门设立的证券发行机构,是资产证券化交易结构的核心。美国《1940年投资公司》是为保护投资者利益、防止投资公司滥用经营管理权限而制定的,它对投资公司的监管极其复杂与严格。被定性为投资公司的SPV,要受到严格的监管,尽管该法中有一些法定的豁免规定,但是其并非专为资产证券化量身定做,只能带来适用上的极度有限性。为此,美国SEC在1992年11月颁布了专门针对结构性融资的相关规则①，SPV 将不再被界定为投资公司，而不管其资产的类型如何。这一规定的出台，极大地推动资产证券化的发展与繁荣。

第五，充分利用证券立法中的豁免规定，为 ABS 的发行与交易提供便利。被定性为"证券"的 ABS，其发行与交易，就要受到以规范证券初次发行为主的《1933 年证券法》和以规范证券后继交易为主的《1934 年证券交易法》的监管②。前者是以"完全信息披露"为指导，向投资者提供一切与证券公开发行相关的重大信息，而将有关证券的价值判断和投资决策交由投资者自身来进行，由此形成"注册登记制"的证券发行监管制度，并最终影响《1934 年证券交易法》关于证券交易的信息披露监管；但是《1933 年证券法》中的关于豁免条款，主要有针对特定类别证券的豁免和针对特定交易的豁免，与 ABS 有关的规定较少。而《1934 年证券交易法》中的豁免，最终显著地体现于授权 SEC 自由裁量豁免的规定上，简化了 ABS 的操作。以非实质性审查的注册登记制度为证券发行提供没有法律障碍的市场准入，为金融创新提供良好的生存环境。以完全信息披露保护投资者的利益，规范证券信用评级，引导投资者自由决策并培育其成熟的投资理念，不断地为金融创新产品提供良好的投资群体来源；借助证券立法中的豁免规定、适时的立法修改和 SEC 高度自由的执法权限，美国在证券化进程中培育了一个成熟稳健的机构型 ABS 市场，并通过简化手续提高了证券化的运作效率。

第六，拥有完备、成熟的中介机构。在美国知识产权证券化的发展过程中，信托公司、资产评估公司、投资公司、专利许可费协会等中介机构发挥了极为重要的推动作用。鲍伊债券的顺利发行很大程度上要归功于 David Pullman 的 Pullman Group。美国有许多类似 Pullman Group 的中介机构如 Royalty Pharma、Morgan Stanley 等，这些中介机构不仅能为客户提供交易结构的设计和 SPV 的设立等服务，还能有效地帮助客户解决知识产权证券化过程中可能出现的技术性难题。比如知识产权价值评估是知识产权证券化过程中十分关键、难度最高的环节，诸如 Standard & Poor、Moody、

---

① Joseph C. Shenker, Anthony J. Colletta, "Asset Securitization: Evolution, Current Issues and New Frontiers," *Texas Law Review*, Vol. 69, May 1991, p. 1412.

② Gregory M. Shaw, David C. Bonsall, "Securities Regulation, Due Diligence and Disclosure-US and UK Aspects," in Joseph Jude Norton, Pawl R. Spellman ed., *Asset Securitization: International Financial and Legal Perspectives*, Basil Blackwell Finance, 1991, p. 244.

Fitching 等资信评估公司以及 Ocean Tomo 等公司，在知识产权价值评估和盈利预测的方法、参数指标的设计等方面有全面而深入的研究。在专利许可费的统计和将专利许可费的收取实现最大化等问题上，美国许可协会（License Executive Society，LES）、Royalty Source、Intellectual Property Research Associates、Consor 等机构也拥有成熟的经验，这些专业的机构能够有效解决知识产权证券化过程中的许多重要问题[①]。

通过以上分析我们可以看到，资产证券化最本源的驱动因素还是来自市场的需求，正是由于当时市场巨大融资需求以及传统融资方式不能满足这种需求，才促使人们寻求创新的融资方式，资产证券化应运而生。从整个金融体系的角度来看，资产证券化打破了金融市场之间的界限，促进了金融资源的自由流动，信贷市场长期积聚的风险被转移到资本市场上，由市场上有能力和意愿承担风险的参与者主动承担相关风险、获得相应收益，从而在整体上有利于金融体系的稳定。此外，资产证券化通过改善相关资产的流动性，提高了整个社会的资产运营效率，还引起了新的金融机构的大量出现，模糊了传统商业银行和非银行金融机构之间的界限，增进了金融业的竞争，因此逐渐推动了市场化、自由化的金融交易制度的形成，而这种自由竞争的市场机制有利于改善资源分配状况，实现资源配置的最优化。而资产证券化之所以成功，也在于它通过创新，以一种几乎完美的方式满足了市场各参与方的需求。可以说，资产证券化是符合基本经济规律和社会需要的，我们在发展经济的过程中应该积极加以运用[②]。

（二）美国文化资产证券化的产品种类

通过文化资产证券化，文化资产所有者能够取得某种可预见的稳定的现金流，并将其转变为可以在金融市场上销售和流通的证券，投资者获得了这些资产在未来的一系列现金流，对双方来说都是有利可图的。知识产权资产在资本形态上表现为无形资产。在管理学中，无形资产属于固定资产的范畴，是不具有实物形态的独占经济资源。知识产权资产包括发明专利权、实用新型专利权、外观设计专利权、商标权、著作权以及品牌和技

[①] Rod Burkert, "Determining Reasonable Royalty Rates: Extracting Value from Licensing IP Assets," *Global Intellectual Property Asset Management Report*, January, 2006.

[②] 梁继江：《美国资产证券化市场的发展经验与教训》，《财经研究》2011 年第 1 期。

术诀窍在内的广义无形资产,这些无形资产为文化资产证券化融资提供了有力的资产支持。在美国,把知识产权资产当作一种文化资产进行运作与经营,将其产生的债权利益证券化,获得企业发展所需要的资金。在文化资产证券化发展的过程中,美国并没有为此进行专门的立法,《证券法》(1993年)、《证券交易法》(1934年)以及《投资公司法》(1940年)等法律成为支持美国文化资产证券法发展的法律框架,在这些法律的指导和规范下,美国的文化证券化迅速发展起来。

1. 音乐版权资产证券化

世界上第一例文化资产证券化案例是鲍伊债券案,鲍伊债券的成功发行揭开了文化资产证券化融资的序幕,将文化作为资产进行经营与运作并正式进入资本市场融资。Pullman Group 作为鲍伊债券案例的策划者,将英国著名的摇滚歌星大卫·鲍伊于1990年录制发行的25张唱片专辑预期版权(其中包括300首歌曲的版权的录制权)的许可使用费进行证券化,并在1997年发行了著名的鲍伊债券,为大卫·鲍伊筹集到了5500万美元的资金。鲍伊债券的成功发行具有历史性的意义,为后来文化资产证券化融资提供了绝佳的典范,极大地拓宽了资产证券化的视野和范围。

大卫·鲍伊是英国红极一时的著名摇滚歌手,自20世纪60年代开始,大卫·鲍伊平均每年都能够从自己的音乐作品版权中获得100万美元左右的版税收入。1997年,为解决大卫·鲍伊与政府之间的因税务纠而面临的财务危机,大卫·普曼为其设计了一套证券化融资的方案。由于普曼集团采取了严格的保密措施,从未披露过本案的具体细节,而是将其作为商业秘密,人们只知道大卫·鲍伊将自己在1990年之前录制的25张专辑里超过300首歌的版权全部转让给了一个SPV,并由该SPV对外发行了期限为10年、利率为7.9%、总金额5500万美元的债券。这一史无前例的债券被金融界称为鲍伊债券。鲍伊因一首《从天而降的人》(*Man Who Fell to the Earth*)而名声大噪,而在鲍伊债券发行之后,他也成为第一个"将自己推销出去的人"[①]。

---

① Douglas R. Elliott, *From Ideas to Assets: Investing Wisely in Intellectual Property*, John Wiley & Sons, Inc., p. 462.

鲍伊债券的成功发行为金融界带来一场巨大的震动，许多人认为这是一次伟大的金融界革命，就如 Davies 曾说："今天，有许多经济学家认为鲍伊债券是一场由无形资金替代有形钱币、颠覆中央银行完全控制金融体系的革命。"[1] 也有人认为鲍伊债券不具有代表性和启迪性，不可能开创一种潮流进而推广开来，"其新闻价值远远大于实践价值"[2]。而更多的人开始思考这样一个问题，是什么力量让充满活力、放荡不羁的摇滚乐文化与冰冷无情、清醒理智的资本融资技术结合在一起的呢？[3]

鲍伊债券案例的意义在于它创造了一种全新的融资形式，降低了融资成本，并且为文化资产所有人保留了文化资产所有权，为发起人实现了最佳的融资效果[4]。普曼集团公司随后陆续实施了许多音乐作品的证券化案，如 1998 年的 Motown 证券化交易案及 Ashford & Simpson 案。此外，还有诸如 The Isley Brothers、James Brown、Marvin Gaye 等著名音乐人的音乐作品版权证券化交易案[5]。

2. 电影资产（库存资产与未来资产）证券化

美国的电影产业发展十分迅速，在全世界有着数量庞大的拥护者，好莱坞既是世界电影潮流的领导者，也是一部庞大的吸金机器，许多好莱坞电影往往需要巨额的拍摄资金，所以电影行业自然成为美国知识产权证券化规模最大的市场。电影资产证券化包括了已经拍摄完成的电影资产及未拍摄电影产生的未来收入资产证券化两个部分。

仅 1996 年到 2000 年，美国电影行业就完成了近 79 亿美元的业务额，主要是来自电影制作领域，尤以几家大的电影制作公司为主导，如派拉蒙、华纳兄弟、梦工厂、索尼、环球等。与音乐行业的音乐版权资产证券化不同，电影行业通常是以未来资产为基础实现证券化的，如福克斯公司

---

[1] Roy Davies, "Who's Who in Bowie Bonds: The History of a Music Business Revolution," http://www.ex.ac.uk/~RDavies/arian/bowiebonds.html.

[2] Brenda Bouw, "Bowie Banker Sees No Dip for Bonds," FIN. PSOT, Mar. 5, 1999, at C6.

[3] Hewson Chen, "Don't Sell Out, Sell Bonds: The Pullman Group's Securitization of the Music Industry: An Interview with David Pullman," By Vand. J. Ent., L. & Prac. 161, Vanderbilt Journal of Entertainment Law & Practice, Spring, 2000.

[4] Nicole Chu, Bowie Bonds: A Key to Unlocking the Wealth of Intellectual Property, *Hastings Communications and Entertainment Law Journal* (COMM/ENT), Winter, 1999.

[5] Duff & Phelps Credit Rating Co. Special Report Executive Summary, "Asset-Backed Securities Comments on Music Royalty Securitizations," Sept, 1999, at http://www.dcrco.com.

曾两次以电影《千禧年》的收入为基础进行证券化。也有一些公司以老电影为基础，比如意大利影视集团 Cecchi Gori 案和梦工厂证券化案，就是典型的例子。

在美国电影资产证券化案例中，以梦工厂进行的证券化融资案例最为有名。美国梦工厂电影公司是继鲍伊债券发行后的又一经典证券化案例。1997 年，梦工厂实现了第一例证券化交易，将其出品的 14 部电影打包进行证券化融资。摩根大通（JP Morgan Chase）为梦工厂拟拍摄的 14 部影片付出了 10 亿美元的制作费用。这批债券的发行采用了精确的数据模型来预测，精确计算的还本付息压力使电影公司不得不严格控制制作成本。2002 年 8 月 26 日，梦工厂再次以已经发行和旗下工作室将要拍摄的部分电影未来利润为支撑，由摩根大通和富利波士顿金融公司（Fleet Boston）共同策划，通过发行证券的方式成功融资 10 亿美元。梦工厂为此专门设立了名为"梦工厂融资公司"的 SPV，将自己名下的几部大片如《怪物史莱克》《美国丽人》《拯救大兵瑞恩》《角斗士》等放入资产池，以该资产池内所有影片的未来收益为基础进行证券化。由于摩根大通和富利波士顿金融公司这两家著名投资银行的介入，标准普尔（Standard & Poor's）和穆迪（Moody's）都给了这个债券最高的"AAA"投资级别。摩根大通旗下一家财务公司和美国富利银行（Fleet National Bank）旗下的老鹰投资基金（Eagle Fund）买下了其中 1.2 亿美元债券，其余由另外七家金融投资公司包揽。

此外，环球电影制片基金案、Village Road Show Film 公司案、Kingdom Films 公司案、MVL Film Finance 公司案、Gun Hill Road 公司案以及 Weinstein Portfolio Funding Company 公司案等也都十分成功。

3. 药品专利收益权证券化

鲍伊债券成功发行之后，金融学家曾经预测文化资产证券化的交易将会呈现快速增长的趋势，但事实上，美国目前仅有两例药品专利证券化案例[①]。药业特许公司（Royalty Pharma）在专利证券化融资方面的两个项目是目前已知的经典案例。药业特许公司是美国一家经常从大学、生物科技

---

① John S. Hillery, "Securitization of Intellectual Property: Recent Trends from the United States," Washington CORE (Mar., 2004), at 30, available at http://www.iip.or.jp/summary/pdf/WCORE2004s.pdf.

公司、药品生产公司购买药品专利的公司。

(1) 耶鲁大学 Zerit 案

世界上第一例专利资产证券化案例就是美国的耶鲁大学 Zerit 案。1987年耶鲁大学成功研制出抗艾滋病的新药 Zerit 之后，并拥有了 Zerit 治疗艾滋病的药物专利所有权，这项专利每年的许可使用费由两位当事人按比例分配，耶鲁大学拥有70%，两位发明者拥有30%。耶鲁大学就与 BriStol-MyersSquibb 公司签订了一份不可撤销的专利独占许可协议，该许可协议中约定许可费是由 BMS 公司以每年度的销售额为基础逐年支付给耶鲁大学。但是在2000年6月耶鲁大学急需大量资金建设校内基础设施，于是就出让了该药品专利的许可使用收益权，成功融资10031万美元。此次转让中的受让人是由美国药业特许公司（Royalty Pharma）设立的一家特殊目的信托机构，即 BioPharma Royalty Trust（SPV）信托公司。随后，该信托公司就以 BriStol-Myers Squibb 公司所支付的 Zerit 专利许可使用费中的70%为支撑发行了7915万美元的债券，然后定期将从 BriStol-Myers Squibb 公司获得的许可使用收益按约定支付给投资人。1999年 Zerit 的销售总额为6.05亿美元，自1997年起每年保持26%的增长率，有关机构指出 Zerit 未来几年的销售将继续保持增长，这说明 Zerit 的许可使用费也将随之不断增加。耶鲁大学随后将这项使用许可协议转让给了 BioPharma 信托公司（Royalty Pharma 设立的 SPV），由其实施证券化融资。然而，由于自2001年末起 BioPharma Royalty 信托公司连续三个会计季度违约，所以2002年末经受托人要求 BioPharma Royalty 信托公司被迫提前进入偿还阶段，至此 Zerit 专利资产证券化案例以失败告终。本案最大的问题在于基础资产池中只有一项专利费收益权，导致风险过于集中，BioPharma 不得不提前偿还所发行的证券。

透过该专利资产证券化案例的交易过程，不难发现其最终失败的主要原因就在于在该案中仅以 Zerit 药品专利的许可收益权作为唯一的基础资产支持证券化交易，致使风险过于集中，所以在该专利许可使用费急剧下降后直接导致了该案最终的失败。在此次证券化交易中，耶鲁大学通过"真实销售"的方式将 Zerit 药品专利的许可使用收益权转让给了 BioPharma Royalty 信托公司，因而在证券化过程中是以专利的许可使用收益权作为发行证券的担保，而不是以耶鲁大学自身的信用支持证券发行，这就使投资人丧失了向耶鲁大学无限追索的权利。因此，尽管此次专利资产证券化交易最终以失败告终,但在此次交易中,耶鲁大学既完成了融资目的又不用对交易失败承担责任,成为该项专利资产证券化案例中唯一的赢家①。

(2) Royalty Pharma 案例

Royalty Pharma 吸取了前次失败的教训,于 2003 年再次实施了专利证券化交易。这一次,Royalty Pharma 没有将基础资产局限在某一项专利上,而是将购得的 13 种药物的专利许可费收益打包,组成资产池,将风险分散。为了顺利实现本次证券化交易,Royalty Pharma 设立了一个名为特拉华商业信托公司作为 SPV——Royalty Pharma Finance Trust(以下简称 RPFT),在药品专利的选择上也十分慎重,综合考虑了许多因素,如药品公司的实力、药品专利的特别优势、药品的市场前景及市场份额等。Royalty Pharma 与 SPV 签订了一份信托合同,将专利许可收益权以信托的方式委托给了 SPV。SPV 聘请了瑞士信贷第一波士顿投资银行(Credit Suisee First Boston)为本次发行设计方案,该投资银行设计了 7 年期和 9 年期两种总值为 2.25 亿美元的循环融资债券。同时,为最大限度地吸引到投资者,在这次证券化过程中还聘请了标准普尔和穆迪公司两家专业的评级机构分别对此次证券化发行进行了信用评级,该次专利资产证券化交易运行良好。本次债券的发行采用了 MBLA 保险公司外部信用增级方式,如果 SPV 不能依照与投资者之间的约定及时给付本金和利息,MBLA 保险公司将依照约定向投资者进行支付。

对比耶鲁大学 Zerit 案,Royalty Pharma 案能够成功的原因归结起来主要有以下几个方面。首先,本次证券化过程克服了耶鲁大学 Zerit 案中单一专利证券化的不足,以 13 种药品专利许可费收益权组成多样化的资产池,从而优化了资产结构,分散了风险。其次,在药品专利的选择上,Royalty Pharma 公司以实力雄厚的药品公司、生物药品、良好的市场前景以及巨大的市场份额为标准进行了审慎的筛选,同时对这些药品专利进行了广泛而细致的实质审查,以避免专利无效以及未来现金流减少的风险。最后,在证券化过程中采用了 MBLA 保险公司外部信用增级的方式,因而标准普尔和穆迪公司对此次证券化发行分别评为 AAA 级和 Aaa 级②。美国目前有多家公司都在从事药品专利的买卖业务,比如著名的药物专利许可公司

---

① 袁晓东:《美国专利资产证券化研究》,《科技与法律》2006 年第 3 期,第 57 页。
② 汤珊芬、程良友:《美国专利证券化的实践与前景》,《电子知识产权》2006 年第 4 期,第 32 页。

(Drug Royalty Corporation, Inc.)。但因专利证券化交易通常花费成本及交易费用较高,这些公司依然在专利证券化的门槛处徘徊。迄今为止,Royalty Pharma 是唯一实现药物专利证券化交易的公司。

美国是一个以判例法为主的国家其立法环境、法律制度相对开放而宽松,所以目前并没有出现针对专利资产证券化的特别法。其专利资产证券化主要是在 1933 年的《证券法》、1934 年的《证券交易法》、1940 年的《投资公司法》以及 1999 年的《金融服务法》等几部主要法律支撑的证券化法律制度下运作,并实现迅速发展[①]。目前由于专利资产证券化的过程十分漫长且涉及多个专业领域,其交易所花费的成本巨大又面临很多风险和困难,所以大多数从事药品专利购买的公司对实施专利资产证券化还处于初步的探索阶段。有学者认为专利资产证券化的诉讼风险远比其他的文化资产证券化要高,所以不适合以专利资产发展证券化。然而,越来越多的公司开始从事专利资产证券化交易并不断探索更合理优化的专利资产证券化模式,因此,在美国专利资产证券化呈现了持续发展的趋势。

4. 商标证券化

在美国,最适合进行商标证券化的商标持有者无疑是服装设计者和消费品生产商、大学、体育俱乐部,以及各种娱乐公司。UCC Capital 曾在 2002 年为知名女装品牌 Candie's 和鞋帽品牌 Bongo 设计了交易额为 2000 万美元的商标证券化案,通过发行债券募集资金。另一例著名的商标证券化案例是 Guess Royalty Finance LLC 交易案,该案对于美国商标证券化的发展起到了典范作用。

2003 年,美国洛杉矶的服装生产商 Guess 公司将 14 个产品品牌的特许使用权(其中包括 2 个国际使用许可协议和 12 个国内使用许可协议)进行了证券化。Guess 为此专门设立了一个具有破产隔离功能的 SPV——Guess Royalty Finance, LLC,并将商标和专利转让给 SPV,SPV 再将这些商标和专利许可给 Guess 公司,用使用许可费作为证券每月利息支付的担保,并用商标和专利担保证券到期的本金偿付。

这次证券化交易没有使用外部信用增级,摩根大通作为本次证券发行的投资银行,采用了多种措施保证债券的发行。除发行证券的 14 个品牌

---

① 董涛:《知识产权证券化制度研究》,清华大学出版社,2009,第 73 页。

外，Guess 还拥有其他品牌可以支持公司本身的生存。因此，摩根大通设立了一个后备品牌管理公司，如果 Guess 公司的品牌特许使用者放弃该品牌，那么品牌管理公司需要负责寻找新的品牌特许使用权者，保证商标使用费的顺利收取。

美国许可使用费征收协会（LES）金融市场部于 2005 年公布了"BCBG Max Azria 知识产权资产证券化交易案"，主要参与者为 BCBG Max Azria 集团、UCC 融资公司、Principal 金融集团、New York 人寿投资管理公司及知识产权金融创新服务公司。本案是 2005 年度最佳融资交易案，其第一个创新之处在于将知识产权证券化的基础资产类型进行了扩展，比如将时装设计也纳入基础资产；第二个创新之处在于本案的融资规模较小，资产证券化的融资结构设计成本很高，所以通常只有大规模融资（一般在 1 亿美元以上）才会实现，而本案的成功无疑为中小型企业融资树立了典范。

2006 年，KCD IP U. S. 案和 DB Master Finance 案也相继成功。KCD IP U. S. 公司以商标许可使用权及其他权利为基础，发行了 18 亿美元的融资证券，DB Master Finance 也实现了 17 亿美元的证券融资，这两个案例将 Guess 案交易结构发展到更高层次，是当时规模最大的知识产权证券化交易案。

5. 软件知识产权资产证券化

美国第一例 100% 的软件证券化融资案例出现在 2005 年上半年，这个产品的设计者是专门从事软件公司融资服务业务的 Tideline Capital 公司。Tideline 与美国 200 家大型软件销售商建立合作关系，帮助软件销售商同购买者谈判，之后再向购买者提供贷款及专门的融资服务用以购买软件。接下来，Tideline 将贷款者的应收款项转让给其设立的 SPV，由 SPV 设计证券在证券市场进行销售，用购买者偿还的贷款来支付证券持有者的本金和利息。在本案中，Tideline 建造了一个达 1 亿美元的资产池，当资产池中的应收账款达到该数额时，Tideline 就将其打包进行证券发行，然后继续下一期的资产融资证券销售。

软件知识产权证券化融资的绝对金额并不算太大，以软件销售应收款作为基础资金进行证券化的更是少之又少。但是软件市场的销售数额非常巨大，截至 2006 年已达 2000 亿美元。传统的购买软件的支付方式都是现金支付，Tideline 创造性地首次单纯以软件应收款项作为基础资金进行证券化融资，在此之前从没有融资数额超过 1 亿美元的软件融资证券化交易案。Tideline 毫无疑问在金融资本市场与 2000 亿美元的软件销售市场之间搭起了一座桥梁[①]。

总之，从美国文化资产证券化融资市场的发展情况来看，主要有两大趋势：一是包装技术的进步，使证券结构日渐复杂；二是标的资产的突破，越来越多的资产进入证券化的基础资产领域或范畴。例如，著名美国五大烟草商的烟害和解官司，其创天价的律师诉讼费证券化、保单受益权证券化。另外，文化资产证券化融资，尤其是知识产权资产证券化融资发展迅速，这种基于该产权之授权契约（Intellectual Property License）的授权金收入，在资产证券化风潮下，也成为欧美近年来方兴未艾的证券化之标的资产。面对这后起之秀——知识产权资产证券化，主导证券发行之大卫·普曼（David Pullman）甚至预言："知识产权证券化将超越其他传统之抵押担保，成为最大宗的融资方式。"而各界也对此寄予高度期盼，如世界知识产权组织，相当看好此种发展方向，认为其将有助中小企业募集资金，故将之喻为"新趋势"。

文化资产证券化具有相当的市场潜力，特别是随着知识经济时代的来临，知识产权资产对许多企业而言，已经成为文化企业核心价值的趋势，传统的融资方式已无法全然满足其资金需求；若是能透过证券化技术之运用，将拥有文化资产的企业或个人得以借此与资本市场进行有效对接，不仅为其提供新的融资管道，也提升了文化企业的知识资产价值；尤其是生物科技、制药产业的知识产权资产，因其技术面的价值较高，进行证券化的适合度也相对较高。再者，生物技术的发展实已为各国的重要产业，唯生物技术冗长的研发时间与大量资金的需求。因此文化资产证券化尤其是知识产权资产证券化，作为一项新的筹资金融工具，其成熟化就显得特别迫切与重要。但因知识产权资产的证券化，除知识产权资产本身的特性增加其进行证券化的困难度外，还涉及科技、法律、资产评估等环节，是一项相当繁复的跨领域整合。但是作为一项具有高度价值的金融创新，文化资产证券化融资应当被给予足够的重视。

[①] "Tideline Capital Raises MYM105 Million in First-Ever Software Receivables Securitization Facility," at Odin in the news, April 5, 2005.

二　美国文化资产证券化融资对我国的相关启示

美国是全球最发达的资产证券化市场，而资产证券化也起源于美国，全球资产证券化70%左右的市场都在美国。美国也是其他国家发展资产证券化的学习榜样。资产证券化在日本、欧洲等发达经济体已经成为主流的金融方式，在墨西哥、马来西亚、中国香港、中国台湾等新兴经济体中也都获得了发展，并促进了这些国家和地区的金融发展和经济增长。

与中国尚处于探索阶段的文化资产证券化现状相比，美国、欧洲和亚洲的一些国家已经开始了文化资产证券化的实践，并从已经发生的成功案例中总结经验，尽力从法律、制度、市场环境等多方面进行完善，为文化资产证券化融资的发展提供良好的发展空间。这些国家还勇于尝试，开拓新的发展思路，从而真正实现文化资产的资本市场流通和运行，将文化真正当作一种资产，让其参与资本市场的交易。美国文化资产证券化融资的发展历程给我国带来的经验或启示主要包括以下几个方面。

（一）以政府主导为主推进文化资产证券化融资

文化资产证券化的发展与一国的市场经济、科技水平和法律制度等方面的发展息息相关，美国作为最发达的资本主义国家之一，其拥有着健全的市场经济体系、完整的证券交易及知识产权交易结构，以及规范的市场经济秩序，因此美国的文化资产证券化实行是由市场需要推行的。而与美国相比，我国目前市场经济体系还未完善，经济金融市场包括资本市场仍未发展成熟，尤其是我国的资产证券化起步晚，社会信用基础相对薄弱，因此，在这种情况下，我国发展文化资产证券化就不能完全由市场运作，而必须建立以政府主导为主的推进模式。

首先，设立专门的文化资产证券化管理机关，主要负责与文化资产证券化相关的引导、协调和监督管理工作；政府需制定强制性的法律制度，方向性地把握市场原则，完成资产证券化的顶层设计。我国债券市场的发展是自上而下的政策推动型，文化资产支持证券市场的发展初期，需要政府信用的支持打开局面。

其次，参照已有的资产证券化实践经验，开展文化资产证券化试点工作，在试点过程中逐步完善其交易机构和法律制度，然后以点带面，全面铺开。此次我国资产支持证券的重启后，证券化基础资产已经不再仅限于已有的住房抵押贷款和汽车信贷，根据中国证监会发布《证券公司资产证券化业务管理规定》（2013年3月），此次重启后的基础资产种类包括地方政府融资平台信贷、中小企业信贷、战略新兴产业贷款、文化创意产业贷款等。

再次，还应继续加大政策扶持力度，制定合理的税收、产业和金融政策，进一步激励专利技术的自主创新和产业化发展，同时增加投资者的信心，保障文化资产证券化制度的稳步发展。例如，美国政府每年对文化产业的投入达到了政府财政支出的12%[①]，主要扶持事关国家安全、公益性强、依靠纯市场力量不能得到充分扶持和发展的文化产业。美国还以税收优惠方式，对非营利性的文化艺术团体和公共电台提供财政支持，并减免为其赞助的个人和公司的税额，以鼓励对文化产业的捐赠。美国政府不遗余力地为文化产业的发展创造有利条件，鼓励非文化部门和外来资金投入文化产业，使美国成为当今文化投资最大、国际文化资本流入最多的国家。

最后，加强文化中介机构建设，文化行业的自律组织应当制定指引性的条文，包括文化资产估值定价机制、注册发行机制、文化资产后续管理制度、违约后处理制度、强制交易信息披露内容等。从试点阶段到常态化阶段过渡后，市场自律组织将发挥更关键的作用，其主要原因在于：自律组织有最鲜活的数据，与市场成员有最广泛的接触，对市场把握更加准确，可以在文化资产证券化普及过程中更好地引导市场发展和监督违法行为。

文化资产证券化市场的良性运转，既离不开政府的强制性监管，也离不开自律组织的指导性管理，两者要相互配合，才能从配置资源和风险管理两个方向实现文化资产证券化市场深度发展。

（二）建立健全文化资产证券化监管制度

完善的证券法律法规制度体系将有效地保障文化资产证券化从萌芽到逐渐成熟，而且法律法规的优化也使文化资产证券化融资过程始终受

---

① 陈清华：《中国文化产业投资机制创新研究》，博士学位论文，南京航空航天大学，2009；刘庆楠、苗宏达：《浅析中国文化创意产业融资机制》，《物流技术》2011年第8期，第52~54页。

到法律的监督保护,使其发展更具规范性、合理性、可控性。资产证券化比较发达的国家或地区都制定了统一的资产证券化法律,如美国于2005年由美国证券交易委员会制定了统一的资产证券化条例。文化资产证券化的健康发展除了其较健全的资本市场,更重要的是有较完善的资产证券化法律对资产证券化进行有效规制。文化资产证券化作为一种金融制度的创新,因其复杂的交易结构而具有更大的风险性,因此应建立完善的文化资产证券化监管制度,以有效引导、规制和促进文化资产证券化发展。

第一,从市场准入、业务运营和市场退出三个方面完善文化资产证券化的监管立法,并且在具体的规则上不宜规定得过于细致,而应当相对强化原则性立法。第二,立法过细就会容易产生立法滞后的问题,这样就无法实现规范和监管市场的目的,还有可能对文化资产证券化市场的发展造成阻碍。第三,完善文化资产证券化的监管模式,文化资产证券化交易中涉及银行、保险、证券等多个金融机构,我国传统的分业经营分业监管的金融监管模式必然会造成文化资产证券化监管主体缺位,造成监管的"空白地带",因此我国应当采取混业经营集中监管的模式对文化资产证券化的发展进行全方位的监管,这样才能更好地实现金融监管的有效性和灵活性,从而更有力地防范金融风险,确保金融机构能够平稳运行。

文化资产证券化的最终目的是将文化资产转化为流动性高的证券在证券市场上流通。在当今各种金融监管体制中,证券监管体制是最成熟的,文化资产证券化也包含了证券的发行等内容,将文化资产证券化融资过程纳入证券监管体制是最为合适的选择。

美国对于资产证券化的监管给予很大的自由空间,促进了资产证券化的繁荣,美国也是最早发展资产证券化的国家。它的监管模式对于我们有很重大的借鉴意义,但是过度模仿对我国目前发展现状来说并不可取。美国监管当局给予金融机构很大的自由,由此也带来较高的风险。我国的资产证券化市场才刚刚发展起来,市场规模与美国有很大差距,市场的参与者少,需要政府的扶持,采用合适的监管体制和模式才是正确的选择。

所谓监管,是指监管主体为了实现监管目标利用各种监管手段对监管对象所采取的一种有意识的主动的干预和控制活动。在文化资产证券化融资过程中,监管是不可或缺的。从风险控制角度上看,文化资产证券化将原有的资产的收益和风险通过一系列的操作,转移给投资者,因此资产证券化的每个参与方都会面临一定的风险。从长远发展的角度看,文化资产证券化市场的健康有序发展离不开监管,没有监管的市场不可能长期繁荣。文化资产证券化监管的必要性主要是源自知识产权资产证券化过程中大量法律风险的存在和投资者利益保护的需要。

一个国家或地区采取什么样的证券监管体制,取决于这个国家或地区的政治、经济机构、市场发展水平等因素。美国采取政府主导型监管体制,具体指政府通过设立专门的全国性证券监管机构,制定和实施专门的证券市场管理法规来实现对全国证券市场的统一管理。在这种监管体制下,政府监管机构占主导地位,各类自律性组织起协助作用。这种监管体制的主要优点是实现了监管的统一性,将市场主体的活动统一纳入严格的法律规范体系,从而有效地防止违法行为的发生,确保证券市场的稳定发展;实现了监管的权威性,政府监管机构以国家权力为后盾,具有权威性,能超脱于市场参与者之外,严格、公正、有效地发挥监管的作用,更有效地保护投资者利益。缺点是存在行政权力过多干预市场的倾向,监管机构缺乏对市场活动的足够敏感性,可能导致监管脱离实际或监管滞后,监管成本高且缺乏效率[①]。

根据《资产证券化条例》的规定,我国的监管机构在文化资产证券化交易中发挥着非常重要的作用。特殊目的信托必须向中国人民银行提交申请、信托协议、承销协议、法律意见和信用评级机构的认定。在发行资产支持证券的10个工作日内,信托公司必须向中国人民银行和银监会上报证券发行情况。投资人会议的任何决定都必须上报中国人民银行。

由于《资产证券化条例》的重点放在了试点方案上,而且我国缺乏一个成熟的资本市场,因此监管机构介入资产证券化是非常必要的。我国目前的资本市场还没有成熟到足以适当地调整资产证券化交易,但是随着未来我国的资本市场日趋成熟,监管机构的广泛参与将会造成一些不必要的交易成本,而且会阻碍我国资产证券化市场的发展,因此随着中国资本市场的日趋成熟,监管机构应该把工作重点放在对证券发行主体经营的信息披露上,为文化资产证券化交易市场提供更多真实、准确的信息,以维持健康有序的市场秩序,营造良好的市场环境,增强投资者信心。

---

① 陈岱松:《论美英证券监管体制之新发展》,《河北法学》2006年第1期,第129页。

与此同时，还应当借鉴国外的经验，加强自律组织的建设，建立一个由监管部门强制性管理、行业自律组织指导性管理有机结合的管理体系。美国形成的由政府监管、行业协会自律管理和交易所自我管理有机配合"金字塔"式的"三级监管体制"，值得我国在建立健全文化资产证券化监管体系时进行借鉴。

相对而言，政府主导型监管体制在宏观上具有明显优势，如专门的监管法规和监管者，注重社会和经济的稳定，有利于统一管理尺度，确保交易活动有法可依，加强了管理的权威性，更好地维护了市场的公开、公平和公正，使投资者的利益得到有效保护。自律组织在微观方面具有明显的优势，如比政府更接近市场，更熟悉证券市场的业务操作；对市场的变化反应迅捷、容易察觉违法行为的发生以及现行监管法律的漏洞；在执法检查、自律监控方面要比政府更有效率，更具有灵活性和预防性。因此，完善的证券监管体制应当是在政府集中统一的管理下，建立以自律为基础的多层次监管体制[1]。

事实上，自20世纪90年代以来，各国纷纷认识到自律和监管都是市场管理的重要手段，两者并不是相互排斥的，关键是正确设定政府监管和自律管理的位置，妥善处理两者之间的关系。由此，两种监管体制之间出现了相互借鉴、相互学习的趋势。国际证监会组织自律监管组织咨询委员会2000年的报告指出，政府法律应当明确划定法定监管者和自律监管组织的不同职责，并将监管职责的分配描述为"金字塔"结构。监管结构的第一层是市场中介机构，其上层是市场当局，在"金字塔"顶端的是监管者[2]。

（三）资产证券化产品设计

从国外的发展经验来看，被证券化的资产通常具有以下特征：资产量大、同质性高、现金流可测，且主要从优质资产开始发展。我国最初是从信贷资产、地产等开始，美国的发展从房地产抵押贷款开始，逐渐发展到应收账款、信用卡、军事、体育、文化资产等。

参考国外发展资产证券化的经验，我国资产证券化应从优质信贷资产开始，逐步扩展到有抵押的资产证券化。例如，企业应收账款、基础

---

[1] 陈岱松：《论美英证券监管体制之新发展》，《河北法学》2006年第1期，第132页。
[2] 孙曙伟：《证券市场个人投资者权益保护制度研究》，中国金融出版社，2006，第109页。

设施收费权、信用卡应收款、房地产物业租金等，再扩展到不良贷款等低信用等级资产。此外，适度利用衍生产品，也可以使证券风险分配过程更有效率，相关部门应加强信用衍生工具的研发，创造出适合我国的证券化产品。同时也要注意到风险问题，这需要监管部门相关的法律法规的配合。

以文化产业版权使用费未来所产生的持续不断资金流为基础资产，产权所有者作为资产证券化的发起人，利用基础资产组建资产池并将其真实出售给专门为资产证券化而设立的一个SPV。SPV作为证券发行方对基础资产产生的现金流进行重新安排和分配，设计出风险、收益和期限不同的证券后，将经过信用评级机构评级、信用增级机构增级的证券交给证券承销商发行证券。证券承销商将融资额交给SPV，SPV按照事先约定的价格向文化企业支付购买基础资产价格。版权使用者的使用费会定期通过服务商、受托人作为支付给投资者的本金和利息。这种模式在发起人、SPV、服务商、受托人之间形成一种制衡机制，互相监督，从而降低了各方的违约风险，使资产证券化顺利进行。

自2005年起，我国陆续发行了一系列的资产证券化项目，如国家开发银行和中国建设银行推出的银行信贷资产证券化项目、中国联通CDMA网络租赁费收益计划、浦建BT项目资产支持收益专项计划等。目前，一批颇具文化价值的驰名商标品牌、优秀电影、图书、音乐品牌也逐渐形成，为我国文化产业知识产权资产证券化提供了丰富的资源，如中国移动（价值412亿美元）、张艺谋的电影版权等，这些知识产权证券化项目市场认知度较高，十分具有可行性。

文化产业版权证券化可以增强资产的流动性，提高资产的使用效率，使未来产生的现金流经过资产重组获得了在证券市场流动的机会，在不增加负债的基础上筹集到了更多的资金。同时，版权得到有效利用，利用资产证券化筹集到的资金能达到知识产权价值的75%，而一般的抵押贷款却普遍低于65%[1]。版权证券化通过信用增级机构可以使发行证券的信用级别高于发起人的信用等级，降低投资者的风险。

---

[1] 梁君、郑兴波：《文化产业知识产权融资模式探究》，《改革与战略》2012年第4期，第165页。

(四) 建立真实、全面的信息披露机制

在资产证券化的发展过程中,主要风险是违约风险。从信息披露的角度看,主要诱因是大量资产信息在证券化的过程中没有被充分披露。对此,美国安排了信用增级这一环节,由信用担保机构对债权提供担保或保险,并且通过信用评级机构揭示风险和提供信用评级。但是从贷款发放机构、信用评级机构、最终证券投资者等各个环节都存在信息披露的问题。在我国资产证券化中,信息不对称往往造成投资者对于投资证券不了解,阻挡了大量投资者进入这个领域。

我国发展资产证券化应该完善信息披露制度。不管是贷款发放机构还是信用评级机构,严格的信息披露制度对于每一个环节和流程都至关重要。因此,我国要完善风险管理体系,稳步推进资产证券化。在美国和日本的资产证券化发展中可以看到良好信用增级体系的重要性。美国还建立了完善的资产证券化的会计体系,这一体系的建立健全,使资产证券化交易中公允价值的确定问题得到了解决。我国应该借鉴这一点,特别是国际会计准则委员会和美国制定相关会计准则的经验。

美国在20世纪60年代资产证券化发展初期,资产支持证券的发行主要依赖证券法上已经确定的私募机制。按照美国证券法第三章(a)第2项的规定,由美国政府出资组建的SPV在发行证券时即可豁免向美国证券交易委员会呈报文件。美国证券交易委员会本着促进资产证券化发展的目的,在1982年又颁布了新的规定,在考虑公众投资者的人数、证券发行金额、发行人活动的性质和范围、发行人的收入或资产等因素的基础上,根据交易对象的性质区分发行人的信息披露义务,调整私募机制扩大豁免范围,使资产证券化在通过信息披露保护投资者和合理减轻发行人负担之间找到新的平衡[1]。同时,美国证券交易委员会根据"荷威检验"规则和1990年票据认定标准,对资产证券化进行监管,要求发行人提供关系资产支持证券权益偿付的包括资产结构、质量、违约记录、提前还款、损失状况以及信用增级等信息的逐月资产服务报告[2]。对于违法的资产证券化操作进行严厉查处。

---

[1] 洪艳蓉:《美国证券法对资产证券化的规范与借鉴》,《证券市场导报》2002年第11期,第27页。
[2] 彭冰:《资产证券化的法律解释》,法律出版社,2002,第116~122页。

（五）保护投资人利益是资产证券化监管的核心

从投资人的角度来看，资产证券化主要包括欺诈风险、信用风险和证券化风险。保护投资者特别是中小投资者的合法权益，是资本市场稳定发展的前提，是证券监管的宗旨，我国《证券法》第一条即明确了以保护投资者的合法权益为宗旨。

在知识产权资产证券化过程中，特别要注意投资者的保护问题，一方面是因为知识产权资产证券化的投资者面临超过一般的证券投资者的风险，另一方面是因为投资者是知识产权资产证券化操作的最终原动力。知识产权资产证券化是由多个主体共同参与的融资交易，投资者是整个交易的资金最终提供者，其利益能否得到比较周全的保护，关系知识产权资产证券化的成败。我国证券市场长期以来存在重融资轻投资者保护的倾向，更多地看重证券市场的融资功能，而忽视对投资者利益的保护。要实现证券市场的可持续性发展，就应该认识到投资者在证券市场中的重要作用。知识产权资产证券化的投资者是知识产权资产向生产力转化的重要的推动力量，离开投资者的参与，知识产权资产证券化操作就无从谈起。实际上，投资者利益保护程度的高低是决定知识产权资产证券化市场是否成熟的重要标志，是这一市场得到良性发展的前提。

在知识产权资产证券化投资者利益保护机制中，虽然通过"特殊目的载体"设计和"资产真实出售"共同构建起风险隔离机制，在很大程度上起到了保护投资者利益的目的。但是，SPV和真实出售并不能完全消除知识产权资产证券化投资者的相关风险，从而需要在两者的基础之上进行监管的安排，一方面使SPV和真实出售构成的风险隔离机制能够真正地发挥作用，另一方面使其他法律风险能够得到有效的预防。

此外，传统证券监管理论低估了系统性风险，因此早期证券监管制度并没有银行监管制度那样的主要由存款保险机制和中央银行再贷款救助机制组成"公共安全网"机制，直到大规模的证券公司危机的出现，各国纷纷建立证券投资者保护基金以保护投资者利益。美国1970年出台的《投资者保护法》特别为保护投资者而设立了证券投资者保护公司，日本于1998年12月成立了日本投资者保护基金，欧盟议会和理事会于1997年3

月通过了《投资者赔偿计划指引》①。在以上立法和措施中都不约而同地对监管提出了要求,这些要求和做法对于保护投资者利益具有重要作用,是值得学习和借鉴的。知识产权资产证券化物权债权化、法律组合复杂交错等特点,使投资者往往面临较大的风险,如何有效地保护投资者利益是监管需要切实考虑的问题,这在一定程度上也凸显了监管的必要性。

三 欧洲文化资产证券化融资

欧洲是美国以外世界上第二大资产证券化市场。由于金融体制和法律体系与美国不同,欧洲传统的证券化类型是表内证券化,真正意义上的资产证券化直到20世纪80年代才在欧洲出现,在80年代以后得到较大发展。目前,资产证券化在欧洲已进入了快速发展阶段。证券化融资现在是风靡欧洲的一种新的融资方式。如今,证券化的对象可以是任何东西,意大利电信公司已经将未来的电话费收入转换为债券,伦敦的杜莎夫人蜡像馆把未来的门票收入转换为债券,国际足联销售了由世界杯赞助商提供收入支持的债券,房地产商可以将房租作为债券的支持,音乐家可以将未来的版权收益作为债券的支持。随后,欧洲各国政府也开始利用这个市场。欧洲ABS的被证券化的基础资产被拓展到其他一些非常规资产领域,如希腊和意大利用未来的彩票销售收入、西班牙用电费应收款、德国用足球俱乐部的赛场门票收入等作为ABS的资产池。20世纪90年代,英国成功地将ABS推广到企业融资领域,如杜莎夫人蜡像馆、伦敦机场和酒吧等都发行了ABS证券。欧洲是世界上除美国之外最大、最发达的证券化市场,但由于欧洲与美国在证券化市场的金融体系和法律体系上存在较大差异,欧洲证券化市场的发展思路和模式与美国也不尽相同。

欧洲金融市场在文化资产证券化的发展过程中,更多体现在体育产业转播权以及各项体育赛事门票收益的证券化上。许多足球俱乐部,比如英国的纽卡斯尔联队、利兹联队、南安普顿队,以及意大利的拉齐奥队,都将其电视转播权的预期收入作为担保,发行了债券。从理论层面进行分析,将电视转播权的未来预期收入进行打包,并发行债券的方式

---

① 朱小川:《对我国证券公司流动性风险监管之法律研究》,硕士学位论文,华东政法学院,2003。

属于以未来应收账款为支持的证券化，但由于电视转播权在现代知识产权法中被归为了知识产权邻接权的一种，所以也可将其理解成为知识产权证券化的一种。此外，欧洲许多国家如英国和意大利等，还曾将电影版权、音乐作品进行证券化，从资本市场融资。西班牙皇家马德里足球俱乐部成为足球产业证券化的开始，1998年5月，西班牙皇家马德里足球俱乐部通过把来自阿迪达斯公司的赞助收入证券化筹得5000万美元。2001年初，英超利兹联队在财务状况开始恶化的情况下，以未来20年的门票收入作为支持发行了7100万美元的资产证券化债券，用于购买顶级球员。债券持有人每年收益大约700万美元。2002年5月，足球劲旅意甲帕尔玛队也进行了一项涉及9500万欧元的资产证券化，它的资产主要由资助商收入、广告收入、商标收入和电视转播权的收入构成。菲奥迪特公司（Fior-Di-Latte）承担了特设载体的功能，发行了A、B两种债券。后来，欧洲大陆又陆续有英超阿森纳队等几支球队进入了文化资产证券化的行列。此外，2001年4月25日，挪威石油地质服务公司（Petroleum Geo Services）宣布，通过把油、气勘探的地震数据库的未来收益进行证券化筹资获得成功。

英国是除美国之外世界上第二大的证券化市场，也是欧洲最大的证券化市场。在英国，现在几乎所有的资产都可以考虑被证券化。住房抵押贷款、汽车贷款、信用卡欠款、酒店应收款、设备租赁款、电话或互联网应收款，甚至电影电视节目、音乐录制和发行的版税收入、私人医院的收入等都已经被证券化过。1999年5月，一级方程式赛车电视转播权收入成为证券化的对象，以此为担保发行的证券金额高达14亿美元。2001年，英国"健康保健集团"（General Healthcare Group）发起了一项金额为9.75亿英镑的医院整体资产收入担保证券。证券化的许多革新性运作发生在英国，而在英国进行的证券化交易也比世界其他地方显得更为复杂，因此英国被称为证券化的世界实验室[1]。

（一）欧洲文化资产证券化的主要案例

伦敦金融中心是欧洲最古老最发达的金融中心，一向以接受新事物、推崇金融创新而著名。欧洲的金融市场在资产证券化领域的发展速度相对

---

[1] Securitization Markets in United Kingdom，http://www.vinodkothari.com/secuk.htm.

较快，对资产证券化的吸收和借鉴态度十分积极，但欧洲文化资产证券化的发展还远远落后于美国，这或许是因为欧洲的金融律师以及银行家们对于文化资产的相关法律、企业文化资产的管理机制以及文化资产与投资融资机制之间的融合缺乏必要的深刻的了解和认识[1]。

从目前欧洲文化资产证券化的发展状况来看，案例主要集中在电影版权、音乐作品和体育产业等几个方面。比如 1999 年 3 月，一家意大利电影公司成功地将其拥有的影片打包进行了债券发行，因为打包的电影中包括几部著名的"007 系列"影片，这次债券又被称为邦德债券。*Lawmoney* 杂志曾对这次债券发行进行过报道。该债券是由 Cecchi Gori 发行的，Cecchi Gori 是意大利最大的制片厂，该交易的规模是 5000 亿里拉（约合 2.8 亿美元）。该债券以 Cecchi Gori 所拥有的 1000 部影片（其中包括绝大部分 James Bond 的影片）的销售额、许可电视台转播的费用进行偿付[2]。

2001 年 3 月，苏格兰皇家银行为英国克里勒斯集团公司（Chrysalis PLC UK）设计了一个结构融资交易案，该案是国际音乐制片人的第一例结构融资交易案。本案中的融资担保物是 Chrysalis Group 的国际音乐作品版权以及由该音乐作品所产生的收益，通过在美国商业票据市场以出版商股份的形式进行发行，实现 6000 万英镑的融资，这一金额只是该音乐作品总价值的 40%。同时，交易还允许 Chrysalis 集团享有对下属各音乐子公司的管理和控制权，从这个角度来说，本案只能算一次担保贷款，不能将其视为"真实的销售"。

1998 年 5 月，西班牙皇家马德里（Real Madrid）足球俱乐部将来自阿迪达斯（Adidas）公司的赞助收入进行证券化，筹得了 5000 万美元的资金。2001 年初，英超利兹联队出现财务危机，球队将未来 20 年的球赛门票收入作为基础资产，发行了总额 7100 万美元的债券。2002 年 5 月，足球强队"意甲"帕尔玛队将赞助商收入、商标收入、广告收入和电视转播权收入打包作为基础资产进行债券发行，涉及资金高达 9500 万欧元。随后几年，欧洲多支足球队纷纷加入了文化资产证券化的大军，如著名的英超阿森纳球队等[3]。

---

[1] Matthew Higdon, "IP Securitization-Virtual Financing or the Asset Class of 99," *Journal of International Banking Law*, 1998.

[2] http：//www.vinodkothari.com.

[3] 李建伟：《知识产权证券化：理论分析与应用研究》，《知识产权》2006 年第 1 期。

近几年,英国、意大利等欧洲国家已意识到文化资产尤其是知识产权资产在企业经营管理中的重要作用,开始对相关法律进行修改和完善。知识产权资产抵押担保贷款是文化资产证券化迈出的第一步,也是至关重要的一步,解决它才能打破文化资产证券化的桎梏。美国《统一商法典》(UCC)第9条就关于担保登记的规定进行了修改,这一举措对英国的影响十分巨大,许多专家呼吁应该效仿美国UCC,对英国的财产担保法进行改革,为知识产权实现抵押担保扫清障碍①。这些声音成为推动欧洲知识产权证券化发展的强大力量。理论上来说,足球俱乐部以比赛门票收入为支持的证券化属于以未来应收账款为支持的证券化,并非典型的知识产权证券化。同样的,将电视转播权的未来预期收入打包发行债券也属于以未来应收账款为支持的证券化,但由于电视转播权在现代知识产权法中被归为了邻接权的一种,属于知识产权的范畴,所以也可将其视作知识产权证券化的一种。此外,欧洲许多国家还曾将电影版权、音乐作品进行证券化,这些案例都是欧洲知识产权证券化的初步尝试。

(二) 欧洲公共部门资产证券化融资

欧洲抵押债券市场具有历史悠久、发行规模大、违约率低等优势,在欧洲,抵押债券由专业银行即抵押债券银行发行,抵押债券银行是专注于并被限定于公共事业和地产融资,并在这些领域具有巨大的市场份额,多数私营抵押债券银行附属于大银行集团,只有极少数是独立的。抵押债券银行的运作遵循抵押债券银行法并由专门的银行监管机构进行监管。因此,这些大银行对于ABS的积极性不高。虽然欧洲的主要银行对ABS兴趣不大,但是欧洲各国政府看到了ABS的好处,欧洲政府积极以ABS方式进行公共部门资产证券化融资,一些国家的政府开始通过发行以公共资产或税收为担保的ABS筹资以满足欧盟对各国政府的预算要求,以获得加入欧盟资格或得以继续留在欧盟。意大利政府在21世纪初就发起了一个ABS证券化计划,以出售国有不动产作为抵押来发行ABS,为政府预算筹资。

---

① Ivan Davies, "Secured Financing of Intellectual Property Assets and the Reform of English Personal Property Security Law," *Oxford Journal of Legal Studies*, Autumn, 2006.

1. 公共部门资产证券化的含义

公共部门资产证券化，是指政府将其拥有的资产通常为公用事业资产为支持，发行高评级证券。资产类别非常多元化，从雇员使用的房产到应收的社会保障和税收等。像由银行和公司完成的私人部门证券资产的证券化一样，这些资产首先转让给具有风险隔离功能的特殊交易机构，后者再发行这些债券。债券由资产支持的原因在于，利息和本金的偿付一般全部依赖于基础资产的现金流而不是转让这些资产的政府或政府部门（由公共机构担保的公共资产证券除外）。绝大多数证券化了的公共资产债券的信用级别较高。正如私人部门资产的证券化一样，出售资产的政府部门可能会继续获得一笔对资产的管理费收入。政府将现金收入用于偿付未支付的公共债务以减轻政府的负担。

在欧洲，将资产证券化作为政府的替代性融资来源日益普遍。特别是1999年以来，公共部门的资产证券化获得迅猛增长。欧洲各国政府已经能够创造性地借助于此种证券实现其资产的流动性的目标和资金来源多样化的目标。作为对主体信用证券化即发行国债或市政债，以政府信用和未来征税权为支持获得融资的替代，大量公共部门资产证券化的原因是：欧洲国家政府为加入欧元体系，因而需要遵守《马斯特里赫特条约》和《稳定增长公约》对政府预算赤字和国债规模的限制。欧洲公共部门资产证券化，由于政府直接负债受到限制的原因而得到发展的事实，或许可以给中国的市政基础设施资产证券化的发展提供借鉴。或者说，在中国地方政府不得举债的法律限制没有取消之前，市政基础设施资产证券化有着内在的发展动力。

2. 欧洲公共部门资产证券化融资的运作

到目前为止的公共部门证券化市场上，最为活跃和最富有创造性的当属意大利公共资产证券。意大利的各政府机构已经证券化的资产类型包括拖欠的社会保障资金应收款及各种资产权益。其他如希腊、奥地利、芬兰等国政府也成功发行了公共证券。

公共资产证券的基础资产包括房地产、拖欠的社会保障应收款、彩票应收款及其他多方面的资产。由于这些资产的基础现金流各不同，债券结构也就各有特点。为使债券的本金和利息偿付与基础资产的现金流相适应，不同的资产有必要具有相应具体的交易结构。在一个典型的公共资产证券化组合中，信用级别为AAA级的占很大的比重，获得高水平信用的途径是政府担保和一级、次级偿付结构。几乎所有的公共资产证券的利率是浮动的且具有一次性支付的特征。由于不同证券的交易结构和基础资产的业绩（信用、预付等）的差异较大，所以应对每一只公共资产证券进行具体分析，特别是应重点关注交易的担保和管理层（见图4-1）。

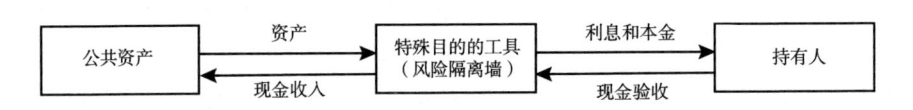

```
┌────────┐  资产    ┌──────────┐  利息和本金  ┌────────┐
│ 公共资产 │ ──────→ │特殊目的的工具│ ──────────→ │ 持有人 │
│        │ ←────── │(风险隔离墙)│ ←────────── │        │
└────────┘ 现金收入  └──────────┘  现金验收    └────────┘
```

图 4-1　公共资产证券化流程

对公共部门资产证券化，特别是因拖欠而导致的资产和缺乏支持性管理机构的交易，对于管理的功能分析是信用评估的一个重要环节。管理功能常常由各个政府机构转让给那些高度专业化的债务清偿机构或者按照具体的业务计划或协议重新进行界定。如在房地产证券化中，出售房地产的过程（无论是对企业的或是对私人的）在详细的业务计划指导下进行。在这样的计划下，政府机构必须以市场方式营销产权并按照具体的时间表将其出售。这些机构的出售业绩和报酬将根据业务计划的实施情况进行考核和确定。

政府发行公共资产证券给投资者提供的机会是多元化其资产，从而达成一项结构优、规模大、流动性好的交易。特别是这些交易使投资者所持有的一般欧洲消费者贷款资产证券和意大利公共债券日益多元化。在一些案例中，政府债券的相对价格持续提升，例如意大利AAA级公共资产证券的价格从3个月的欧洲银行同业拆借利率+7个基本点提高到3个月的欧洲银行同业拆借利率+32个基本点[①]。一般而言，投资特殊的资产支持证券的弊端是流动性水平相对较低，但是在欧洲结构金融市场上，意大利公共资产证券的历史交易额却高于大多数AAA级证券。其中的原因在于规模大和投资者分布范围广。对于信用级别为AAA级、以欧元计值、利率浮动的资产支持证券，主要购买者来自全欧洲大陆和英国的银行与基金公

---

① 〔美〕弗兰克·J. 法博兹等编《欧洲结构金融产品手册》，王松奇等译，中国金融出版社，2006，第201页。

司。随着发行规模的扩大和投资者认识的提高，公共资产证券化的流动性将会进一步得到改善，欧洲将有更多的国家发行公共资产证券化，公共资产证券化也将成为欧洲投资者重要的流动性来源和资产多元化工具。

3. 对我国公共部门融资的启示

作为在 20 世纪 70 年代产生并逐渐发展壮大的一种金融创新产品，资产证券化已经成为发达国家资本市场上主流的融资手段之一。目前，中国正在大力推进新型城镇化建设，城镇化意味着在道路、桥梁、公共设施、教育医疗、文化基础设施建设等方面的大量投资。由于此类投资具有公共产品或准公共产品的性质，中央政府和地方政府就不可避免地要在新型城镇化建设中扮演重要角色，但是政府的财政资金非常有限，而且财政资金往往有更加重要的用途，因此，新型城镇化建设的融资问题，将成为一个长期性的突出问题。从国内外经验来看，政府为城镇化建设募集资金，不外乎通过以下渠道：一是财政资金；二是银行贷款；三是发行政府债券；四是引入私人资本进行开发。这些渠道具有各自的优点，相互之间也能形成互补。但是它们具有一些共同的缺陷：其一，通过这些渠道进行融资，最终城镇化项目开发的风险依然只能由政府来承担，风险的过度集中可能成为城镇化给政府带来的不可承受之重；其二，通过这些渠道募集资金的成本相对较高（政府债券除外）；其三，如果政府通过这些渠道融资，广大公众并不能从城镇化过程中得到有利可图的投资机会（政府债券除外）。因此，城镇化建设的融资渠道亟待创新。

我们知道，证券化就是指发起人将自己的资产彻底转移给一个特别目的载体，由该特别目的载体以资产未来产生的现金流为支撑，面向社会公众发行还本付息的债券。在新型城镇化的过程中，政府可以作为发起人来实施资产证券化，这能够带来的好处有以下几个方面。第一，由于证券化能够使得发起人把固定资产变为现金收入，政府能够加快回笼资金的速度，从而用有限的资金来建设更多的项目。第二，由于资产证券化实施的前提是"真实出售"，政府可以通过资产证券化把项目的风险彻底转移出去，风险最终将由投资者来承担。第三，由于证券化的资产已经和作为发起人的政府进行了"破产隔离"，同时在证券化过程可以采用多种信用增级手段，因此发行的债券往往能够获得很高的信用评级，从而大幅度地降低融资成本。第四，资产支持证券丰富了资本市场上的投资品种，使公众能够分享新型城镇化所带来的收益。第五，证券化资产往往聘请专业的服务人员来进行开发和管理，并且由独立的信用评级机构进行评级，这能够有效地避免政府主导的开发项目中的委托代理问题，提高新型城镇化项目的质量。基于这些特征和优点，资产证券化将成为我国新型城镇化建设的主要融资渠道之一，克服各种制度性障碍，大力推进资产证券化的发展，将会加速新型城镇化的进程，确保我国经济的持续增长。

（三）意大利租赁资产证券化融资

1. 意大利租赁资产证券化概述

证券化是近几十年来国际金融领域中发展最快的金融工具之一。从形式上区分，证券化可以分为融资证券化和资产证券化两大类。融资证券化是指资金短缺者采取发行证券的方式，在金融市场上向资金提供者直接融通资金，而不是采取向银行等金融机构借款的方式筹措资金。融资证券化的方式多为信用融资，一般只有政府和信誉卓著的大公司才能以这种方式进行低成本融资。目前公司债券市场上虽然也出现了有担保的公司债券，但此类担保大多为了提升债券的投资级别而设置。资产证券化是指将缺乏流动性但能产生可预测现金收入的资产或权益，转换成为在金融市场可以出售和流通的金融票据以融通资金。

租赁资产证券化（Lease Receivables-Backed Securitization）属于债权类资产证券化的一种，是集合一系列用途、性能、租期相同或相近，并可以产生大规模稳定的现金流的资产（或租赁债权），通过结构性重组，将其转换成可以在金融市场上出售和流通的债券的过程。这一过程的资金流动方向是，租赁资产的拥有者（租赁公司）将所持有的各种流动性较差的同类或类似的租赁债权卖给租赁资产 SPV，从 SPV 那里取得销售租赁债权的资金。然后，由 SPV 以这些债权为抵押，发行租赁（抵押）债券，二级市场的中介机构把租赁债券销售给投资者，从最终投资者那里取得销售租赁证券的资金。这种租赁债券可以通过证券发行市场公开发行或通过私募形式推销给投资者。一般而言，证券的购买者是个人投资者、储蓄协会、人寿保险公司和养老基金等。租赁资产证券化是一种新型的也被实践证明是有效增强租赁公司资产流动性的手段。租赁资产证券化的基础资产内容十分多样化，包括演出音响设备、办公室设备、计算机设备、农业设备、营建设备及飞机设备等。

融资租赁是资产的所有者（出租人）与资产的使用者（承租人）就资产的使用所签订的不可撤销的合同约定，它定义了所有相关的条款，包括租金额、租期、付款周期等。一般租赁交易由三方（出租人、承租人和供货商）参与，由两个合同（租赁合同和购买合同）构成。融资租赁交易是一种价值和使用价值分别实现，所有权和使用权相分离的交易方式。对承租人来说，通过出租人出资购买租赁物，自己承租使用，是一种以物为载体的融资方式；对出租人来说，则是通过物权的主张债权，获得货币的增值；对出卖人（厂商）来说，通过出租人进行融资租赁交易，是一种营销方式，加强了产品的流通和货币的回笼，比自己开展分期付款更有利。

中小型企业（SMEs）被认为是意大利经济的生力军。在意大利，租赁资产证券化的基础资产是融资租赁。融资租赁一方面使公司获得了资产，另一方面也免除了租金的税收成本。《意大利证券法》的颁布和实施是放松对租赁行业低成本融资的控制的关键，它提供了一个合法的框架，在此框架内，租赁公司可以低成本在资本市场上募集资金。租赁资产证券化在意大利资产支持证券市场上占比近20%，且增长势头良好。

在融资租赁下，租赁人拥有被租赁资产的所有权，承租人有使用权，同时承受对资产的使用风险。在租赁伊始，承租人一般要预付部分现金，在租赁合同所规定的期限内还要支付一系列的租金。预付现金的比例依租赁资产的不同特点而有所不同。在意大利一般是10%～20%，但在房地产租赁中，一般有更高的预付要求。在租赁合同期满，承租人一般拥有优先购买租赁资产的期权，残值在租赁开始时就已经确定。

租赁资产证券化，也称租赁支持证券化，但严格的术语是租赁应收款支持的证券化。在租赁协议下，所有的权利和利益是不能转让的。但部分租金应收款是可以出售和证券化的。此种限定对证券化有某些税收和经营等方面的便利。但是有必要指出的是，在租赁资产的证券化中，本质上没有可承续的残值风险。在融资租赁下，承租人负责对资产进行维修并无条件地支付租金。一般情况下，出租人为租赁安排保险，以在资产被毁坏的情况下保护其权益并免除出租人作为第三方的责任。按照租赁协议，部分租金偿付用于支付保险费。

在意大利，租赁租金的分期偿付易受附加税值的影响。附加税值由租赁人收集然后交给税收部门。在大多数情况下，租金中的税收部分是不能作为证券化资产出售给特殊目的发行机构的，以使后者不承担附加税值支付的义务。租赁合同到期日的确定一般取决于如下因素：其一，租赁资产的性质——房地产租赁的期限一般长于汽车租赁的期限，后者的期限取决于使用寿命；其二，租赁资产的购买价格——价格较高的租赁资产一般有较长的期限以减少租金支付的份额；其三，租赁人对于承租租赁风险的偏好；其四，某些特定的财务因素。另外，提前偿付选择一般不包含在租赁合同中。但如果双方同意，可写进合同。提前偿付量由使用惩罚性贴现率（通常低于欧元银行间拆借利率）计算的日后持续偿付的净现值决定。当经常使用租赁作为融资手段时，就容易享受税收的便利。在意大利，租赁可借助好多方法向公司提供税收便利，如所有者用于纳税支出的租金可在租金支付中扣除，这在本质上就意味着，承租人可以享受本金和利息的税收扣减。除了财务刺激因素，租赁还向公司提供了低成本的融资方式。一般而言，租赁利率低于银行贷款利率也大大低于透支利率。

在意大利，租赁资产证券化发展十分迅速，可用于租赁的资产有三类：设备、交通工具、房产。三类资产的特点各不相同，如在期限、债务拖欠记录等方面均有明显差异。其中，设备租赁（包括计算机租赁、办公设备租赁、汽车租赁、飞机租赁、小型商业设备租赁等）应收账款等债权已被证券化，航空组合证券化、飞机租赁证券化等不一而足，被证券化的租赁债权覆盖的范围也越来越广，"只要它能产生现金流，就将它证券化"，以至于有人提出"租赁债权证券化的范围仅受想象力的限制"。对我国租赁债权证券化的实践来说，现在还不具备大范围实施的条件，但我们必须采取有选择的、渐进的方式进行试行。

在1989年，意大利高等法院制定了一个按照租赁合同的性质对租赁合同进行分类的规则，在该规则下，租赁公司可分为两类：一类是转让租赁，另一类是使用租赁。一种租赁究竟属于哪一类取决于下列因素：一是在租赁到期日，相对市场价格，承租人购买期权的执行价格；二是租赁当事人进入租赁市场的目的——初始期望是否是将租赁资产转让；三是租赁资产的使用寿命；四是租赁资产的特点。表4-2给出了租赁的特点及其所属类型。

表4-2 租赁的特点及其所属类型

租赁类型	特点
转让租赁	类似以分期偿付的方式进行的出售 租赁的期限明显低于租赁资产的使用寿命 在租赁到期日,购买期权的执行价格低于市场价格(换言之,期权的执行是合算的,因而可以被执行)
使用租赁	此类租赁在到期日不太可能转让资产的所有权 租赁期接近或等于租赁品的使用寿命 购买期权的执行价格等于或高于租赁资产的残值(期权零利或负利)

资料来源:〔美〕弗兰克·J. 法博兹等编《欧洲结构金融产品手册》,王松奇等译,中国金融出版社,2006,第210页。

2. 意大利租赁资产证券化运营模式分析

租赁资产证券化,是指金融租赁的主体金融租赁公司集合一系列用途、性能、租期相同或相近,并可以产生大规模稳定的现金流的租赁资产(租赁债权),通过结构性重组,将其转换成可以在金融市场上出售和流通的证券的过程。这一过程的资金流动方向是,租赁资产的拥有者金融租赁公司将所持有的各种流动性较差的同类或类似的租赁资产卖给租赁资产证券化的机构(SPV),从SPV那里取得销售租赁债权的资金。

与传统的融资方式相比,租赁资产证券化是资产收入导向型融资方式,是凭借金融租赁公司的一部分资产的未来收益能力来融资的。租赁资产证券化也是一种表外融资方式,被证券化租赁资产已经以正式出售方式转移给了SPV,金融租赁公司已放弃控制权,可以将其从资产负债表中剔除并确认收益或损失,因此从法律上都确认了以表外方式处理交易的原则。租赁资产证券化的基本运作过程见图4-2。实际运作中通常包括以下几个系统要素:发起人、发行人、投资者、投资银行、资信评级机构、信用增级机构、管理机构、受托管理机构及律师、注册会计师等。各要素在证券化系统中扮演不同的角色,各司其职,起着相互联系、相互牵制的作用。但在实务操作过程中,在不影响系统功能前提下,有时几个要素会由同一参与者兼任。租赁资产证券化的主要环节分析如下。

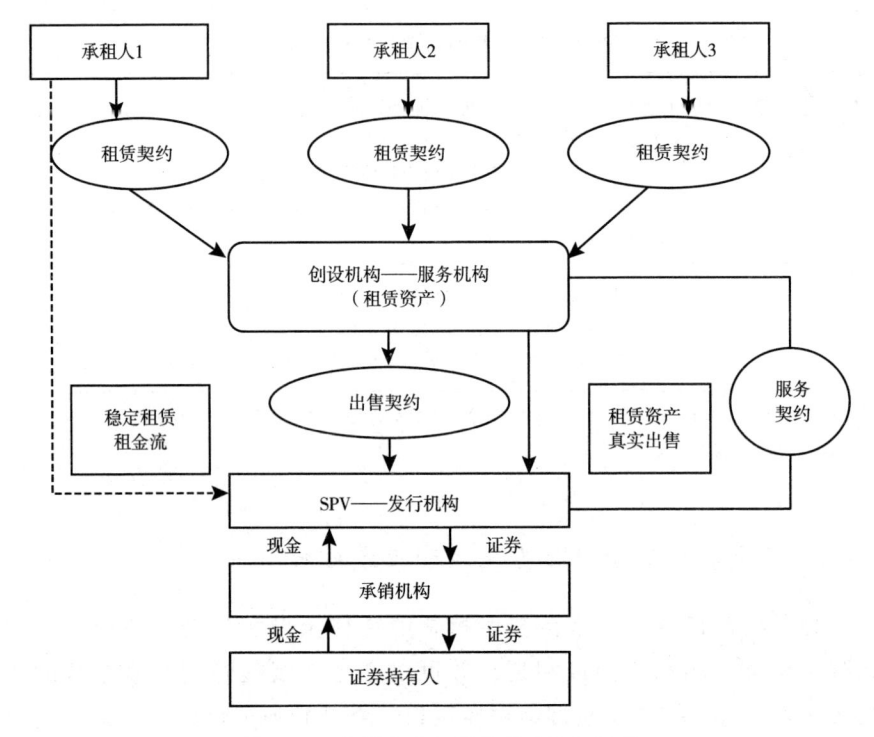

图4-2 租赁资产证券化基本运作过程

(1) 融资租赁合同的签订

进行租赁债权证券化操作对融资租赁合同的签订规范有较高的要求，如融资租赁合同的合同标准化、租赁程序标准化、租赁管理信息化等。目前，在意大利，银行的附属租赁公司和那些资产超过1亿欧元的公司的监管部门是意大利银行，该机构制定有关资本充足率、风险管理和报告、流动性和经营管理等准则并进行相应的监督。

(2) 出租人

发起人也称原始权益人（在租赁债权证券化中即为出租人），其职能是选择拟证券化的资产或权益，并进行捆绑组合，然后将其销售或作为证券化的担保品。这种销售通常为"真实销售"。融资租赁合同签订后，出租人要记录承租人的还款信息，催交逾期的还款，并根据还款情况，进行分类统计分析。另外还要综合考虑其他条件，包括发起人的债权人和其他关系人是否收到资产出让的通知，发起人是否保留了与资产有关的法律文件，SPV是否有权审查这些文件，以及如果将资产出售定性为抵押融资的情况下，是否会违背相关的实体法律等。对于交易的审核由意大利银行的信用监督局和租赁公司交易协会实施。

（3）SPV 的设立

出租人把租赁资产债权合法地出售转让给 SPV，此 SPV 是专门为发行证券而组建的，在法律上具有独立的地位。为了保证它避免破产风险，其业务被限定在发行证券并以所得收入购买支撑证券化的基础资产组合，一般不允许进行其他经营业务和融资业务。

（4）信用提升

信用提升即资信强化，指证券化机构将（抵押）租赁债券组合向保险公司投保，并由第三方给予一定的支持，以预防抵押租赁债券还款的信用风险。此处需由第三方为 SPV 提供一个资金账户，当由于承租人拖欠租金导致现金不能正常流向投资者时，便由该账户中的资金做垫补。

（5）资信评级机构

资信评级机构对证券进行等级评定的方法和符号体系与一般公司债券评级基本上相似，其目的是对此证券的信用风险提供权威性的意见，为投资者能够进行有效的投资决策提供合理、可靠的依据。三大评级机构已经建立起了评估意大利租赁资产证券化的基本框架。尽管相互间在侧重点和细节上还存在差异，但更多的是相互间存在广泛的相似之处。对证券化资产的业绩进行持续监督和测评，依据业务、经济、法律等方面的因素建立标准，依据上述标准建模并确立信用结构及其增级水平。

（6）服务人（机构）

出租人转让资产或权益后，通常保留对该资产管理服务的义务，该义务一般不是由发起人自行承担，而是让服务人（机构）承担。服务机构的职能是对这些资产项目及其所产生的现金流量进行监理和保管。换言之，服务机构负责收取这些资产到期的本金和利息（对租赁债权而言，就是租金），并对那些过期欠账进行催收，确保资金及时、足额到位。服务机构另一个职责是定期向受托管理人和投资者提供有关特定资产组合的财务报告。

（7）受托管理人（机构）

受托管理机构是服务机构和投资者的中介，也是信用增级机构和投资者的中介。其具体职责包括代表 SPV 的利益从发起人处购买资产，并向投资者发行证券。当担保资产产生现金流入时，服务机构把收入存入 SPV 账户中，由受托管理机构把它们转付给投资者。如果款项没有马上转付给投资者，受托管理机构有责任对该暂留款项进行再投资。受托管理机构还负责确认服务机构提供给投资者的各种报告是否真实、公允，并把这些财务报告信息向投资者披露。最后，当服务机构被取消或不能履行其职责时，受托管理机构应该并且能够取代服务人担当其职责。

四　日本中小文化企业资产证券化融资

（一）日本中小文化企业证券化基本情况

将知识产权作为资产进行运营和管理，并不断创新资产有形化的模式，创新金融证券产品的类型。创新型中小文化企业有形资产通常比较缺乏，其资产构成主要以知识产权、商业秘密等无形资产为主，在发展初期很难通过商业信用获得贷款融资，最可行的融资方式是使用股权进行融资，但如果公司不愿丧失股权便无法实现。文化资产证券化可以将中小型文化企业所拥有的技术资产作为担保来进行融资，帮助企业获得资金。

日本一直是美国的追随者，在文化资产证券化方面自然也不例外，目前世界上主要的文化资产证券化案例大多集中在美国和日本。日本作为传统的亚洲国家，政治制度和文化传统均与美国存在较大差异，文化资产证券化的发展也有自己的特征。日本文化企业通常将知识产权资产证券化作为创新企业获得资金的一种全新的融资方式，这与美国对文化资产证券化的定位略有不同。而且美国文化资产证券化的成功案例大多集中于大规模企业或者公司，目的在于尽快将知识产权资产成果进行产业化运作，回收研发成本，实现预期利益。而日本进行文化资产证券化融资的主要目的是为创新型文化企业提供全新的融资渠道，所以日本文化资产证券化融资的主力军，主要是中小型文化企业和创新型文化企业。

日本文化资产证券化制度的建立从通过立法和一系列法律法规的修改开始，为文化资产证券化的推行首先扫除制度上的障碍。

从 1985 年开始，日本企业筹资渠道开始逐渐转向海外证券市场或于其国内发行证券的方式筹措资金，企业与银行的紧密结合关系逐渐松动。因此，日本金融业开始面临经营困境。然而，对日本金融业经营环境造成重大打击的另一因素，是1988年国际清算银行（BIS）规范银行资本充足率必须达到8%的国际规范。内外因素相互作用对日本金融体系产生莫大压力，因而日本政府从1985年起，陆续成立金融改革审议委员会（Financial System Research Council）与证券交易审议委员会（Securities and Exchange Research Council）研究金融体系与证券市场的改革。

1990年，证券交易审议委员会提出其第一份关于资产证券化的法制建构要求的研究报告。随着这种研究的进行，日本通产省（the Ministry of International Trade and Industry，MITI）在1992年3月12日提出其对美国资产证券化的研究成果，其后并将其成果转化为特债法（Special Claims Law）草案并入同年4月10日日本政府向日本国会提交的金融改革法案，并于同年6月5日获得通过且于1993年实施。日本国会同意对法律做出一定程度的修改，特别是扩大"证券"的定义范围。在证券交易法修正案通过不久，日本还通过了关于与商业银行相连的特定索取权监管的法律。1993年6月，日本取消了公司债券发行额的上限并为净资产规模较小的公司发行债券提供了便利，但是特债法对于资产证券化有诸多限制，例如，资产证券的发行人仅限少数取得通产省执照的特殊目的公司（SPC）与信托银行始有资格、可作为证券化的标的也仅限少数资产如租赁债权、消费性分期付款债权、信用卡债权等，同时因缺乏相关配套措施致使限制了资产证券化在日本的发展。1994年9月大藏省和通产省发表了一项关于特定索取权法的新规定，同时对《证券交易法》《外国证券公司法》《外汇法》进行了修改。这些法律的出台有利于证券化在日本的发展，但日本金融市场上的参与人是否愿意并开展大规模的证券化仍然是一个未知数。

面对全球金融自由化浪潮的冲击，日本金融当局也越来越意识到需要修正传统的法律制度框架以允许金融机构扩展其业务范围。1998年，亚洲金融风暴使特债法不再符合日本产业界的需求，为了进一步推动资产证券化的发展，1998年6月15日日本公布《特殊目的公司特定资产流动化法》（SPC Law），并于同年9月1日起施行，该法规制的对象是特殊目的公司。此法的主管机关为大藏省，该法大幅放宽可供证券化的金融资产，促使日本金融资产证券化开始蓬勃发展。此法于2000年5月进行了一次修正，成为目前的《资产流动化法》，其进一步放宽下列事项，以期降低管制并扩大制度的运作成效：

（1）特殊目的机构可购买的资产种类；

（2）降低特殊目的机构的最低资本额；

（3）特殊目的公司对金融再生委员会的部分申请核准事项改为申报制；

（4）资产证券化计划可以股东会的特别决议加以修改，并赋予不同意的股东有股份购买请求权；

（5）允许于资产证券化计划完成前可随时加以撤销；

（6）特殊目的机构可发行可转换公司债与附认股权债券；

（7）允许特殊目的机构以借贷方式购买金融资产。

日本通过1993年制定的《信托业特别规制法》与2000年修订的《资产证券化法》，为资产证券化奠定了基础。从2002年开始，日本公平贸易委员会开始放松对信托的管制，并在2003年底修改了《信托业法》，取消了之前对知识产权不得作为信托财产的限制。

1993年，日本颁布的《信托业特别规制法》是日本资产证券化起始的奏鸣曲，但知识产权当时并不属于可证券化的资产。2000年，日本对《资产证券化法》进行了修订，将可证券化资产从特定金钱债权和不动产扩展到一般财产权，文化资产就此成为可以进行证券化的资产[1]。修订后的《资产证券化法》还增加了信托作为资产证券化的工具，准予设立SPV，确立了利用特殊目的信托或者特殊目的公司进行资产证券化制度，为资产证券化的良性发展提供保障，同时使资产支持证券的购买者受到充分保护，为投资者的投资行为提供便利[2]。日本的资产支持证券自此开始得到大规模发展，银行的服务结构得到了改善，企业获得了新的融资渠道。仅在2004年，日本资产证券化规模已经超过5万亿日元，超过了当年股票的发行规模[3]。

2002年，日本发布了《知识产权战略大纲》，将"知识产权立国"作为国家发展战略。为此，日本开始积极地为知识产权产业化运作创造良好的国内环境。同时，日本在技术发展上也比亚洲其他国家更加发达，有更

---

[1] Hiroyuki Watanabe, *Intellectual Property as Securitized Assets*, IIP Bulletin, 2004.

[2] 李宪明、朱燕：《日本资产证券化（流动化）法律述评》，http://www.allbrightlaw.com.cn/xintuo/yewu/030714_1.htm。

[3] "Securitization Market in 2004 and Outlook for 2005: Will Market-based Financing Blossom?" *Nomura Research Institute*, January 12, 2005.

多的知识产权资产需要通过产业化运作来获得资金。

2002年11月，日本国会通过了《知识产权基本法》，制订知识产权发展计划。2003年起，日本知识产权战略本部每年都会发布《知识产权推进计划》，强调创造良好的大环境，促进知识产权证券化融资发展。日本早期《信托法》及《信托业法》中规定的信托资产并不包括知识产权[①]。但自2002年起，日本开始修改限制知识产权证券化发展的法律法规，消除知识产权证券化的制度障碍。2002年11月，日本公平贸易委员会根据《反托拉斯法》第10（2）条和第11条的规定，制定了条例，放松对信托的管制，允许信托银行持有特殊目的机构100%的股份[②]。2003年末，日本内阁府金融局向国会递交了修改《信托业法》草案并获得通过，废除了对可信托财产的范围限制，将知识产权包括在内，为知识产权的证券化发展提供了法律保障。2004年第一和第二季度，日本各信托银行、大型公司及人寿保险等行业开始积极扩展业务范围，将目光投向知识产权信托业务。日本联合金融控股集团（UFJ）信托银行也准备于东京都大田区产业振兴协会合作，开展中小企业专利应用的代理业务。UFJ在新《信托业法》颁布之后表示：将中小企业专利证券化后出售给投资者，以利于中小企业的资金筹措，振兴产业[③]。2005年3月，日本实施了新的《破产法》，法院在应用该法时，一般情况下不会因为SPV是空壳公司而任意"刺破公司的面纱"，这有助于解决日本知识产权证券化过程中设立SPV时所面临的问题[④]。

总的来看，日本更多是为了解决金融体系中大量的不良资产，而希望仿照美国处理储贷危机的方式来实施资产证券化。日本1998年下半年到1999年初采取一连串立法行动以促进资产证券化，而且不断地进行法令的修订，以更符合市场需求。配合制定《债权让渡特例法》及《债权管理回收业特别处置法》，提供被转移债权的法律保护并大幅简化原有登记程序，且涵盖几乎所有金融资产项目，为日本证券化注入了活力，也使日本的证券化市场跃居亚洲的第一位。日本资产证券化立法演变情况见表4-3。

[①] 袁晓东：《日本专利资产证券化研究》，《电子知识产权》2006年第7期。
[②] Takahiro Kobayashi, "IP Securitization," *International, Financial Law Review*.
[③] 《以证券化推进专利实施与产业化》，《知识产权》2006年第1期。
[④] "The International Comparative Legal Guide to: Securitization 2006 – A Practical Insight to Cross-border Securitization Law," http://www.IGLG.co.uk.

表 4-3　日本资产证券化立法演变情况

类别	年份	法律名称	具体内容
金融资产证券化	1931	《抵押证券法》	抵押证券公司可以贷款债权及担保的不动产抵押权作为整体进行小额化后出售给企业及个人,以达到融资目的
	1988	《抵押证券业规制法》	对抵押证券业的经营者实行登记制,只有经大藏大臣登记的法人可以从事抵押证券的销售,并对销售方法进行了限制
	1993	《特定债权事业规制法》	通过许可制将经营者分为特定事业者、特定债权受让经营者及债权小额化销售业者,进行相应的规制
	1993	《特定债权事业运营规定》	要求特定债权信托受益权的销售单位为 5000 万日元以上,1000 万日元为一个单位,原则上投资者中途不能解约,受益权不能转让,也不能提供作为让与担保
	1998	《民法债权转让对抗要件特例法》	简化了债权人在转让债权时对抗第三者的手续,有利于债权的证券化
	1999	《债权管理回收业特别处置法》	该法对债权回收公司进行必要的规制,以确保其合法经营
不动产证券化	1995	《不动产特定共同事业法》	对于不动产特定共同事业的经营者实施许可制度,明确了业务经营中的责任分配
	2000	《投资信托及投资法人法》	对《证券投资信托及证券投资法人法》进行修改,并将资金运用对象从有价证券扩展到不动产
统一规制	1998	《特殊目的公司特定资产流动化法》	规制特殊目的公司(SPC)
	2000	《资产流动化法》	扩大了基础资产类型,简化了 SPV 设立手续,同时规定了 SPC 和 SPT 两种 SPV 法律形式,成为现行资产证券化主要的规制

资料来源:根据宏源证券公开资料整理。

在亚洲，文化资产证券化融资实例最早出现于日本。日本的专利总量仅次于美国，位居世界第二位。日本现有专利 100 多万件，在专利的数量方面仅次于美国，但这些专利当中有 2/3 没有被实际使用。2002 年 4 月，随着日本知识产权战略的发布，日本经济产业省发出声明，将对信息技术和生物领域企业所拥有的专利权进行证券化运作，由政府设立特定机构，以证券形式将专利投入市场，供需要的企业和投资者进行买卖。这一方式有效地唤醒了那些"冬眠"的专利，促进了知识产权的产业化运作。2002 年，日本出现了第一例知识产权证券化的案例，该案的基础资产是传播权（属知识产权中的邻接权范畴）。2002 年 2 月，日本实现了"基于某一系列流行电影的电视播放权的无追索权贷款"。2003 年 3 月，出现了首个专利证券化的案例。2003 年 10 月，则出现了"基于光盘和录像带传播权的无追索权贷款"。

根据日本《工业新闻》的报道：2003 年，日本第一例专利证券化的案例应运而生，即 Scalar 专利证券化交易案。该案是由 Japan Digital Contents 株式会社设计的由 PIN（Panasonic Innovative Navigator）Change 公司使用 Scalar 株式会社的光学专利来开发健康与美容器材专利证券化案[①]。融资规模约为 2 亿日元。随后，日本还成功就游戏软件以及电影发行了债券。与美国文化资产证券化融资相对集中在大型企业或跨国公司不同，日本文化资产证券化融资的目的主要在于为创新性文化企业开辟新的融资渠道。

（二）日本文化资产证券化模式——信托模式分析

文化资产证券化选择何种模式，与该国的金融环境和法律体系有密切关系；模式的选择必须适应经济、金融发展的内在要求，并依据该国特有的制度变迁路径安排。

文化资产证券化之结构设计，主要是由 SPV 受让创始机构或原资产所有人实物资产，再通过将资产直接证券化，将证券出售给投资人。因此，特殊目的机构在资产证券化的运用上，居于重要地位。日本在 2000 年将原《特殊目的公司法》修改为《资产流动化法》，就资产证券化的基本结构采用双轨制，同时引进 SPC 制度及 SPT 两种证券化制度。《资产流动化法》

---

① 焦洪涛、林小爱：《知识产权资产证券化——"金融创新与知识产区"专题研究之二》，《科技与法律》2004 年第 1 期。

的制定，创设了一套完整的法律制度，并有效地建立其流动市场或二级市场。《资产流动化法》中规定了特殊目的公司及特殊目的信托两种制度，该法设有专门规范"特殊目的信托制度"的第三编[①]。根据日本资产证券化的有关法律，日本资产证券化的特殊目的机构采用特殊目的信托和特殊目的公司两种形式，以特殊目的信托模式发行的证券化产品主要为受益证券，而以特殊目的公司模式发行的证券化产品主要包括优先股、特定公司债、商业本票等，均为日本《证券交易法》上认定的有价证券，可以进行流通交易。日本文化资产证券化融资结构见图4-3。

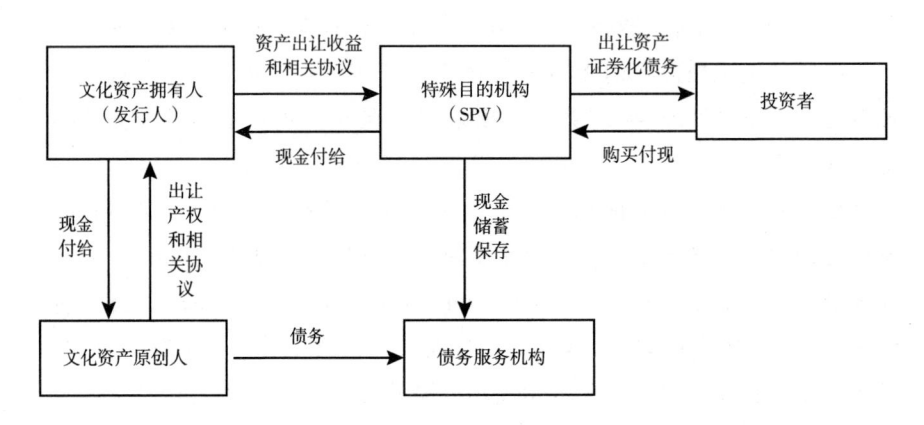

图4-3 日本文化资产证券化融资结构

日本书化资产证券化融资主要采用信托模式对文化资产进行证券化。特殊目的信托是将特定资产转化为受益权。对于特殊目的信托，信托契约必须载明信托目的，必须附上资产信托证券化计划，并载明委托人的义务及应告知受托机构的事项、受托机构支出费用的偿还及损害补偿事项、关于信托报酬的计算方法、信托资金的运用方法等事项。特殊目的信托中属于信托财产的闲置资金，其运用方式也必须用于法定的投资。

在日本，特殊目的信托与特殊目的公司作为主要的特殊目的机构，存在组合互换的情况。第一种情况是金融机构将基于原始契约的贷款债权信托给信托机构，信托机构委托金融机构延续它与客户的关系进行债权管

---

① 该法共有五编：第一编为总则；第二编为特殊目的公司制度；第三编为特殊目的信托制度；第四编为杂则；第五编为罚则。

理，然后信托机构再将信托收益权一并出售给 SPC，取得资产，并将资金交付给金融机构。SPC 以所获得的信托收益权为支持，发行商业票据或公司债而进行融资。利用信托是为了通过信托过程来集合债权和使现金流稳定化，由 SPC 在取得信托受益权后发行资产证券，达到对信托受益权进行再加工的效果。由于受到优先安排和基于第三者的保证，所以安全性高，证券能够获得较高评级。第二种情况是金融机构将基于原始契约的贷款债权让与 SPC，同时按照委托契约延续与客户的关系，进行相应的债权管理事务。由于 SPC 没有对受让的贷款债权进行管理的能力，SPC 将取得的资产委托给信托机构作为信托财产进行托管。信托的作用在于使贷款债权资产形成破产隔离，并提供一个免税载体。SPC 从信托机构获取信托受益权，以此为支持发行资产证券，通过证券出售取得相应的出售资金。

SPT 模式的基本流程如下。

（1）业务申报。受托机构在与委托人签订特殊目的信托契约，必须将"资产信托流动化计划""特殊目的信托契约书"等文件向内阁总理大臣提出申报。"资产信托流动化计划"必须载明信托契约时间、特定资产的内容及价格、受益权事项、特定资产管理及处分的方式等。另外，在计划变更时，也应当内阁总理大臣提出申报。

（2）受益权的转让。原则上特殊目的信托的受益权可以转让，但是由于资产证券化产品的风险，其与一般资本市场上的有价证券不同，因此该法特别限制记名式受益证券仅可以向日本《证券交易法》第 2 条第 3 项第 1 款规定的合格机构投资者转让。

（3）权利人的保护。由于特殊目的信托的受益权的受让人受到《信托业法》及《银行法》的高度监管，因此其本身就具有保护投资者的效果。除此之外，该法就权利人的权利内容及行使方式设置了许多规定，比如权利人会议的召集权人、召开程序、决议方法、书面决议条件、决议执行、执行决议人的报酬和费用等[①]。

采用信托模式，可以实现破产隔离的效果，同时使投资者、受益人享有实质性权益并承担风险，最终实现文化资产证券化融资的目的。由于信托模式所具有的风险隔离功能和权利重构功能，通过信托财产所有权与受

---

① Hideki Kanda (1998). Securitization in Japan.

益权分离的制度、建立在信托财产独立性基础上的有限责任及破产隔离制度、信托业务的风险揭示与信息披露制度,加大了信托财产的安全性和投资者预期的稳定性。信托模式既能满足中小投资者获益的需求,又能够为中小文化企业的融资需求提供服务。信托模式在满足市场主体需求方面显示出多样性、适应性和灵活性的特点。例如,在推动知识产权资产证券化方面,版权资产持有人可以把版权交给信托机构,由信托机构设定作品的信托受益权(证券化),投资者就可以通过购入这些信托受益权以期获得分红收益,而对于版权资产持有人则能够借助于证券化获得所需的现金流。这项投资根据业绩状况每年分红2～4次,满五年后,如投资者现金收益为"正数"时,即解除信托,将版权返还给其持有人,如为"负数"时,最多还可延长三年再解除信托。信托机构可把版权使用许可权卖给媒体等机构。

文化资产证券化信托融资模式还可采取类似于公开募集或私募的方式进行。比如,日本最大的文化产业投融资创新企业——日本数字内容信托公司(JDC)曾与网络券商联合推出"新人明星写真基金",以5万日元(约合3400元人民币)一手、每名新人接受投资额500万日元的方式,募集个人投资者,用作写真集和DVD的部分制作费用,投资者可从相关作品的销售收入中获取收益。信托的制度特征和资产证券化的交易结构具有很好的对接性,而信托的本质使信托成为日本实现文化资产证券化应用最广泛的典型模式。在推进信托模式的文化资产证券化融资方面,日本已经在电影摄制、动漫游戏产业等领域取得了一定的业绩。

(三) 日本中小文化企业资产证券化融资对我国的启示

日本是目前亚洲资产证券化发展最好的国家,其资产证券化发展的历史有很多跟我国目前情况很相似的情况。日本在第二次世界大战以后确立了以间接融资为主的金融体制,银行贷款成为企业获得外部资金的最主要途径。中小型企业在从银行融资过程中处于不利的地位,但是20世纪90年代以后,严峻的经济现实迫使日本社会改变了对中小企业地位和作用的认识,新修改的《中小企业基本法》一改以往对中小企业的定位,把中小企业看作富有机动性、灵活性和创造性的经济活力的源泉。由于中小企业不再是大企业的补充体,而是担负着创造新产业、创造就业机会、推动市场竞争、增强经济活力以及振兴地区经济重任的主体，中小企业从间接市场和直接市场获得资金的渠道越来越顺畅。日本和我国一样同为大陆法系，在导入资产证券化制度的做法上，日本采取制定专责法律的规范方式。初期管制过多，阻碍了市场的健全发展，导致日本资产证券化市场规模迟迟无法扩大，这是日本在发展资产证券化过程中的重要明显特征。这种局面在20世纪90年代后期有所改变。

从日本的文化资产证券化融资经验来看，信托型资产证券化融资方式或可以成为我国推行知识资产证券化的重点选择方式。我们知道，一般来说，构建SPV模式有信托型SPV与公司型SPV以及有限合伙SPV三种，其中信托型SPV模式最适合文化资产权证券化融资。由于信托制度中的风险隔离制度能够使文化资产产权转化过程中的市场风险降到最小，能够有效解决文化资产的产权化、产业化过程中存在的资金不足问题。2001年我国颁布了《信托法》为发展信托型SPV模式提供了法律上的支撑，该法明确文化资产证券化融资中基础资产之信托财产的独立性，其不影响委托人与受托人的其他财产。2006年，我国开始大力推动资产证券化发展，有关政府部门陆续出台了一系列支持政策，如《关于推进科技型中小企业融资工作有关问题的通知》等，国家开发银行等金融机构相继推出中小型高新技术企业资产证券化产品。2013年3月15日，中国证券监督管理委员会公告〔2013〕16号公布《证券公司资产证券化业务管理规定》，为我国具体实施文化资产证券化提供法律依据。该规定对公司资产证券化的基础资产进行了突破，包括财产与财产权利，如"企业应收款、信贷资产、信托受益权、基础设施收益权等财产权利，商业物业等不动产财产，以及中国证监会认可的其他财产或财产权利"。

当前，可以从监管、合同、政策等角度对SPV的相关事项做出科学、合理的规定，尽最大可能防止SPV资产与其他实体资产混淆，保障其能以自己的名义独立开展业务，为证券化资产与发起人破产风险的隔离、证券化资产与SPV破产风险的隔离等提供保障。在文化资产证券化推行初期，可以采取以政府或者政府投资机构作为文化资产证券发行的直接或间接地提供信用担保的方式，以知识产权资产证券化融资为突破口，推动我国文化资产证券化的有关税制、监管和法律、法规逐步建立和完善，为我国中小文化企业的融资难题的解决探索一条新型融资路径。

对文化资产证券化融资来说，业内专家分析认为，在专利领域，最适合进行证券化的是药品公司、科研机构和高新技术企业；在商标领域，最适合进行证券化的是主流娱乐产业、服装产业和消费品生产业。与音乐版权证券化相比，专利和商标证券化业务较少的原因在于，音乐资产形成现金流的过程相对简单透明，而专利和商标形成现金流则需转化成复杂的产品，难以进行定量分析。其中，起关键作用的是市场中介机构。

作为一种融资手段，文化资产证券化可以有效解决高新技术文化企业以及中小型技术文化企业技术研发过程中的资金短缺问题，有利于促进知识产权资产的转化与利用。SPV作为文化资产证券化融资过程中的关键或核心环节，其组织形式的选择对于证券化成功与否至关重要，信托财产的独立性使信托型SPV更加适合文化资产证券化融资，而且我国的立法也为推动文化资产证券化融资提供了支撑，文化企业特别是科技型中小文化企业应该认真研究并利用好这一金融工具，实现创新开发转化利用的良性循环。文化资产证券化是一个环节众多、专业性强的复杂过程，必须依赖完善的支撑体系。鉴于日本发展文化资产证券化的背景和金融环境与我国现在情况的相似，为推动我国文化资产证券化市场发展，我们在学习以美国为代表的西方国家的资产证券化经验的同时，对比研究和借鉴日本的经验，就很有现实意义。

五 印度电影资产证券化与启示

印度文化产业中最重要的产业当属电影产业。作为世界上最大的电影生产国和仅次于美国的世界电影市场占有者，印度每年的影片发行量、观影人数、电影从业人员数等均居全球之冠，在好莱坞横扫世界其他各地，甚至占据有些国家国内市场90%以上份额的同时，印度却能保持自己的阵地不丢，成为全球唯一好莱坞仅占国内电影3.5%市场份额的国家[①]，体现了宝莱坞电影在本土的受欢迎程度。其电影产业发展经验对我国尤具借鉴意义。

---

① Shedde, M., *Bollywood Cinema: Making Elephants Fly*, Chicago: Encylopeida Britannica, Inc., 2006.

(一) 印度电影产业的成就

印度电影基本上可以划分为五个主要的电影工业区域,分别是以孟买(Mumbai,旧称 Bombay,主要是印地语和马拉雅拉姆语)、马德拉斯(Madras,泰米尔语、泰卢固语和马拉雅拉姆语)、海得拉巴(Hyderabad,主要是泰卢固语)、加尔各答(Calcutta,孟加拉语、阿萨姆语、奥里雅语)和班加罗尔(Bangalore,埃纳德语)为制片基地[1]。其中,孟买是印度电影商业类型片较集中的生产地,也是印地语电影的制作中心,由大大小小许多家国营和私营的拍摄基地组成,占地千余亩,拥有全国最大的印地语拍摄基地,除了众多的大型的有完备装置的室内摄影棚,还有占地庞大的室外摄影场,印度电影惯常出现的场景诸如农庄、寺庙、别墅、花园、牧场、森林、湖泊、群山等,一应俱全。"宝莱坞"就坐落在孟买的郊外。位于孟买的宝莱坞被视作印度电影工业的代名词,其电影年产量约占印度电影总产量的60%~70%。宝莱坞电影在全球的观众量以每年15%的幅度迅速增长,三倍于宝莱坞每年5%的影片增长量[2]。

宝莱坞是印度最大的影片生产中心,也是全球最大的电影产业集群之一,对好莱坞及其他西方电影市场都产生了很大的影响。宝莱坞以印度孟买市为基地,生产的影片以印地语的音乐片类型为主,形成了独特的电影风格。2012 年,宝莱坞影片国内票房为 7.74 亿印度卢比(约为 1172 万美元),占印度电影国内票房总额(20 亿印度卢比,约为 3000 万美元)的38.6%[3]。除了宝莱坞之外,孟加拉邦、安德拉邦等地的电影生产基地共同构成了市场庞大、数量众多、类型多元的印度电影。

进入 21 世纪以来,印度电影创造的各种数字奇迹,足以让世界上其他国家的电影界艳羡不已,望其项背而兴叹。印度是世界上最大的电影生产王国,拥有 200 多万从业人员,自 2000 年起,电影年产量持续增长,到2005 年,年产电影逾千部。印度每天观影人次超过 2000 万,每三个月便有相当于印度人口总数的观众涌入各地电影院,平均每人每月观影不少于两场。全世界每年售出的宝莱坞电影票达 36 亿余张,而美国好莱坞电影票才售出 26 亿张。印度依靠电影出租所获得的年收益在 2006 年突破了 200

---

[1] 李二仕:《印度电影:在守望中跃步》,《电影艺术》2002 年第 3 期,第 122 页。
[2] 参见 http://news.xinhuanet.com/world/2012-02/20/c_122723805.html。
[3] 参见 Bollywoodtrade, http://www.bollywoodtrade.com/box-office/top-tencollections.htm。

亿美元；2001年3月到2002年3月，印度电影的出口已超过了45亿卢比（1亿多美元），较前年增长了30%[①]。除了宝莱坞外，印度全国各地也分布着许多电影制作中心，比如以加尔各答为生产中心的西孟加拉邦也是印度重要的电影发源地和制作地之一，许多生产中心都具有一套成熟的电影生产机制，可以毫不费力就生产出上百部的影片，并且不用担心它们的发行。北方以孟买为中心，普遍使用印地语，而南方许多省邦则使用各种地方语言摄制影片，以满足不同人群的观赏要求，以这些语言制成的电影年产量并不输给"宝莱坞"，但享誉国际的印度电影绝大多数是用印地语来拍摄的。现如今，"宝莱坞"已经不单纯是电影产地，而是上升为印度电影的代名词，成为印度可以在世界上展示的一个文化资产品牌。

印度电影的一个重要特点是低成本制作。20世纪50年代，印度"新电影"流派诞生之时，其创始人萨吉亚特·雷伊、莫里纳尔·森、里特威克·卡塔尔就主张电影在实践上应提倡低成本制作和以外景拍摄为主。事实也是这样的，很多优秀的印度影片，包括近些年来崛起的"新概念"印度电影，大都采取了低成本制作。这些影片的制作成本与好莱坞大片轻则几千万美元，重则几亿美元的超高投资无法匹敌。但正是这些低成本的印度影片却在全世界取得了优秀的票房成绩和极高的声誉。

（二）印度电影资产证券化之 SPV

为了支持中小企业的发展，印度政府推出了适应于企业集群的创新性融资方式，也称"集群融资"模式。设立 SPV 为企业融资提供便利。每一集群平均有100英亩土地，其中有50~100个中小企业。每个集群是由政府、金融机构和集群所在中小企业共同成立的 SPV 建立、拥有和维护管理。各中小企业共同拥有 SPV 超过51%股权，印度政府机构负责投资集群内部部分基础设施，包括土地在内的其余投资由 SPV 和企业负责。这种形式的 SPV 具有金融机构的功能，比行业协会更有持续性，通过协议和入股合同将园区里的中小企业和政府以及金融机构放在同一个普通的平台上，实现了集群的协同功效应。截至2009年，印度约有大小

[①] 参见星岛网，http://www.singtaonet.com；《印度政府力促电影产业》，《经济参考报》2004年1月29日；《印度电影发展与成功的启示》，中国音像在线，http://bb.QQ.com，2005年10月25日。

产业集群130多个，其中在国际上有一定影响的包括：Bangalore（班加罗尔）的生物技术创新集群和信息技术创新集群，Bollywood（宝莱坞）的电影产业集群，Chennai（钦奈）和New Delhi（新德里）的汽车业创新集群，Tiruppur的纺织产业集群，Gujarat的铸造与塑料产业集群，West Bengal（西孟加拉邦）的手摇纺织、贝壳产品产业集群，Palar Valley的皮革产业集群，Kanpur的马具制造产业集群，Kerala的竹藤产业集群，Orissa的首饰珠宝产业集群，Jaipur的手工印染产业集群及Athani的制鞋产业集群等①。

集聚效应往往导致产业在某个地区的集结，形成产业集群。产业集群是指在某一特定领域中，一群在地理上邻近、有相互关联的企业和相关法人机构，它们以彼此的共同性和互补性相互联结。产业集群的崛起是在全球经济一体化的背景下，为创造竞争优势而形成的产业空间组织形式。它的产生是多种效应集合的结果。可通过从区域产业群中的龙头企业、领先企业中培养上市企业，带动产业群的发展。印度各产业集群最初的发展动力主要来自民间资本的集聚和催化。印度对产业集群的支持开始较早，大约开始于20世纪90年代。随着其国内一些产业集群逐步成长壮大，到2000年前后，印度政府对产业集群的激励政策采取与金融体系相配套的支持方法，注重对优势项目的融资；特别是随着印度资本市场的快速发展，开始注重利用证券化的技术对产业集群进行大力支持，从而使印度的部分集群在全球价值链中的地位不断得到提升。

印度政府在制定印度的产业集群支持政策时，把促进集群发展作为印度企业发展的主要动力。宝莱坞电影产业集群主要是由众多中小型的、专业化的制片公司组成，且集中在千余亩的影视制作基地内。为推动电影产业的发展，印度政府在资金扶持方面，主要采取了"集群融资"模式，通过设立SPV来为电影拍摄进行融资，其基础资产以众多中小制片公司的资产集群打包为主，通过评级机构增级等措施发行私募形式为主

---

① Das K.，"Industrial Clustering in India：Local Dynamics and the Global，" http：//www.gowerpub.com/pdf/SamplePages/Indian_Industrial_Clusters_Ch1.pdf；Aya, O., Siddharthan, N. S., "Industrial Clusters in India：Evidence from Automobile Clusters in Chennai and the National Capital Region，" http：//ir.ide.go.jp/dspace/bitstream/2344/548/3/ARRIDE_Discussion_No.103_okada.pdf，2010.

的有价证券获得资金。印度的资产证券化交易开始于20世纪90年代初期。2000年以后，由于消费金融的迅速发展，印度资产证券化规模呈现出快速增长的趋势。2002～2005年，资产证券化市场急速扩大，累计增长率接近100%。2006年初，RBI（Reserve Bank of India）颁布的新指导文件是印度资产证券化发展史上具有里程碑意义的事件[①]。该指导文件鼓励发起人（Originators）有效地解决构造资产证券化交易中可能的潜在成本问题，它还鼓励资产证券化交易中的第三方参与，这极大地推动了印度资产证券化市场的发展。

印度在1947年独立之后，宝莱坞电影生产基地出现了数百个小规模的制作、融资、发行和放映方面的制片公司，独立制片人、独立发行商、私人金融家和独立电影院的运营商处于复杂的合作中。20世纪90年代开始，印度在国际货币基金组织的帮助下开始推动私有化、市场化的新自由主义改革，经济获得高速发展。随着印度经济监管力度的减小，跨国公司和外国投资的增加，印度电影工业的运营也开始呈现一些新变化。少数集中在发行和融资上实现规模效应的公司已经进入宝莱坞电影工业。这些公司为了制造集群效应和预防盗版，利用营销和发行规模上的优势，一面发行大量的拷贝给电影院，一面开辟电视和录像等新的发行渠道，并大力投资市场营销以获得出口市场。这些公司的规模虽小，却具有专业化的特征。通过将这些制片公司的基础资产集群打包进行资金融通，不但可以解决中小影片制作机构资金不足的问题，还可以为影片的未来发行创造极为有利的条件。

目前有两种专业化制片公司类型。最大的一种公司类型是利用在发行和融资上新的投资者的出现，通过提供其所需要的电影获得融资和发行。这样的制片公司通常声誉很高，他们在继续小规模经营的同时通过一个新的发行和融资公司获得偶尔的较大预算电影的融资和发行，以此摆脱对传统的小金融家和发行商的依赖，既减少了发行和融资方面的不确定性，也增加了更好的制片计划（特别是低预算的制片）和剧本投资的可能性。而第二种更加独特的专业化制片公司类型是通过宝莱坞的老牌电影公司将其于20世纪90年代在新战略中所获的巨大收益先行投资，随着资本和相应

---

① 王守贞、苗启虎：《印度资产证券化的发展历程及其启示》，《当代经济》2007年第9期，第86页。

的专业化管理技能的注入，此类公司开始了宝莱坞前所未有的快速专业化：它建立了自己的海外发行机制，认真筹备后续电影创作，并利用其声誉和社会网络为随后的几个电影雇用顶级范围内的演员、编剧、导演和音乐总监。此类公司因此取得了很高的市场命中率，其收益则再继续进行综合的摄影棚和后期制作设施的投资①。

这种以集群融资为基础资产的运营模式在宝莱坞电影产业中的应用与发展，让宝莱坞得以在取得发行和融资上的规模效益的同时兼顾其在经营小型公司制片上的管理优势。这种新兴的模式，也有效促进了宝莱坞出口量的激增。专业化和集群融资的运营方式提供了新的融资模式和更好的制作规划，并改变了剧本的创作方式和导演、演员的使用模式，由此降低了平均生产时间和成本。这种发行和融资一体化的组织形式的进入，意味着宝莱坞终于能够充分利用不断增长的需求，扩大其在国内外的发行、流通和展出上的投资。

2000年，印度政府将电影业纳入官方认可的产业范围内，与金融体系改革相配套，建立了印度小企业开发银行，加强了与印度国家银行和国家小企业公司等合作，注重产业部门和国家级及跨邦集群的横向协调。印度小工业开发银行是依据《印度小工业开发银行法》于1990年4月2日成立并开始运营的，它是由印度政府设立的、联合其他金融机构来扶持和开发小规模工业部门的专业银行，为全印度的中小企业提供直接或间接的金融支持。印度小工业开发银行的主要职责是向中小企业提供贷款，包括直接贷款和间接贷款，促进中小企业发展，简化对中小企业的管制措施等。电影制片人可以通过申请获取银行贷款，发行有价债券，这一新政推动了印度电影业的公司化发展和整合。2001年4月，印度工业发展银行成为第一家开办为电影业提供融资服务的银行。迄今为止，这家银行已向14部宝莱坞电影贷款了1350万美元。此外，新德里已经宣布了废除向新型的综合性影剧院所征收的高达100%的娱乐税，这意味着这些影剧院的票价将下降一半左右。2002年，印度政府又解除了外国投资者在广告、电影和广播领域的股份限制，为外国制片商投资印度电影业打开了空间。迪士尼公司和华纳集团等海外巨头纷纷涉足印度电影业。目前，索尼、NBC环球、维

---

① Mark Lorenzen, Florian Arun Taeube, "Breakout from Bollywood? The Roles of Social Networks and Regulation in the Evolution of Indian Film Industry," *Journal of International Management*, 2008 (14), pp. 290 – 291.

亚康姆和华纳兄弟公司已斥资逾 15 亿美元，用于购买印度本地电视频道的股份，或联合宝莱坞共同投资电影。迪士尼则将支付 1400 万美元，购买宝莱坞 UTV 软件传播公司 14.9% 的股权[①]。

2006 年，印度开始出现电影票房资产证券化融资，成为可行的筹资与分散风险的方式之一。宝莱坞的电影制作商主要以电影未来的发行收入或发行权益为基础资产，进行证券化融资。通过出售电影的发行权来获利，对一些重要的影片来说，通常还在制作过程中，甚至在影片开机前的启动仪式上，就已经有发行商来购买影片的发行权了。宝莱坞影片的发行权益主要有三种类型：完全出售、佣金和最低保证金。完全出售是指发行商从制作商手中购买影片某一时段的发行权，其间发生的所有费用和获得的所有收益都归发行商。这种方式主要用于影片在海外市场的发行。佣金是指发行商扣减票房收入的一定比例（通常为 25%～50%）作为佣金，而将剩余部分支付给制作商[②]。最低保证金是宝莱坞最常见的发行管理方式，指发行商支付一定数额的资金给制作商，用于影片的制作、复制和其他公共费用。在这种发行方式中，发行商承担着较大风险，但如果影片可以大卖，取得较好的票房收入，则可成功获利。自宝莱坞成立以来，制片方大部分的电影融资都是通过发行商或者私人投资的预付款或者制片公司为每个项目签订的新的融资和发行协议来实现的。在试制阶段，制片方会通过足够大牌的明星去说服投资者进行投资。然后，制片方会制作一首或两首主题歌曲或者能够体现影片价值的概念片等，继续接触来自不同地区的发行商进行下一步融资。随着影片拍摄工作的进展和资金的消耗，经过与发行商的进一步协商，在获得融资的情况下逐渐移交更多的权利给发行商[③]。

文化资产证券化融资模式的发展还得益于日渐完善的评级机构与增级机构以及相关法律法规的健全。印度在 20 世纪 90 年代逐渐推行经济改革，在发展国内债券市场的同时大力支持信用评级行业的发展，多家国有银行

[①] 付筱茵：《印度电影产业经验》，《北京电影学院学报》2012 年第 5 期。
[②] Tejaswini Ganti, *Bollywood: a Guidebook to Popular Hindi Cinema*, Routledge, Taylor& Francis Group, 2004, p. 53.
[③] Mark Lorenzen, Florian Arun Taeube, "Breakout from Bollywood? The Roles of Social Networks and Regulation in the Evolution of Indian Film Industry," *Journal of International Management* 2008 (14), p. 293.

和机构投资者等金融机构陆续发起成立评级机构。印度最大的三家评级机构 CRISIL（1987 年成立）、ICRA（1991 年成立）、CARE（1993 年成立）均在此背景下落地生根。1997 年之后，国际评级机构标普、穆迪和惠誉陆续抢滩印度：标普、穆迪分别入股 CRISIL、ICRA 并逐步控股，惠誉则专门成立子公司 Fitch India。值得一提的是，印度评级机构 CRISIL、ICRA、CARE 均已成长为上市公司。

评级行业诞生之初就得到了监管部门在立法方面的大力支持，但对评级机构本身的监管立法并未及时同步。自 1987 年评级行业起步以来，印度不同监管部门积极推动将评级结果引入监管规则。1988 年，印度央行提出发行商业票据必须进行信用评级，1992 年证监会规定发行期限超过 18 个月的公司债券必须评级，之后越来越多的监管规则中明确实行强制评级，从政策层面促进市场投资者对信用评级结果的使用。但直到 1999 年，印度证券交易委员会（SEBI）制定的《信用评级机构监管条例》才正式对评级机构展开注册管理等一系列监管。此后，这一条例在 2006 年、2008 年、2010 年多次加以修订，并围绕利益冲突问题单独增加了《信用评级机构行为准则》。2000 年 7 月 1 日，印度政府联合印度小工业开发银行成立小规模工业信用担保基金。基金规定，任何符号条件的金融机构对微型、小型企业提供的运转资金贷款和设备贷款，只要其贷款数额最高不超过 1000 万卢比，该基金都将为其担保，担保期限一般不超过五年。对于不同规模的贷款和不同类型的企业，甚至规定了不同担保比例和最大的信用担保金额。

（三）印度电影资产证券化发展对我国的启示

宝莱坞正在创造一种混合型的集群（hybrid cluster）[①]。宝莱坞的"集群融资"模式，对于那些产业集群式发展的文化产业园区来说，提供了一个很好的借鉴。特别是针对产业集群区域融资需求而设立的 SPV，通过资本市场进行直接融资方式，对于中小影片制作公司的发展提供资金支持，促进宝莱坞电影产业集群区域的繁荣与发展，既为印度电影进军国际市场奠定了坚实的基础，也为中小型制作成本的电影发展提供了有

---

① Jonathan Matusitz and Pam Payano, "The Bollywood and American Perceptions: A Comparative Analysis," *India Quarterly: A Journal of International Affairs*, 67, 1 (2011): 65 – 67.

效的政策扶持，进而创作生产出满足不同市场与不同受众的观众的各种类型的电影作品。我国正在兴建或发展的影视产业基地建设不妨借鉴此种做法。

应当积极地发展资本市场，努力为中小企业营造良好的直接融资环境。印度在资产证券化融资方面走的是典型的"试点与立法平行推进，摸着石头过河"的模式，发现问题后，立即进行漏洞修缮，完善相关法律法规；当前，我国的资产证券化实施过程中，主要的问题也是法律问题，既有现行的法律制度与资产证券化交易程序之间的矛盾，也存在着相关法律法规缺乏的问题。建立健全资产证券化的相关法律法规是一项探索且必须进行的工作，因为资产证券化属于结构性融资，结构性主要指的是相应法律关系，是要以相关法律关系为依托，从而建立起一个完备的中小企业融资支持的法律体系。

印度中小企业评级机构的主要目标是为中小企业提供全面的、透明的和可靠的评级，使得更多资金更容易通过直接融资渠道取得发展资金；而且中小企业信用评级公司费用低。具有很强的竞争性，对于符合条件的中小企业，政府的信用评级补贴最高可达75%，所以中小企业信用评级费用最低可低到6742卢比，包含所有税在内[①]。印度中小企业评级公司是由印度小工业开发银行、邓白氏印度信息服务公司联合其他几个主要的银行发起设立的。这些为印度中小影片制作公司的证券化融资创造了极为有利的外部条件。

据国家统计局统计数据显示，中国电影票价比20年前涨了80多倍，而20年前当电影票价为3角时，全年放映收入就已达到7亿元[②]。2013年中国电影票房217.69亿元（其中引进片占中国电影票房收入比重较高，每年在中国公映的海外片已经有六七十部之多，平均每个月能有五部），而2013年北美票房折合人民币660.9亿元，中国票房为北美票房的33%[③]；中国引进片20年间的普通票价从10元到80元，涨幅为七倍；最高票价则从15元到了180元，涨幅为11倍。2012年，北京市民的人均工

---

① 印度经贸信息网，http://www.taitraesource.com/india/default.asp。
② 沈望舒：《关于中国文化产业现状的思考与建议》，《北京社会科学》1998年第2期，第41～43页。
③ 温桂钰：《风景这边独好——2013年中国电影市场巡礼》，《光明日报》2014年1月29日。

资收入为 5223 元，约为 1994 年的 9.8 倍。而如果按 180 元的最高票价计算，5223 元工资只够看 29 次电影，而 1994 年还可以看 36.33 次。相比之下，还是电影票价的涨幅较大[①]。

对照印度电影的观众构成，大众化观影人群成为推动电影产业快速发展的重要基础，而中国的观影人群主要集中在年轻人群体，电影观众群体的狭小，将不利于中国电影产业的健康发展，依靠票价的上涨维持电影产业的前行不是明智之举。在电影产业发展的初级阶段，政府投入与扶持是推进我国电影产业发展的基础，但是如果政府投入电影产业的时间太长，可能会形成垄断，而且不公平，导致低效率。如何规范政府的投资行为，提高政府资金的使用效率，应当成为我国政府值得思考的问题。

本章小结

资产证券化最早起源于美国，以 1970 年 2 月美国房贷公司（Ginnie Mae）首次发行以住房抵押贷款转手证券为标志，之后的 40 多年的时间里，资产证券化发展迅速，已经扩展到欧洲、拉丁美洲、亚洲等国家和地区。美国作为全球最大的资产证券化市场，资产证券化产品几乎涵盖了所有资产，其相关的市场机制、制度及技术均比较完备。世界范围内最早的一例文化资产证券化融资案例就诞生在美国。现如今，文化资产证券化融资的基础资产类型已经非常广泛，从音乐版权、电影版权到药物专利权再到足球电视转播权，甚至油气勘探资料等，都被纳入文化资产证券化融资的范围。国外文化资产证券化的经验能够给正在成长中的中国文化产业融资模式提供许多有益的借鉴。

---

① 喻德术：《引进片 20 年：票房增长 351 倍，票价涨 11 倍》，《法制晚报》2013 年 9 月 2 日。

第五章　我国文化资产证券化融资模式的产品设计

一　文化版权资产证券化融资
——以影视版权资产为例

（一）影视版权资产证券化的概述

版权也称著作权，是指公民、法人或者非法人单位按照法律规定对自己的科学或文学、艺术等作品所享有的专有权利。在我国出版文件中，版权与著作权是一致的。我国《民法通则》在使用"著作权"一词时，在其后面加上"版权"，1990年公布的《著作权法》专门在附则中指出："本法所称的著作权与版权同义语。"版权包括作品的复制权、发行权、出租权、展览权、表演权、放映权、广播权、信息网络传播权、摄制权、改编权、翻译权、汇编权、其他应当由著作权人享有的权利等，以及上述权利的许可使用权等；也即著作财产权。著作财产权衍生的特许合同、特定授权许可费收益及著作权具体化商品销售合同等债权能够给著作权权利人带来一定的经济利益，这些经济利益达到一定规模时能够产生支持证券发行的可预见的稳定的现金流，这成为著作权资产证券化融资的基础。

借助证券化（securitization）技术，将原始权益人不流通的存量资产或可预见的未来收入构造和转变成为在资本市场上可销售与流通的金融产品的过程，就是资产证券化。该项技术在短短40多年时间内超越其他融资工具，成为资本市场的"新宠"并风靡全球。这种证券化可分为资产支持证券化（Asset-Backed Securitization，ABS）和抵押贷款支持证券化（Mortgage-Backed Securitization，MBS）两类。影视作品版权资产证券化是影视产业与资本市场相结合的一种创新，它以金融技术为依托，以影视作品版权所衍生的债权资产和由影视作品版权产生的未来现金收益权为证券化的基础资产，以结构性金融为载体的一种新型融资方式。

影视作品版权资产证券化迅速发展的原因在于：一是影视拍摄制作者的拍片成本日增，需要的资金投入庞大，许多影视制作机构存在强烈的融资需求；二是影视作品的未来收益（现金流）比较容易预测且其变动较稳定，能够对投资者产生吸引力。与传统融资方式不同，影视作品版权资产证券化融资是根据影视作品版权资产的未来收入能力进行融资，且该资产拥有者的债务偿还能力与资产本身的偿付能力是分离的，因此对那些规模较小而又拥有优质影视作品版权资产的独立影视制作者来说也是一种非常好的融资方式。影视作品版权资产证券化融资方式成本低、风险小、实施难度低，能够在融资的同时保留了对影视作品著作权的自主性，不会影响影视作品版权的归属权。

从影视作品版权资产证券化过程来看，只要能够产生未来可预测的稳定的现金流，该资产就可成为证券化的目标，即构成基础资产；基础资产的拥有者一般被称为"原始权益人""发起人"，也就是融资方。影视作品版权权利人（发起人）所有的基础资产主要分为债权类资产和权益类资产，即影视作品版权资产及其衍生的债权资产和未来可预测的影视作品版权资产所产生的收益权。因此，影视作品版权资产证券化是指影视作品版权权利人将能够产生现金流量的著作权及其衍生的特许使用权作为基础资产，利用证券化的形式将其转换为在金融市场上可以自由买卖的证券的行为，通过发行有价证券，进行融资的过程。这种权利转化方式有别于传统的著作权转让、许可使用和质押等，能够以较低的融资成本获得较高数额的融通资金，较快地获得影视作品拍摄所需要的大量资金需求。以未来的影视作品收益权或预期的许可使用费为支撑，发行资产支持证券进行融资的方式，已经被美国好莱坞影视拍摄证明为一种成功的融资方式。

1. 影视作品版权资产证券化融资的目的

与金融资产、实体资产等有形资产相比，影视作品著作权等无形资产的流动性较差；影视作品版权资产证券化融资的主要作用就在于改变无形资产的流动性，借助于证券化手段将其转换为流动性较强的有价证券，以提高其流动性。影视作品版权进行资产证券化融资的最基本依据是影视作品版权资产能够为其所有者带来可预测的现金流（未来的可预测的收益）。影视作品版权可被证券化的基础资产包括现有存量的影视作品数量（又称为既有存量的影视作品版权债权资产）和未来发行的可预测的影视作品版权所产生的收益（或称为未来的收益权）。影视作品版权证券化融资是发起人（影视制作单位或机构、个人等）将其所拥有的影视作品著作权、著作权资产组合、著作权资产的衍生债权，通过特殊目的机构转换为在金融市场上可流通的证券的行为或运作方式。

影视作品可以进行证券化融资的理由包括以下三个方面。首先，影视作品的著作权通常都归属于制片人，著作权归属的单一性使之容易进行证券化操作。其次，影视作品的许可使用费一般交易额大，且交易比较集中；交易对象一般都是影视院、电视台或音像出版机构，现金流的确较容易核查，交易成本低。最后，影视作品拍摄所需资金缺口较大，证券化动机强烈。现如今的影视拍摄更加追求大场面和大制作，加上演员尤其是一线演员的薪酬水涨船高，一部影片动辄上亿元的制作费已不是新闻，所以相比较而言，影视作品更容易进行证券化操作。国外已有好莱坞影视作品证券化融资运作的成功模式，如梦工厂就曾经以其影视作品进行过多次证券化融资操作。

将影视作品转化为金融资本，这是几乎所有影视作品著作权权利人的目的。转化的方式也是多种多样的，比如许可使用、转让、质押、信托、证券化等，影视作品版权权利人应根据自己的需要，选择最适合自己的一种转化方式。证券化融资已经被证明是一种不错的选择方式，具体表现在两方面。

其一，筹集资金。影视作品版权资产证券化的主要目的在于融资。转让和许可使用这两种运作方式虽然也有融资功能，但其主要目的在于促进智力成果转化，融资只是其辅助功能。虽然质押的目的也是融资，但是质押面对的融资主体单一，融资功能受限，对权利主体要求也较为严格，而影视作品版权证券化的投资主体具有多样化的特性，融资更为简便，因为证券化运作的影视作品通常组成一个资产池对外发售，所以对单个权利主体的要求并不那么严格。从融资数额来看，影视作品通过质押方式所获得贷款一般低于65%，而影视作品证券化的融资数额能达到其价值的75%，这是目前我国金融机构所提供的数据。

其二，分散风险。影视作品版权资产证券化有助于分散影视作品版权权利人的风险。影视作品本身的特点决定了其较其他资产更容易受到市场竞争、科学技术、消费者偏好及侵权行为等外部因素的影响，一旦这些具有决定性因素的影响产生，影视作品很可能变得一文不值。影视作品版权资产证券化融资由于采取了"真实出售""破产隔离"等严格方式，能够将证券化权利与原所有人分开，权利人在影视作品销售后即可获得利益，而这些产品的后续风险则由投资人承担，这种成果转化方式对影视作品版权权利人来说，无疑是最好的。这个特点是传统的影视作品转化方式所不具有的。

2. 国外影视作品著作权证券化融资的概述

影视作品著作权证券化最基本的依据是影视作品著作权资产能够为所有者带来可预测的现金流。世界上的第一次著作权证券化融资是音乐作品证券化。

以著作权为基础资产，通过设立 SPV 的证券化融资模式的首例，为知名的摇滚歌手大卫·鲍伊在 1997 年发行的鲍伊债券。1997 年，在英国出生而在美国广受欢迎的著名摇滚歌手大卫·鲍伊，为了买回前任音乐经理人所有的鲍伊作品的少数著作权，并解决其在英国住宅的税收争议，而产生了大量的需求。鲍伊经由著名的投资银行家大卫·普曼安排，将 25 张专辑（约 300 首歌曲）的音乐著作权每年所产生的版税收入和版权许可费作为证券化资产，发行 5500 万美元的债券，从而成为全球首例著作权证券化融资的案例。该证券化设立特殊目的信托，发行票面年利率为 7.9%，法定到期为 15 年，债券平均到期期间为 10 年。鲍伊证券由 EMI 唱片公司以签约 15 年的全球授权许可协议的方式提供信用增级，穆迪信用评级机构给予其 AAA 的信用评级。鲍伊债券通过私募方式发行，全部由 Prudential 保险公司取得。该交易由当时 Willkie，Farr&Gallagher 律师事务所的 Richard Rudder 律师处理交易相关法律问题，并出具投资人委托律师所要求的法律意见。证券化交易的收益使大卫·鲍伊成为英国身价最高的摇滚歌手[①]，而且作为著作权证券化的第一起交易引起众多关注和讨论，鲍伊债券成为著作权证券化的代名词。甚至被大卫·普曼后来

---

① Nicole Chu, *Bowie Bonds: A Key to Unlocking, the Wealth of Intellectual Property*, 21 Hasting Comn. &Ent. L. J. 469 – 471, 1999.

创立的专门从事娱乐业证券化融资业务的普曼集团注册商标。在鲍伊债券成功以后，陆续有歌手、词曲创作者、音乐著作权管理团体等进入音乐著作权许可使用费证券化交易领域。

对投资者来说，电影行业是一个生产风险性较高的行业，许多制片商所生产的影片并不一定能取得预期的收益，甚至还可能存在影片制作不能如期完成和发行的风险。因此，电影行业的制片商开辟了一条资产证券化的新融资渠道，以减轻投资者的风险投资压力。而在许多影视证券资产池中，既有已经拍摄完毕的电影，也有正筹备开拍的电影，投资者可以根据自身的风险承受能力对影片进行证券投资。

电影产业有大量的资金需求，而且电影作品集合拥有大量的、可预测的现金流量的特性并且变动较为稳定，再加上电影业特有的风险分散的产业结构，使电影作品集合的风险具有分散性的特征，因此电影产业成为备受青睐的证券化业务类型。电影产业是国际影视产业中资产证券化程度最高的市场。据统计，通过证券化这一种金融创新技术进行融资手段，美国市场总发行金额超过 148 亿美元[1]。电影制作公司如福克斯、派拉蒙、梦工厂、华纳等与花旗、大齐、贝尔斯登、美林等知名投资银行紧密合作，极大地推动了电影著作权资产证券化融资方式在美国的迅速发展。

1997 年，梦工厂电影公司以其电影资产进行 3.25 亿美元的证券化融资。2000 年底，AmRe 保险公司又为梦工厂安排了 5.4 亿美元的证券化交易，通过私募发行，分别为五家投资者购得[2]。2002 年 8 月 26 日，梦工厂又进行了第三次证券化融资。与前两次不同的是，这次证券化交易资产包括已经拍摄完成的《角斗士》《怪物史莱克》《拯救大兵瑞恩》《美国丽人》等在内的 36 部电影，将既有存量电影库与尚未完成电影的未来权利金的收益作为证券化资产，主要是既有存量电影作品（已经拍摄完成的库存影片）。发行了 10 亿美元的证券，此次交易由福利特宝顿金融公司与摩根大通银行策划组织，美国债券保险公司提供保险。既存的 36 部电影都有约定的"一揽子授权"协议，即被授权人必须选择所有

---

[1] Tempkin, Adam, "Miramax Revives Movie-Backed Securitization", *New York Investment Overview*, 2011, p.56.

[2] Richand W. Rahn, "Who's Who the Bowie Bonds: the History of a Music Business Revolution," http: www.ex.ac.uk/Davies/arian/bowiebonds.html/future, July 1, 2006.

影片，而不能只挑选热门影片；新增加的电影部分是上映八周后才出售给 SPV，现金流量来自后续的家庭录影带、电视放映权等收益，此时现金流已经稳定，不存在不能完工的风险。该交易由美国债券保险公司提供保险，摩根大通提供 5 亿美元流动性贷款作为信用增强机制。基于上述信用增级机制，标准普尔和穆迪都给予本次交易最高投资等级的信用评级[1]。

美国的电影资产证券化，可以分为既有存量电影资产证券化和未来电影资产证券化。前者又可以分为完全既有存量电影资产和以既有存量电影资产为主的证券化。

以既有存量电影资产为主的证券化常常设置有一定的循环期，在循环期内注入新的影片。例如，2003 年威秀娱乐公司将旗下的电影作品（《黑客帝国》《麻辣女王》等）加以证券化，发行 9 亿美元的证券，本交易的 SPV 采用信托模式，本交易中 27 部电影群组的购买价格大约是制作费的一半，所发行的证券法定到期日为 10 年，前三年为循环期，此期间会购入新电影注入资产池中，在交易日后新增资产包括《黑客帝国》（2、3）。同年维旺迪环球（Vivendi Universal Entertainment，2004 年 3 月与 NBC 合并为 NBC 环球）则是将其自 1996 年后发行的电影共 125 部证券化融资，规模达 9.5 亿美元，同样有循环期，而资产池包括《美丽境界》《街头痞子》等卖座电影，本次交易目的主要是转移电影的制作风险与票房销售风险，其方法是在影片国内上映八周后出售给 SPV，现金流量来自后续的家庭录影带、电视台播放等收益[2]。

随着电影资产证券化技术的成熟和信用增级机制的完善，又出现了以未来电影作品为主的证券化融资案例。未来电影资产证券化是以尚未发行电影的未来应收款进行证券化，其基本框架是，先由 SPV 发行证券募集资金，再利用该资金购买创始机构完成的电影作品，SPV 购买的每部电影价格为该电影制作成本加上公司经营费用，再加上该部电影计算

---

[1] Hillery, " Securitization of Intellectual Property: Recent Trends from United States," Washington/core, March2004, pp. 20 – 21; Colleen Marie O'Connor, "How DreamWorks Works: Anatomy of Movie-Backed Deals," *Asset Securitization Report*, November 4, 2002.

[2] Myrna Ekmekji ETAL., 2003 *Review and 2004 Outlook*: *Esoterie Asset Backed Securities Intellectual Property Transactions Highlight Turbulent Year*, Moody's Investors Service, Inc., 6 – 7 Jan. 16, 2004, pp. 6 – 7.

所得的利润,并且每部电影的价格都设有上限,以避免 SPV 的资金集中在少数几部昂贵的电影上。SPV 取得所购电影的所有权,享受其所产生的一切收益,并以此收益分配给证券投资人及支付其他交易费用。电影制片厂一般会被授权作为服务机构进行电影的市场销售业务,因为其所具有的经验和管理能力能确保电影产生最大的收益。由于在交易初期资产池中现实的影片很少,仅凭电影制片厂(创始机构)过去制片及电影卖座的历史记录难以获得较高的信用等级,因此交易中往往采用现存的知识产权作为担保品,搭配更高的票面利率或超额担保进行信用增级来提高市场接受度。

例如,2004 年派拉蒙电影公司由 Merrill Lynch 负责安排,发行 2.1 亿美元的浮动利率债券。此交易设计先由特殊目的机构 Dubbed Melrose Investors 募集资金,用以购买派拉蒙在未来三年内制作的电影。当电影制作完成后尚未发行前,Melrose 会融通发起人派拉蒙公司该电影 25% 的净生产成本,同时分享其 25% 的权益,以获得该电影未来产生的相应比例的净收益。穆迪通过派拉蒙电影的历史表现以及未来 18~24 个月的预期电影名单,再加上由信用等级为 AAA 的 Viacom Inc.(派拉蒙的母公司)提供支付保证的信用增级等因素,将该证券评定为投资等级 Baa2。[①]

日本的电影事业近年来发展迅速,产生多元的资金来源需求,电影资产证券化也随之产生。2002 年三井住友银行以美国电影在日本的放映权为标的,成立 SPV 发行证券,同年瑞银银行(原富士银行)以动画电影作品《千年女优》的收益发行信托受益凭证;同年 3 月还有东京电视、松下公司、日本兴业银行、瑞穗证券四家以电视连续剧的电视放映权为标的,利用 SPV 电视放映权许可费为担保发行证券。另外,2003 年 12 月由日本数字内容公司(Japan Digital Inc.,JDC)主办设计,将 17 年来累积销售额超过 1100 万本的畅销儿童漫画 Kaiketsu Zorori 的电视改编权等著作权进行证券化融资,试图达到数十亿日元的发行规模。[②] 除此之外,日本还积极尝试以软件著作权为担保的研发资金的融资。2003 年 6 月,专门从事设计驱

---

① Sarah Mulholland, "Funding is a Paramount in new Deal," Asset Securitization Report, August 9, 2004.
② 陈月秀:《智慧财产权证券化——从美日经验看我国实施可行性与立法之建议》,硕士学位论文,台湾政治大学,第 67 页。

动软件开发的风险创业企业嘉斯特威伊,将其主力产品打印驱动软件系列产品作为担保,向日本政策投资银行进行融资,用于研发计测仪器、医疗仪器等产业用机器的驱动软件。

(二) 影视作品版权资产证券化融资的运作结构分析

作品证券化的案例始发于美国,在实践中已经发展出一套较为详尽的运作规程。美国的影视行业是以其强大的金融市场为后盾的。简单地说,资产证券化融资的运作流程通常是这样的:资产证券化融资是发起人将可以产生可预测的稳定现金流的债权以一定方式(转让、信托)转移给SPV,由其进行一定的结构安排、分离和重组,通过资产的信用增级,并以此为支撑,发行可以自由流通的有价证券,SPV将证券销售收入支付其以转让方式从发起人处受让资产的对价,以资产产生的现金流偿付投资者。资产证券化融资是一种资产信用融资方式,也是一种结构性融资方式,具有金融创新的共同特征。借助担保,在资产证券化融资过程中,资产的信用等级、期限、利率和偿还方式都进行了结构性的重组和配置,实现信用增级,增加对投资者的吸引力。资产证券化为缺乏资金的影视制作机构或个人带来了新的融通资金的方式。

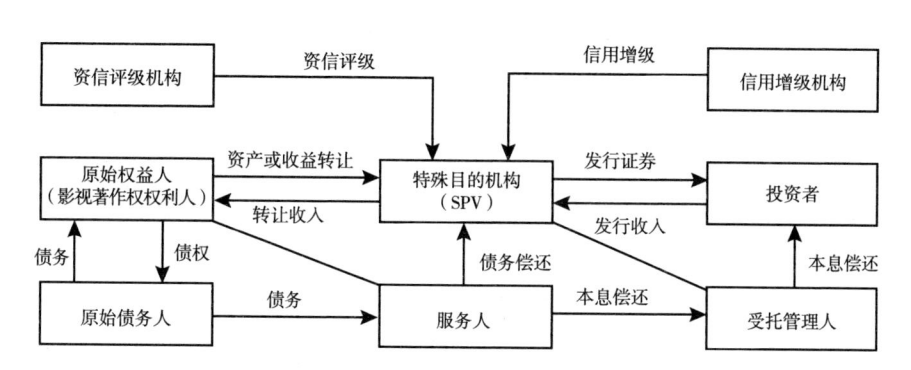

图 5-1　影视作品版权资产证券化融资运作流程

影视作品版权资产证券化融资程序简要总结为融资方(著作权资产的所有者)向资产证券化机构或 SPV 转让许可使用收费权,SPV 信用评级,SPV 信用增级与再评级,SPV 向投资者发行证券化资产(以发行收入向融资方支付影视作品著作权未来许可使用收费权的购买价款),融资方和影视作品著作权资产被许可方收取许可使用费并由托管人负责管理、托管人按期对投资者还本付息并支付信用评级机构等中介费用。与其他资产证券化融资一样，影视作品版权资产证券化融资通常采用以下运作流程。

第一，确定影视作品版权证券化的目标。影视作品版权权利人聘请专业机构对影视作品著作权证券化融资进行必要性和可行性分析，因为，除了证券化融资方式外，资金需求方的融资需求，可以通过诸如担保贷款、发行股票与债券等多种方式实现；如果确定采用证券化融资方式，就需要对影视作品版权证券化融资的成本收益进行分析评估，以保证能够实现低成本、高效率的融资目的。

第二，一旦确立证券发行目标，影视作品著作权权利人以转让或信托方式，将拟证券化的影视作品著作权资产（主要是著作权在未来一段时间的许可使用费）转给发起人，发起人在充分评估的基础上，对该权益打包，构建资产池。资产池的构成可能是某一项影视作品的许可使用费或未来的可预期的收益，也可能是多项该类利益的组合，通常来说，资产池的组成越复杂，投资者的风险一般就越小。对于资产池内的资产构成，发起人应该请专业的评估机构进行评估。

第三，由发起人出面设立一个SPV，将拟证券化的资产与发起人的资产进行分离，实现破产隔离程序。此SPV是专门为发行影视作品版权证券而组建的，在法律上具有独立的地位。为了保证它不受破产危险，其业务被限定为发行影视作品版权证券并以所得收入购买支撑证券化的基础资产组合，一般不允许进行其他经营业务和融资业务。设计SPV作为发起人与投资者的中介机构，是证券化结构设计中最典型的妙笔。

第四，进行信用增级和证券评级。信用增级是减少证券化发行整体风险的有效途径，其目的是提高证券的资信等级，从而提高定价和上市能力，降低发行成本。为了吸引投资者，SPV必须将拟发行的影视作品版权证券进行信用增级，以确保能按时偿还投资者的债务，减少债务履行不能的风险。证券信用评级则由独立的信用评级机构进行，对拟发行的证券进行评级，将其划分为不同的等级，如AAA、AA、BB等。然后，信用评级机构将评级结果向投资者公告。投资者根据评级机构的评价，确定自己的投资方向或投资额度。由于证券化结构的"项目导向"和"有限追索"的特殊性质，资信评级机构只需对与被证券化的资产未来产生现金流量能力进行评估，以判断可能给投资者带来的违约风险。正是因为其评级对象具有针对性，往往对某些自身资信并不太理想，很难涉足高档资本市场进行有效融资的企业具有特别重要的意义，因为它可以剥离部分相对优质的资产项目，再配上一定的信用增级措施，就可获得远高于自身的资信等级，从而为其通过证券化融资铺平了道路。

第五，发行证券。SPV将分级和评级后的证券销售给不同的目标投资者。经过信用增级，拟发行的影视作品版权证券可按照不同信用品质的等级进行发售，比如将其设置为三级：第一级为优先级证券，投资者可优先获得本金和利息；第二级为普通级证券，其本息偿付顺序位于优先级证券之后，但其利息收入较高；第三级为风险级证券，其本息偿付顺序位于最后，但其收益最高。

第六，设立专门资金账户。在发行影视作品版权证券的同时，SPV应当指定托管银行，设立专门的收款账户以及投资者还款账户。发行影视作品版权证券所得资金，用于支付给著作权权利人，后者达到了其借证券化融资的目的；资产池中的影视作品著作权收益，则进入投资者还款账户，按照规定的期限，用于给投资者支付本息。服务机构的职能是对这些资产项目及其所产生的现金流量进行监理和保管。换言之，服务机构负责收取这些资产到期的本金和利息，并对那些过期欠账进行催收，确保资金及时、足额到位。服务机构另一个职责是定期向受托管理人和投资者提供有关特定资产组合的财务报告。至此，影视作品版权证券化融资过程结束。

值得指出的是，上述几个步骤并不一定在证券化融资过程中完全具备，比如说，有可能影视作品著作权权利人本身即发起人，其顺序也未必严格按照这一设计进行，有时两个或者三个步骤会同时进行。

（三）基础资产价值评估：影视作品版权资产证券化融资的关键环节

影视作品著作权证券化融资是发起人（影视制作单位或机构、个人等）将其所拥有的影视作品著作权、著作权资产组合、著作权资产的衍生债权，通过特殊目的机构转换为在金融市场上可流通的证券的行为或运作方式。影视作品证券化融资以其著作权的未来收益权或未来可预测的现金流为支撑，包括预期的著作权许可使用费和已经签署的许可合同保证支付的使用费，是一种重要的金融创新，对于建立多层次金融市场、打造自主优秀影视作品、推动中国影视产业的发展具有重要的意义。影视作品著作权证券化是改变影视产品著作权流动性和提高影视作品著作权资产收益能力的必由之路，影视产业的健康快速发展离不开资本市场的支持。

在影视作品版权资产证券化融资过程中，最为重要的一个环节就是确定可证券化基础资产的市场价值，即该影视作品版权的定价或未来可预测的现金流分析。影视作品版权价值的评估是利用证券化手段进行融资的一项关键程序，具有经济价值是影视作品版权能够用于融资的基础。因为，影视作品版权的权益融资需要的是现金流而不是著作权这样的非现金资产。可资本性是著作权权益融资的理论基础，主要体现在两个方面。一是著作权具备资本的物质形式。知识产权制度的建立，确保了著作权的财产权属性，其价值具有可评估性；同时物权法又强化了著作权的私权属性，因而具备了可交易性和流动性。二是著作权资产具有资本的增值属性。影视作品著作权作为影视产业的重要生产要素，进入影视创作生产过程，发挥了增值作用，这是由知识资产是创造性智力成果这一本质属性决定的。要对影视作品进行证券化融资运作，首要的一点就是对拟证券化的影视作品价值进行评估，以确定其是否值得采取这种运作方式，以及要发行的证券数额。

1. 应当首先明确影视作品版权的权利人

版权是否转让、是否许可他人使用、许可人与被许可人之间的关系如何，都是需要加以仔细调查的问题。同样，如果版权作品是合作作品，那么每一个作者都享有对版权收益的所有权。在影视作品版权证券化融资过程中，如果全体作者未能就版权许可达成统一的意见，这将影响版权作品的许可收益，从而损害版权作品证券的评级。版权作品是独立作品还是职务作品，或者是委托作品，这些都需要弄清楚。如果版权作品是委托作品，那么委托协议的内容需要进行详细研究。即使在某些情况下能够确认著作权的权利人，也会引起争议。权利主体的争议与版权侵权问题都有可能减损版权许可使用费的收入，这将使SPV承担欺诈或者信息披露不实的责任。

我国《著作权法》第十五条规定："电影作品和以类似摄制电影的方法创作的作品的著作权由制片者享有，但编剧、导演、摄影、作词、作曲等作者享有署名权,并有权按照与制片者签订的合同获得报酬。""电影作品和以类似摄制电影的方法创作的作品中的剧本、音乐等可以单独使用的作品的作者有权单独行使其著作权。"可见,影视作品著作权的归属问题涉及三方面问题:一是整部影视作品的著作权归制片者享有;二是参与创作的编剧、导演、摄影、作词、作曲等作者享有署名权及获得报酬权;三是影视作品中的剧本、音乐等可以单独使用的作品,作者有权单独行使其著作权,而制片者对此不得干涉。《著作权法》将整个影视作品的整体著作权的享有人规定为制片者。与"制片者"相联系的,在实践中,还有一些具有类似称呼的其他主题,如制片人、出品人、执行制片人、制片主任等。出品人通常是指影视作品拍摄单位的法定代表人或主要负责人。制片人在不同的场合,所指会有很大的不同。第一,投资者,该类"制片人"是投资影视作品制作的人,实际上,就是著作权法上的制片者。第二,摄制制片人,是指在一个剧组中,对于剧组拍摄剧目经费使用负责,对影视作品的制作质量负责的角色,该类制片人相当于过去的制片主任。第三,执行制片人,该类人员是对一个剧目全面负责决策的角色,包括前期剧本的选择、资金筹集、作品的设置和发行,从艺术质量和经济效益两个方面对投资者负责,相当于公司总经理。

2. 影视作品版权的使用与交易

《著作权法》规定的著作权的许可和转让制度,也就是影视作品的著作权人只有许可他人行使一定的著作权,或者将著作权的一部分或整体转让给别人,制作者的财产利益才能很好地实现。

著作权的转让。著作权的转让是指著作权人对其著作财产权的一项、几项或全部转移给另一个民事主体支配的情形。著作权转让分为部分转让和全部转让两种。如制片者将影视作品除人身权以外的所有财产权利转让给受让人,这就是全部转让,而只有将首映权或出版权转让给受让人就是部分转让。转让的法律后果是,约定的权利一经让出,原著作权人便在约定的范围内永久丧失该权利。著作权的转让并不意味着著作权的全部内容都一次性出让。因此,关于转让的权利的种类、地域条款所设计的内容就是一个关键问题。根据我国《著作权法》的规定,著作权的转让应当签订书面合同。著作权转让合同包括下列主要内容:作品的名称,转让的权利种类、地域范围,转让的价格,交付转让价金的日期和方式,违约责任,双方需要约定的其他内容。

著作权的许可使用。著作权的许可使用是指著作权人以一定的方式，在一定的时间、一定的地域范围内授权他人使用其作品。其特点是，在这种情形下，被许可人获得的仅是在一定的期限、地域内以约定的方式对作品的使用权，约定的期限届满，被许可人就丧失了使用的资格，著作权仍属于许可人。它与转让的不同之处就在于转让时著作权主体的变更，著作权中的某些权利由某一主体转让到另一主体。许可使用则是权利的主体没有变更，权利还在著作权人手上，如果是非专有使用权，著作权人还可以把该项权利给第三者使用，从中获得报酬[1]。

3. 对影视作品版权使用许可费收入现金流的来源和规模进行分析评估

在投资者决定是否购买影视作品版权证券时，收益现金流的规模与稳定性是其考虑的首要因素，而且有关证券法律法规也强行规定发起人与代理商应当对收益现金流进行评估并披露。技术和市场的拓展，往往产生一些新的收入来源。例如，网络的发展能够使作品享有数字传播权，给版权人带来新的收益。当然，新的传播形式也带来了新的竞争，这也可能会减少权利人的收益，如网络下载将给版权人带来巨大的损失。这些都是在进行版权证券化信用评级时需要进行关注的。

影视作品版权的价值通常取决于作品的卖座程度，这通常与作品独创性程度、市场接受程度、包装新颖度等因素有关，创作越是有高度，越是迎合市场，或者越是包装华丽，著作权就越是能产生价值。此外，以下五个因素也应当予以重视。第一，作品是原始作品还是演绎作品。演绎作品属于"二次作品"，演绎作品著作权人虽有权自行禁止他人非法使用作品，却无权单独许可他人使用自己的作品，因为这种著作权系经使用他人已有作品而产生，受原始作品版权人的约束。第二，作品是否有抄袭他人的成分。对这种作品的著作权进行评估时，一不小心会把抄袭部分也评估为作品的一部分，使作品受让人或被许可人承担很大风险。第三，作品是否进行了版权登记。由于著作权登记有初步认定著作权人及在诉讼中转移举证责任的作用，故其著作权评估的稳定性显然更高些。

---

[1] 马维野：《知识产权价值评估能力建设研究》，知识产权出版社，2011，第96页。

第四，作品是否已有新版本。有些作品，新版一旦推出，旧版往往就无人问津了，价值随之贬值，但真正的文学艺术作品，则未必以版本新旧来论价。第五，作品是否已接近或已经超过保护期。通常，越接近保护期终点，其价值也就越低，但有时也会相反，使用时间越长，作品内容越丰富，相应的价值也越高，例如数据库。

4. 影视作品版权收益证券的信用评级

在影视作品证券化融资过程中，评级的依据在很大程度上依赖影视作品出品人过去的市场表现。因为许多制片人制作的影片往往可以达到以往的市场表现，通过考察这些历史数据可以在较大程度上预测未来的收益。对影视作品著作权证券化交易结构来说，一般都是将未来一定时期内拍摄的作品一起出售给一定的信托机构。制作者以融资获得的收入作为影片的拍摄经费。同时，交易安排中还常常限制制片者投入单个影片制作的成本，以防止较大的风险过于集中。作为交换，信托机构将取得影片的版权，并获得影片未来的收益，从影片发行中获得的收益将按照事先约定的比例进行分配。多数影视作品证券化交易都使用循环结构，即先前影片发行所获得收益将用来投资后续影片的制作，如此循环直到证券到期为止。同时，信托机构将影片的发行和市场推广工作委托给原制片者。由于制片人在发行和推广影片方面富有经验，因此将发行推广工作委托给制片人往往能够使影片获得最大收益。

对影视作品证券信用评级主要分为对制片人能力的分析和对制片人创作影片市场收益能力的分析两个方面。影视作品证券化交易中一个比较特殊的地方就是发起人（制片人）常常需要在证券发行以后不停地制作新的影片，这样才能为后续的证券化交易提供条件；同时，除了制作影片外，发行人还要承担影片发行和推广的工作，这样才能够使影片收益最大化。因此，在影视作品证券进行评级的时候，必须分析制片人的财务状况，才能确定其在证券期间内是否具有制作不同风格的影片、履行发行推广工作的能力。对那些已经评过级的制片人来说，评级机构在评定制片人的财务状况时相对比较容易，而那些先前没有评过级的制片人就需要花大量的工作来对制片人财务状况进行评定。由于知名的影视制片厂具有较强的稳定性、创作的影片口碑高、良好的市场推广渠道并且占据了极大的市场份额，这些影视制片公司出品的作品更适合进行证券化融资。当然，对于一些评级不高的制片公司来说，也可以进行证券化融资。这主要取决于能否制作出高质量的影片，即创作出来的影视影片是否具有较高的市场收益能力。

近年来影视收入的渠道日渐增多，使影视制片成本的回收也相对比较容易。统计数字表明，20世纪90年代，影视票房收入往往是影视创作成本的2.5倍[1]。由于影视业存在这样的趋势，影视影片的证券化风险相对较低。证券化融资主要用于弥补影片的制作成本，影片发行后，即便市场表现一般，其收益基本上也可以满足这一要求。影视制片人的其他制作成本，例如印刷广告费用等，基本上占影视制作成本的50%，这一部分成本主要由制片人承担，从次级债券中的收益进行弥补[2]。由制片人承担部分制作成本，并且持有次级债券，这样可以激励影视制片人最大限度地进行影视影片制作和推广宣传。虽然从常规来说，影片发行后的正常票房收入就足以弥补制片成本，不过有时候单个影片的票房情况往往存在一定的波动，有时候这种波动还非常大，导致一定的风险。因此，交易结构常常采用一种交叉担保的方式，使数部影片的利益绑在一起，这种交易结构往往能够获得更高的信用评级。通常情况下，在证券化融资初期，资产池中的影片数量不会太多，而且影片的风格也比较单一，但是资信评级机构在融资进行评级时，不应当局限于现有的资产情况，还应当结合制片人未来制片的能力来进行综合考虑，进行评定。

制片人需要持续承担为SPV制作影视的义务，同时需要承担广告宣传的成本，这样，作为发起人的制片人向SPV转移资产的过程常常被认定为非真实销售。在很多时候，影视影片证券化交易仅被认定为担保融资。对融资的评级仅比发起人的信用评级高一个等级。不过，在一些证券化融资中采取了SPV模式的，往往可以获得更高的评级。融资结构中采用了特殊结构，例如先期偿付证券持有人本息，或者是规定在发起人破产的情况下，证券持有人可以获得优先的清偿等，都可以提高证券化融资过程中的信用评级，但是这样并不能完全消除发起人破产可能对证券持有人产生的影响，因此，相对而言，影视影片的评级受到制片人的

---

[1] *From Ideas to Assets: Investing Wisely in Intellectual Property*, edited by Bruce Berman, John Wisely & Sons, Inc., 2002, p. 447.

[2] *From Ideas to Assets: Investing Wisely in Intellectual Property*, edited by Bruce Berman, John Wisely & Sons, Inc., 2002, p. 263.

制约更大。

影视作品版权资产证券化融资是涉及不同行业和领域资产的证券化融资。目前，世界上各主要的资信评级机构在对影视作品著作权证券化融资进行评级的时候，多采用传统的评级方法，即对资产信用等级质量、交易结构与法律风险三个方面进行适当校正后用于影视作品著作权证券的信用评级。这一评级方式在一定程度上是可取的，不过由于影视作品著作权证券与传统资产支持证券存在一定的差别，其中最主要的不同在于影视作品著作权证券的现金流尚不确定，需要对这种收益的多少进行更为深层次的分析。从这个角度来看，传统信用评级方法在适用于影视作品著作权证券信用评级时还是有所缺憾，需要进一步完善。从目前的评级情况来看，那些作为基础资产影视作品著作权交易市场正在逐步建立与完善，提供服务的发起人技术开发与市场拓展能力强的证券基本上能够获得较高的信用评级。即使在对这类证券化交易进行评级的时候，根据证券化融资的具体特征，制定一个适当的评级方法也是非常必要的。当然，在所有信用评级内容中，最为关键的在于对影视作品版权证券资产池中的未来可预期的收益进行评估。只有将资产池的未来收益能力进行准确评估，才能更好地对影视作品著作权证券进行信用评级。

（四）影视作品版权资产证券化的意义

通过资本市场获得直接融资，是中国影视产业发展的一个有效途径；相对风险投资和私募基金等融资方式，资产证券化融资是一种程序简单、无需担保抵押、低成本、融资迅速的一种新型融资方式。影视拍摄制作方（发起人）设立 SPV，采用一系列结构性金融技术，通过信用增级与信用评级机构的评估，使拟证券化融资的影视作品版权资产成为优良资产，获得级别较高的融资渠道，从而募集到较多的影视拍摄制作资金。影视作品版权资产证券化融资以其著作权的未来收益权或未来可预测的现金流为支撑，包括预期的著作权许可使用费和已经签署的许可合同保证支付的使用费，是一种重要的金融创新，对于建立多层次金融市场、打造自主优秀影视作品、推动中国影视产业的发展具有重要的意义。与发达的美国影视作品版权证券化市场相比，我国的影视作品版权证券化市场规模很小，在我国整个证券市场的比重很低，但是未来的发展空间和潜力很大。作为创新产品，影视作品版权资产证券化融资需要政策的合理引导，若能合理利用，不仅会丰富我国的证券市场品种，满足投资者多样化的需求，更重要的是能够使影视作品版权等流动性较差的无形资产流动起来。影视作品版权资产证券化是改变影视产品著作权流动性差和提高影视作品著作权资产收益能力的必由之路，影视产业的健康快速发展离不开资本市场的支持。影视作品版权证券化融资为促进我国影视产业的发展提供了新思路，也有助于建立一个多层次的影视融资渠道，帮助我国影视产业走出资金困境。

二　文物资产证券化融资

（一）文物资产的界定与分类及特点

1. 文物资产的界定

文物资产是文物事业单位的一类特殊资产，是一种具有特殊性的文物资源，也是国有文化资产的重要组成部分。既然是资产，就存在资产的保值增值问题，国有文化资产尤其如此。文物部门没有必要谈"资"色变。

所谓资产，美国《财务会计概念公告第三号》解释为资产是指某一特定主体由于过去的交易或事项而获得或控制的可预期的未来经济利益，表现为财产、债权和各种权利以及知识形态的经济资源。我国《事业单位财务规则》第三十五条规定："资产是指事业单位占有或者使用的能以货币计量的经济资源，包括各种财产、债权和其他权利。"《文物事业单位财务制度》第四十二条规定："资产是指文物事业单位占有或者使用的能以货币计量的经济资源，包括各种财产、债权和其他权利。"而美国知名学者罗伯特·T. 清崎则给出一个容易理解的解释："持有一项物品，这物品会自动使现金流向你的口袋，就是资产。"[①]

据此，资产是指有价值的所有权，凭借这种所有权，所有人可以获得对未来财富的索取权。资产包括如下两个特征：资产存在未来的经济价值（这是资产的价值所在）；资产被特定主体控制（这决定了资产价

---

① 〔美〕罗伯特·T. 清崎：《带翅膀的金钱》，姜江、胡俊杰编译，时代文艺出版社，2004，第8页。

值由谁实现）。

文物资产属于国有资产的一种，其权利主体是国家，也就是为国家所有的财产和财产权利。按《企业会计准则》的规定，资产是企业拥有或者控制的能以货币计量的经济资源，包括各种财产、债权和其他权利，因而文物资产既包括财产，又包含财产权利。另外，由于文物资产的形成渠道存在差异，既包括国家以各种形式投资及收益、接受馈赠形成的，或者凭借国家权力取得的资产，也包括依据法律确认的从其他途径而取得的资产。因此，文物资产是指文物权利人所占有或使用的能以货币计量的且能带来经济利益的资源，表现为财产、债权和各种权利以及知识形态的经济资源。

文物资产是资产的一种形式，而资产是由资源衍生而来的。资源之所以成为资产，与产权界定有直接的关系。产权是指财产所有权和与财产所有权有关的财产权，它往往通过法律界定保护着人们对财产的权利。"产权"一词来源于西方，其本意仅指财产所有权。《牛津法律大辞典》则认为产权（财产所有权）是指存在于任何客体之中或之上的完全权利，它包括占有权、使用权、出借权、转让权、收益权、处分权、消费权和其他与财产有关的权利。我们通常讲的产权，是指财产权，其中就包括物权、债权和其他财产权（知识产权等）。物权和债权尽管都属于财产权的范畴，但和债权相比较，物权具有自身的特点，表现在物权与债权的内容不同。物权是支配权，而债权是请求权，债权人一般不是直接支配一定的物，而是请求债务人依照债的规定为一定行为或不为一定的行为。收益权是在物之上获得经济利益的权利。收益权是所有权在经济上得以实现的形式，所有人可以根据自己的意志取得物的全部收益，也可以仅保留部分收益权利。文物资产产权是指国家文物部门依法划分财产所有权和经营权、使用权等产权归属，明确各类产权主体行使权利的财产范围及管理权限的一种法律行为。

我国财政部将文物资产定义为用于展览、教育或研究等目的的历史文物、艺术品以及其他具有文化或者历史价值并作长期或者永久保存的典藏等[1]。文物文化资产的持有者包括有非营利组织和营利组织，非营利组织包括非政府非营利组织（民间非营利组织）和公共部门（政府

---

[1] 中华人民共和国财政部：《民间非营利组织会计制度》，经济科学出版社，2004，第11页。

和公立非营利组织);营利组织主要指企业。文物文化资产具有不可再生性、高价值性、价值的可衡量性、价值的易波动性、实体的易毁损性等特点。

2. 文物资产的分类

《文物事业单位财务制度》第四十三条规定,文物事业单位的资产包括流动资产、固定资产、在建工程、无形资产和对外投资等。文物事业单位的固定资产明细目录由国务院文物主管部门制定,报国务院财政部门备案。第五十四条规定,无形资产是指不具有实物形态而能为使用者提供某种权利的资产,包括专利权、商标权、著作权、土地使用权、非专利技术以及其他财产权利。文物事业单位应当加强对本单位无形资产的管理。转让无形资产应当按照有关规定进行资产评估,取得的收入按照国家有关规定处理。文物事业单位取得无形资产发生的支出,应当计入事业支出。

2012年,财政部修订并公布的《事业单位财务规则》第四十条和财政部、国家文物局修订的《文物事业单位财务制度》第五十条均规定固定资产一般分为六类:房屋及构筑物;专用设备;通用设备;文物和陈列品;图书、档案;家具、用具、装具及动植物。这里的文物和陈列品,是指博物馆、展览馆、纪念馆等文化事业单位的各种文物和陈列品,如古物、字画、纪念物品等。其中,文物和陈列品均被列入固定资产管理范畴,并有两个限定:一是限定单位性质,仅限事业单位(文物事业单位)的文物资产按上述制度规范管理;二是限定文物资产类别,仅限博物馆、展览馆、纪念馆等文化事业单位的各种文物资产,即可移动文物资产,按上述规定管理。除以上限定外的文物资产未纳入上述《事业单位财务规则》和《文物事业单位财务制度》的管理范畴。根据上述制度规范将文物和陈列品作为固定资产管理,应该登记固定资产账,要登记固定资产账就应该有文物的货币计量。

文物资产,从其存在形式来划分,可以分为可移动文物资产与不可移动文物资产。但是,现行财务制度规范忽略了对不可移动文物资产的管理。目前,我国《事业单位财务规则》和《文物事业单位财务制度》只将可移动文物列入资产管理范畴,而没有考虑不可移动文物资产的管理问题,不可移动文物也是文物资产的重要组成部分,应对所有文物资产制定整体性的规范①。

根据文物资产的价值形态，文物资产分为实物资产和金融资产两大类，实物资产，又叫有形资产，比较容易理解，主要是文物有形资产的表现形式。金融资产是指文物资产的价值形态，是不具有实物形态而能为使用者提供某种权利的资产，包括专利权、商标权、著作权、土地使用权、非专利技术以及其他财产权利。据此，文物资产根据其具体形式可以划分为三类。

一是收益权类文物资产，指通过对实物资产所有、控制权，以及与之相关的收益索取权的资产。

二是债权债务类文物资产，是指债权人向债务人让渡当前财富所有权及与之相关的一切权利，债务人同时做出在未来可确定时间向债权人偿本付息的承诺。

三是衍生类文物资产、利益双方就某事项的未来状况（某项资产的未来价格）达成合约，合约的价值由合约事项的未来变化情况决定（由合约到期时的实际资产价格水平决定利益双方的到期收益大小）。

理解文物资产的特性，明晰文物资产的界定与分类，目的在于更好地提高文物资产的使用效率，加强文物资产的科学管理，实现文物资产的有效利用，盘活存量文物资产，确保文物资产的保值增值，充分发挥文物资产的社会效益与经济效益。

3. 文物资产具有文化价值与经济价值相统一的属性

文物资产的价值是客观的，是文物本身所固有的，如历史价值、艺术价值和科学研究价值。文物资产的文化属性是第一位的。文物作为历史的忠实记录者、国家朝代更迭和人们生活劳作的记忆、民族的智慧结晶和瑰宝、文明得以传承的纽带，其核心价值是由文化价值体现出来的。《文物保护法》第十一条规定："文物是不可再生的文化资源。"不少文物作为存世量极少的，甚至是独一无二的携带着准确而真实的重大历史信息的遗存物，拥有着无法估量的巨大价值。其独特、深厚、不可复制的文化价值，才使之具有高昂的经济价值。文物的文化价值主要体现在透过这些不可再生文化资源的文物所承载的特定文化内涵与历史信息的解读，了解和研究

---

① 刘栋：《从财务管理制度看文物资产的管理》，中国文物信息网，2014 年 3 月 26 日 http://www.ccrnews.com.cn/plus/view.php?aid=51962。

过去的社会和人类生存状态，发掘其文化属性的价值，为社会服务。所以文物既是一种有形资产，也是一种无形资产。文物精神功能的弥散和扩张，可以带动相关产业发展，产生巨大的经济收入。因此，文物是一种具有强烈放大效应的无形资产，成为国家精神财富的重要组成部分。文物资产是国有资产的一种形式，是一种特殊的国有资产，国家对文物资产拥有所有权。文物资产的精神性功能不仅能够为文物的经济功能奠定基础，而且能够强化和增殖其经济价值。

文物资产当然也有经济价值。文物作为一种特殊的资源，其承载的先人的智慧和经验，让人类不断受益，得以进步和发展。文物资产的经济价值主要取决于其历史价值、艺术价值、科学价值，并通过货币交换或物物交换最终实现其经济价值，其经济价值也会受到主观因素的影响。例如，人们对文物价值的认识不是一次完成的，而是随着人们科学文化水平的不断提高而不断有新的认知。有时同一件文物在不同时间、地点、条件下，其价值也会发生变化，或减值，或增值。文物资产的价值存在是以其物质载体的存在为前提的，因此，对文物的修复、维护、抢救和保护等需要不断地持续投资，这些投资不仅提升和发现了文物资产的价值，使文物资产具有了投资产物的部分属性，而且这些投资多为国家或者民间投资，投资方要将其按照资产管理方式进行管理与运营，确保其保值增值，以保障投资的收益。只不过在具体的操作过程中，由于文物资产又不同于一般的国有资产，其资产经营方式会受到一些必要的约束和限制。文物资产经济价值的实现，一方面，可以筹集更多的资金来加强文物的维修和保护，有利于文物本体的完整性，这是实现文物文化价值的先决条件；另一方面，在实现其经济价值的过程中加深了人们对文物内涵和其蕴藏的文化积淀的理解，拓展了人们对文物认识的深度和广度，使更多人更加深刻地认识到文物资产的文化价值，并从中得益。

文物资产是经济价值和文化价值的统一体，并不是强调文物的经济价值就会忽略其文化价值。突出文物的经济功能是为了更好地发挥文物的文化价值，也就是说更好地发挥文物文化功能，也是满足人们不断提高的物质文化生活的需求[①]。

---

① 刘维奇：《文物的经济功能与经济价值研究》，《大连理工大学学报》（社会科学版）2007年第9期，第32页。

（二）创新筹资方式——文物资产证券化

所谓文物资产证券化，是指通过把可以产生预期现金收入流的文物资产（文物场馆门票收入、特许经营许可权等）转移给 SPV，由该实体以这些资产为依托发行证券筹资，使投资者与发起人的破产风险相隔离。投资者的受偿只需要依靠被转移资产的质量。对于文物单位，门票收入与藏品复制品特许经营权作为财产权利的一种，可以形成现金流，以此发行证券进行融资。这是一种既能解决文物单位对现金的急需，又能使投资者权利得到充分保障的融资方式。

市场经济发展到一定程度后，产权证券化就成为一种基本趋势。在市场经济条件下，产权也是商品，也可以进行交易和转让。只有产权可交易，才能实现产权重组，使生产要素得到充分利用，实现社会资源的优化配置，盘活存量资产，提高整个社会的经济效益。所谓产权证券化，主要是指市场经济运行机制中实物财产形式日益转化为证券形式和资源配置日益以证券为媒介进行。它主要表现在三个方面：一是财产证券化，即把不可分割和不能流动的财产转化为可以分割和易于流通转让的证券；二是金融工具的证券化，即中介机构把非流动的资产（贷款）转化为可流通的证券；三是融资工具的证券化，即企业和政府通过出售证券融资，而不是通过银行贷款来获得资金。证券化的重点并非仅放在证券的销售上，它还涉及将各种各样的资产变为可推销证券的活动，这是一种与资产出售有关的金融创新即资产证券化。文物资产，作为国有文化资产的重要组成部分，可以借鉴已经进行的国有资产授权经营的经验与做法。

在产权资产证券化这一过程中，国有文物资产的证券化更具有现实意义。国有文物资产证券化，客观上使部分国有文物资产物质化形态向有价证券化形态转变。这一转变，一方面可以把财产在属性上不可分割且在位置上受时空限制的财产实体分割为可转让和流通的基本单元，使社会的分散资金以不同的所有权形式进入国有经济领域；另一方面可以把财产所有权的内在价值量转化并成为价值运动的载体，降低国有文物企事业单位在市场资本流动中的交易成本。国有文物资产证券化为国有文物单位通过资本市场融资拓宽了渠道，使国有文物企事业单位的经营状况得到改变，资本结构进一步优化，资产重组迅速，交易费用降低，这对文物企事业单位的长期发展会产生深远的影响。在国有文物资产的证券化过程中，产权重组技术及技巧的充分运用可以有效地拓宽文物企事业单位融资渠道，但是通过资本市场的直接融资更强调现代产权制度的设计。为此，我国文物部门可以借鉴国家对发展旅游业的相关政策意见与经验。

我国政府对旅游业进行资产证券化的相关政策意见，可以作为文物部门的参考。如2009年12月，《国务院关于加快发展旅游业的意见》明确规定："拓宽旅游企业融资渠道，金融机构对商业性开发景区可以开办依托景区经营权和门票收入等质押贷款业务。"2012年2月，中国人民银行等七部门发布《关于加强金融支持旅游业加快发展的若干意见》规定，"鼓励金融机构在依法合规、风险可控和符合国家产业政策的基础上，探索开展旅游景区经营权质押和门票收入权质押业务"，"通过企业债、公司债、短期融资债券、中期票据、中小企业集合票据等债务融资工具，进一步加强债券市场对旅游企业的支持力度"。我国政府持续支持旅游证券化。

2012年12月，深圳华侨城推出"欢乐谷主题公园入园凭证专项资产管理计划"，以欢乐谷主题公园入园凭证（门票）为基础资产，成功募资18.5亿元。其中，门票包括欢乐谷的各类门票和旅游金融卡等。目前在国内已成功实施的资产证券化项目还有中远集团航运收入资产证券化、中集集团应收账款资产证券化、珠海高速公路未来收益资产证券化。文物单位要通过资产证券化融资，可以以特定的现金流（如文物单位的门票收入、特许经营权等资产）为支持，发行可交易证券进行融资。

（三）文物资产证券化的基础资产池构建

按照证监会的规定，基础资产可以是单项财产权利或者财产，也可以是多项财产权利或者财产构成的资产组合。财产权利或者财产可以是企业应收款、信贷资产、信托受益权、基础设施收益权等财产权利，商业票据、债券及其衍生产品、股票及其衍生产品等有价证券，商业物业等不动产财产。

基础资产的选择标准可以从两个方面来说明。第一，从法律层面上讲，基础资产由原始权益人依法拥有且可转让，基础资产无法律瑕疵，即不存在设定的其他权益，如抵押、质押等，通过合法安排，确保解除基础资产相关担保负担和其他权利限制的除外；第二，基础资产的现金流稳定，可预测性强，现金流规模与原始权益人的融资需求相匹配。

而文物资产证券化对"资产池"严格限定，筛选标准有：预期现金流收入稳定，不仅要求基础资产有较强的盈利能力，还要求基础资产形成的收益必须能够实实在在地形成现金流入，而非只体现在账面上；具有同质性，具备规模效应；权属清晰；风险可控。

因此，文物资产可以进行证券化的基础资产大致包括：收益权类资产，如电视转播权收入、影视剧场地拍摄租金收入、文物藏品复制品授权许可使用费、博物馆的门票收入等；景观资源资产（历史遗产与文化遗产）景区门票收入、旅游景区设施设备运营收入等。其中，著作财产权的使用与开发所形成的财产权利，如复制权、出租权、展览权、特许经营权、摄制权、信息网络传播权等。债权类资产，如应收账款、租赁费等。目前，文物场馆门票、文物藏品复制品授权经营权、文物场馆影视剧拍摄许可权、文物挖掘电视转播权等，可以先行进行文物资产证券化融资的尝试。

由于文物资源的所有权是公有，大多数优质文物部门往往同时是世界遗产和国家重点文物保护单位，所以文物单位的股份化改革常常存在不确定性。而文物资产证券化是在明确资源公有的前提下，仰赖政府信用，有力促进国有文物资产保值增值。文物主管部门不必将"上市"作为唯一选择，支持文物资产证券化，政府既不介入市场具体经营，又能促进国有文物资产保值升值。我国已经成功地通过专项资产管理计划，为华侨城欢乐谷主题公园进行证券化募集资金，成为我国境内上市公司通过资产证券化募集资金和利用门票融资成功的第一例。

三 文物资产证券化的融资模式与运作方法
——以博物馆资产为例

（一）从国际主要博物馆的融资经验看我国存在的问题

综观博物馆业发达的国家，博物馆的资金来源渠道主要有社会赞助、政府资助、博物馆自身营业收入和投资收入等。其中，对于社会捐款、博物馆自身经营的商店、餐厅等都有相应的税负减免或税收优惠。从资金构成来看，呈现资金来源的多样化的特点（见表5-1）。

表5-1　国际上主要博物馆收入情况

国别	博物馆	收入来源情况	备注
德国	德国国家博物馆；自然博物馆；柏林自然博物馆等	①政府资助。德国政府对博物馆的资助主要依托基金会管理、公共组织、商业公司和联合会管理四种组织形式。 ②门票收入。已成为维持博物馆生存的重要经济补充。 ③会费。各博物馆都有几万名到十几万名会员，这些会员要缴纳年费，很多会员经常主动向博物馆捐款，立下遗嘱将全部遗产捐赠给博物馆的也不在少数。 ④博物馆商店经营。现在大部分德国博物馆都依托藏品资源和陈列展览的优势，开发相关书籍、经典作品复制件等纪念品和博物馆文化商品；代售其他博物馆的纪念品；德国博物馆的小商店大多不是博物馆自己经营，而是承包给专业机构	据统计，各大博物馆的门票收入大约占全部预算的20%。学术和艺术书籍在博物馆商店纪念品的销售中占有很高的比例。资料显示，德国有90%以上的人参观过各类博物馆
美国	纽约现代艺术博物馆(MOMA)；纽约大都会艺术博物馆；伯明翰艺术博物馆；约所罗门·R.古根海姆博物馆	美国博物馆的资金来源渠道相当广泛。除了博物馆门票收入外，还包括政府拨款、与博物馆相关的各类纪念品的销售、博物馆会员费、个人和社会团体的捐赠、专项基金运作收益、授权和特许销售费以及借展费等。 ①捐赠收入。美国相关法律法规鼓励个人或企业团体支持文化事业的资金或实物捐赠，在税收等方面也给予一定优惠政策。比如，博物馆每年会收到捐款。只要向国税局提供合理的说明，这些收入不必交税。又如，许多博物馆有商店，销售藏品的复制件、高品位的礼品等。多数州法允许这些商店免交或少交营业税。再如，地产税是地方政府主要的税收来源之一，不少博物馆位居城中要地，其地产税都会打折扣甚至完全减免。 ②会员费。成为美国博物馆筹措发展资金的重要渠道之一。鼓励和吸引更多的公众加入支持博物馆事业的行列中。 ③博物馆经营收入。美国博物馆内一般都设立专门的经营服务部门，为观众提供语音导览、纪念品销售等服务。其中纪念品的销售每年为博物馆带来了大量的收益。 ④授权和特许经营费。通过授权和特许经营所取得的收益。一些企业也会围绕博物馆生产相关的文化衍生品，这些企业通常会交纳给博物馆一些费用，以求得博物馆的特许授权。此外，博物馆也会开放内部经营场所给外部的企业经营。这样，既满足了观众的需求，减少了博物馆自主开设相关服务设施的成本，同时增加了收入	美国博物馆一般都会设立负责拓展资金来源的部门：发展部。在资金的筹措、展览的开发与创新等方面，都借鉴企业化经营的理念，筹资工作日益职业化。 美国法律规定，博物馆不得直接动用基金本金，只能使用基金本金所产生的部分利息或投资收益，而且基金利益或投资收益也必须按一定比例充实到本金中去，以保证本金稳定增长。同时，美国博物馆的基金一般不是交给本馆的业务人员操作，而是外聘职业经纪人负责研究和推荐项目

续表

国别	博物馆	收入来源情况	备注
英国	大英博物馆；英国美术馆；泰特现代美术馆；伦敦杜莎夫人蜡像馆等	①政府拨款。日渐减少，在英国的大英博物馆，国家政府的投资也只占其经费来源的不到70%，博物馆再不能靠政府救济维持运营。 ②社会、公司和私人捐助。英国有相当发达成熟的社会捐助机制，许多英国人在遗嘱里把毕生财产或收藏捐助给博物馆和美术馆等文化机构。 ③举办各种活动和特展收入等。 ④门票收入。 ⑤博物馆营业收入证券化	2001年，《增值税法》中增加一个补充条款：凡被政府指定的免费向公众开放其永久收藏的国家博物馆，返还其全部增值税。大英博物馆返还的增值税每年可达200万至300万英镑
加拿大	加拿大国家文明博物馆；皇家安大略博物馆；蒙特利尔科学中心博物馆等	①税收优惠。加拿大政府对博物馆的支持主要体现在税收上，如博物馆接受捐款、捐赠，可以免税；博物馆开设的商店，大多可以免交或少交营业税；博物馆的土地税可以打折或减免等。而免税政策同样平等对待赞助者，博物馆为回报捐赠者，严格按捐赠者的意愿使用经费，捐赠藏品的为他们举办展览、出书，向社会彰扬他们的善举，同时也引发更多人关心和支持博物馆事业。 ②大量使用志愿者。每年为博物馆服务的志愿者达5.5万人次，博物馆得以节省大批管理、后勤人员费用支出，还可以为游客提供免费的导游和解说服务。志愿者的参与，在大大减少博物馆支出的同时，也为游客提供高效率、公益化的产品服务，促进博物馆事业蓬勃发展。 ③会费收入。通过建立会员制来培养稳定的观众群。会员在缴纳年费以后，可以享免门票，打折购买博物馆商店中的商品，免费参与博物馆组织的各项活动等优惠	走市场运作之路，政府不直接管理，经营者自筹大部分乃至全部经营资金，承担盈亏风险。 加拿大博物馆的社会参与体现了比较成熟的市场经济特点，除公立博物馆之外，私立博物馆蓬勃发展，私立博物馆不是公立博物馆的补充，而是已成为主流
法国	卢浮宫；奥塞博物馆；蓬皮杜现代艺术中心等	①政府出资经营。法国的大博物馆往往由政府出资经营，基本不存在经费紧张的问题。蓬皮杜现代艺术中心和卢浮宫从国家得到的财政拨款分别占各自总预算的80%和71%。 ②税收优惠。法国通过税收优惠鼓励个人和企业博物馆，赞助方式分为捐款、捐物和捐赠三种。不超过应纳税金额20%的前提下，赠予个人减免力度可达66%；捐赠额超出当年应纳税金额的5%时，赠予个人减免税收时间延长5年。《法国博物馆法》规定：协助国家或任何公共机构成功收购国家级文物的企业可享受与投入90%同额的税收减免，减免不得超过应纳税额的1/2；自己购买国家级文物的企业，自采购之日起，即享受额度不超过支付金额40%的收入税或是公司税减免，同时文物应在法国博物馆展出10年，其间文物不得转卖。在法国，继承遗产是一笔昂贵的花销，非直系亲属继承者需要支付60%的财产转移税，配偶和直系亲属支付税率也在5%~40%。政策规定遗赠金额免交财产转移税。企业拥有非正常营业时间内参观博物馆的特权，捐赠者享有部分场合的冠名权	借鉴企业运作经验，引入市场经济理念，市场化运作，建立新型博物馆运营管理模式。 颁布《法国博物馆法》，确立"法国博物馆"称号，对博物馆进行统一管理。 2003年颁布的《赞助、协会和基金会相关法案》扩大了《法国博物馆法》税收体制的行动范畴，将公司税减免范围扩大到企业帮助国家在境外购买的作品，取

续表

国别	博物馆	收入来源情况	备注
		③门票收入。法国博物馆普遍设有门票和通票两种制度，通票涵盖包括陈列在内的其他实施，相比各项费用总和优惠许多。 ④会员收费。博物馆设有一种特殊组织——博物馆之友协会，通过缴纳一定会费，实质上相当于隐形门票，会员可以免费入场、无须排队直接进入、优惠参加博物馆活动。法国博物馆间相互合作，推出联合参观优惠票	消境内购买的文物在收购前必须在法国领土范围内停留一定年限的限制，废除50年引渡期底线和职业税基数规定
意大利	庞贝遗址博物馆（庞贝古城）；梵蒂冈博物院等	意大利在1996年通过法律规定，将彩票收入的8‰作为文物保护基金。通过税收优惠资助博物馆文物保护项目。 博物馆采用私营的基金会管理模式和公私合作的基金会管理模式。 基金会管理模式是一种崭新的博物馆经营模式，而且这种模式日趋成熟并取得较好的社会效益和经济效益。企业博物馆丰富了博物馆经营的模式。 米兰科技博物馆是私营的基金会管理模式代表。该馆在2000年形成了私人性质的基金会管理形式，实现了市民直接参与改革、国家事业单位向私人基金会的过渡。都灵博物馆基金会是公私合作的基金会管理模式的代表。在这种公共、私人实体共同参与博物馆管理之下，博物馆不再有资金之忧。同时，都灵博物馆基金会积极吸纳其他博物馆为成员，这样既扩大了规模和影响，又可以组团进行旅游推介	企业化经营、市场化运作。 意大利博物馆经营模式主要有私营的基金会管理模式、公私合作的基金会管理模式和企业博物馆，这些先进理念的经营模式对我国发展民办博物馆有借鉴意义
中国	故宫博物院	①目前博物馆的收入来源主要是政府部门财政拨款。其中政府财政拨款中还包括故宫博物院每年上缴的门票收入，缺口则由税收收入填补。 ②门票收入。其中相当大一部分还要上缴文物部门。 ③社会捐赠。根据现行的《中华人民共和国公益事业捐赠法》，博物馆、纪念馆、文物保护单位等机构可接受社会捐赠，但个人捐赠的税收减免比例偏低，远不及多数国家50%以上的限额。至于企业捐赠的税收减免比例则更低，只扣除年度应纳税所得额3%以内的部分，减税效果极其有限，相反企业还要对限额以外的捐赠支付相应的税费。捐款有限，导致博物馆更加依赖政府的财政拨款。 ④国家专项经费与基金。"国家重点珍贵文物征集专项经费"和中国首家国家级基金会——故宫文物保护基金会分别成立于2002年和2011年	捐赠资源的流失将导致故宫博物院越发依赖国家财政拨款。 馆藏文物的保养与维护，设施的运转维修以及编制人员的工资发放等，需要一笔较大的费用，在一般情况下很难应付博物馆的经营与管理，这就使得目前国内仍有约2/3的博物馆的运转与经营捉襟见肘

资料来源：根据国内外相关博物馆网站整理。

从世界主要博物馆的融资经验来看，政府财政拨款是一种主要形式，在法国，政府财政资助甚至占有主体地位；即便如此，像英国、德国等国家也在逐年减少政府拨款。绝大多数国家的博物馆都不得不改变单纯依赖国家资助这样一种单一融资渠道局面，更多地转向社会寻求市场的力量，不断加大对社会融资、资本市场融资等途径的探索，在英国已经出现了利用博物馆门票等营业收入资产证券化这样一种新型融资形式。反观我国，一方面是存在博物馆业发展资金不足的问题，另一方面是我国现行的博物馆管理与运行存在制约博物馆的融资活动进行的体制机制障碍。尽管伴随着我国公共文化服务领域改革的进一步深入，博物馆事业进入了快速发展阶段，但是办馆经费不足、资金来源渠道单一等普遍存在的问题，依然成为我国博物馆事业持续健康发展的"瓶颈"，一些固有的问题也日渐显露，需要我们给予足够的关注。

经费来源结构不合理。我国大部分博物馆的资金来源就是财政拨款和门票及博物馆商品收入，占据了资金来源的绝大部分；通过这些方式获得的资金只能够使博物馆正常运转，而要使博物馆事业更好地发展，仅有这些方式是远远不够的。在一些发达国家，博物馆的资金来源有政府拨款、社会捐赠、股权融资、债务融资、实体经营收入及门票收入等多种途径。与此相应，我国博物馆领域的经费来源结构不合理成为一个不容忽视的客观事实，尽管随着国家综合实力的提升，对博物馆事业的政府预算内拨款有了显著的提高，但是相对博物馆的实际资金需求来说，依然是捉襟见肘；社会捐赠和博物馆商品收入在博物馆经费结构中的比例过低且增长缓慢，股权融资、债务融资等新型融资方式还没有引起足够的重视，博物馆经费来源多元化的渠道尚未畅通。

对筹集到资金管理粗放。一位省级博物馆馆长就曾抱怨道："去年搞文创产品与文化服务，博物馆创收了500万元，但政府的财政拨款马上就扣了500万。"[①] 政策限制博物馆资金的使用，从而使博物馆部门在资金的运用上非常小心谨慎，除用于自身的各项活动以外，一般不将暂时闲置的资金用于投资，实际上这也是一种对资源的浪费，因为暂时闲置的资金也是能够创造效益的资源，如果运用得好，不仅不会造成国有文物资产的流失，还会为博物馆事业的发展带来急需的资金流入。

---

① 郑爽：《现代博物馆：破解专业化经营管理瓶颈》，《第一财经日报》2011年8月16日。

对筹资活动重视不够。长期以来，我国博物馆事业的发展资金绝大部分来源于财政拨款，这些资金基本上可以保证日常运转，从而使博物馆部门很少考虑自身的资本结构与经费构成，自然就不会对筹资活动引起足够的重视。"我们的博物馆馆长都是国家出钱养着他们，很多馆长没有积极性，对他们来说，做得好或不好反正都是政府的。西方的博物馆国家财政拨款不多，所以他们需要想办法筹集钱，积极开发文创产品，去社会上募集资金等，他们有压力才有动力把博物馆办好。"① 其实，资金的筹集活动需要科学地规划、精心地运作，根据自身特点来选择合适的筹资渠道和运作方式，有针对性地筹集到自己所需要的发展资金。在西方发达国家，筹集博物馆发展资金已经成为一种专业性的理财金融活动，一般有专门的机构或特设的部门负责资金的筹集，对具体的资金筹集方法给予专业性指导，认真分析资金的筹集路径、各种筹资方式的成本费用与相对风险等，以此实现运用最低的资金成本和财务风险及时地筹集到规模合适的资金。

（二）融资渠道的创新与拓展：博物馆资产证券化

1. 博物馆资产证券化的界定

博物馆资产证券化融资是指将缺乏流动性，但具有可预期的能够产生稳定的现金流的某一种博物馆资产或多种博物馆资产的组合，以该资产或资产组合所产生的现金流为支撑，通过对资产中的风险与收益进行分离与重组并进行一定的结构安排，把该资产或组合资产的预期现金流的收益权转换成为可以在金融市场上出售、流通且信用等级较高的有价证券，最终实现资产融资的技术与过程。

证券化的本质特征是资金需求方以证券为融通资金凭证在资本市场进行直接融资，而不再需要通过银行等中介机构进行间接融资；可以实现较低成本的融资，有助于增强资产的流动性、盘活资产发掘新的融资空间。

博物馆资产证券化有利于更好地解决博物馆业资金不足的问题。依据中国证监会在2013年3月颁布的《证券公司资产证券化营业管理规定》，

---

① 郑爽：《现代博物馆：破解专业化经营管理瓶颈》，《第一财经日报》2011年8月16日。

可以证券化的资产包括应收账款、信任受益权、基础设施收益权等财产权利，商业物业等不动产财产等。目前，我国博物馆门票收入、藏品复制品授权许可使用费等作为财产权利的一种，可以形成现金流，因此可以进行博物馆资产证券化。

2. 国内外成功案例提供了借鉴

（1）英国杜莎夫人蜡像博物馆营业收入证券化

在博物馆资产证券化融资中的实证案例中，英国杜莎夫人蜡像博物馆利用博物馆营业收入进行证券化融资尤为引人关注。英国的杜莎集团拥有三家主题公园，在1999年5月将杜莎夫人蜡像博物馆的营业收入进行证券化，成功募集资金2.30亿英镑。

杜莎夫人蜡像博物馆位于英国伦敦，其在阿姆斯特丹、纽约、香港和拉斯维加斯等地都有分馆。在内地，上海分馆于2006年开业，北京分馆2014年5月开业。蜡像馆是由蜡制雕塑家杜莎夫人于1835年在伦敦贝克街建立的。1884年迁入现在马里波恩路的馆址，1925年的一次火灾烧毁了很多蜡像，但由于模具都得到保存，使很多较旧的蜡制品得以重制。杜莎夫人蜡像馆是全世界水平最高的蜡像博物馆之一，有众多世界名人的蜡像，其中恐怖屋最为出名。整个馆由三层楼及地下室组成，分四个展览层。杜莎夫人蜡像馆的一楼是1966年新开设的展览厅。二楼大厅展有当代世界各国政治人物、近代英国君主和王室成员。三楼有"戏剧性场面""温室""英雄"三个展览顶。顶楼是蜡像制作室。杜莎蜡像馆的蜡像经常令人真假难分，蜡像馆会在游客出入的地方放置蜡像，常常制造出令人吃惊的有趣效果[1]。

（2）华侨城主题公园门票收入凭证资产证券化

华侨城已经完成中国首个以主题公园营收为支持的资产证券化交易，这可能是亚洲首个此类产品。该交易是中国证监会监管下的企业资产证券化市场中首个专项资产管理计划类型的证券化产品。成功募集资金18.5亿元人民币（约合2.94亿美元）。其基础资产是北京、上海和深圳三个"欢乐谷"主题公园的未来五年门票收入凭证[2]。被证券化的标的资产已转移

---

[1] 参见杜莎夫人蜡像馆网站，http://www.MadameTussauds.com。
[2] 中信证券股份有限公司：《欢乐谷主题公园入园凭证专项资产管理计划推介材料》，2012年11月。

至一项专项信托,但是主题公园的所有权仍留在华侨城。中信证券担任此次交易的安排发行和主承销商,该交易显示出在既有法律法规下将这类资产用于证券化的可能性。这将为国内借款方提供更多的融资选择,我国博物馆资产证券化融资可借鉴其成功经验。

(3) 其他实证案例

以主题公园资产为基础资产进行证券化融资中的实证案例,在结构性融资中并不多见。在亚洲,Sunway City 在 2002 年完成一宗 8.92 亿马币(约合 2.79 亿美元)的分档交易,其中涉及一个主题公园的资产和权益。不过,该交易并未直接将主题公园的营收证券化,而是采用一个售后租回的协议,涉及 35 年地产投资和 10 年的主题公园的经营权租赁。

3. 博物馆资产证券化融资的关键环节设计

(1) 基础资产池构建

博物馆资产证券化融资的关键在于基础资产或基础资产池的构建,无论是场馆租金请求权等债权类资产,还是博物馆门票收入等权益类资产,能否产生持续、稳定、真实、可预测的现金流的基础资产,是衡量博物馆资产证券化融资的基础资产池构建的关键环节。博物馆资产中存在大量闲置的存量资产,这些资产属于较为优质的资产,赢利能力较强,在未来有可预测的稳定的现金流,可用于证券的收益支付;有些博物馆资产作为抵押物的变现能力强,一旦无法正常支付证券收益而必须将该抵押物变现,它们能有较高的变现价值。国家级博物馆一般有较高的信用评级,投资风险小,对投资者具有较大的吸引力。此外,国有博物馆存量资产的规模较大,进而融资额度较大,有利于进行资产证券化融资。如博物馆的门票收入、藏品授权许可使用费、博物馆场馆等资产较为适宜证券化,从而成为实现博物馆融资的标的资产。

所谓标的资产或者称为被证券化的资产,是指能够在未来产生可预期的、独立的、稳定的可评估预测现金流量的资产。对于拟证券化资产的要求是"收益权"类资产(与未来经营性收入相关)需要合法拥有某种收费或获取收益的权利;这种权利与企业其他财产或财产权利可以区分开,可以特定化;拥有收费或获取收益的法律与政策文件较为齐备;现金流独立,可进行识别;如果现金流需先上缴财政,需明确财政拨付的时间、金额或比例。能够带来预期现金流量的资产形式有很多。在博物馆资产中可以进行证券化的基础资产大致包括电视转播权收入；影视剧拍摄场地出租收入；文物藏品复制品授权许可使用费；博物馆的门票收入；国家级博物馆的衍生品授权许可费；景观资源资产（历史遗产与文化遗产）景区门票收入。此外，博物馆资产著作财产权开发所形成的财产权利，包括复制权、发行权、出租权、展览权、广播权、摄制权、信息网络传播权等，所有这些财产权利产生的收益权都可以用作被证券化的基础资产。

从已发行的资产证券化融资产品来看，博物馆门票收益权或博物馆藏品著作财产权未来收益权，是作为博物馆资产证券化融资的基础资产的最佳选择。国外已经有英国杜莎夫人蜡像博物馆营业收入证券化的先例，而国内也成功地通过专项资产管理计划，为华侨城欢乐谷主题公园进行证券化募集资金，成为我国境内上市公司通过资产证券化募集资金和利用门票融资成功的第一例。欢乐谷主题公园入园凭证专项资产管理计划的成功推出，也证明了主题公园门票收益权作为资产证券化产品的基础资产的优势及可实施性，虽然现在的产品仅此一例，但是未来将会推出更多以景区景点门票收益权为基础资产的证券化产品。

与此同时，随着我国金融体制改革的不断深入，中国的证券资本市场也将越来越成熟，在我国，目前已经完全具备了进行博物馆资产证券化的潜在市场：一方面由于我国消费渠道较少，投资渠道不畅，居民储蓄率居高不下，众多个人投资者的资金迫切需要寻求新的投资渠道；另一方面存在较多的机构投资者，为博物馆资产证券化的进行创造了坚实的基础，如许多保险资金、养老资金、投资基金等机构投资者也在寻求着那些收益稳定、期限较长、风险较低的投资工具。而如将博物馆的存量资产及金融资产等作为基础资产发行资产支持证券，也能够极大地满足广大投资者的要求，受到资本市场的欢迎。这些良好的外部环境也为成功进行博物馆资产证券化融资创造了良好的条件。

（2）SPV 模式组建的路径选择

实现博物馆资产证券化融资的关键在于对资产证券化融资模式的选择，SPV 作为发起人与投资者之间的中介，是证券化交易的核心，因此博物馆资产证券化选择何种模式，关键在于选择何种形式设立 SPV，公司型 SPC 或是信托型 SPT 以及不强制要求设立 SPV 的资产支持票据（Asset-Backed Medium-term Notes，ABN）。目前，资产证券化在我国已经发展演变出三大模式，分别是中国人民银行和银监会主管的信贷资产证券化（以下简称"信贷 ABS"）、证监会主管的企业资产证券化（以下简称"企业 ABS"）和银行间市场交易商协会主管的 ABN。三种模式在发起人、基础资产、模式选择（SPV）、交易场所等方面都有显著差异，形成一定程度上的市场隔离（见表 5-2）。

表 5-2 国内三种资产证券化模式比较

	信贷 ABS	企业 ABS	ABN
主管部门	中国人民银行、银监会	证监会	银行间交易商协会
发起人	银行业金融机构	非金融企业	非金融企业
基础资产	银行信贷资产（个人住房抵押贷款、基础设施建设贷款、地方政府融资平台贷款、涉农贷款、中小企业贷款等）	企业应收款、信贷资产、信托受益权、基础设施收益权等财产权利，商业票据、债券及其衍生产品、股票及其衍生产品等有价证券，商业物业等不动产财产，或财产权利和财产的组合	公用事业未来收益权、政府回购应收款等。（符合法律法规规定、权属明确、能够产生可预测现金流的财产、财产权利或财产和财产权利的组合。基础资产不得附带抵押、质押等担保负担或其他权利限制）
模式选择（SPV）	特殊目的信托（以信托计划为 SPV 的表外模式）	证券公司专项资产管理计划（以专项资产管理计划为 SPV 的表外模式）	不强制要求（以表内模式居多）
交易场所	全国银行间债券市场	证券交易所、证券业协会机构间报价与转让系统、证券公司柜台市场	全国银行间债券市场或交易所
相关条例	《信贷资产证券化试点管理办法》	《证券公司资产证券化专项资产管理计划管理规定》	《银行间债券市场非金融企业资产支持票据指引》
登记托管机构	中央国债登记结算公司	中国证券登记结算公司	上海清算所
审核方式	审核制	核准制	注册制

由于被证券化的基础资产情况各不相同，因此，博物馆资产证券化融资的模式也会有所差异。但无论如何设计都需在我国法律法规允许的范围内。目前，我国对博物馆资产证券化融资的 SPV 模式有三种选择路径。

路径之一：博物馆营收专项资产管理计划模式

博物馆资产证券化融资的实施路径之一就是以"专项资产管理计划"（Specific Asset Management Plan，SAMP）的方式实现。2004年1月，根据国务院《关于推进资本市场改革开放和稳定发展的若干意见》对"积极探索并开发资产证券化品种"的明确要求，基于资产证券化的基本原理，可以以中国证监会《证券公司客户资产管理业务试行办法》中规定的专项资产管理计划（以下简称"专项计划"）作为发行载体，发行资产支持受益凭证。2006年6月，中国证监会出台了《关于证券公司开展资产证券化业务试点有关问题的通知（征求意见稿）》，允许已通过创新试点评审并具有证券资产管理业务资格的证券公司开展资产证券化试点。该专项资产管理计划的主体并不仅仅局限于企业，文物博物馆等事业单位也同样适用。

据此，博物馆营收专项计划的交易结构见图5-2。

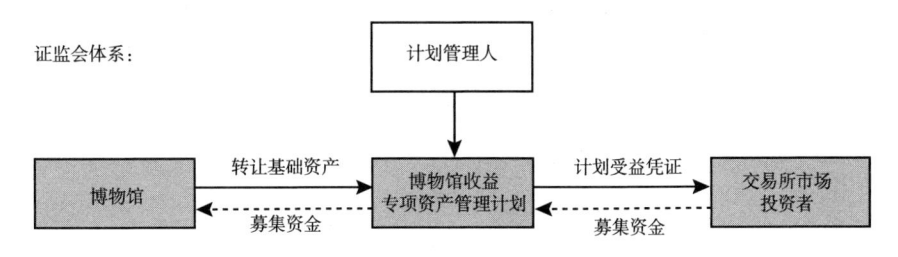

图5-2　专项计划（SAMP）模式的基本交易结构

专项计划的交易概要主要包括专项计划向投资者（消费者）发行受益凭证进行融资；原始权益人（博物馆）向专项计划转让基础资产（可产生未来现金流以支持专项计划产品偿付的博物馆资产），专项计划使用募集资金向原始权益人（博物馆）支付对价；基础资产产生的现金流用于支付投资者（消费者）的投资本金和收益。

博物馆专项资产管理计划的发行成本主要包括证券公司发行管理费、担保及托管银行费用、律师费、评级机构费用等各中介机构及政府有关监管部门的相关费用。

中国证监会对专项计划的试点已经于2012年12月成功进行了华侨城欢乐谷主题公园专项资产管理计划，募集资金18.5亿元。证监会明确鼓励券商对债权类与收益权类基础资产进行证券化。

路径之二：博物馆资产信托计划（SPT）操作模式

参照国外经典的资产证券化操作模式，在博物馆资产证券化的操作流程中，SPV 作为发起人与投资者之间的中介，是证券化交易结构的核心。但在中国法律法规的前提下，设置 SPV 存在较大的法律及制度上的障碍，而信托公司所特有的财产隔离机制完全符合博物馆资产证券化运行机制的要求，因此，信托模式也成为目前我国开展博物馆资产证券化模式的一种选择。

信托计划和券商的专项计划有所不同，尤其是在适用的范围方面有一定的局限。由于要设立信托，达到真实出售的目的，所以对设立信托的博物馆基础资产要求较高，一般必须是没有法律瑕疵的可转让的债权等资产，而一般的收益等权益，由于无法脱离主体单独存在而很难通过信托来实现破产隔离，所以信托的适用范围大致有经营中产生的合同债权、转让股权的债权、应收账款、信贷资产及租金收入。

博物馆资产证券化的核心是设计出一种好的交易结构，在这一交易结构中原始权益人将资产向特设机构转移，同时将资产池中的资产偿付能力与原始权益人的资信能力分割开来，从而实现处置的财产与企业其他资产隔离。从可操作的法律制度来看，一般只有信托制度的融资功能和破产隔离制度能够达到资产证券化的类似效果。典型的博物馆信托计划交易结构见图 5-3。

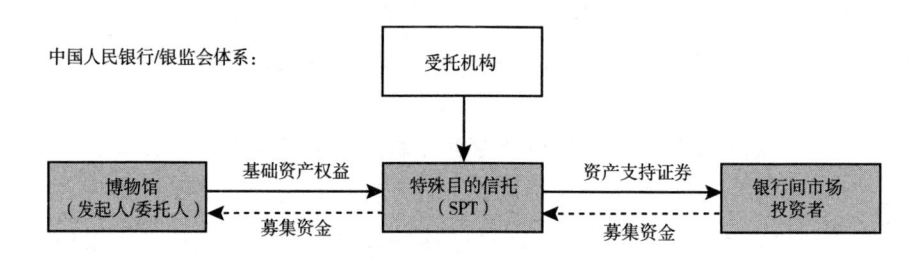

图 5-3 信托（SPT）模式的基本交易结构

信托公司的财产隔离功能主要体现在以下两个层面。第一，委托人的信托财产与自有财产相隔离。也就是说，信托设立以后，信托财产即从委托人的自有财产中分离出来，具有一定的独立性。第二，委托人的信托财产与受托人的固有财产相隔离。

在信托计划模式的实施过程中，如果要实现资产证券化，考虑到发行成本问题，最好是采取公募方式，为此将要涉及承销商、信托公司、评级机构、评估报告、法律事务所等中介机构，发生相关费用。中国银监会于2005年发布《金融机构信贷资产证券化试点监督管理办法》，从市场准入、业务规则和风险管理、资本要求等方面，对金融机构开展资产证券化业务活动进行了全面规范。

路径之三：博物馆资产支持票据操作模式

2012年8月3日，中国银行间市场交易商协会发布了《银行间债券市场非金融企业资产支持票据指引》，即日起开始实行，标志着资产支持票据正式推出。资产支持票据是指非金融企业在银行间债券市场发行的，由基础资产所产生的现金流作为还款支持的，约定在一定期限内还本付息的债务融资工具。其基本特征为：①原始权益人为非金融企业，基础资产需权属明确，不得附带抵押质押等权利限制。基础资产是指符合法律法规规定，权属明确，能够产生可预测现金流的财产、财产权利或财产和财产权利的组合。②不强制要求设立SPV，仅要求在不损害股东和债权人利益的前提下设置合理的交易结构。实质上，资产支持票据是一种债务融资工具，该票据由特定资产所产生的可预测现金流作为还款支持，并约定在一定期限内还本付息。基础资产的现金流是还债资金来源，但非唯一来源。资产支持票据在国外发展比较成熟，20世纪80年代以来，资产支持票据已经成为私募中一个日益重要的组成部分。其基本交易结构见图5-4。

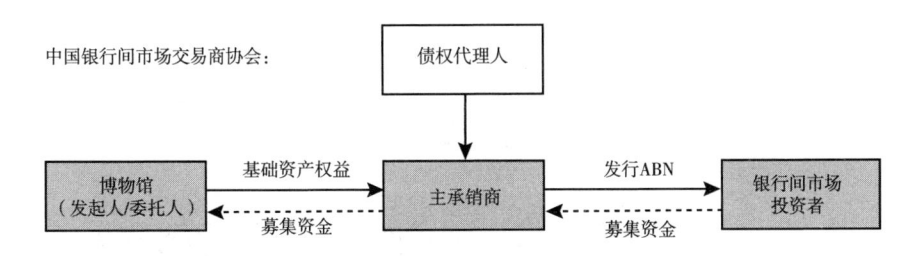

图5-4 资产支持票据（ABN）模式的基本交易结构

2012年8月6日，中国银行间市场交易商协会接受南京公用控股（集团）有限公司等三家企业的资产支持票据注册，总注册额度25亿元。8月8日，交易商协会网站公布这三家发行人共25亿元资产支持票据的发行结果，标志着新产品ABN的正式推出。ABN模式由于不强制要求设立SPV，可以不进行真实出售和破产隔离，对于博物馆资产证券化来说可能更为适合。

总之,博物馆资产证券化融资的核心要素包括真实出售和破产隔离。要实现真实出售,必须在 SPV 法律地位、基础资产转让、会计处理等方面有切实有效的措施来保证,否则便无法实现破产隔离。通过对比上述三种博物馆资产证券化模式的交易结构,结论如下。

信贷 ABS,以特殊目的信托发行资产支持证券,实现了真实出售和破产隔离,目前,不适用于博物馆资产证券化融资。而企业 ABS 与 ABN 是针对当前国内实际情况设计的两种交易结构,尽管还存在不足,但是比较适合我国国情。企业 ABS 以专项资产管理计划为 SPV,一般来说,专项计划都有商业银行或者关联企业担保。ABN 并未要求设立 SPV,仅通过资金监管账户实现现金流的隔离,因此对有强烈融资需求的博物馆资产证券化来说,不失为一种理想选择。

4. 博物馆资产证券化融资结构与运作程序

博物馆资产证券化融资结构基本流程（见图 5-5）比较清晰地展示了融资过程中的各个环节与运作程序。

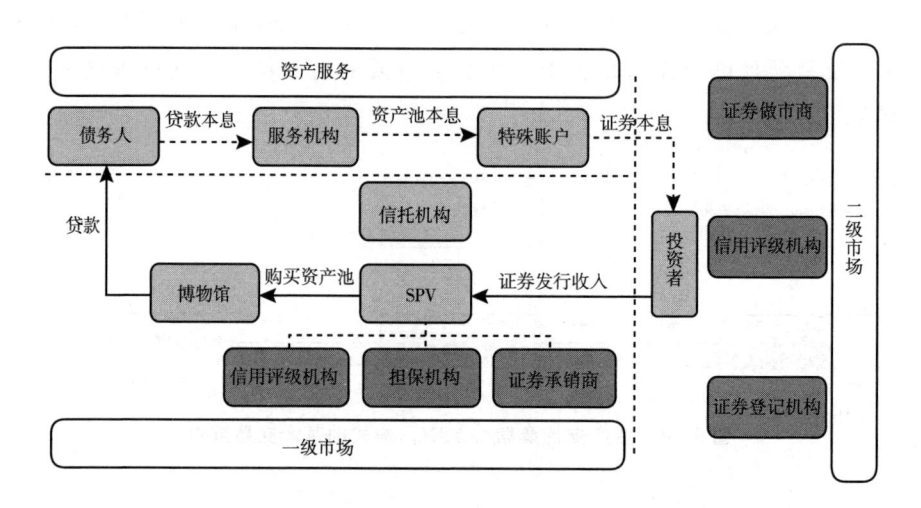

图 5-5　博物馆资产证券化融资结构基本流程

（1）确定证券化资产并组建资产池

博物馆作为发起人,根据资金需求的大小,确定融资的目标,选择能够在未来一定时期带来可预期的稳定现金流的基础资产（博物馆门票收入凭证、博物馆藏品复制品授权许可收费等收益权等）进行证券化融资，组建资产池。中国人民银行在 2005 年发布的《中国人民银行公告》指出，每期资产支持证券的实际发行额不得少于 5 亿元人民币，对资产池组建时的规模提出了明确要求。如果仅凭一家博物馆的未来收益无法组建这样规模的资产池，也可以联合几家博物馆共同组建资产池，以摊薄成本。

（2）设立 SPV，进行资产转让

博物馆将拟证券化的基础资产真实出售给 SPV，SPV 是以资产证券化为主要目的而建立的独立主体，其资产是向发起人（博物馆）购买的资产池，负债是发行的资产支持证券。SPV 可视作一个将许多运作功能"外包"给资本市场中各类不同专业机构的"空壳"公司，其管理和运作是一种被动的、事先约定的和"社会化"的过程，因而此类"公司"的风险管理透明化、相互制约公开化、事务处理机械化。同时，实现"真实出售"和"破产隔离"，并完成初步信用增级。

（3）SPV 各个参与方进行积极协调，落实各自职责，信用增级

托管机构（受托人）与服务机构的设立可以通过社会招标或组织业内专家等方式实现，并签订合同；信托机构托管资产池及与之相关的一切权利并将收益直接打入专用的特殊账户，代表投资者行使职能，包括向投资者转付本金和利息，对没有立即支付的款项进行再投资；监督交易各方行为，并定期向投资者进行披露信息等；服务机构则对资产池及其所产生的现金流进行监管，收取本金和利息，并转交给受托人。在完善交易结构后，聘请信用评级机构对资产支持证券进行评级，因为这些证券代表投资者对资产池及其相应的信用提升机制所产生的应收账款现金流的受益权；如果初评后，没有达到相应的投资级别，就需要进行信用增级，通过包括政府机构、保险公司、金融担保公司等在内的信用增级机构对发行的资产支持证券提供信用增级，取得发行的有利条件。发行 ABCP 证券一般要求较高的信用级别。

（4）信用评级，证券设计与发行

信用增级结束后，SPV 需要再次聘请信用评级机构对发行的资产支持证券进行独立的、系统的定量和定性分析，给出正式的发行信用评级。根据博物馆资金使用要求和评级结果，设计发行的证券类型，确定证券票面利率与期限，由证券承销商负责协调资产支持证券发行的各项工作，向投

资者披露证券的相关信息，促进证券的成功发行；证券发行一般主要采取面向机构投资者的私募发行；发行结束后，将所募集到的资金扣除各项费用后分期支付给博物馆。

（5）现金流（资产池）管理及偿付

证券发行成功后，SPV从承销商那里获得现金收入，用以支付发起人（博物馆）购买证券化资产的款项，并支付评级机构、受托银行等相关专业服务机构的服务费用。SPV一般委托发起人（博物馆）作为服务机构对资产池进行管理，负责收取、记录由资产池产生的现金收入，并对形成的积累金进行资产管理，以便在证券偿付的规定期限用积累金支付投资者的收益；一般的现金流是原始债务人到期偿付本金和利息给服务机构，服务机构将其存入特殊账户（托收账户），这个账户由受托管理人保管，然后委托管理人再把本金和利息支付给投资人。还未用来支付给投资者的资金可以再投资，使其保值增值。当全部证券被清偿完毕后，如果资产池的现金流还有剩余，剩余部分偿付发起人或SPV之间进行协议分配。至此，博物馆资产证券化融资的全部过程宣告结束。

5. 博物馆资产证券化融资应当注意问题

在我国博物馆行业进行资产证券化融资，还应当注意以下七个方面的问题。

第一，思想认识问题。长久以来，博物馆大多数依靠国家政府财政拨款，自行融资的动力不足，主动"找钱"的想法与能力不强，融资渠道非常有限；另外，我国资本市场也不够发达，博物馆行业对利用证券市场的融资功能还缺乏足够了解，再加上西方发达国家的金融危机，使包括博物馆在内的文化领域谈"资"色变，不愿提及资产的经营与管理，从而造成国有文物资产的贬值，而没有使之得到应有的保值增值。认识上的局限使大部分博物馆不愿意利用金融创新工具来筹集资金，提高资金使用效率，即便出现资金紧张或不足，也首先想到求助于国家财政预算的大幅度增加或增加银行贷款，而没有想到尝试运用资产证券化这种低风险、低成本的融资方式，这就需要政府及主管部门增进对资产证券化的了解与推动市场体系的完善，需要主管部门进一步解放思想。

第二，真实出售与破产隔离问题。根据资产证券化的原理，产生未来现金流的基础资产应当向 SPV "真实出售"并实现基础资产"出表"①，有效地转移至券商设立的专项计划，这种转移必须是真实销售，其目的是实现基础资产与发起人之间的破产隔离，保证基础资产信用的独立性，该环节是资产证券化最本质的要求，也是博物馆资产证券化整个过程中的难点问题。

在真实出售问题上，博物馆资产属于国有资产，尤其是博物馆场馆、办公楼、土地、大型仪器设备等，一般不能随意出让与买卖，受到文物主管部门和国有资产管理部门的相关政策严格限制；因此，在将博物馆资产"真实出售"给 SPV 的时候，卖出的不是现实存在的一部分特定资产（原始资产），而是其特定资产中的一项不可分割的财产权利以及由该项权利产生的收益权，该项收益权并不会随着特定资产的清偿而消失或终止。我国《证券公司资产证券化业务管理规定》指出："法律法规规定基础资产转让应当办理、登记手续的，应当依法办理。法律法规没有要求办理登记或者暂时不具备办理登记条件的，管理人员应当采取有效措施，维护基础资产安全。"② 对于收益权类基础资产的财产权利转让是否可办理变更登记手续，法律并没有给予明确的规定，所以就不存在"出表"问题；在博物馆资产证券化过程中，由于采用了专项资产管理计划模式，监管部门采取了比较宽容的态度，并不强制要求基础资产"出表"。

对于破产隔离问题，SPV 自身要保证远离破产风险，由国家委托设立的 SPV 必须严格限定其经营范围，确保该 SPV 是专门用于博物馆资产证券化融资的特设机构，不得从事其他与此无关的业务活动，并由监管机构进行严格监督以保证业务活动的专一性和独立性。对于采取资产支持票据模式的博物馆资产证券化融资，2012 年 8 月 3 日发布的《银行间债券市场费金融企业资产支持票据指引》中规定，目前实践中不强制要求设立 SPV，采取以账户隔离的资产支持形式。

---

① 所谓"出表"，是指把已经被证券化的资产从发起人的账上和资产负债表内转出，可以提高资本充足率；对一些没有资本充足率要求的发起人来说，它们所需要的只是融入资金，是否"出表"并不十分重要。但是，从投资者角度，是否"出表"却始终是十分重要的，因为这关系发起人是否将其基础资产真实出售问题，只有真实出售，才能实现破产隔离，投资者的利益才能得到保护。
② 《证券公司资产证券化业务管理规定》（证监会公告〔2013〕16 号）。

第三，SPV设立的问题。能否成功设立SPV，是资产证券化能否顺利运作的根本前提，因此，博物馆对SPV的设立应该谨慎。目前，我国资产证券化分为抵押贷款资产证券化、非抵押贷款资产证券化（证券公司等通过设立专项资产管理项目计划发行计划收益凭证）、未来现金流量资产证券化（以未来收费收入支持发行证券，在我国称为企业资产证券化，即企业ABS），博物馆资产证券化可以选择参照企业ABS模式与ABN模式，更为合适。

第四，法律保障问题。博物馆资产证券化涉及不同的法律部门，产生多方面的法律关系，如特殊目的机构在博物馆资产证券化中占有核心地位，一切法律关系均围绕SPV而产生。SPV没有固定的组织形式以及运作架构。博物馆资产证券化融资模式的选择在很大程度上取决于发起人所期望的资产证券化的目标、基础资产的性质、特定的经济环境以及可适用的法律体制（有关的会计制度）等。国外未来现金流量资产证券化基本上采取信托模式结构，而目前我国采取的是信托和专项资产管理计划。由于国内关于专项计划的相关法律法规建设还不够完善，目前专项计划设立的依据主要是中国证监会发布的《证券化公司资产证券化业务管理规定》《合同法》以及与基础资产相关的法律法规，交易的很多方面尚有需要完善的地方。博物馆资产证券化不能简单地从现有领域的法律中寻找类似条款加以套用，应当结合自身的特点与实际的融资目标合理科学地进行资产证券化活动。

第五，税务与会计等问题。博物馆资产证券化的交易结构决定了税务处理与会计处理的重要性，就税务而言，由于证券化融资涉及基础资产转让、原始权益人、SPV、投资者的税收待遇等，交易税负的不确定性将直接影响交易的发行成本以及证券持有人的投资收益，因此，在博物馆资产证券化融资过程中，应当尽可能减少征税环节；而对于会计处理问题，特别是涉及基础资产是否"出表"问题，真实销售的法律认定与资产"出表"的会计认定非常复杂。由于我国文化资产证券化实践尚处于起步阶段，这一问题就更显棘手，因此，我国在资产证券化专项资产计划的审核中，监管部门采取了宽容的态度，并不强制要求资产"出表"，业界也普遍认为，像国家级博物馆这样优质部门，由于其自身主体信用已经足够好了，不采取真实出售和破产隔离也完全可以，甚至可能会更好地保护投资者，我国博物馆资产证券化应当积极地进行博物馆资产证券化融资的试验与探索。

第六，现金流量资料问题。当博物馆资产证券化的基础资产为博物馆的不动产收益权或者馆藏复制品特许经营权的时候，收益权的来源应当符合法律、行政法规规定，收益权的买卖不得违反法律、行政法规的规定；收益权应当有独立、真实、稳定的现金流量历史记录或历史数据，需要关注基础资产现金流预测的考量因素与依据，关注现金流在产生与归集过程中能否特定化并明确归属于专项计划，关注各级受益凭证的本金及利息的偿付安排与基础资产现金流归集环节是否能够合理衔接等，以此来确定博物馆这些资产是否适合证券化。博物馆资产证券化的基础资产在未来的现金流量应当保持稳定或稳定增长趋势，基础资产的来源及其转让应当符合国家的法律法规的规定。博物馆资产证券化的基础资产为债权的，有关交易行为应当真实、合法、有效，预期收益额应能够确定。

第七，人才问题。博物馆资产证券化实务中缺乏既熟悉资产证券化操作，又了解博物馆行业特殊性的复合型人才，也是一个较为突出的问题。

总之，当今世界，无论是发达国家还是发展中国家，博物馆经费来源的多元化趋势已经不可避免，也是博物馆事业发展的必然选择。实践证明，通过合理利用资本市场进行证券化融资，有利于促进博物馆事业的持续健康发展，而且采用博物馆资产证券化这一创新融资方式，不但可以盘活博物馆存量资产、激活金融资产，还可以较好地解决博物馆事业发展所面临的资金不足的难题。虽然目前博物馆领域在进行资产证券化融资方面还存在法律、政策、技术、人才等方面的问题，但是只要大胆探索、勇于尝试、完善机制，就一定能够科学合理地解决所面临的问题，走出一条可持续健康发展的创新融资之路。

四 中小微型文化企业资产证券化融资

（一）中小微型文化企业融资难的表现与解决思路

1. 中小微型企业的界定

按照我国统计机关的标准，它是规模以下的企业。这就是说，企业经营规模是划分小企业的关键点。中小企业是一个统称，它是中型、小型和微型企业的统称。对中小企业的划分，过去执行的是原国家经贸委、原国家计委、财政部和统计局 2003 年颁布的《中小企业标准暂行规定》。从 2011 年 6 月 18 日开始，经国务院同意，国家工信部、统计局、国家发改委、财政部等部门重新制定了《中小企业划型标准规定》。根据新的规定，中小企业划分为中型、小型、微型三种类型，具体标准根据企业从业人员、营业收入、资产总额等指标，结合行业特点制定。新标准规定的行业包括农、林、牧、渔业，工业，建筑业，批发业，零售业，交通运输业，仓储业，邮政业，住宿业，餐饮业，信息传输业，软件和信息技术服务业，房地产开发经营，物业管理，租赁和商务服务业，其他未列明行业等十六大行业。同时，对各行业的划型标准做了详细的规定，比如对工业的划型标准是从业人员 1000 人以下或营业收入 40000 万元以下的为中小微型企业。其中，从业人员 30 人及以上，且营业收入 2000 万元及以上为中型企业；从业人员 20 人及以上，且营业收入 300 万元及以上的为小型企业；从业人员 20 人以下或营业收入 300 万元以下的为微型企业。新标准还规定，企业类型的划分以统计部门的统计数据为依据。新规定颁布以来，中小企业的统计标准有了完整的法规依据。而小微企业，就是依据新标准而来，它是中小企业的主体，也是中小企业融资难的最大群体，所以引起了社会各界的普遍关注。

2. 中小微型文化企业融资难的基本表现

中小企业融资难是一个普遍存在的问题，中小微型文化企业同样如此。主要表现在以下三个方面。

（1）间接融资难

中小微型文化企业从商业银行特别是国有商业银行获得贷款困难，而这种贷款困难，一方面表现为企业获得贷款难，另一方面表现为银行放款难。

①企业获得贷款难，主要原因是抵押难和担保难，还由于基层银行授权有限，办事程序复杂。其一，抵押难。一是中小微型文化企业由于资产结构的特殊性，无形资产多于有形资产，缺乏土地、厂房、设备等银行认可的可抵押的标的物。二是评估登记部门分散、手续烦琐、收费高昂，资产评估登记要涉及土地、房产、机动车、工商行政及税务等众多管理部门，而且各个部门都要收费、收税，如果再加上正常贷款利息，所需费用

几乎与民间借贷利率相近，普通中小微型文化企业难以接受。三是文化企业的资产评估中介服务机构尚未完全建立、规范起来，还属于部门垄断服务，对抵押物的评估往往不按照市场行为准确评估，随意性很大；评估登记的有效期限短，经常与贷款期限不匹配，文化企业为此在一个贷款期限内要重复进行资产评估登记，重复缴费。

其二，担保难，主要表现为中小微型文化企业难以找到合适的担保人。收益一般的文化企业银行是不允许作为担保人的，而效益好的文化企业既不愿意给别人作担保，也不愿意请人为自己做担保，免得"礼尚往来"；至于中小微型文化企业之间的互相担保，往往是一家企业出了问题会连累一批企业，这通常又被认为是社会稳定所难以接受的，常常使担保变得有名无实。因此，各家银行都进一步减少担保贷款比重，增加抵押贷款比重。

其三，基层银行授权有限，办事程序复杂烦琐。由于中小微型文化企业借一笔数额不大的贷款至少要办十道手续，少则一周，多则数月，即使钱到手，商机可能已经错过；一经借到款，一些企业宁肯接受罚息也不愿意办续借手续，免得再经历一番评估、公正、登记等贷款的全套手续。目前，在民营经济比较发达、民间借贷比较活跃的地区，民间融资几乎与银行融资旗鼓相当。

其四，融资成本高。首先目前我国中小企业融资成本普遍过高。以一个中小企业申请贷款100万~1000万元、期限6个月为例，在整个贷款过程中一般需要支付如下费用：资产评估费、抵押登记费和公证费，资产评估费100万~1000万元的收费标准一般为2.5‰~6‰；抵押登记费，50万~1000万元的收费标准一般为0.1‰~1‰；公证费用，50万~1000万元的收费标准为贷款额度的0.2‰~0.3‰；三项费用合计约为贷款额度的2.8‰~7.3‰。其次，担保机构收取一定的担保费用。目前，市场化的担保公司收取的费用一般为标的的1.4%~3.5%，另外需支付咨询费等费用（0.3%）。此外，要支付银行的贷款利息。银行对中小企业贷款的利率一般会在利率政策范围内尽量上浮，如果上浮控制在10%~30%，那么中小企业贷款月利率为4.62‰~5.46‰。担保费率和银行利率按就低不就高测算，企业贷款100万~1000万元半年需要支付各项硬性支出共52020~475200元，支付费用与贷款额度比例为4.75%~5.2%[1]。如此估算，企

---

[1] 武巧珍：《中国中小企业融资》，中国社会科学出版社，2007，第212页。

业净资产收益率必须达到7%，贷款才有意义。

②银行放贷难。银行放贷难是近几年出现的新情况，主要表现为不少基层银行贷款占存款的比例逐年下降，资金放不出去。中部地区一家县级市的国有商业银行的情况比较有代表性。1996年以来，该行存款余额从1.4亿元增加到2000年上半年的3.2亿元，贷款余额则从1.6亿元减少为0.6亿元，资金贷不出去[①]。而且这些贷款还是历史上形成的，近几年几乎不再放贷。这种情况在全国带有一定的普遍性。

(2) 直接融资难

由于我国金融体系中资本市场相对于资金市场发育很不完全，缺少一个多层次的、能够为广大中小微型文化企业融资服务的资本市场。国内的主板市场只是国有大中型企业的融资平台，二板市场也是僧多粥少，成了主板市场的缩微板，"三板"市场正处于探索之中。从现行上市融资、发行债券的法律法规和政策导向上对中小企业不太利好，中小微型文化企业要想通过债权和股权融资等直接融资渠道获得资金还需要国家在相关政策法规方面进一步倾斜。

(3) 风险投资难

由于没有畅通的推出机制，少了高额的利益回报，风险投资在我国陷入了一个尴尬的境地，风险投资想投不敢投，中小微型文化企业想要不到。一些风险投资公司不得不把风险资金放到证券市场的短期炒作上，或申购新股，或到二板市场炒作，风险资金很难真正进入企业。

在新的形势下，中小微型文化企业融资难出现了一些新特点：一是短期资金融通难度降低，但长期权益性资本严重缺乏；二是大型文化企业融资困难得到缓解，但中小微型文化企业融资仍然十分困难；三是货币政策调控对中小微型文化企业融资冲击较大；四是大中城市资金充裕，但县级以下地区资金匮乏；五是金融机构、担保机构对中小微型文化企业的支持力度在加大，但发展呈现不均衡；六是中小微型文化企业信用担保机构的发展呈现多样化趋势，但蕴含较大的金融风险。

3. 中小微型文化企业融资难的解决思路

中小微型文化企业融资难已经成为一个不争的事实，要解决这个问

[①] 武巧珍：《中国中小企业融资》，中国社会科学出版社，2007，第215页。

题，就必须打破金融瓶颈，进行金融创新，创新需要提高整个金融体系的资产流动性，进而拓宽抵押资产来源。创新的关键步骤在于实现资产证券化。资产证券化实现了资金、技术与管理的结合，把投资者、风险资本家（中介机构）和企业管理层三方纳入同一系统，建立一套以绩效为标准的激励机制，从而有效避免了股权融资中所有权对经营权的弱化而产生的"内部人控制"现象，同时摆脱了债权融资中投资者对企业激励的弱化，大大降低了企业的"逆向选择"与"道德风险"，在机制上更好地解决了信息不对称问题，显著提高了融资效率。通过政策证券化融资，货币流动性将得以提高，金融与实体经济两大齿轮间才会注入充足的润滑剂，"宽货币、紧信贷"的金融困境才能逐步舒缓。因此，要解决中小微型文化企业融资难的问题，进行资产证券化融资是一个较好的解决思路。美国实现已经为我们提供了成功的案例。美国金融体系中由风险投资、PE、投资银行、商业银行、基金等形成的金融产业链，比较好地解决了中小微型企业发展中的融资问题。

（二）中小微型文化企业资产证券化融资的基本流程

相较其他融资渠道，我国中小微型文化企业选择进行资产证券化融资具有一定的可行性。首先，我国相当一部分中小型国有文化企业是作为大型国有文化企业的配套企业而存在，他们与大型国有文化企业的业务往来产生相当规模的应收账款。这些应收账款有大型国有文化企业的信誉做担保，坏账比率比较低，具有证券化的价值。其次，在众多中小微型文化企业中，有相当一批文化企业拥有高新技术产权，却缺乏足够的资金实现知识产权资产的产业化。这些文化企业可以将知识产权真实出售给SPV，再由SPV将知识产权集结成资产池，以其产生的使用费收入为支持发行证券，实现融资。最后，一般而言，对于处于成长期的中小微型文化企业，其前期项目已经投入运营，能够产生稳定的预期现金流，也可以其为支持实现资产证券化融资。

文化企业资产证券化融资有单一和联合两种模式。我国大型文化企业资产规模大，进行资产证券化融资大多采用单一模式，可以通过规模效应降低融资成本。但是我国众多的中小微型文化企业资金规模小、信用水平低，单个中小型文化企业的资产往往达不到资产证券化融资的规模要求，很难像大型文化企业一样独立发行资产证券化进行融资，因此可以考虑将多个中小微型文化企业的资产组合起来进行证券化融资。这样既可以解决资产池规模问题，又可以发挥资产证券化融资的低成本和规模化融资的优势。但是仅凭中小微型文化企业自发联合进行资产证券化融资在目前来看不现实，需要一个专门的机构来负责资产证券化融资方案的设计和运作，可以考虑由政府背景的中小微型文化企业管理机构来承担这一责任。

1. 中小微型文化企业资产证券化融资的基础资产选择

基础资产的选择是资产证券化融资的第一步，由其产生的现金流是发行证券收益的最终来源，基础资产的特点、类型直接关系证券发行的市场前景，因此，基础资产的选择是中小微型文化企业资产证券化这一融资技术能否成功实施的重要前提。一般来说，基础资产需要满足五个基本条件：其一，具有可预测的现金流；其二，资产或债权均质化，包括标准化的契约，易于把握还款条件与还款期限的资产；其三，资产达到一定的信用质量标准，即资产的呆账风险低或有高质量的担保做抵押，呆账损失可以合理地估算；其四，资产规模大，整个资产组合中的资产应尽可能具有分散的特性；其五，稳定的本利分期偿付。

中小微型文化企业管理机构选择基础资产构建资产池时要注意分散风险原则，以避免资产的不合理集中产生未来的偿付困难。资产组合的效用关键在于稳定收益、分散风险。另外，还应当注意资产的合理搭配，要做到证券存续期内可近期变现、中期变现、远期变现的资产能按照一定的比例组合在一起，保证在证券化融资过程中的每一个时期都有持续的现金流，使资产池的组合更符合证券化运作的要求。对中小微型文化企业而言，基础资产的选择又有一定的特殊性。风险控制好，把成本降下来，是搞好中小微型文化企业资产证券化融资过程中特别应当注意的问题。根据证券化资产的特征，以下几类资产可以考虑作为中小微型文化企业的基础资产进行资产证券化融资。

(1) 应收账款证券化融资

应收账款证券化融资是将文化企业所拥有的应收账款作为基础资产出售给 SPV 进行证券化融资的一种方式。应收账款通常具有低风险和高流动性的特点，一般是由文化企业向分销商、零售商或者消费者提供商品或服务时形成的，它代表了对已提供服务的求偿权，债务人的支付义务和现金流与卖方的未来收入无关。一般的中小微型文化企业应收账款融资通常较难符合证券化资产的要求，但是，对于与大型文化企业的业务往来频繁或作为大型文化企业的配套企业存在的中小型文化企业来说，由于与他们的业务往来和给大型文化企业的重大项目进行配套生产或服务过程中，会产生相当规模的应收账款。这些应收账款有大型文化企业的信誉或政策扶持作保障，坏账率比较低，能够在未来产生可预期的稳定的现金流，证券化价值较高。因此，这种类型的中小型文化企业可以把应收账款作为基础资产，并将它们真实出售给 SPV，就可以获得所需资金。SPV 将购买的应收账款进行结构性重组，构造资产池，以资产池预期现金流为支持发行证券，从而达到为中小型文化企业融资的目的。

应收账款证券化融资时应注意在选择应收账款进行证券化融资时，还要考虑应收账款组合的坏账率是否低，并在多年内保持一致。坏账率是对过去应收账款损失的一项统计指标，是应收账款组合的关键质量指标。投资者在决策前，首先要分析应收账款组合多年来的坏账率水平和一致性；对发起人而言，每一个应收账款组合，要参照过去坏账额的一定倍数建立适当的损失准备金。

（2）知识产权证券化融资

信息时代的许多中小微型文化科技企业，拥有自己的知识产权，却没有足够的资金实现知识产权的产业化，而国内的风险投资尚不发达，难以满足这类文化企业的融资需求。知识产权证券化则是解决其融资需求的有效途径。凭借知识产权使用费产生的稳定的现金流进行证券化融资，可以满足中小微型文化科技企业的融资需求，促进知识产权资产的流通，提升中小微型文化科技企业的竞争力。在美国、日本等国家，中小型企业知识产权证券化的融资手段，已经得到比较广泛的应用并取得了一定成效。通过知识产权证券化，中小微型文化科技企业可以将知识产权真实出售给SPV，由 SPV 将知识产权集结成资产池，以其产生的使用费用收入为支持发行证券，实现融资。知识产权证券化融资，一方面知识产权经过结构性重组和信用增级等技术处理后，总体风险得到有效控制，所发行的证券风险较低。另一方面，投资者通过投资知识产权支持证券，能够分享科技进步带来的收益，因此，以知识产权为支持发行证券，对投资者有较大的吸引力。

知识产权证券化融资时应注意的事项。当前，知识产权证券化的推行，需要有外在条件的配合，若许可使用的收益不高，证券化的融资条件就比较弱。需要构建资产池来强化证券化的条件，使其满足规模上的要求。另外，我国目前缺乏相关知识产权价值评估的具体细则和标准。行业缺乏统一的标准，造成知识产权评估的随意性和盲目性，同时各评估机构评估结果差异较大，影响了评估结果的权威性。

（3）具体项目资产证券化融资

一些中小微型文化企业还拥有已投入运营并能产生稳定预期现金流的项目，但受自身积累有限，外部融资能力不强，缺乏资金对这些项目进行扩大再生产，抑制了其应有的发展潜力。运用资产证券化融资，中小微型文化企业可以向SPV转让这些运营项目收益权，SPV以项目产生的预期现金流为支持，面向资本市场发行资产支持证券，获得企业急需的资金，解决了中小微型文化企业扩大再生产面临的资金短缺矛盾。这种融资手段为那些处于成长期的中小微型文化企业提供了极大的融资便利，有力地推动了中小微型文化企业的发展。发起人按照一定标准收购中小微型文化企业的资产后，组建规模化的资产池，并将资产池中的资产按收益年限、违约风险等划分为不同档次，并聘请具有公信力的会计师事务所对其进行审计、确认、甄别和筛选，以保证进入资产池的资产具有一定的安全边际。

2. 构建可以证券化融资的资产组合并将其出售给SPV

发起人即中小微型文化企业管理机构，首先根据融资的需要，衡量中小微型文化企业的信用、评估抵押担保的价值，预测资产的未来现金流，并根据政策证券化融资目标确定资产池的规模，将收购的多家中小微型文化企业的证券化资产进行组合，构成资产池。资产出售是发起人即中小微型文化企业管理机构把经过组合的金融资产卖给SPV的行为。资产出售须以买卖双方已签订的金融资产书面担保协议为依据。出售时卖方拥有对标的资产的全部权利，卖方要对标的资产支付对价。这些是在买方对卖方强制行使资产权利必不可少的条件，有以下三种资产转移方式。

（1）债务更新

即先行终止发起人与资产债务人之间的原合约，再由SPV与债务人之间按原合约还款条件订立一份新合约来替换原来的债务合约，从而把发起人与资产负债人之间的债权债务关系转换为 SPV 与债务人之间的债权债务关系。债务更新一般用于债权组合涉及少数人债务人的情况，如涉及的债务人则较少使用。

(2) 转让

也称为让与，是指通过一定的法律手续把待转让资产项下的债券转让给 SPV，发起人与资产债务人的原合同无须更改、终止。在通常情况下，资产权利的转让要以书面形式通知资产债务人，否则，资产债务人会享有终止债务支付的权利。转让是一种手续简单的转移方式，也是证券化融资过程中最常用的资产出售方式。

(3) 从属参与

在从属参与方式下，SPV 与资产债务人之间无合同关系，发起人与资产债务人之间的原债务合约继续保持有效。资产也不必从发起人转移给 SPV，而是由 SPV 先行发行资产证券，取得投资者贷款，再转贷给发起人，转贷金额等同于资产组合金额。投资者对 SPV 的贷款以及 SPV 向发起人的贷款都附有追索权。SPV 偿还贷款的资金来源于资产组合产生的收入。从属参与实际上属于担保融资，这一资产转移方式在我国并存在障碍，但从属参与没有将 SPV 和发起人的破产风险隔离，也即投资者获得的偿付会受发起人破产风险的影响。

3. SPV 的设计

中小微型文化企业管理机构负责集合多家中小微型企业确定资产池后，就需要将资产出售给一个 SPV，由其负责利用资产池的设计和发行资产支持证券。它可以是一个投资公司、投资信托或者其他类型的实体公司，是处于发起人和投资者之间的机构，有时由发起人直接设立。与一般实体不同，SPV 基本上是一个"空壳公司"，它以资产证券化为唯一目的、独立的法律实体，但它并不参与实际的业务操作，具体工作委托相应的投资银行、资产管理公司等中介机构进行。在法律上，SPV 完全独立于资产原始持有人，不受发起人破产与否的影响。资产证券化融资通过将基础资产转移给 SPV，在发起人、证券发行人和投资者之间构筑了一道防火墙，将风险进行了隔离。

(1) 信托型 SPV

信托是指委托人将财产权转移于受托人，受托人则为受益人的利益处分信托财产，即受人之托、代人理财。信托具有资产分割与风险隔离方面的功能，既能较好地满足发起人的利益，又能最大限度地保护受益人（投资者）的利益，同时在有些国家税法上，信托并不是一个税收实体，不存在实体层面的税收问题，将信托作为资产证券化融资的 SPV 是最好的选择。实践中，信托型 SPV 作为证券化融资的载体非常普遍，美国、日本、韩国以及中国香港等国家和地区一些资产证券化融资的 SPV 采用信托的形式。信托的法律构造实现了"信托财产权与利益相分离"和"信托财产独立性"。在信托型 SPV 结构中，发起人为委托人，SPV 为受托人，SPV 发行信托收益证书，信托一般采取授予人信托和所有者信托两种方式。授予人信托是以过手证券形式发行单一种类的不可分割的信托受益证书，所发证券具有股权性质；所有者信托的最大好处在于可以将资产集合的现金流任意组合发行多档证券，以吸引对收益率、风险、期限等有不同偏好的投资者，所发行证券可以是股权性质的信托证书，也可以是债券性质的转付证券。信托型 SPV 比较适合同类分批次的资产实施证券化融资，利用这种结构可以通过同一信托发行不同系列的资产支持证券，将新增加的同类资产不断放入信托，并不定期的发行新系列的证券设立 SPV，扩大资产集合规模，还可以大幅节省发行费用和时间，使发行更具有灵活性，有利于进行持续管理。

　　（2）公司型 SPV

　　公司型 SPV 最大的特点是可以把一个或一组发起人的基础资产加以证券化，并且这些证券化交易可以依次进行也可以同时进行。因此，相对于信托型 SPV，公司型 SPV 更易于扩大资产池的规模，从而摊薄证券化交易较高的初始发行费用。公司型 SPV 通常用于多宗销售中，因为从交易的经济效率看，人们很少因未来一次交易而使用公司型 SPV，而且从减免税的角度出发，作为公司型的 SPV 往往难以摆脱双重征税的境地。公司型 SPV 类型多样，因此，呈现的形式也是多样化的。

　　（3）有限合伙 SPV

　　有限合伙是由一个以上的普通合伙人与一个以上的有限合伙人组成。普通合伙人承担连带责任，而有限合伙人不参与合伙事务的经营管理，根据出资额分享利润、承担债务，只承担有限责任。有限合伙型 SPV 的特点是合伙由其成员所有并为其服务，有限合伙型 SPV 主要向其成员即合伙人购买基础资产，为其成员进行资产证券化融资。但是有限合伙型

SPV 在风险隔离上相对欠缺。因为在合伙的法律关系中，合伙人一般要对合伙的债务承担连带责任，合伙人的财产风险和合伙组织的风险并没有完全隔离开来。

从目前我国资产证券化融资的实践经验来看，我国中小微型文化企业资产证券化融资过程中比较适宜采用信托型 SPV。

4. 资产组合的信用增级和信用评级

SPV 获得资产组合的产权凭证后，需要引入其他信用，以便分担和降低风险。通过信用增级，能够极大地提升资产的信用水平，从而吸引更多的投资者，并相应降低融资成本，同时满足发行人在会计、监管和融资目标方面的需求。信用增级的手段主要可以分为内部增级和外部增级。信用增级后的资产组合拥有了可以证券化融资的信用基础，还必须有特定的信用评级机构对资产组合的最终市场信用做出评定，以便对该金融产品进行定价和发行，并为投资者提供风险评估的依据。

5. 融资证券的发售和资产转让支付。

一般说来，资产证券化融资中发行的证券主要有债券、优先股、信托受益权证等。SPV 通常由 SPC 或者 SPT 来承担。SPC 和 SPT 各自有不同的制度功能，SPC 大多会发行债券和优先股，SPT 则发行债券和信托受益权证。由于 SPV 的职能仅限于购买拟证券化资产、整合应收权益等，所以投资银行承担了资产支持证券的发行和销售工作。资产支持证券的发行可以通过公开发售的方式进行，也可以提供私募的方式进行，或者二者同时进行。SPV 从投资银行那里获得发行收入，然后按照事先约定的价格向发起人支付购买证券化资产的价款。

6. 资产售后管理和服务

中小微型文化企业管理机构指定一家资产管理公司管理资产池，负责收取、记录由资产池产生的现金收入，并将现金收入存入受托管理人的收款专户。受托管理人按照约定收取资产池现金流量，并按期向投资者支付本息，向专业服务机构支付服务费，由资产池产生的收入在还本付息、支付各项服务费之后，若有剩余，按协议规定在发起人和特殊目的载体之间进行分配。服务人是专门负责资产证券化融资后的运行管理工作的机构。

需要说明的是,以上只是资产证券化融资运作的最一般或者最规范的流程,实践中每个交易过程都各不相同。

(三) 中小微型文化企业资产证券化融资亟待解决的问题

1. 加大政府支持力度

我国中小微型文化企业的融资结构比较单一,就股权融资而言,没有发达国家的天使资金、风险基金和公众资金。在债务融资方面,我国中小微型文化企业所能得到信贷资金品种也比较单一。政府已经开始对中小微型文化企业融资问题给予高度关注,从1999年起发布了一些文件,如《关于建立中小企业信用担保体系试点的指导意见》《关于加强和改善对中小企业金融服务的指导意见》《国务院关于进一步促进中小企业发展的若干意见》等。近年来,国家采取了一系列政策措施为中小企业融资营造有利的外部环境。

2. 促使信用增级

(1) 应建立有政府背景的中介机构,充当中小微型文化企业证券化融资的中介机构

在市场上收购中小微型文化企业用于证券化的各种无形资产,并对其进行证券化。政府有关部门出面组建这类中介机构,一方面,可以广泛收购中小微型文化企业用于证券化融资的资产,实现资产更加充分的组合,使各类成分资产的风险得到最充分的对冲;另一方面,在起步阶段组建有政府背景的中介机构,能够有效地推动新的融资手段在国内的发展,也有利于资产支持证券信用等级的提升。文化资产评估机构的建立与完善,有利于推动中小微型文化企业证券化融资的更好开展。

(2) 设立专项投资基金

在国内,由于金融市场的不健全,通过资产证券化为中小微型文化企业融资,还是一项金融创新业务。在起步阶段,不仅在一级市场上需要政府部门给予扶持和推动,在二级市场上同样需要政府部门给予有力的扶持和推动。为此,有必要建立专项中小微型文化企业投资基金,专门买卖为中小微型文化企业融资而发行的资产支持证券,活跃资产支持证券二级市

场。专项投资基金，以政府部门出资为主，同时吸收金融机构、大型工商企业的资金，甚至自然人的资金。国家通过制定有关税收优惠政策，支持专项投资基金发展，鼓励更多的机构和个人投资专项基金，壮大专项基金实力。

（3）健全信贷担保体系

为使资产证券化能够较好地解决中小微型文化企业融资问题，必须保证资产支持证券享有较高的信用级别，具有投资价值，才能广泛调动各方面资本。提高资产支持证券信用等级很重要的一个环节，就是从外部对所发行证券进行信用担保，实现信用增级。在国内成立由财政部门出资的、覆盖面较广的信用担保体系，为所发行的资产支持证券提供担保，提升证券的信用等级。政府组建机构提供信用担保，只是为资产证券化提供信誉支撑，并不是借此让政府为中小微型文化企业的失败买单。

（4）推广优先（次级）结构证券，提升投资者对中小微型文化企业贷款的信心

中小微型文化企业资产证券化信用升级可采用内部增级和外部升级的方法。内部增级包括划分优先（次级）结构、设立利差账户、备付金账户等；外部升级包括寻求保险公司担保、中介机构评级、要求政府设立中小微型文化企业发展保护局或保护基金等机构或公司。其中优先（次级）结构是将发行的证券按本金的偿还次序分为两档，即优先级和次级。优先级证券先获得本金偿付，只有优先级证券本金偿付完后，次级证券才可以偿付本金。如果发生违约损失，则在次级本金额内的损失都由次级的持有者承担。

3. 完善相关法律法规

我国应当结合金融市场发展的特点，根据资产证券化运作的具体要求出台一部资产证券化法规，并对现有所谓与实施资产证券化有障碍的法律法规进行修改、补充和完善。如对设立 SPV 的性质、破产清算等做出专门规定，同时明确资产证券化融资过程中的会计、税务报批程序等一系列政策问题。建立完善的评级制度、设立正规的评级机构等。建立完善的资产证券化制度。我们必须为其创造良好的法律环境，使其运行在法制的轨道上，从而发挥其应有作用。事实上，20 世纪 70 年代始于美国的资产证券化极大地改变了西方发达国家的资本市场及人们融资的观念。从某种意义

上讲，证券化已经成为全球金融发展的潮流之一。因此，资产证券化既不是洪水猛兽，也不是免费的午餐，资产证券化这一新型融资工具在我国的发展还面临许多问题，中小微型文化企业能够顺利应用资产证券化融资还需要经历一个过程。只有通过中小微型文化企业自身和国家的共同努力才能推动资产证券化的正常发展，也为中小微型文化企业融资开辟了一条新渠道。

五 国有文化资产证券化融资

如何更好地利用资本市场，采取各种形式、多渠道地促进国有文化资产的市场化配置，对加快国有文化单位"转企改制"、提升国有文化企业国际竞争力有十分重要的意义。国有文化企业未来的改革路径基本上可以概括为三种：一是国有文化企业股权多元化，包括引入私有企业、战略投资者等；二是股权激励，形成资本所有者和劳动者利益共同体；三是国有文化资产的资产证券化率提升，包括整体上市、兼并重组等，以推动推动国有文化企业完善现代企业制度。

（一）国有文化资产存量证券化融资问题的提出

国有文化资产，是指所有权属于国家的文化财产，是国家依法取得和认定的，或者国家以各种形式对文化企业投资和投资收益、国家向文化行政事业单位拨款等形成的财产以及附着于这些财产之上的权利，它不仅包括物权方面的经营性文化资产、非经营性文化资产等，也包括国家依据法律或者凭借国家权力从这些文化资产上所取得的准物权以及国家享有的债权和无形产权。国有文化资产是国家所有权的客体，国家是国有文化资产所有权的唯一主体。一是经营性文化资产。经营性文化资产是指国家作为投资者，投资各种类型的文化企业，用于生产、经营或者服务性活动而形成的国有文化资产及其收益。二是非经营性文化资产。非经营性文化资产是指国家以拨款或者其他形式形成的，由文化行政事业单位占有、使用的各类文化资产。

国有文化资产经营在经历了几十年的发展之后，已经从以往单一的资产经营逐步演变到现在的国有文化资产的资本化运营，即金融资本运营和产权资本运营。对国有金融资本运营来说，其主要体现就是股票和有价证券发行、企业上市、债券融资等。对国有产权资本运营来讲，其主要体现就是资产重组、购并、破产、托管、分拆等。而所有资本运营的核心就是如何将企业闲置资产、不良资产等利用各种经营模式充分发挥出其应有的价值，为企业带来更多的现金流，提高国有文化资产的数量。从理论上讲，资本运营是以生产经营为基础，其目的是挖掘文化企业潜力，提高文化企业存量资产的使用效率，培育和增强文化企业的核心竞争力。在近十几年中，我国国有文化资产运营的理念严重扭曲，主要表现在以下四个方面。

第一，产权流动性差。在现阶段，我国国有文化企业（部门）资本质量较低，主要表现为文化企业资本收益率低；闲置大量质量较好的资产，使企业的生产能力退化，资本功能消退；应收款数额较大、周转时间长，同时混乱的财务管理导致资本实际损失未能真实反映等。这些都将成为资产重组过程中的障碍，也就导致了国有产权资本运营的困难，从而使整体国有文化资产产权流动性差。

第二，片面追求规模，盲目重组。一些文化企业对并购对象缺乏理性分析和客观评价，盲目重组、并购一些无发展前途的企业或本应该退市的上市公司，结果非但没有通过并购壮大自己，反而背上沉重的包袱，有的被并购拖垮。

第三，脱离生产经营。有些文化企业不是将搞好自身的文化生产创作、提高企业的核心竞争力作为资本运营的基础，而是盲目实行多元化经营，盲目进入自己不熟悉的行业，导致战线过长，首尾不能兼顾，最终陷于被动。

第四，相互攀比。一些文化企业在没有对各种运作模式充分了解和掌握的情况下，为了与其他企业攀比，显示其经营模式的多样性，盲目地使用一些不适合自身企业的经营手段，反而导致企业经营每况愈下。

上述这些问题，可以通过推行国有文化资产证券化得到解决。首先，从筹资方面看，国有文化资产证券化不仅能把未来流动性很小，甚至是几乎没有什么流动性的资产动员起来，使之流动并帮助其从金融市场融资，而且与上市相比较，门槛比较低，即只需要提高其部分资产的利用等级，并以此作为融资的筹码，同时解决了股票市场容量有限的问题。从投资人和资金供给者的角度看，国有文化资产证券化提供了一种更为直观、更加简单、更易把握的投资方式，从而推动了国有文化资产支持证券的流动性，也为国有文化资产融入资本市场开辟了另一条途径。除此之外，国有文化资产证券化相比较前两者的优势还体现在如下五个方面。

一是在更大规模上实现国有产权的流通。国有文化资产证券化是指将缺乏流动性但具有未来现金流的国有文化资产汇集起来，通过结构性重组将其转变为可以在金融市场上出售和流通的证券的过程。它通过增强资产的流动性，扩大资金融资渠道，提高国有文化资产的利用效率，从而提高国有文化资产的整体质量，彻底扭转我国国有资本运营理念较为扭曲的局面。国有文化资产证券化不仅可以使用市场化手段给予国有文化资产合理的定价，而且能够满足证券市场的融资需要，实现国有文化资产的保值增值。

二是降低国有文化资产融资成本。众所周知，过去国有企业改革的过程中始终伴随改制、兼并、出售、转让等经济行为的发生，但是这些经济行为的发生或多或少以国有资产的流失为代价，并未完全实现国有资产的保值增值。但是国有文化资产证券化的"真实出售""破产隔离""信用增级"等手段却可以有效地降低国有文化资产的融资成本，使国有文化资产的流失实现最小化。具体表现为资产证券化通过真实出售实现了风险的转嫁，满足严格的规章制度的要求，实现了部分管制的突破，减少了制度规定的管制成本；通过破产隔离，特殊目的机构发行的证券的偿付与原始权益人的经营风险彻底分开，在很大程度上减少了原始权益人财务状况必须受到监督的必要性，降低了原始权益人内外部的财务监督成本；通过信用增级，可以使原始权益人和证券发行单位的信用评级提升，降低证券利率，从而减少融资成本。

三是有利于缓解高原文化企业负债压力。目前，我国国有商业银行的贷款大部分投向国有企业，国有企业普遍存在过度负债问题，而企业的融资方式也以间接融资为主。国有文化资产证券化可以把银行持有的大量贷款，通过技术处理转化为可分割转让的证券销售给投资银行或其他投资者。这样，由原来的国有商业银行作为国有企业的单一债权人，变成了由众多的投资者共同享有债券或持有债务企业股权。由此企业用新债务融资或股权融资归还银行贷款，既缓解了企业的过度负债问题，改善了资本结构，也实现了投资主体的多元化。此外，由于债券变为流动的产权，还有助于资源的合理流动，使社会资源得到有效配置。

四是有利于国有文化企业融资渠道的拓展和资产的壮大。国有文化资产证券化不仅可以使国有文化企业进行融资，并且通过其国际化运作，还可以使国有文化企业流动性差的资产置换出国际市场上流动性强的资产，在改善国有文化企业自身现金流入的同时利用外资来壮大国有文化资产，使其在激烈的竞争环境中立于不败之地。通过国有文化资产证券化的融资，可以不必像其他融资方式出让或稀释企业股权，也不构成国家的外债，仅以出让部分市场为代价，这也符合我国渐进式的开放和利用外资的政策。

五是有利于国有金融资产的健康发展。国有文化资产证券化有利于改善国有商业银行的经营状况，提高资本充足率，降低金融业的整体风险。首先，传统的商业银行在资产负债表结构上多数存在存短贷长的问题，使银行资产负债的期限结构失去平衡。运用资产证券化技术，银行将缺乏流动性的资产转化为流通性较好的证券，使其在不改变负债的情况下提高资产的流动性，从而有效地改善了资产负债结构，解决了营利性、流动性和安全性之间的矛盾。其次，资产证券化有助于商业银行有效地分散贷款组合的非系统性风险。长期以来，由于体制方面的原因，我国商业银行的客户来源受政策的影响较大，一般局限在特定的地域、行业和特殊的企业群体。从微观角度看，稳定的客户群体有助于减少单项贷款的信贷风险和成本，但从宏观角度看，这种稳定的客户群体却限制了银行进行分散化经营的战略性原则。通过资产证券化，银行可以有效地分散资产组合，降低贷款的非系统性风险，也可以继续维持原有的客户群体。最后，商业银行可以通过资产证券化技术，将部分风险贷款转换为等级较高的有价证券，达到资本充足率8%的国际标准。

（二）国有文化资产证券化融资的可行性

1. 国家政策支持

发挥市场在资源配置中的决定性作用，促进国有文化产权有序流动，是我国国有文化体制改革和发展的重要目标之一。2003年12月，国务院国资委与财政部联合印发了《企业国有产权转让管理暂行办法》，之后又陆续出台了一系列规范国有产权流动的配套文件，为国有产权上市流通奠定了法律基础。2006年颁布了《国有股东转让所持有上市公司股份管理暂行办法》，自2007年7月1日起施行。该办法允许国有股东将其持有的上市公司股份通过证券交易系统转让、以协议方式转让、无偿划转或间接转让。2004年,《国务院关于推进资本市场改革开放和稳定发展的若干意见》提出"积极探索并开发资产证券化品种",国内资产证券化业务由此拉开序幕。2012年以来,随着中国人民银行、银监会、财政部《关于进一步扩大信贷资产证券化试点有关事项的通知》,中国证监会《证券公司资产证券化业务管理规定》,国务院办公厅《关于金融支持经济结构调整和转型升级的指导意见》等文件相继推出,资产证券化在我国的重启和发展思路渐开。作为"盘活存量"的重要举措,资产证券化将对促进我国金融改革和经济结构转型发挥重大作用。

2012年来,资产证券化产品面临的政策环境和参与主体环境都发生了巨大变化。从监管层态度来看,推动资产证券化快速发展的积极性增强:2011年资产证券化产品发行重启;2012年5月,中国人民银行联合银监会发布《关于进一步扩大信贷资产证券化试点有关事项的通知》;2013年3月16日,证监会发布《证券公司资产证券化业务管理规定》。资产证券化的相关法规的建立和完善在持续推进,不同部门都在为资产证券化产品的发行提供更为便捷的帮助。而本次在国务院会议上决议扩大信贷资产证券化的试点,进一步提高资产证券化支持力度的层级,资产证券化业务拓展有望提速。

2. 宏观环境及微观基础已经具备

我国已经初步建立社会主义市场经济体制,逐步形成以资本为纽带的市场。资本流动性与过去相比已经得到了极大的提高,国民经济的市场化和金融深化也已具备了一定基础。从市场的监管体制看,中国人民银行、证监会、保监会在监督、管理金融创新和衍生金融工具市场方面具备了监管能力,这为资产证券化的健康发展提供了极其重要的先决条件。我国国民经济在经过了一段低速发展以后,目前已经平稳,并保持良好的发展势头。这为资产证券化提供了良好的宏观市场基础。

随着现代企业制度的深入推行,国有文化企业对其有了深刻的理解,对风险与收益、市场融资的认识也逐步增强。同时随着金融体制改革的深化,国有商业银行业被彻底推向市场前沿,更是以提高自身经营利益为目标,通过发展各种业务改善经营条件,逐步转变为独立自主、自负盈亏的经济实体。同时,商业银行对消除不良贷款和盘活存量资产也有强烈的愿望和动力。

3. 拥有丰富的基础资产

资产证券化融资需要有大规模稳定现金流的资产，而且必须兼有低坏账率和高度分散性。在国外的经验中，这些资产主要有信贷资产和应收款项。相比之下，我国国有文化资产虽然还未形成规模，但在市场经济的发展过程中，推行资产证券化的资产基础已经具备，主要是商业银行的信贷资产、基础设施的收费资产、国有企业应收账款资产以及国有企业中大量存量资产。据统计，我国国有文化产权资产浪费惊人。

通过以上分析，可以看出，国有文化资产实施资产证券化融资的操作不论是在政策、法律方面，还是在资本市场、实践操作方面，都具有相当的规范支持、制度保障、市场需要和经验借鉴，因此可以说，我国国有文化资产开展证券化融资操作是可行的。

(三) 实施国有文化资产证券化融资的思路

由于国有文化资产为全民所有的特殊性，实施国有文化资产证券化融资的关键问题就是 SPV 的模式选择及风险隔离的防范，而信用增级、评级过程与其他类型资产证券化融资没有太大的差异，在此就不赘述。

1. SPV 的模式

特殊目的机构在资产证券化融资过程中是非常关键的一个环节，它关系资产证券化融资的整个过程能否真正成功。特殊目的机构的组织形式不同，它所达到的"破产隔离"效果就不相同。国外对 SPV 的设立已经有了比较成功的模式，对我国来说，由于国情不同，我们不能完全照搬国外的成功模式，但是可以选择性借鉴他们的一些成功经验。同时由于需要证券化的资产种类不同，我们也不能采用同一个模式设立 SPV。就我国的目前情况看，采用以下几种模式设立的 SPV 是可供参考的。

一种模式是由国家出资设立国有独资公司。这种设立模式门槛低，而且在国外和我国香港地区已有成功的模式可以借鉴（美国有政府国民抵押协会、联邦国民抵押协会、联邦住宅贷款抵押公司，我国香港地区有按揭证券公司等）。设立这种公司，首先由政府拨专项资金注册，然后购买证券化资产，主要为商业银行的不良贷款（商业银行已经转变为独立自主、自负盈亏的经济实体,因此对消除不良贷款有强烈的愿望和动力),然后以此为支撑发行债券(根据《公司法》的有关规定,国有独资公司有资格发行债券),所募资金又可以继续购买商业银行的不良贷款,以此形成良性循环,解决了我国商业银行的难题,同时加速了我国资产证券化融资市场的发展。

一种模式是由证券公司或其他非金融机构共同出资所组建的一个股份有限公司形式的SPV。成立董事会,根据各自出资额的大小分配董事名额,派代表去经营管理,实现风险共担、利益共享。这些证券公司一方面可以吸引大量人才,另一方面可以与国外的大型证券公司合作,带来国外先进的证券市场运作经验。值得指出的是,证券公司设立的SPV与商业银行之间没有任何隶属关系,能够有效地减少资产证券化融资过程中的关联交易风险,保障证券化融资机制的公平合理性。

一种模式是可以由需要出售证券化资产的国有文化企业注册成立一个全资子公司,按照"真实出售"和"破产隔离"的原则充当特殊交易机构的角色,一方面能够避免某些税收问题,降低证券化融资的运作成本;另一方面还可以购买其他公司的证券化资产,形成规模效应。

这几种模式在当前条件下是可行的,当然,对于不同情况、不同背景选择一个最适宜的模式还有待进一步探索。但是无论选择哪一种模式,在国有文化资产证券化融资过程中都要以产权交易的方式替代行政划拨和政府定价,这在国有文化企业产权的多元化组合中具有重要的实际意义。因为在我国,国有文化资产的流动大多数是受命于行政划拨,即使在通过市场化手段转让国有文化资产的尝试中,也常常因定价不合理而引发国有文化资产流失的嫌疑。通过产权市场进行国有文化资产的证券化交易,从某种意义上说,体现了国有文化资产真实价值的一种市场回归。

2. SPV 的"破产隔离"

被证券化资产信用的独立性是资产证券化融资最本质的特征,而被证券化资产的"破产隔离"则是资产证券化融资过程中最为重要的一个环节。它要求被证券化的资产无论在哪种情况下都能保持独立性,与发起人、SPV及其母公司互相隔离。SPV必须不容易破产,因为一旦破产就可能导致资不抵债,中断债权人获得偿付的权利,甚至伤害他们的利益,从而无法保障证券化交易的安全性。因此,要想保证资产证券化融资的顺利进行，必须从防止 SPV 自愿破产和非自愿破产两方面着手。

限定公司业务。首先，必须限定 SPV 的经营范围。SPV 是一个新成立的实体，它只能从事证券化交易有关的业务活动。同资产支持证券发行无关的业务活动产生的求偿权都可能导致 SPV 的破产风险，因此要严格限定 SPV 的经营范围。其次，SPV 除了履行证券化交易中确立的债务及担保义务外，不应再发生其他债务，也不应为其他机构和个人提供担保，这样才能保证 SPV 远离破产风险。最后，SPV 必须真正独立。要建立自己独立的账簿和档案，保留自己独立的账户，隔离自有资产和其他实体资产等。

引进独立董事制度。在资产证券化关键的"破产隔离"环节中，如果 SPV 自愿破产，将会给资产证券化带来不小的阻力。防止 SPV 自愿破产的方法之一就是使 SPV 的自愿破产决定受到监督机构强有力的监督。就我国目前《公司法》对监事会不重视的情况看，我们引进独立董事制度是很有必要的。由于独立董事对重大事项的否决权使 SPV 不可能提交自愿破产申请，从而为 SPV 提供了破产保护。因此，SPV 要注意独立董事的作用，为国有文化资产证券化融资铺平道路。

3. 政府主导，防范风险

政府主导推动国有文化资产证券化，为国有文化企业的跨越式发展提供了契机。我国资产证券化产品从最初试点至今，始终未能获得较大发展，除了管理层态度、配套政策的因素外，以银行为代表的发起人发起意愿不强也是非常重要的因素。相较于银行的非标产品，资产证券化产品发行的成本高、审批的时间长。相较于普通贷款，证券化产品要求银行持有 5% 以上的次级档，风险权重高，对资本耗用大。同时，出于风险控制的考虑，银行推行的积极性并不强。而由政府主导来推动国有文化资产证券化的实施，将有利于提高参与主体的积极性，提升国有文化企事业单位的认识，加快国有文化资产证券化步伐；国有文化资产证券化对化解金融体系风险有积极意义，降低市场的系统性风险，有利于市场估值的提升，同时有利于金融企业的健康稳定发展。对实体经济而言，国有文化资产证券化将优化金融资源的配置，降低文化企业的融资成本，有助于经济转型和稳定发展。

本章小结

本章对我国文化资产证券化融资模式的产品设计，文化版权资产证券化与文物资产证券化；在文化版权资产证券化融资的产品设计中，以影视版权资产为实例，对影视版权资产证券化的意义与国外影视版权证券化发展基本情况进行了详细的分析，借鉴国外影视版权资产证券化融资的经验，对我国进行影视作品版权资产证券化融资的运作结构进行论述，试图为我国影视版权资产证券化融资提供具有可操作性的措施与办法，影视版权资产证券化融资过程中最为关键的环节就是对影视作品版权资产评估（基础资产价值的评估），给出了价值评估的方法与注意事项，并指出影视版权资产证券化融资为我国影视产业发展提供了新思路，也有助于建立一个多层次的影视融资渠道，改善我国影视产业发展过程中所遇到的资金困境。此外，从文物资产的视角对我国文物资产证券化融资进行了探讨，在梳理了文物资产的内涵、特点与分类的同时，指出文博领域不必谈"资"色变，利用资本市场进行融资，不但可以解决文物单位经费不足的问题，还能够有效地盘活国有文物资产，为文博领域发展提供一种新的筹资方式与思路。文物资产证券化融资的首要环节就是基础资产池的构建，选择哪些文物资产进行证券化融资，国内外的成功案例已经为我们提供了很好的启示与借鉴，为我国文物部门提供具有实际意义的方法或措施是研究的目的，为此，以博物馆资产证券化为例，对于文物资产证券化融资的模式选择与运作方法进行了详细的分析与阐述。此外，本章也对我国中小微型文化企业证券化融资问题与国有文化资产证券化融资问题进行了分析与探讨，试图探索出解决其融资问题的路径。

第六章　我国文化资产证券化融资所面临的风险与防范

一　我国实施文化资产证券化融资所面临的难点

由于文化资产证券化融资属于结构性融资,其交易结构相对复杂,是一项复杂的专业化程度高、技术性强的系统工程,涉及证券公司、法律、资产评估、信用评级、审计、担保和交易等专业机构,但是就目前我国的情况来看,在这些方面尚有欠缺,因此在试行文化资产证券化融资过程中还面临许多难点。

(一) 基础资产的"真实出售"和破产隔离问题

"真实出售"是文化资产证券化融资的核心步骤,只有实现了资产的"真实出售",才能保证已证券化的文化资产与原始权益人的破产隔离,即如果原始权益人破产,证券化的文化资产不被列入清算财产,以保障资产担保类证券化投资者的利益。在已经实施文化资产证券化融资的国家,资产的"真实出售"一般有法律保护。但是目前在我国现有的法律框架下,基础资产的"真实出售"尚存在不明朗的地方。以债权为基础资产的转让,基本上可以实现"真实出售",基础资产为不动产收益权和特许经营权收益权的,基础资产的转让和过户登记需要有明确的法律依据,并且需要登记机关的配合才可以办理过户登记。从现实情况看,相关的法律制度有待完善。与基础资产的"真实出售"相关的问题是基础资产与原始权益人之间的破产风险隔离。对于以收益权为基础资产的专项计划,由于我国现行物权法中缺乏相应的登记过户手段,不能实现完全的破产隔离;除银行担保外,还需要探索更多的风险隔离方式。

（二）会计准则和税务问题

目前，在文化企业资产证券化融资过程中，财政部尚没有对其中的会计处理做出明确规定。基础资产从原始权益人转移到专项计划后，文化企业所获资金的收入界定和会计入账都面临不确定性。与会计准则相关的是原始权益人在基础资产转让过程中所涉及的税务成本问题。资产转让中的会计准则和税收政策在很大程度上取决于资产转让的法律关系。税收政策直接决定文化资产证券化的融资成本和可行性。过重的税收负担会使文化资产证券化失去相对于其他融资方式的成本优势，过多的征税环节会给文化资产证券化交易造成很大的麻烦。在文化资产证券化融资过程中，如何保证在将资产转移给 SPV 时不发生相关税收，对于文化资产证券化的发起人及 SPV 是非常重要的。更具体地讲，已证券化的文化资产产生的现金流在返回给发起人之前，不应该在 SPV 处被征税，即所谓"税收中立"。文化资产证券化的结构必须避免或减少发生以下几方面的税收：SPV 的公司所得税；针对 SPV 流入或流出现金流的预提税；发起人或 SPV 的文化资产变现的资本收益税；资产转换或服务的增值税；资产转换的印花税。

（三）银行担保成为文化资产证券化发展的"瓶颈"

由于我国没有关于资产证券化的专项法律，因而不能实现严格意义上的资产"真实出售"和"破产隔离"。目前只能是融资方将资产抵押给银行，再由银行出具银行保函，完成对现金流的保护，实现企业与专项计划的风险隔离以及计划的外部信用增级。但是证券公司在资产证券化的实际操作中，获得银行担保有相当的难度。第一，银行由于担保业务的回报率太低，缺乏积极性。目前，银行对担保业务的要求与贷款相同，银行必须对担保金额提取资本准备金。以担保费 0.6% 为例，银行按照 50% 的比例对担保金额提取资本准备金[①]。因此，银行为担保所提取的资本准备金回报率为 1.2%（2×0.6%）。对银行来说，资本准备金部分的回报率太低，单纯担保业务没有很大的吸引力。在实际操作中，证券公司必须以文化企业现金账户、托管账户、潜在客户等商业理由，说服银行综合考虑其他业

[①] 提取担保金额 50% 的资本准备金，是银行针对不同信用等级贷款所提取准备金比例的中位数。

务收益而提供担保。第二，项目的融资成本会因为担保成本而相应提高，增加了项目安排的难度。第三，文化资产证券化项目可能变成银行贷款项目。由于银行以贷款为条件审批担保业务，这意味着能获得担保的文化企事业单位也能获得银行贷款。有些银行在审核文化资产证券化项目中，向文化企事业单位提出了提供贷款的意向，出现了贷款替代文化资产证券化融资的情况。第四，由于商业银行对这类产品缺乏了解，再加上内部审核流程不明确、行业壁垒等原因，银行担保审批的程序烦琐而漫长，有些银行的审核过程长达数月，严重影响了文化企业资产证券化融资项目推进的进度。

（四）信用评级标准缺位

文化资产证券化融资的产品属于结构金融产品，本质上是固定收益类产品。信用评级是产品的一个重要构成要素。信用评级机构应该充分发挥信用风险评估和警示作用。目前，我国信用评级服务机构的普遍问题是：第一，由于有关"真实出售"和"破产隔离"的法律制度不够完善，信用评级缺乏相应的制度依据；第二，评级机构的经验正在积累当中，评级标准的客观性和一致性比较低；第三，由于目前要求文化资产证券化产品具有银行担保，产品的信用常被等同于银行的信用，缺乏在银行担保与基础资产信用共存情况下的信用评级框架；第四，没有形成可向行业公布的评级标准，尚不足以形成对产品设计的指示作用。因此，建立我国外部信用提高机制是发展我国文化资产证券化融资不可缺少的环节。

（五）市场的监管

发展文化资产证券化融资必须指定或建立专门的监管机构，建立健全的监管法规，提高监管程序的透明度。文化资产证券化是比较复杂的结构性融资方式，它的健康发展需要一个完备、有力的监管机制来保证。文化资产证券化既涉及证券、担保、信托等金融领域，又涉及文化主管部门、工商业等非金融机构，是跨部门、跨行业的综合性业务，在现有的政府行政管理系统中，任何单一机构的业务分工都难以与之对应。因此，我国亟须建立一个专门的文化资产证券化监管机构，或者在现有证券市场监管机构（中国证券监督管理委员会）内设独立的文化资产证券化监管部门。同时，应建立健全文化资产证券化监督法规，对强化资产证券化融资过程中的重要问题，如 SPV 的建立和解散、资产池的管理等，应以法规的形式做出规定，为文化资产证券化融资的运作提供一个比较完备的法律框架。

二 我国推行文化资产证券化融资所面临的风险

（一）文化资产证券化融资面临的主要风险

由于文化资产证券化融资的复杂性，牵涉环节众多，相关风险也随之增多，不管是基础资产本身蕴含的风险，还是证券设计带来的风险，都会进入并通过交易结构传导、放大，最终由处在产品链末端的投资者承担。文化资产证券化融资主要面临的风险一般有法律风险、信用风险、市场风险、流动性风险等。作为一种创新性金融融资工具，文化资产证券化降低了融资成本，为其发起人带来了流动性，使参与其中的各服务机构获得服务费收入，也丰富了市场上的投资品种。然而，由于其自身结构的复杂性，在实施文化资产证券化融资过程中，我们需要防范结构设计伴随的风险，主要表现在以下几个环节。

1. 基础资产的法律风险

文化资产支持证券必须以能够产生可预期现金流的基础资产为支撑，一旦文化资产的原始债务人出现违约的情况，资产支持证券就无法兑付，投资者也会因此受损，所以具有资质稳定的基础资产对文化资产支持证券十分重要。目前，我国资产证券化融资实践中有两种 SPV，即信托公司的特殊目的信托和证券公司的专项资产管理计划。而在专项资产管理计划中，基础资产作为专项计划中现金流产生的基础，其法律风险不容忽视。在当前配套法律法规不完善的情况下，有法律瑕疵的基础资产将影响整个专项计划的合法性，较难实现破产隔离，对专项计划的运作产生较大影响。从基本要求来看，根据《证券公司资产证券化业务管理规定》（以下简称《管理规定》）[①]，首先，基础资产必须符合法律法规、权属明确，即

---

① 2013 年 3 月，《证券公司资产证券化业务管理规定》发布，在基础资产范围、投资者范围、交易场所和转让等多方面比《证券公司企业资产证券化业务试点指引》有较大程度放松，尤其是在基础资产方面，《管理规定》几乎涵盖了所有能够证券化的资产。

可以在法律上准确、清晰地予以界定，并可构成一项独立的财产或者财产权利，而且权属明确，能够有效、合法地转让。目前，应收债权类基础资产的法律要件较为完备，只要合同真实有效，一般不会存在法律障碍，但对于收益权类基础资产，法律界定较为模糊①，适用法规层次较低，是否可转让存疑②。其次，《管理规定》要求基础资产不得附带抵质押等担保负担或者其他权利限制。如果基础资产存在权利限制，则无法保证资产支持证券投资人对基础资产的合法权利。

从基础资产转让来看，理想情形是发起人将基础资产权属完全、真实地转让给 SPV，使基础资产的原始权益人及其债权人对基础资产无追索权，即实现破产隔离，虽然在实践中这一要求较难满足，但相关的转让风险依然值得关注。如果不能实现真实有效地转让，未采取风险隔离的措施，则专项计划容易暴露在原始权益人的破产风险之下，出现无法对抗善意第三人、被第三方主张权利的情形，影响专项计划的正常运作。根据基础资产的不同，相应的关注点也不同。当基础资产为债权时，应当关注债权基础法律关系涉及的资产权属是否相应转让给专项计划，在不转让给专项计划时采取何种措施防止第三方获得该资产权属；当基础资产为收益类资产时，中债资信会关注作为基础资产的财产权利转让是否可办理变更登记手续，或通过其他公示手段使转让行为对抗善意第三人；原始权益人是否承诺不再对基础资产进行再转让或抵质押等处理行为等。

2. 发起人的道德风险

除了来自基础资产的法律风险，发起人自身也存在风险，这种风险主要是发起人和投资者间信息不对称所引发的道德风险。发起人是基础资产的原始文化资产拥有者，较投资者对原始资产质量的掌握更为真实、信息更全面。一旦发起人在选取基础资产时"以次充好"，欺瞒投资者，就会对投资者的利益造成巨大损害。国内资产证券化的过程中，发起人和服务

---

① 比如将公园门票收入进行证券化，首先，要关注经营公园的企业是否持有项目建设及验收文件，是否拥有合法使用土地的权利；其次，其基础资产应界定为可产生销售收入的权利凭证（门票），而不是门票收入，因为基础资产是财产或财产权利，而不是现金流本身，现金流本身不具有法律意义。

② 比如我国政府特许收费权不能转让，只能变相地转让收费收益权。如莞深高速、宁建收益计划转让的不是收费权，而是收费收益权。

商往往由同一机构担任，可能引发一系列的利益冲突。例如，某银行拥有A公司的两笔贷款，银行将其中的一笔证券化后发售给投资者，并在该过程中扮演服务商的角色，另一笔继续以贷款的形式留存在银行。当A公司清偿部分贷款的时候，银行就很有可能将本应以服务商身份回收的应收款以清偿银行贷款的方式收入囊中。因此，投资者在投资资产支持证券的时候也需要留意发起人及服务商的信用情况。但是，我国目前文化资产支持证券的发起人大多为政策性银行、国有商业银行及股份制商业银行等信用资质较高、股东背景雄厚的机构，考虑到国内政策因素及这些机构后续融资能力，即使逻辑上存在利益冲突，实际发生侵害资产支持证券投资者的可能性仍然很小。

3. 特殊目的机构的风险

作为文化资产证券化过程中最重要的参与者，SPV起到了风险隔离的作用。从当前国际上的证券化实践看，SPV主要有三种形式：公司型（SPC）和信托型（SPT）以及专项资产管理计划。公司型SPV一般是发起人为了某项资产证券化交易而专门成立的公司，这种设计能够使SPC具有熟悉基础资产的优势，不过也导致其与发起人风险隔离的宗旨相背离。因此，在构建公司型SPV的过程中，常通过限定SPC的业务范围、资本构成、破产条件等手段来实现完全的风险隔离。然而在中国，SPV要以公司形式成立还存在诸多问题。首先，由于我国的资产证券化还处于初步发展阶段，对于SPC的企业性质和法律地位还没有明确规定。其次，SPC以公司的形式存在，若要发行资产支持证券（债券）需要符合《公司法》中关于净资产及可分配利润的一系列规定。所以SPC在我国受到了诸多法律约束，暂不适用。

目前，我国资产证券化过程中的特殊目的机构以SPT居多，SPT同时担任受托人的角色。以信托的方式设立SPT，是指发起人将证券化资产转让给SPT，成立信托关系，由SPT作为资产担保类证券的发行人来发行代表对证券化资产享有按份权利的信托收益证书。发起人将证券化资产信托与SPT后，发起人就不能再对该资产享有权利，从而实现了风险隔离。由于在信托模式中，信托公司接收委托人的委托，向投资者转让信托权益，所以避免了《证券法》中发行证券所需的各种烦琐条件和程序，也避免了信托公司不能发行信托凭证的限制性规定。然而，以信托模式发展信贷资产支持证券是以信托产品的形式存在，而我国信托产品的二级市场还处于起步阶段，参与者不多，限制了资产支持证券二级市场的流通性。

4. 服务商、受托人与信用增级的风险

除了以上主要关系方，文化资产证券化融资过程还需要服务商、受托人及信用增级机构等众多服务机构的参与。虽然服务商与受托人的自身经营状况不直接影响基础资产及其所产生现金流的风险，但他们在很大程度上决定基础资产与现金流的安全性及转给投资者的及时性，所以服务商与受托人的信用资质成为另一个潜在风险。理论上，当服务商与发起人有较密切的关系时，能够帮助服务商更好地了解基础资产的相关情况，为其将现金流及时地传递给投资者带来便利，但这种便利给资产支持证券最根本的目的——风险隔离带来变数。国内目前服务商大多为发起人，但是由于发起人本身信用资质好，违约风险低，使发起人、服务商及投资者之间利益冲突的风险有效降低。理论上，资产支持证券的信用增级分为内部增级与外部增级。目前国内市场上大多数产品同时有内部与外部增级。从内部增级来看，国内已发行的资产支持证券存在现金流再分配的优先列后关系，这使处于较高层优先等级的现金流对应证券的等级得到增级，除此之外也有部分券种利用超额利差的方式进行内部增级。外部增级层面，部分资产支持证券以外部担保、信托储蓄账户等方式进行信用增级。受交易主体动机、基础资产评级、交易及结算方式等影响，每一环节的发展都具有信用风险，信用风险渗透并贯穿整个过程。

5. 政策风险

专项资产管理计划的基础资产较为多样，往往涉及某一具体行业，如文化基础设施、文化资产融资租赁、行政特许经营权等，相关行业政策的变化可能给对现金流带来较大影响。以华侨城01~05计划为例，入园凭证收费是三地欢乐谷的经营性收入，如果国家对旅游行业和主题公园的政策导向出现变化，则入园凭证的收费模式或金额或会改变，这将直接影响受评证券的本金和收益。另外，文化资产证券化是证券市场的创新产品，与专项资产管理计划运作相关的政策法律制度有待完善，且当前适用的法律依据效力层次较低，如果有关政策、法律发生变化，可能会对专项资产管理计划产生不利影响。

（二）文化资产证券化融资面临风险的控制

文化资产证券化融资涉及发起人、债务人、SPV、保证人或信用增级机构、受托管理人、投资者等多个参与者，从而将传统的贷款功能分散给几个有限责任的承受者，这就使文化资产证券化融资过程中的风险呈现连续性和复杂性，也使证券化风险的控制变得十分棘手，因此，应重点从以下环节对其风险进行防控。

一是资产重组。通过资产重组，SPV 可以根据资产的历史数据，利用各种模型来推算资产组合中资产的违约率，然后根据违约率来对风险进行定价，从而使风险更容易被测算，以利于控制风险，是资产证券化风险控制的第一道防线。

二是风险隔离机制。风险隔离机制是指在构造文化资产证券化的交易结构时，证券化结构应能保证发起人的破产不会影响证券化融资交易的正常运营，不会影响对资产担保证券持有人的按时偿付。风险隔离机制包括两个方面："真实销售"和建立 SPV。文化资产从发起人向买方 SPV 的转移必须构成一项"真实销售"。判断真实销售的主要标准是出售后的文化资产在原始权益人破产时不作为法定财产参与清算，SPV 是一个特殊目的实体。如果 SPV 是一个单一从事资产证券化业务的机构，其资本化程度必须很低，资金全部来源于发行证券的收入。作为单一从事资产证券化业务机构的 SPV，其活动在法律上受到严格的限制。

三是信用增级机制。信用增级是用于确保发行人按时支付投资收益的各种有效手段和金融工具的总称，它可以使投资者不能获得偿付的可能性降到最低。在实际操作过程中，基本要求为：一是信用增级机构必须具有较高的信用等级，从而使资产担保证券获得高信用等级；二是必须保证信用增级机构与发行人达成的信用增级协议以及发行人自行提供的信用增级形式的有效性。

三 我国文化资产证券化融资制度创新的政策建议

文化资产证券化是一种资产收入导向型的融资方式，突破了传统融资方式的限制，破解了文化领域的融资难问题，然而我国证券市场发展不够完善，资产证券化处于起步阶段，这就使我国在进行文化资产证券化时，不能像西方发达国家一样过分依赖市场的力量。因此，在实施文化资产证券化融资的初期，还是比较适用政府主导型的证券化模式，因为政府在文化资产证券化融资的过程中可以起到导向作用，通过相关立法及导向性政策建立高效、安全的市场体系和交易规则，进行有效的监督管理和风险控制，形成良好的文化资产证券化融资的制度和机制支撑。因此，为了保障文化资产证券化融资的顺利开展，加快其推行速度，应当做好以下几方面工作。

（一）完善与文化资产证券化相关的法律法规

文化资产证券化融资过程复杂，涉及环节较多，与之相关的法律种类较多，但是我国目前还缺乏相关法律的支持。譬如，资产的发起和出售与《合同法》《物权法》有关，将所发行的资产支持证券界定为何种性质的证券则与《证券法》有关。另外，《担保法》《保险法》也都与证券化业务密切相关。因此，法律制度决定了文化资产证券化的结构安排、成本和效率及其风险程度，能否制定出有利于文化资产证券化融资的法律法规起着重要作用。为了促进我国信贷资产证券化试点的实施，我国有关部门已经颁布了一系列相关的法律法规，但是这些法律法规仅针对信贷资产和金融资产证券化，而文化资产证券化还缺乏相关法律支持。文化资产不同于一般的资产，不仅具有产业属性，还具有意识形态属性，文化资产产权牵涉较多的行政性因素，在对文化资产进行评估、认定时不像土地、信贷等权利那么直观明确。因此，应当借鉴信贷资产证券化"边试点边立法"的模式，在前期，由政府主管机关进行小规模的试点，同时由银监会、证监会、财政部、文化部、国家税务总局等部委制定相关政策法规，搭建起证券化框架，全面推动文化资产证券化工作，待时机成熟时，推出一部包括文化资产产权在内所有类型资产的资产证券化法律。

（二）设立专门的文化资产证券化主管机构

文化部、财政部国有文化资产管理委员会等相关部门单独或者与其他金融机构或组织联合成立专门机构，主管我国文化资产证券化相关工作。同时，应由政府牵头成立文化资产产权信托公司等中介机构作为特殊目的的机构进行文化资产证券化融资的操作。

(三) 完善相关的税收制度与相关会计准则

我国现行税收制度不利于文化资产证券化的推行。按照现行的税法规定，SPV 将缴纳所得税、营业税和印花税；虽然现行的营业税税率仅为 5%，印花税税率也仅为 0.3‰~0.5‰，但资产证券化往往涉及上亿元甚至几十亿元的交易额，如果按此纳税，税金总额将侵蚀大部分利润，证券化将失去其经济价值。因此，可以采取国外一些发达国家的通行做法，给予 SPV 以及证券投资人一定的税收优惠，如免除证券发行、交易过程中的印花税，降低或免除利息收入中应缴纳的营业税等，从而降低证券化融资成本，推动文化资产证券化的顺利展开。

在文化资产证券化融资过程中，相应的会计处理直接关系证券资产的合法性、流动性和营利性，关系每一位参与者的切身利益，这是文化资产证券化成功的关键环节。虽然我国财政部目前已经颁布了《信贷资产证券化试点会计处理规定》，但这仅为我国信贷资产证券化参与机构的会计处理规范问题扫清了障碍，而针对文化资产证券化业务的会计制度仍是一片空白，在企业资产证券化业务的确认、计量和报告方面尚没有一个可以遵循的依据，不同的处理方式导致不同的结果进而对各方面产生不同的影响，必然导致文化企事业单位在会计处理实务中的混乱，影响文化资产证券化运行的效率。目前，西方发达国家已经建立比较完善的文化资产证券化的会计制度，我国可以结合国情充分借鉴并尽快制定出关于企业资产证券化业务确认、计量、合并、定价等方面的会计制度。

(四) 加强金融监管机制建设

任何金融业务都蕴含各种风险，文化资产证券化是以文化资产产权的未来收益权为证券化对象的融资模式创新，其中蕴含的风险更为复杂隐蔽，因此需要更为完善的监管机制。鉴于文化资产产权权利关系的复杂性，资产、权利以及附带的风险在文化资产证券化融资的过程中发生了多次转移。同时，文化资产证券化融资过程中大量使用了信用交易，在具体操作过程中包含很大的风险。因此，对文化资产证券化的监管必须更加认真细致，这就要求我国的金融监管机制和业务创新进行适当的改革，以防范文化资产证券化带来的风险。目前对评级业采用的是以项目类别划分的准入制度，例如，中国证监会的证券市场评级准入、中国保监会认定的保险公司投资债券评级资格、国家发改委认定的企业债和担保机构评级、央行认定的企业债和银行间债券市场评级资格等，各管理部门在评级机构资质、人员、技术、收费等多方面缺乏统一的安排和管理；在行业管理上，仅有部分机构加入了亚洲信用评级协会，而中国还没有自己的评级协会。因而应当尽快建立国家统一的评级行业监管和自律组织。在大力提倡并创造必要发展条件的同时，从政策、法律、部门规章、监管架构调整等几个方面，多管齐下，同时加强对文化资产证券化创新的监管，以促使文化资产证券化在我国的健康持续发展。

（五）培育适合文化资产证券化融资的交易体系

从国际上已经有的文化资产证券化案例实践来看，证券发行几乎均采取向机构投资者和特定群体发行的方式。文化资产产权证券的弱流动性源于文化资产产权自身的弱流动性，这种发行的方式使文化资产证券化的社会影响力小，从而对投资者的吸引力不强，因此，应当避免这种定向发行方式，及早培育适合文化资产证券化融资的交易体系。就我国目前的状况而言，一方面应尽快改变资产证券化市场人为割裂的现象，建立统一且富有流动性的证券化产品交易市场；另一方面，应大力发展文化资产产权交易市场，通过促进文化资产产权的流动性来带动文化资产证券化二级市场的建立与发展。加大市场培育力度，组织相关监管部门、文化产权交易所、有关专家和创新类券商对文化资产证券化相关问题进行专项研讨；向上市公司推介文化资产证券化形式的融资模式，既可以为上市公司盘活资产、满足融资需求服务，又可以为证券公司提供合适的项目资源；发挥文化市场组织者在文化市场培育中的作用，为证券公司提供最新研究成果，共享创新试点过程中的问题和经验。

（六）完善信用评级与增级体系

在文化资产证券化融资业务发展过程中，应当完善信用评级的规范化，以便更好地发挥信用评级标准的指示性作用，应当要求信用评级机构公布评级标准，增强产品信用评级结果的客观性和可预见性，公开的信用评级标准不仅有助于推动文化资产证券化产品结构设计的多样化，而且对文化资产证券化产品与国际接轨或在适当时机对海外投资者开放有重要的战略意义。

此外，还应当拓宽信用增级途径，以减少对银行担保的依赖。第一，探索将保险公司、担保公司、财务公司或大型文化集团公司等高信用等级机构作为担保方。第二，探索银行授信和银行担保结合的外部信用增级模式，在外部信用增级结构中，引入银行对企业的专项授信，可以在启动担保前，由银行为企业发放用于偿付受益凭证本息的贷款。由于担保启动只是在专项贷款不足的境况下启动，这样既可以降低担保金额和银行准备金的提取，又可以满足银行发放贷款的要求，从而降低获取担保的难度。第三，鼓励证券公司在产品设计中运用内部信用增级手段，提高证券公司的产品设计能力；探索信用置换等内部信用增级手段，减少对外部信用增级的依赖。

（七）拓宽投资者群体，提供市场流动新

在文化资产证券化融资业务的过程中，扩大投资者范围，允许商业银行、保险公司、QFII等机构投资者直接投资文化资产证券化产品，以形成对文化资产证券化产品的差异性预期和需求，提高产品的流动性。同时，为投资者提供流动性的便利，增加二级市场的活跃度。具体可以考虑采取以下几种措施：一是引进质押式回购制度，允许文化资产证券化产品进行质押回购；二是借鉴证券公司质押业务，允许投资者向银行质押资产支持受益凭证贷款，打通银行和文化资产证券化市场的融资通道；三是开掘文化资产证券化产品的持有价值，将文化资产证券化产品列入融资融券质押担保品名单，提高证券公司购买文化资产证券化产品的意愿。

本章小结

作为一种创新的金融产品，文化资产证券化融资既具有与其他金融产品类似的违约风险和市场风险，也具有独特的风险，如提前支付风险、政策风险、证券化风险等。有效防范、控制风险是构建文化资产证券化融资的关键，分析识别这些风险、审查减少风险的方法以及正确评估那些减少风险的手段措施，成为文化资产证券化融资过程中风险控制的重要举措。所有的风险都不是彼此独立地存在，而是相互联系的；必须对这些可能出现的风险进行有效的监督管理和制度创新，构筑良好的文化资产证券化融资的制度和机制支撑体系。

第七章 文化资产证券化融资案例研究

一 收益类文化资产：华侨城欢乐谷主题公园入园凭证专项资产管理计划

（一）基本情况

欢乐谷主题公园入园凭证专项资产管理计划是2009年券商公司资产证券化业务重启以来，首次有上市公司通过该渠道获得融资。该计划以自成立之次日起五年内特定期间华侨城及下属两家子公司拥有的欢乐谷主题公园入园凭证为基础资产，设优先级受益凭证和次级受益凭证两种受益凭证。合计募集资金18.5亿元，募集资金将专项用于欢乐谷主题公园游乐设备和辅助设备维护、修理和更新，欢乐谷主题公园配套设施建设和补充日常运营流动资金。

该计划的核心在于将北京、上海、深圳三座欢乐谷主题公园未来五年的入园凭证打包作为基础资产，将其产生的现金流用于向投资者支付收益。计划发行后，上述三家公园的门票收入收款账户被作为监管账户，相关监管银行将现金流汇入专项计划账户，由中信证券按照约定的分配顺序向投资者分配。

基础资产销售收入划转流程为游客—入园凭证收款账户（监管账户）—专项计划账户—中证登（深圳）账户—受益凭证持有人。

（二）发行背景

1. 国家对发展旅游业的金融政策支持

近年来，我国政府持续支持旅游证券化，如2009年12月，《国务院关于加快发展旅游业的意见》明确规定："拓宽旅游企业融资渠道，金融机构对商业性开发景区可以开办依托景区经营权和门票收入等质押贷款业务。"2012年2月，中国人民银行等七部门发布《关于加强金融支持旅游业加快发展的若干意见》规定，"鼓励金融机构在依法合规、风险可控和符合国家产业政策的基础上，探索开展旅游景区经营权质押和门票收入权质押业务"，"通过企业债、公司债、短期融资债券、中期票据、中小企业集合票据等债务融资工具，进一步加强债券市场对旅游企业的支持力度"。

2012年12月，深圳华侨城控股股份有限公司推出"欢乐谷主题公园入园凭证专项资产管理计划"，以欢乐谷主题公园入园凭证（门票）为基础资产，成功募资18.5亿元。其中，门票包括欢乐谷的各类门票和旅游金融卡等，该案例创下了两个"第一"：境内第一例上市公司通过资产证券化募集资金和利用门票融资成功的第一例。

2. SAMP 的施行

2004年1月，根据国务院《关于推进资本市场改革开放和稳定发展的若干意见》对"积极探索并开发资产证券化品种"的明确要求，基于资产证券化的基本原理，以中国证监会《证券公司客户资产管理业务试行办法》中规定的专项资产管理计划（也称"专项计划"）作为发行载体，发行资产支持受益凭证。2006年6月，证监会出台了《关于证券公司开展资产证券化业务试点有关问题的通知（征求意见稿）》，允许已通过创新试点评审并具有证券资产管理业务资格的证券公司开展资产证券化试点。

中国证券市场正推行的专项资产管理计划，作为我国内地企业通过券商以其具有未来现金收益的资产或项目在国内进行的证券化融资方式，是在中国市场环境和监管背景下的创新性试点。其基本思路是由证券公司面向投资人推广资产支持证券，发起设立专项资产管理计划，用所募集的资金按照约定购买委托人的基础资产，并将基础资产的收益分配给资产支持证券持有人。在这种设计框架里，专项资产管理计划本身被视为SPV，这样既可隔离法人破产风险，又可实现真实交易。SAMP是具有中国特色的企业资产证券化融资形式。企业资产证券化的实施路径之一就是以"专项资产管理计划"的方式实现。中国证监会明确鼓励券商对五类基础资产进行证券化，具体包括水电气资产、路桥收费和公共基础设施、市政工程、商业物业的租赁以及企业大型设备租赁、大额应收账款、金融资产租赁等。

专项计划的交易结构主要包括专项计划向投资者发行受益凭证进行融资；原始权益人向专项计划转让基础资产（可产生未来现金流以支持专项计划产品偿付的资产），专项计划使用募集资金向原始权益人支付对价；基础资产产生的现金流用于支付投资者的投资本金和收益。

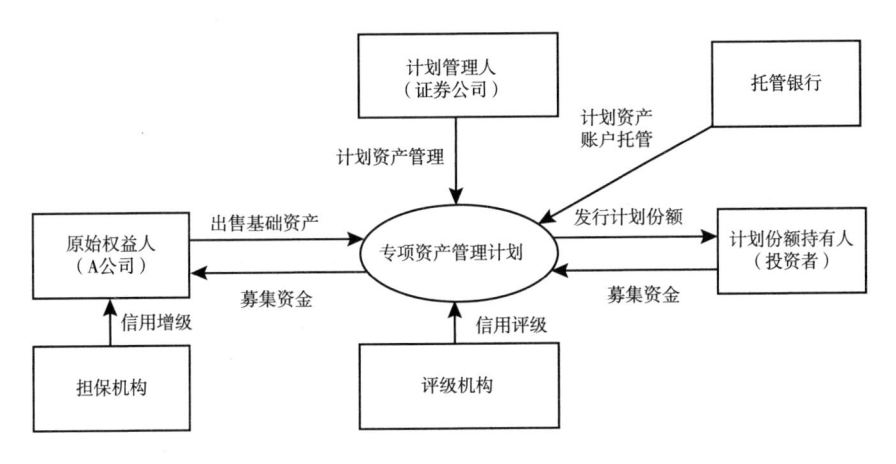

图 7-1 专项资产管理计划（SAMP）交易结构

（三）发行情况[*]

"华侨城欢乐谷主题公园入园凭证专项资产管理计划"（以下简称"华侨城收益计划"）成立于 2012 年 12 月，是我国第一单基于入园凭证现金流的专项资产管理计划。该计划的基础资产是华侨城旗下的深圳、北京和上海欢乐谷主题公园五年内特定期间（5～10 月）的入园凭证，合计筹资 18.5 亿元。其中，优先级受益凭证分为华侨城 1 至华侨城 5 共五档，期限分别为 1～5 年，募集资金 17.5 亿元，由符合资格的机构投资者认购；次级受益凭证规模为 1 亿元，由原始权益人之一的华侨城 A 全额认购。募集资金将专项用于欢乐谷主题公园游乐设备和辅助设备维护、修理和更新，欢乐谷主题公园配套设施建设和补充日常运营流动资金。

---

[*] 参考中信证券股份有限公司《欢乐谷主题公园入园凭证专项资产管理计划推介材料》，2012 年 11 月。

1. 交易主体

（1）原始权益人：华侨城A、上海华侨城、北京华侨城

该计划的原始权益人为深圳华侨城股份有限公司（以下简称"华侨城A"）及其子公司北京华侨城股份有限公司（以下简称"北京华侨城"）和上海华侨城股份有限公司（以下简称"上海华侨城"）。三家公司均属旅游服务业，主要经营主题公园、酒店服务、房地产开发、纸包装等。

（2）计划管理人：中信证券

中信证券股份有限公司（以下简称"中信证券"）担任本计划的管理人和推广人。

（3）担保机构：华侨城集团

华侨城集团为原始权益人如期足额向专项计划账户划转预期金额的欢乐谷主题公园入园凭证收入提供不可撤销连带责任担保。

（4）评级机构：联合评级

联合信用评级有限公司（以下简称"联合评级"）在发起日给予专项计划优先级受益凭证获得AAA级评级，并在存续期间进行跟踪评级。

（5）托管人：中信银行

中信银行股份有限公司（以下简称"中信银行"）担任专项计划托管人。

（6）登记机构：中证登深圳公司

优先级受益凭证在中国证券登记结算有限公司深圳公司（以下简称"中证登深圳公司"）进行登记结算，在深交所的综合协议交易平台进行定向流通。具体交易参与方见表7-1。

表7-1 欢乐谷主题公园入园凭证专项资产管理计划交易参与方

项目名称	欢乐谷主题公园入园凭证专项资产管理计划
原始权益人	华侨城A、上海华侨城、北京华侨城
担保人	华侨城集团
融资规模	总规模为18.5亿元;优先级规模为17.5亿元,分为华侨城1～华侨城5五个品种(信用评级均为"AAA");次级规模为1.0亿元,由华侨城A全部认购
托管人	中信银行股份有限公司
监管银行	中信银行深圳分行、交通银行北京分行和中信银行上海分行

续表

项目名称	欢乐谷主题公园入园凭证专项资产管理计划
法律顾问	北京市竞天公诚律师事务所（以下简称"竞天公诚"）
信用评级机构	联合信用评级有限公司
会计师事务所	中瑞岳华会计师事务所有限公司（以下简称"中瑞岳华"）
评估机构	北京中企华资产评估有限责任公司（以下简称"中企华"）
登记托管机构/支付代理机构	中国证券登记结算有限公司深圳分公司

2. 交易结构

本次华侨城收益计划的交易结构见图7-2。

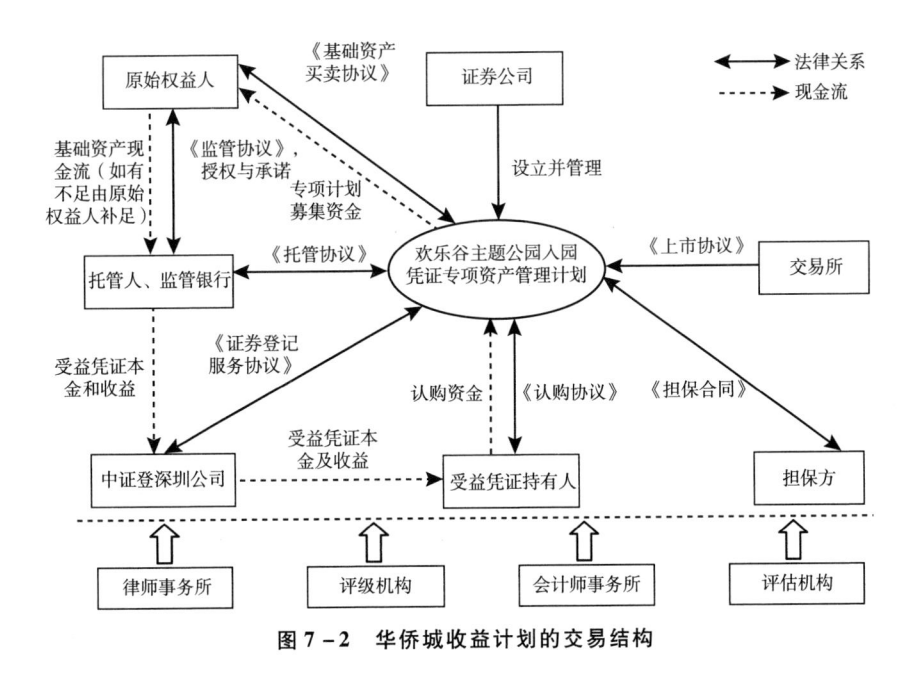

图7-2 华侨城收益计划的交易结构

3. 基础资产

华侨城收益计划的基础资产是指原始权益人因建设和运营北京、上海和深圳三地欢乐谷主题公园而获得的自专项计划成立之次日起五年内特定期间（5~10月）拥有的欢乐谷主题公园入园凭证，该入园凭证包括各类门票（包括但不限于全价票、团体票、夜场票、优惠票）、各类卡（包括但不限于年卡、情侣卡、家庭卡）及其他各类可以入园的凭证。

欢乐谷主题公园是华侨城A及华侨城集团最重要的业务板块——旅游板块的核心组成部分。目前，欢乐谷已经形成上海、深圳、成都、北京四地欢乐谷遥相呼应的合理布局，已经建成项目占地面积约228万平方米。2005~2011年，欢乐谷主题公园的入园总游客量年均增长率达到24.95%。2011年深圳、北京、上海三家欢乐谷的入园凭证销售现金流总计约9.33亿元，5~10月现金流总计约6.57亿元。按照等比例折算预估，2013~2017年特定期间内，基础资产对应部分的入园凭证销售现金流分别可达到5.95亿元、6.17亿元、6.18亿元、6.31亿元和6.38亿元（见表7-2和表7-3）。

表7-2 各地欢乐谷近年入园凭证销售现金流和销售数量

单位：万元，万张

公园	科目	2007年	2008年	2009年	2010年	2011年
深圳欢乐谷	销售现金流	33486.60	31917.74	26821.03	27968.64	32930.25
	销售数量	301.54	272.61	240.50	249.26	282.55
北京欢乐谷	销售现金流	22749.01	20440.51	22461.65	26418.74	30983.50
	销售数量	179.07	176.22	182.83	202.46	224.13
上海欢乐谷	销售现金流	—	7708.33	27684.80	29388.35	—
	销售数量	—	—	55.09	173.43	201.07
现金流总计		—	56235.61	52358.24	56991.01	82072.18	93302.10

注：上海欢乐谷2009年数据为2008年8~12月数据。

表7-3 欢乐谷主题公园2013~2017年每年特定期间入园凭证销售现金流预测

单位：万元，万张

公园	科目	2013年 5~10月	2014年 5~10月	2015年 5~10月	2016年 5~10月	2017年 5~10月
深圳欢乐谷	销售现金流	20349	20756	20964	21175	21385
	销售数量	143.91	146.8	148.27	149.75	151.25
北京欢乐谷	销售现金流	26542	27767	28581	29416	30279
	销售数量	193.89	202.05	207.68	213.48	219.45
上海欢乐谷	销售现金流	22297	22909	22366	22295	22685
	销售数量	144.92	178.74	144.97	144.85	147.23
现金流总计		—	69188	71432	71911	72886	74349
资产基础预计现金流入		—	59472	61663	61731	63096	63839

4. 信用增级

华侨城收益计划采取了四种信用增级方式。

优先/次级分层：本专项计划对受益凭证进行了优先/次级分层，次级受益凭证能够为优先级受益凭证提供5.41%的信用支持。次级受益凭证将全部由华侨城A认购。

超额覆盖：根据预测，原始权益人2013~2017年特定期间入园凭证收入超额覆盖预期支出，各期覆盖比率最低值达到1.45。

原始权益人补足承诺：在任意一个初始核算日，若在前一个特定期间内，基础资产销售均价低于约定的最低销售均价或者销售数量低于约定的最低销售数量，则原始权益人承诺分别进行补足。

外部担保：华侨城为原始权益人如期足额向专项计划账户划转预期金额的欢乐谷主题公园入园凭证收入提供不可撤销连带责任担保。

5. 产品基本结构

该专项计划优先级受益凭证包括五个系列产品。各产品每年支付利息，到期支付本金，信用评级均为AAA级，但期限各有不同，预期收益率相对较高。华侨城4和华侨城5的持有者拥有回售选择权。具体见表7-4。

表7-4 欢乐谷主题公园入园凭证专项资产管理计划产品基本结构

证券分层	优先级					次级
	华侨城1	华侨城2	华侨城3	华侨城4	华侨城5	
规模(万元)	29500	32500	34500	37500	41.000	10000
规模占比(%)	15.95	17.57	18.65	20.27	22.816	5.41
预期期限(年)	1	2	3	4	5	—
收益率(%)	5.5	5.8	6	6	6	—
投资者回售选择权	—	—	—	投资者有权在专项计划成立满3年后按面值回售给华侨城A	投资者有权在专项计划成立满3年和4年后按面值回售给华侨城A	—

续表

证券分层	优先级					次级
	华侨城1	华侨城2	华侨城3	华侨城4	华侨城5	
原始权益人赎回选择权	—	—	—	华侨城A有权在专项计划成立满3年后，在华侨城4和华侨城5的回售量均达到其发行量的50%时，选择按面值赎回全部华侨城4和华侨城5	华侨城A有权在专项计划成立满4年后，在华侨城5的回售量达到其发行量的50%时，选择按面值赎回全部华侨城5	—
还本付息安排	按年付息到期还本	按年付息到期还本	按年付息到期还本	按年付息到期还本	按年付息到期还本	按年分配剩余部分

6. 发行交易

中信证券通过直销方式推广该项专项计划优先级受益凭证，且只面向机构投资者。优先级受益凭证的面额为人民币100元。优先级受益凭证可在深圳证券交易所综合协议交易平台上市交易。次级受益凭证由原始权益人全额持有，存续期间不得进行转让交易。

7. 现金流分配

专项计划资产收益包括基础资产产生的现金收入、原始权益人的补足款、华侨城集团的补足款、基础资产收入在专项计划账户中的再投资收益及计划管理人对专项资产进行投资所产生的收益。

分配顺序：专项计划涉及的应纳税负（如有）；专项计划的管理费、托管费、评级费等相关费用；当期应分配的优先级受益凭证预期收益；当期应分配的优先级受益凭证本金；当期剩余资金全部分配给次级受益凭证持有人。

（四）对案例的进一步分析与思考

欢乐谷主题公园入园凭证专项资产管理计划属于企业资产证券化案例。从上述情况介绍或分析中，其基本的操作流程可见表7-5。

表7-5　2012年欢乐谷主题公园入园凭证专项资产管理计划

基础资产	本次专项计划基础资产为自专项计划成立之次日起五年内特定期间拥有的欢乐谷主题入园凭证
受益凭证规模	合计募集资金18.5亿元,设优先级受益凭证和次级受益凭证两种受益凭证。其中优先级受益凭证分为华侨城1至华侨城5共五档,期限分别为1~5年,募集资金17.5亿元,由符合资格的机构投资者认购;次级受益凭证规模为1亿元,由原始权益人之一的华侨城A全额认购
资金用途	募集资金将专项用于欢乐谷主题公园游乐设备和辅助设备维护、修理和更新,欢乐谷主题公园配套设施建设和补充日常运营流动资金
原始权益人	华侨城及其控股子公司北京世纪华侨城实业有限公司、成都天府华侨城实业发展有限公司、上海华侨城投资发展有限公司
担保人 (保证+补足)	本次专项计划由原始权益人华侨城进行补足,由华侨城集团公司进行担保,同意本次专项计划制订的回售及赎回等有关安排
管理人	证券公司

根据《证券公司资产证券化业务管理规定》的要求,进行专项资产管理计划的基础资产必须符合法律法规、权属明确,是可独立的、可预测的现金流的可特定化的财产权利或者财产。使用公园门票收入进行证券化融资,要求经营主题公园的企业应当持有项目建设及验收文件,办理安保、消防与年检手续,并拥有合法使用土地的权利,这样才能合法拥有运营并出售入园凭证的权利;基础资产是财务权利或财产,而不是现金流本身。因此,其基础资产应为可产生销售收入的权利凭证(门票),而不是"门票的销售收入",因为后者不构成一项财产或财产权利。华侨城欢乐谷入园凭证专项资产管理计划的基础资产,其发行说明书中的表述为原始权益人根据政府文件,因建设和运营欢乐谷主题公园而获得的自专项计划成立之次日起五年内特定期间拥有的欢乐谷主题公园入园凭证,该入园凭证包括各类门票(包括但不限于全价票、团体票、夜场票、优惠票)、各类卡(包括但不限于年卡、情侣卡、家庭卡)及其他各类可以入园的凭证。在企业资产证券化专项计划的实践中,对这一问题的认识也是逐渐清晰的。

基础资产必须可特定化。为了实现基础资产的可特定化,华侨城欢乐谷入园凭证以特定日期进行了强制分割,并且予以编码。特定期间及纳入基础资产的入园凭证(仅限于在各特定期间内销售,过期失效)数量见表7-6。

表 7-6 特定期间及纳入基础资产的入园凭证数量

单位：万张

特定期间	入园凭证数量		
	深圳	北京	上海
2013 年 5 月 1 日至 2013 年 10 月 31 日	120	170	125
2014 年 5 月 1 日至 2014 年 10 月 31 日	125	180	125
2015 年 5 月 1 日至 2015 年 10 月 31 日	125	180	125
2016 年 5 月 1 日至 2016 年 10 月 31 日	125	190	125
2017 年 5 月 1 日至 2017 年 10 月 31 日	125	195	125

在企业资产证券化专题资产管理计划的初步实施阶段，监管部门采取了比较宽容的态度，并不强制要求资产"出表"。业界也普遍认为，对优质企业而言，由于自身主体信用已经足够好，不采用真实销售和破产隔离也完全可以，甚至可能更好地保护投资者；对于本身资质不佳的企业，则往往需要通过真实出售和破产隔离来提高资产支持证券的信用评级；券商在资产证券化产品设计中可以根据原始权益人的不同情况，有针对性地安排基础资产真实出售和"出表"问题。

在信用增级方面，华侨城 A 欢乐谷入园凭证专项资产管理计划采用内部信用增级与外部信用增级相结合的方式。由于华侨城作为央企下属的大型国企上市公司，其主体信用等级本身就能达到 AAA；如果其直接发行公司债券，在华侨城集团担保的情况下评级也肯定是 AAA，也就是说，专项资产支持证券并不能达到通过提升评级而降低融资成本的作用。采用专项资产管理计划，关键在于拓宽融资渠道、突破融资限制。对华侨城这样以旅游、房地产为双主业的企业来说，专项计划正是突破融资渠道限制的有力工具。也就是说，对于长期患"融资饥渴症"的中国企业来说，利用资产证券化融资除了可能享有其固有的经济意义，还有一层突破行政管制的另一种意义。

由于含有房地产业务，华侨城目前无法直接向资本市场融资，因此以欢乐谷门票收益来进行资产证券化的融资是突破其融资瓶颈非常好的尝试。华侨城主题公园每年的稳定人流在 1915 万人次，门票收入为 24 亿元左右，如果能利用这部分收入进行资产证券化，将有力维持华侨城的高杠杆运作并改善负债。

但与此同时融资所得款项,可能会有相关条款要求华侨城专款专用。此次融资规模为18.5亿元,低于此前预期的20亿~30亿元,且大多用于欢乐谷项目的更新改造,因此对华侨城的财务状况及资金压力,不会有太大的缓解作用。因此短期而言华侨城依靠地产销售业务支撑园区运营和旅游业务的模式,不会有根本的改变。而这也正是华侨城模式目前的困境所在。

在此项目之前,国内发行过九个资产证券化产品主要涉及高速公路、污水处理,在园区方面还没有先例。该产品的推出,可能为未来商业物业、酒店以及其他景区的融资开拓新路径。

二 金融类文化资产(信贷资产):阿里小额贷款资产证券化

(一)发行背景介绍

首先资产支持证券(ABS)从特征上看还是一种固定收益类融资,法律结构是专项资产管理计划,标的是具备收益能力的资产。发起机构即阿里巴巴小贷公司,本次发行的阿里巴巴ABS不是在银行间市场,而是深交所的协转平台。阿里巴巴发行ABS的主要原因是没有拿到或者还不想要银行牌照,只能以自有资金放贷而不能吸储,因而业务规模受到很大的限制。通过信贷资产的出售,可以迅速回笼资金进行再次进行放贷,起到了类似银行"吸储—放贷—收入再贷款"的乘数作用,通过资产证券化可以更快扩大业务规模。ABS的主要优点是门槛低,并可以通过内部分级达到增信的效果,成本较低。

2013年7月,东方资产管理—阿里巴巴专项资产管理计划获得中国证监会批复,这是2013年3月15日中国证监会发布《证券公司资产证券化业务管理规定》,企业资产证券化业务常态化后的第一例产品。

阿里小额贷款资产证券化,也是中国第一单"循环购买"的资产证券化。东方证券资产管理公司为管理人,以阿里小额贷款为基础资产,设立专项资产管理计划,向合格投资者发行资产支持证券,募集来的资金用于支付购买基础资产的对价。具体来说,此次中国证监会一次性审批通过十只产品,每只规模为2亿~5亿元人民币,在1~2年期限内募集资金20亿~50亿元。

1. 阿里小贷证券化项目参与方

（1）原始权益人/次级投资者/基础资产服务机构：重庆阿里小贷或浙江阿里小贷

（2）优先级投资者：机构投资者

（3）计划管理人：上海东方证券资产管理有限公司

（4）补充支付承诺人：商诚融资担保有限公司

（5）推广机构：东方证券

（6）托管银行：兴业银行

2. 阿里小贷专项资产管理计划流程

事实上，资产证券化的案例在金融界已经屡见不鲜，但是基于小额的同类产品在此之前却从未出现。任何创新之举都不会一帆风顺，在此项资产证券化被批复之前，阿里小额的资金困局已经延续多年。阿里小贷专项资产管理计划流程见图7-3。

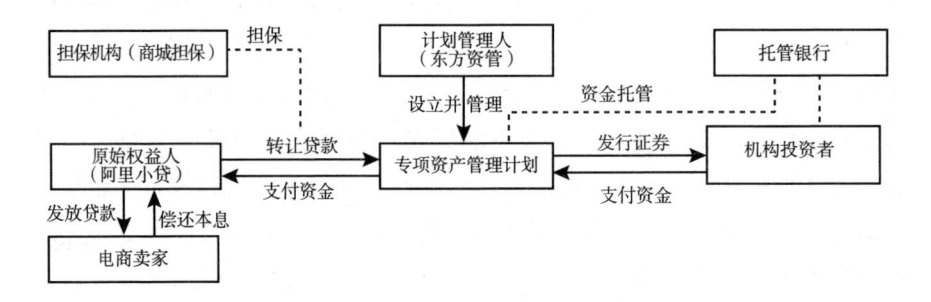

图7-3　阿里小贷专项资产管理计划流程

一贯在互联网领域持续创新的阿里巴巴，最早于2010年6月试水全国首家电子商务领域的小额贷款公司——浙江阿里巴巴小额贷款股份有限公司，注册资金6亿元。一年后，阿里巴巴又在重庆成立了第二家小额贷款公司。阿里之所以如此急迫，是因为阿里平台上的小微企业和个人创业者无法从传统金融渠道获得贷款。设立阿里小额的贷款公司目标其实非常明确：提供"金额小、期限短、随借随还"的纯信用小额贷款服务，贷款额度主要集中在50万元以下。

阿里在电商平台上积累的经验，为小额贷款提供了空前便利的元素：

大量客户信用数据、订单流水，加之互联网分析技术，能够快速评估客户还款能力和信用水平，甚至可实现自动授信。本质上，这是一种基于大数据处理的网络放贷模式，因无须铺设实体店面，运营成本极低；同时，由于商家完全依附电商平台，一旦无法偿还贷款，将被迫关店，违约成本相当高，阿里小额的贷款公司的贷款违约率也就相应降低。

就这样，根植于电商生态链的阿里小额贷款增长迅猛，规模迅速扩大。简便灵活的金融服务，也让电商客户进一步依赖阿里巴巴搭建的生态系统。阿里小额贷款与电商平台实现良性循环。阿里小额贷款公司成立以来，已经累计为超过 32 万家电商平台上的小贷企业、个人创业者提供融资服务，累计投放贷款超过 1000 亿元，户均贷款 4 万元。而阿里小额贷款的不良贷款率仅为 0.87%，远远低于小额贷款公司超过 2% 的平均水平。

尽管如此，阿里小额贷款仍面临小额贷款公司共同的局限：不能吸收公众存款。除资本金外，小额贷款公司只能从银行融入资金。而根据中国银监会颁布的《关于小额贷款公司试点的指导意见》，小额贷款公司从银行融入资金的余额，不得超过资本净额的 50%。阿里小额贷款公司所在的浙江和重庆都出台了鼓励政策，允许从银行融入的资金余额的上限提高到 100%，即便如此，两家阿里小额贷款公司的 16 亿元注册资本，也只能从银行再融入 16 亿元，可供放贷的资金最多为 32 亿元。相对目前阿里小额贷款累计约为 1000 亿元的贷款总额，资金周转了 30 次，已经达到极限，要想进一步扩大贷款规模担负起更大的使命，必须寻找更为便捷、低成本的资金来源。

（二）发行情况

阿里小额贷款公司从 2012 年已经开始多次尝试各种融资渠道，2012 年 6 月，重庆阿里小额贷款公司通过山东信托发行了"阿里金融小额信贷资产收益权投资项目集合信托计划"（阿里星 1 号），向社会募集资金 2.4 亿元；此后，阿里星系列信托计划陆续发行 3 期，共募集资金 5 亿元。2013 年 1 月，阿里小额贷款公司借助嘉实基金旗下子公司嘉实资本，设立专项资产管理计划，首期募集额度约 2 亿元；7 月，阿里小额贷款公司与诺亚财富旗下万家共赢基金子公司合作发起的小额信贷专项计划，由诺亚财富高净值客户认购，一周内募集资金 2 亿元。

2013 年 7 月，阿里小额贷款公司首次借助证券公司通道进行资产证券化,产品规模远超信托和基金子公司的私募渠道;更重要的创新在于,这是中国资产证券化第一个基础资产循环购买的产品。

2013年3月,中国证监会颁布《证券化公司资产证券化业务管理规定》中,首次提出可以"以基础资产产生现金流循环购买新的同类基础资产方式组成专项计划资产",为阿里小额贷款公司提供了新的契机;"循环购买"成为政策的一大突破。所谓"循环购买",就是小额贷款客户的还款并不立刻支付给投资者,而是在一定期限内,用来购买满足一定条件的其他小额贷款。这个"购买贷款—还款—再购买贷款—还款"的过程循环进行,直到约定的循环期结束。

阿里巴巴本次通过内部分级达到信用增级目的,降低了发行成本。在内部增级上,资产支持证券借鉴了此前资产证券化多重分档的结构;根据不同的风险、收益特征,产品分为优先级、次优级和次级三种资产支持证券,三者比例约为75%、15%和10%。其中,优先级、次优先级份额面向合格投资者发行;次级份额全部由阿里小额贷款公司持有。借助结构化设计,阿里小额贷款公司实际上获得了相当于次级份额九倍的杠杆,融资能力大大提高。此外,阿里巴巴旗下的担保公司商城担保还提供外部担保。

双重增级的意义在于降低投资风险,进而拉低阿里小额贷款公司的融资成本。此次资产证券化产品的预期收益率在6%左右,在资产证券产品中相对较低,更低于收益率8%以上的大部分信托产品。

优先级资产支持证券获得AAA的市场评级,可通过深交所综合协议交易平台上市交易,获得流动性。不过,该产品目前只面向机构投资者。

该专项计划中,东方证券资产管理有限公司作为管理人,以设立专项资产管理计划的方式募集资金,购买阿里小微金融服务集团(筹)旗下小额贷款公司的小额贷款资产,同时,借助互联网平台,为淘宝、天猫等电子商务平台上的小微企业提供融资服务。本次获批的是东证资管—阿里巴巴1号至10号专项资产管理计划,每只专项计划募集资金规模为2亿~5亿元,该十只专项计划募集资金总规模在20亿~50亿元。

在风险控制方面,管理人不仅通过结构化的方式进行内部增信,阿里小微旗下的担保公司——商诚担保提供外部增信,同时从资产准入、资金运营和实时监控等方面进行严格的风险防范与管理。

此外,东证资管—阿里巴巴专项资产管理计划在基础资产、交易结构、发行模式、日常运营等方面都有一定的创新性,使产品能够平衡投资者、融资方和小微企业的需求。

在基础资产上,东证资管—阿里巴巴专项计划的基础资产为阿里小微旗下两家小额贷款公司的小额贷款资产,金额小、期限短。

在交易结构上,东证资管—阿里巴巴专项计划采取了循环购买基础资产的方式,在项目的运营管理上,相较于之前获批的专项计划有了较大的突破。

在发行模式上,东证资管—阿里巴巴专项计划采取了统一结构、一次审批、分次发行的模式,更好地满足电子商务平台上小微企业的资金需求节奏。

在日常投资管理过程中,东证资管—阿里巴巴专项计划引入了自动化的资产筛选系统和支付宝公司提供的资金归集和支付服务,更好地适应阿里小贷基于互联网和大数据的业务模式。

此外,产品只面向机构投资者销售,产品发行后,淘宝、天猫商户可能直接受益。

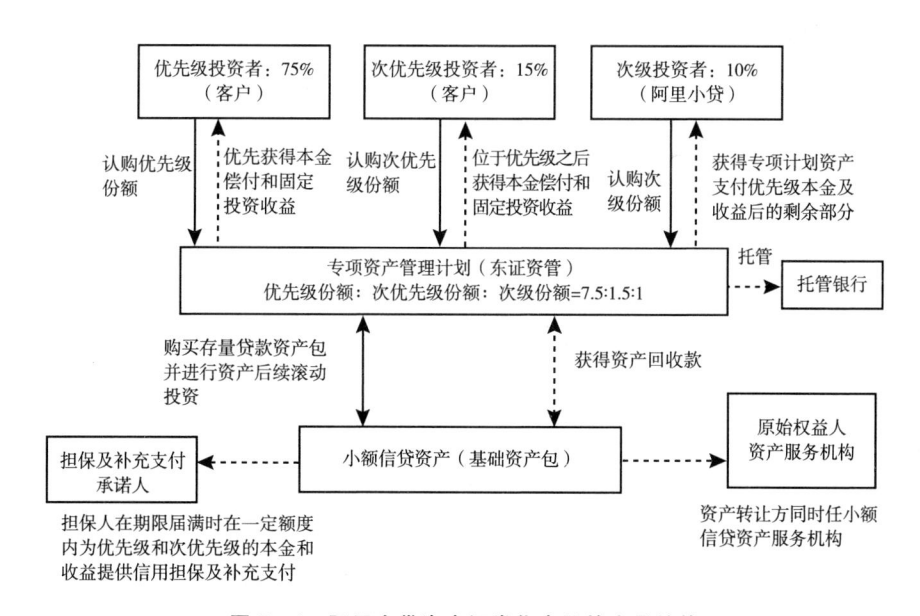

图 7-4 阿里小贷资产证券化产品的交易结构

资料来源:东方证券资产管理有限公司《东证资管—阿里巴巴 1 号专项资产管理计划》。

浙江阿里巴巴小额贷款股份有限公司和重庆阿里巴巴小额贷款有限公司分别成立于 2010 年 3 月和 2011 年 6 月,特点是以"网络、数据"为核心的新型微贷技术,客户的信用系统比较完备。

阿里的资料显示，数据加互联网的信贷技术，使阿里小微信贷有足够能力在同一时间服务海量客户，可以向电子商务平台上小微企业、个人创业者提供365天×24小时不间断的融资服务。统计显示，阿里小微信贷客户2012年平均占用资金时长是123天，全年的实际融资成本为6.7%。

截至2015年二季度末，阿里小微金融服务集团（筹）自营小微信贷业务成立3年来，已经累计为超过32万家电商平台上的小微企业、个人创业者提供融资服务，累计投放贷款超过1000亿元，户均贷款4万元。

根据阿里金融的测算，以其原有资本金可服务30万家小微企业计算，此次资产证券化所获资金可增加满足50万家小微企业的融资需求。这也意味着，借助资产证券化，阿里小微信贷可满足80万家小微企业融资需求。

截至2015年二季度末，阿里小微信贷的贷款不良率为0.87%。这一数字在小微信贷领域足够优秀。

东方证券资产管理有限公司是业内首家获中国证监会批准设立的券商系资产管理公司，早在2006年5月，东方证券就发行了远东首期租赁资产支持收益专项资产管理计划。

证券公司资产证券化业务，是指以特定基础资产或资产组合所产生的现金流为偿付支持，通过结构化等方式进行信用增级，在此基础上发行资产支持证券的业务活动。

通过资产证券化，阿里小额贷款公司还能增加新的收入来源；阿里小额贷款的年化贷款利率在18%~21%，而资产证券化产品的预期收益率在6%左右，除去各种资产证券化操作费用，即使从出售的贷款组合中，阿里金融业能获得10%~13%的可观收益。

（三）进一步分析与思考

资产证券化的最大意义是通过证券化的技术，盘活存量资产，提升资金与资产的使用效率。借助此次资产证券化，阿里小额贷款公司突破资金困局，极大地提高了放贷能力，可更好地满足电商客户的融资需求。根据东方证券测算，以其原有资本金可服务30万家小额贷款企业计算，此次资产证券化所获得资金可增加满足50万家小额贷款企业的融资需求。这也意味着，借助资产证券化，阿里小额贷款公司信贷可满足80万家小额贷款企业融资需求。借此，阿里巴巴得以用更大规模的贷款来支持客户发展，进而促进自身成长。

阿里小额贷款资产证券化，是我国企业资产证券化业务常态化后的第一例产品，也是中国第一单"循环购买"的资产证券化。其创新在于，这是中国资产证券化第一个基础资产循环购买的产品。对已经准备进军小额贷款领域的京东、苏宁、腾讯等企业来说，阿里巴巴的资产证券化无异于探路之举，而其更大的意义则是针对中国中小企业而言的，众所周知，占比95%以上的中小企业融资难，已经是一个老话题，资产证券化融资实际解决的是小额贷款企业和个人创业者资金来源问题。通过资产证券化，中小银行将中小企业贷款出售，从资本市场获得相应资金，从而在同样的资本金和存款条件下，发放更多贷款。因此，中小企业贷款证券化，实际上是间接帮助中小企业从资本市场融资的一种做法。这为中小文化企业提供了一条全新的融资渠道，也使金融能更好地服务于实体经济。

尽管对于东方证券—阿里巴巴1号专项资产管理计划，其究竟属于信贷资产证券化还是收益凭证/资产管理计划存在争议，但该模式代表了未来的方向，是"盘活存量"的最好案例。该资产管理计划属于证监会批准并在深交所固定收益平台上市的产品，基础资产是阿里小贷的贷款资产，但由于阿里小贷并非银行，因此严格意义上并不是贷款资产证券化。由于阿里小贷的资产规模小且分散，具备较好的证券化基础。该笔资产证券化有力支持了小微企业贷款，符合目前的政策导向。

三 知识类文化资产（版权资产）：版权资产证券化融资

（一）"大卫·鲍伊"音乐版权资产证券化

在美国资本市场曾流传一句话"证券化你的梦"，意思即能想象到的金融资产，都可以设法将其纳入证券化的行列。以未来专辑特许权证券化的鲍伊债券，拓宽资产证券化操作视野。

1. 发行背景介绍

成名于20世纪70年代的英国超级摇滚歌星大卫·鲍伊，1997年因卷入一场与政府的税务纠纷而急需现金，在金融界的建议下，他以25个已经和未来将要发行的个人专辑特许使用权为担保，发行了10年期利率7.9%、总额度为 5500 万美元的债券，金融界称之为"鲍伊债券"。

(1) 大卫·鲍伊

大卫·鲍伊原名大卫·罗伯特·琼斯（David Robert Jones），在伦敦出生的英国摇滚乐音乐家、演员、唱片制作人和词曲创作人，为英国 20 世纪最重要的摇滚明星之一，并在 2000 年被 NME 杂志评为为 20 世纪最具影响力的艺人。大卫·鲍伊第一次受到大众瞩目是在 1969 年秋天，以阿波罗计划为灵感创作成的歌曲 Space Oddity。鲍伊十分坚持自己的理想及创作，从摇滚乐到电子乐、灵魂乐及新浪潮，往往是在这些类型尚未受到人注意时，鲍伊就预先洞察其中的特质[①]。1997 年，大卫·鲍伊以预期能有稳定现金流量的音乐著作权的版权税等进行证券化并成功发行债券，这是著作权证券化的首例。

(2) 交易动机

1997 年，英国出生而在美国广受欢迎的著名摇滚歌手大卫·鲍伊的唱片合约及经销权即将到期，大卫·鲍伊正在寻找新的融资渠道，他想取得一笔较大金额资金以购回部分其音乐经理人所拥有的鲍伊作品的少数著作权，并解决其在英国住宅的税收争议，而产生了大量的需求。之后返回英国定居，因为当时大卫·鲍伊拥有 1960 年以来的音乐著作权，若直接卖出著作权，则需缴纳 50% 的所得税，同时大卫·鲍伊反而失去更多权利。大卫·鲍伊的音乐著作权每年约可产生 100 万美元的现金流量，并不存在呆账的记录，风险相对受到控制；而当时任职 Fahnestock & Co. 董事经理的大卫·普曼了解大卫·鲍伊的需求及其版权的未来现金流量后，认为以大卫·鲍伊的版权为担保发行证券较传统融资方式有利，于是大卫·普曼就利用将来可取得权利收益当作应收账款来进行证券化，资产池的特殊性在于其非不动产、抵押贷款债权或信用卡债权等传统资金，而是以其在 1990 年以前演唱的 25 张个人专辑（约 300 首歌曲）的未来音乐版权每年所产生的版税和许可费作为证券化资产，由特殊目的信托机构以私募方式发行金额达 5500 万美元的债券，该证券票面年利率为 7.9%，法定期限为 15 年。募集所得由大卫·鲍伊取得，而当资产产生的未来收益时，该收益则用来偿付给债券的投资者。通常证券化所取得资金可达借贷价值的 75%，且有资料显示，银行贷款提供给借款人的资金通常只有其通过证券化融资

---

① 根据官方网站 www.DavidBowie.com 相关资料整理。

所得的 1/10。因此，普曼集团表示证券化交易能够为借款人增加 20% 的额外收益；利用该笔预收资金解决其在英国豪宅的税捐争议，而鲍伊也因为该笔证券化交易，成为当时英国最富有的摇滚歌手，资产总额估计达 9.17 亿美元。

（3）交易过程

由鲍伊将其想要证券化的版权未来收益及著作权以真实销售的方式转移给 SPT，以实现破产隔离的目的。此外，为降低该交易被法院认定为担保借贷而非真实买卖的风险，还需要让 SPT 对该证券化资产取得第一次序的担保权利，因此，在该交易中，就该资产未来收益与著作权均依照美国《统一商法典》第九条向当地政府提出财务声明，且依据著作权法向著作权局办理登记的方式设定担保利益，之所以需要如此，是因为有关知识产权担保利益的保全程序在美国法院实务尚无统一见解，只好借由两者并行以降低风险；再者，鲍伊交易还面临另一个特殊的美国著作权法问题，因为其所证券化的音乐著作权是在 1976 年美国著作权法生效前（该修正法于 1978 年生效）所创作，所以需要适用 1909 年的著作权法规定，而根据 1909 年相关条款规定，在 1978 年前创作的原著作权人可以由其继承人重新更新，而不受该证券化交易的约束。因此，当鲍伊去世后，其继承人可以主张该著作权与由其产生的未来收益，这将严重影响投资者的权益，所以鲍伊要求其继承人放弃该项权利，以消除投资人的疑虑。因为鲍伊债券是以私募方式销售，且保德信保险公司（Prudential Insurance）为合格投资人与机构投资者，所以其发行适用美国证券法规 Regulation D 与 Rule 144A 的规定，无须向 SEC 办法登记程序，以避免烦琐的咨询公开要求。

由于鲍伊保有出道以来的所有音乐作品的著作权，且专辑发行多年在市场上有很完整的历史记录，因此克服了证券化过程中现金流量预期困难的问题。而为了加强投资人信心，鲍伊的唱片发行人百代公司为唱片的版权许可提供了价值 3000 万美元的担保。鲍伊债券由 EMI 唱片公司以签约 15 年的全球授权许可协议的方式提供了价值 3000 万美元的信用增级担保；在确保该证券化资产具有可预期且稳定的现金流及足够的信用增强条件后，穆迪给予其 AAA 的信用评级。鲍伊债券通过私募方式发行，全部由保德信保险公司购买。该交易由当时 Willkie, Farr & Gallagher 律师事务所的 Richard Rudder 律师处理交易相关法律问题，并出具投资人委托律师所要求的法律意见,提供投资人委任律师所要求的法律意见书,作为资产无瑕疵并且特殊目的机构独立于创始机构运作的安全网。

而在该债券清偿完毕后,著作权担保即可消失,相关权利仍归属鲍伊,并由其享有资产增值好处,故此交易属于债务融资,且因其为著作权进行证券化融资的第一宗交易,所以鲍伊债券成为知识产权证券化的代表。证券化交易的收益使大卫·鲍伊成为英国身价最高的摇滚歌手[1],而且作为版权证券化的第一起交易引起众多关注和讨论,"鲍伊债券"成为知识产权证券化的代名词,甚至被大卫·普曼其后创立的专门从事娱乐业证券化融资业务的普曼集团注册商标。在鲍伊债券成功以后,陆续有歌手、词曲创作者、音乐著作权管理团体等进入音乐著作权许可使用费证券化交易[2]。

2. 交易结构

(1) 基础资产的现金流分析

该证券的交易的基础资产是鲍伊在其演艺生涯中创作的300首歌曲的出版权和录制权。歌曲的版权许可收入主要来源于三种契约关系:机动性收入契约、表演/广播收入契约和同步收入契约。歌曲被录制到磁带或CD上时,作者将会收到机械性收入。这类收入一般取决于专辑的销量。表演/广播收入来源于歌曲在广播、电视和公共聚会场所的公开播放。其中公共聚会场所包括餐馆、酒吧、俱乐部和生活剧院等。此类收入由代表出版商和曲作者的表演权收费社团监督。其中美国作曲家、作家和出版商协会(The American Society of Composers, Authors and Publishers, ASCAP)和广播音乐公司(Broadcast Music, Inc., BMI)是最大的两家。当歌曲被用于商业短片、电影和电视节目时,曲作者将会获得同步收入。

(2) 信用评级

鉴于音乐版权许可费收入来源于不同的渠道且各个渠道的收入跟踪机制不同,信用评级时须以不同渠道的历史收入数据为基础,强调各种风险因素。这种风险因素包括大众口味变化的风险、歌曲过时的风险、侵权风

---

[1] Nicole Chu, Bowie Bonds, *A Key to Unlocking, the Wealth of Intellectual Property*, 21 Hasting Comn. & Ent. L. J. 469, 471, 1999.

[2] Jennifer B. Sylva, *Bowie Bonds Sold for Far More than a Song: The Securitization of Intellectual Property as a Super-Charged Vehicle for High Technology Financing*, 208 – 209 (1999).

险、破产风险和其他法律风险。在综合考虑了各种因素后，该笔融资活动被穆迪投资者服务公司评为 AAA 级，所发行的票据全部被一家保险公司购买。评级的理由：抵押价值评估所决定的超额抵押；在对抵押价值的评估中强调被证券化专辑的历史现金流；25 张专辑有 5 年牢靠的销售收入记录；对专辑出版商资质的考察和其他定性因素的分析；证券化交易的内置结构特点；百代公司所提供的担保。

（3）鲍伊债券的后续情况

鲍伊债券在随后的表现不尽如人意。穆迪于 2004 年 3 月将鲍伊债券的评级级别由原来的 AAA 降至 BBB -，这一级别仅高于垃圾债券的级别。降级的一个重要原因是为该交易提供担保的百代公司在 2000 ~ 2003 年市场价值下跌 85%。所幸的是，当时鲍伊债券的期间仅剩三年，其资产池的版权许可费收入仍足以支付债券债务余额，从而不会发生违约现象。

继鲍伊债券之后，美国、英国、加拿大、日本等国陆续有相关案例出现。其中交易规模最大的当属英国的蚕蛹音乐集团（Chrysalis Group）案例。英国苏格兰皇家银行（Royal Bank of Scotland）于 2001 年安排了蚕蛹音乐跨国证券化交易。该证券化以蚕蛹音乐集团英国发行公司（Chrysalis Group PLC UK）所拥有的音乐作品版权收益为支撑，音乐作品包含近 5 万首歌曲。此次证券化的发行规模达 6000 万英镑，证券法规定期为 15 年，其中前三年为循环期。2005 年 5 月在美洲银行安排下，迈克尔·杰克逊（Michael Jackson）以其拥有的披头士唱片专辑一半的权益为担保，向美国的堡垒投资集团（Fortress Investment Group）融资 2.7 亿美元。2006 年 4 月，索尼公司与联合拥有人迈克尔·杰克逊以及债权人堡垒投资集团再次达成协议，杰克逊将其当初购买的 4000 首披头士歌曲的版权转让给索尼公司使用，同时堡垒投资集团给予杰克逊 3 亿美元融资[①]。

3. 结论

在资产证券化的历史上，"鲍伊债券"无疑具有里程碑式的意义，它

[①] 邹小芃、骆晨、李鹏：《亟待关注的新动向：版权证券化案例解析》，《浙江金融》2008 年第 7 期，第 45 页。

把金融界原来资产证券化局限于抵押住房贷款、汽车、信用卡贷款、应收账款等方面的应用又向前推进了一大步，令业界耳目一新。之后，著作权、专利权、注册商标权等纷纷进入资产证券化操作的视野。

鲍伊证券的意义在于，它引起了其他艺术家、作家和拥有版权或能带来版税收入的作品的所有者进行类似的证券化的兴趣。这些版权和作品包括音乐、电影、剧本、书籍以及其他形式的文学艺术作品，甚至专业运动技术。鲍伊证券之后，Crosby, Stills & Nash 以及滚石、王子、Neil Diamond、帕瓦罗蒂及其他表演艺人开始考虑进行类似的证券化交易。这类证券化交易的发起人将会十分广泛，仅从音乐表演者来说，就包括高收入的流行歌曲演唱者，以及经典歌曲歌唱家和其他歌剧演员或乐队指挥，而且高度成功的作家、电影制片人或电视演员也可能成为证券化交易的潜在候选人。版权资产证券化的优势还在于该融资方式可以向艺术家提供充分的现金去赎回以前自己被迫卖掉的艺术作品，通过将既存版权资产的部分所有权作为证券化交易的一部分而转让给特殊目的机构，就可以从作为关联公司的 SPV 手中赎回自己以前的作品。对投资者来说，这样的证券化交易同样具有其他类型证券化交易的好处：一个收益能充分实现的、得到资产支撑的、能产生充分的现金流的投资机会。该案例给我们一个极大启示：证券化是一种极为灵活、极富创造力的新型金融技术，只要一项资产能够产生未来的现金流，它就可以进行证券化融资。版权资产作为文化资产的主要组成部分，是版权内在价值在企业层次上的直观体现。就其内涵而言，版权资产也称著作权资产。权属清晰是进行版权资产证券化融资的前提条件。

（二）"梦工厂"电影版权证券化案例

1. 基本情况

梦工厂电影工作室由史蒂芬·斯皮尔伯格（Steven Spielberg）、杰弗瑞·卡森伯格（Jeffrey Katzenburg）和大卫·格芬（David Geffen）等大牌导演共同出资成立，目的在于通过资产证券化融资这种方式来提高其卡通影片和实景影片的制作和生产能力。

1997 年，梦工厂以其电影资产进行 3.25 亿美元的证券化融资。摩根大通为梦工厂此后拍摄的 14 部影片支付了 10 亿美元的制作费用。其 SPV

为"梦工厂投资公司",该公司的资产包括梦工厂"30 多部影片"的收益,其中就包括《拯救大兵瑞恩》《怪物史莱克》等知名影片。在证券发行的前三年循环期,梦工厂仍然可以在基础资产池里增加新拍摄的影片资产,第四年开始分期付息,而到了 2009 年就开始还本付息。梦工厂融资的目的在于借此增加其动画影片与其他电影的产能。此外,超出证券债务范围的权利收入仍由梦工厂享有。该批债券的发行利率采用了精确的资料模型来预测,精算的还本利息压力使电影公司必须严格控制制作成本。2000年底,Ambac 保险公司又为梦工厂安排了 5.4 亿美元的证券化交易,通过私募发行分别为五家投资者购得①。

2002 年 8 月 26 日,在富利波士顿金融公司和摩根大通这两家著名投资银行的安排下,梦工厂又进行了第三次证券化融资。将其旗下工作室的36 部电影的版权收益权以真实销售的方式转让给了一个远离破产风险的特殊目的机构"DW Funding",并以此发行了 10 亿美元的循环信用债券(revolving credit facility)。与前两次不同的是,这次证券化交易资产包括既存电影库与尚未完成电影的未来权利金收益,主要是既存电影作品。既存的 36 部电影都有约定的"一揽子授权"协议,即被授权人必须选择所有影片,而不能只挑选热门影片;新增加的电影部分是上映八周后才能出售给 SPV,现金流量来自后续的家庭录影带、电视放映权等收益,此时现金流已经稳定,不存在不能完工的风险。该交易由 Ambac 提供保险,摩根大通提供 5 亿美元流动性贷款作为信用增强机制。基于上述信用增级机制,标准普尔和穆迪分别给予本次交易最高投资等级 AAA 和 A3 的信用等级。②梦工厂版权资产证券化融资运作流程见图 7-5。

2. 交易结构

基础资产的选择。此次电影版权证券化在基础资产的选择上有相当严格的标准。这次证券化中有关方面采取了一种特殊的未来收益预测技术,运用这种技术可以根据电影前几周的票房收入来预测出最终收入。在这

---

① Richand W. Rahn, "Who's the Bowie Bonds: The History of a Music Business Revolution," at http://www.ex.ac.uk/Davies/arian/bowiebonds.html/future, July.1, 2006.
② 参见 Hillery, *Securitization of Intellectual Property: Recent Trends from United States*, Washington/core, March 2004, pp. 20 – 21; Colleen Marie O'Connor, "How Dream Works Works: Anatomy of Movie-backed Deals," *Asset Securitization Report*, November 4, 2002。

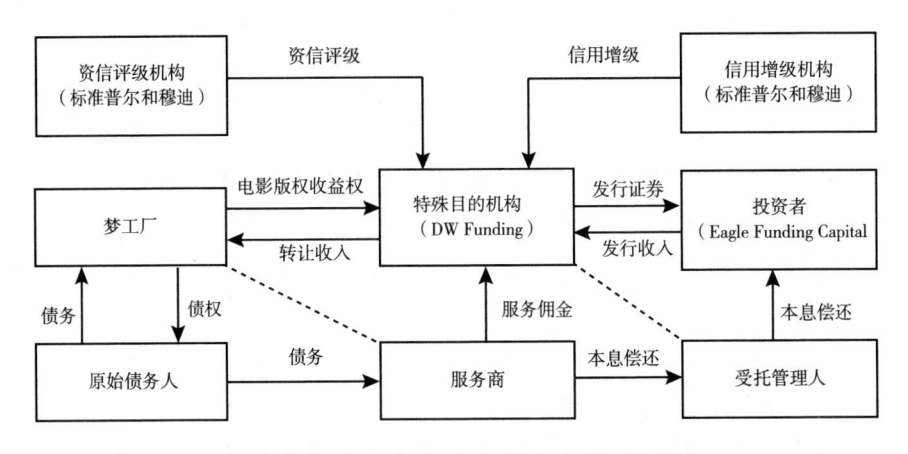

图 7-5 梦工厂版权资产证券化融资运作流程

次证券化中，当且仅当某部电影在美国国内上映八周，其赢利能力充分展现出来之后，电影版权的收益权才会被转让给 SPV。在转让的权益之中，除了国内剧院和付费电视的收益权外，其余所有未来收益权都被转让给 SPV。被转让的电影包括《角斗士》《美国丽人》《拯救大兵瑞恩》等卖座电影。

信用增级和评级。除了最初的 36 部电影，"梦工厂"又附加抵押了几部电影，以应对特殊情况下对现金流的需求。Ambac 保险公司为所发行的债券提供了保险，摩根大通则提供了 5 亿美元的无抵押信贷融资。标准普尔和穆迪也对基础资产的现金流进行了"压力测试"，测试时考虑的因素包括未来电影制作的违约风险、负债人的违约风险、电影版权费征收滞后风险、外汇风险和主权风险。在综合评定了内外部信用增级手段和基础现金流的状况之后，标准普尔和穆迪对所发行的债券给出了最高的 AAA 和 A3 级别。

债券的发行和偿付。摩根大通旗下的一家应收账款公司和富利国民银行（Fleet National Bank）旗下的老鹰资本公司（Eagle Funding Capital）购买了 1.2 亿美元的债券，其余由另外七家金融投资公司包揽，每家的购买额在 1 亿~1.15 亿美元。该次证券化采用的偿还结构是典型的循环型支付结构，其中有三年的循环期，在此期间梦工厂可以增加新的电影版权。债券本金的偿还从第四年开始，债券的法定期为七年。超过偿债金额的多余收入部分将通过特殊目的机构"DW Funding"转交给梦工厂。

但因为梦工厂转移给特殊目的机构"梦工厂投资公司"(SPV)的资产权利只包括收取海外市场的电影门票收入与授权收入,而不包括美国市场的收益,因此,其资产转移产生是否属于真实销售的疑虑。因为根据 1997 年一个破产案例,美国法院认为是否构成真实销售,要看创始机构是否将资产的整个权利都让渡给特殊目的机构,若不是,可能会被视为授权行为,而非真实买卖,如此一来,就无法避免破产隔离风险,这一点值得注意。

3. 产生的影响

随着电影证券化技术的成熟和信用增级机制的完善,又出现了以未来电影作品为主的证券化融资案例。例如 2004 年,派拉蒙电影公司由美林公司(Merrill Lynch)负责安排,发行 2.1 亿美元的浮动利率债券,约可募集到占未来 20 部公开放映影片的 16% 的资金,期限为十年,分三等级发售。穆迪通过派拉蒙电影的历史表现以及未来 18~24 个月的预期电影名单,再加上由信用等级为 AAA 的 Viacom Inc. 提供支付保证的信用增级等因素,将该证券评定为投资等级 Baa2[①]。因其以尚未发行电影的未来应收账款进行证券化,故该交易过程仍先由特殊目的机构 Dubbed Melrose Investors(Melrose)募集资金,用以购买派拉蒙在未来三年内所自制或购买的电影版权。当电影制作完成后尚未发行前,Melrose 在承担发起人派拉蒙公司 25% 的电影制作成本的同时分享其 25% 的参与权益,以获得该相应比例的电影版权未来净收益。其与梦工厂个案最大的不同在于其没有电影库作为证券化资产(交易结束日时只纳入两部刚刚上映的电影),而是当拍摄制作出新电影后才加进资产池中,使其具有风险分担的功能而非风险转移。与以往的电影版权证券化交易有所不同,此次的基础资产不是已存电影的版权收益权,而是还未制作完成的电影版权收益权。此次证券化的交易结构类似一个"先行融资账户"的安排。回顾本项资产证券化融资的设计过程,任何产业都难以在事前精准估算净生产成本的多少,所以该项资产证券化融资过程虽然引进了利益分享的概念(获利来源为票房收入的 25%),但是对于事前如何规划评估恰当的拍摄成本,仍然是该类证券化融资产品

[①] Sarah Mulholland, "Funding is a Paramount in new Deal," *Asset Securitization Report*, August 9, 2004.

值得考虑的问题。如果开拍后成本大增，如果事前并没有约定处理原则与办法，可能会导致制片商与投资人的利益分享冲突。

近年来，美国除了以现有电影库进行证券化融资外，相当盛行以"尚未发行电影的未来应收账款"进行证券化融资。2003 年 Village Roadshow Limited 将旗下的电影作品（《黑客帝国1》《麻辣女王》等）加以证券化，发行 10 亿美元的证券；其 SPV 为 Village Roadshow films II 信托，采用 SPT 模式；而购买该交易中 27 部电影集合的价格大约是制作费的一半，交易发行的证券到期日为十年，前三年为循环期，在此期间内会在购入新电影加入资产池中，在交易后新增资产包括《黑客帝国》第 2 和第 3 部。同年维旺迪环球则是将其自 1996 年后发行的 125 部电影证券化，规模近 10 亿美元，同样也有循环期，而资产池包括《美丽境界》《街头痞子》等卖座电影，本次交易目的主要是转移电影的制作风险、卖座风险，方法是当影片在国内上映八周后就出售给 SPV，现金流量来自后续的家庭录影带、电视台播映权等收益。2005 年 4 月漫威电影公司（Marvel Enterprise, Inc.）以未来漫威的 10 部电影为基础资产，发行 3.25 亿美元的无追索权债券，并有七年的循环期。该十部电影是以知名的卡通片角色为题材的《美国队长》（Captain America）和《复仇者联盟》（The Avengers）。由派拉蒙公司拍摄，于 2008 年夏天发行第一部影片；而该笔交易不仅使 Marvel 获得完全创意控制权，更使其可以建造电影图书馆以及获得更大的利益。2006 年迪士尼以未来 32 部电影影片收益为基础资产进行证券化融资，获得了全部 32 部影片所需资金的 40%[①]。

日本的电影事业近年来发展迅速，产生多元的资金来源需求，电影资产证券化也随之产生。2002 年三井住友银行以美国电影在日本的放映权为标的，成立 SPV 发行证券，同年瑞银银行（原富士银行）以动画电影作品《千年女优》的收益发行信托受益凭证；同年 3 月还有东京电视、松下公司、日本兴业银行、瑞穗证券四家以电视连续剧的电视放映权为标的，利用特殊目的机构 SPV 电视放映权许可费为担保发行证券。另外，2003 年 12 月由日本数字内容公司（Japan Digital Inc., JDC）主办设计，将 17 年来累积销售额超过 1100 万本的畅销儿童漫画 Kaiketsu

---

[①] Tempkin, Adam (2011). Miramax Revives Movie-backed Securitization, Thomson Reuters, New York Investment Overview; Sear, Edward De (2006). Why Hollywood Turned to Securitization, *International Financial Law Review*, 25 (4), pp. 50 – 52.

Zorori 的电视改编权等著作权进行证券化融资，试图达到数十亿日元的发行规模①。

4. 基本结论

通过对上述案例的分析，我们可以发现，无论是音乐版权证券化还是电影版权证券化，对拟证券化的基础资产的选择是至关重要的。选择的标准基本有两条：一是作品影响力大；二是作品有良好的历史销售表现；三是作品权利关系简单。综合这几条标准，再考虑娱乐产业的特殊情况，那些有广泛影响力的知名歌手或导演的作品才是证券化的合适对象。鲍伊债券能够成功运作和发行主要有三方面原因：第一，鲍伊是全世界闻名的经典歌手，仅专辑销售每年可达 100 万张；第二，在组建资产池时选择了那些已经流行了二三十年、有稳定历史收益的音乐专辑；第三，鲍伊既属于创作型艺人，又属于个人歌手，他身兼演唱者、词作者、曲作者和发行人等数重身份，因此享有其音乐作品的所有权利。

而在现实中，只有很少一部分作品可以用来进行音乐版权证券化。其一，音乐作品收益权的权利人众多且作品收益来源渠道十分广泛；其二，正如普曼集团的创始人大卫·普曼所说的那样，他要拒绝 99% 的音乐版权证券化请求，原因是这些作品要么问世时间不长从而难以确定其收入模式，要么现金流不足，要么缺乏分散性，要么不为人所熟知。相对于音乐作品，影视作品的权利关系要简单一些，它们一般为大型影视公司独家所有。另外，这些大型影视公司拥有的影视作品众多，其历史收入状况有既成模式，未来现金流具有很高的可预测性。因此，电影版权证券化要比音乐版权证券化的融资规模大、可操作性强。但是，除了版权证券化，这些大型影视公司还有很多渠道从资本市场融资。在一般情况下，它们不会采用知识产权证券化的方式融资，因为在知识产权证券化的相关技术尚不完善的情况下，融资成本相对过高。

盗版问题也是阻碍版权证券化发展的一个重要因素。有人认为，正是盗版才致使百代公司价值下降，从而导致鲍伊债券被降低评级级别。对于盗版的问题，大卫·普曼有不同的看法，他认为影响版权证券化的因素主

---

① 陈月秀：《智慧财产权证券化——从美日经验看我国实施可行性与立法之建议》，硕士学位论文，台湾政治大学，第 67 页；陈奕璇：《文创产业票房收入资产证券化方式筹资之可行性》，硕士学位论文，台湾朝阳科技大学，2012，第 18 页。

要是媒体关于盗版问题的大肆渲染,而不是盗版行为本身。在他看来,科技的发展在为盗版行为提供便利的同时也为版权使用费的收入创造了更多的新型来源渠道,如卫星电视音乐收入、网络广播音乐收入和网站背景音乐收入等。虽然普曼对盗版问题持乐观态度,但是我们不得不清醒地看到,在科技高速发展的今天,盗版已经成为一个普遍现象,它对版权资产的影响也将是深远的[①]。

本章小结

本章介绍了在文化资产证券化融资方面的国内外的比较典型且较为成功的案例,国外的大卫·鲍伊音乐版权资产证券化作为世界首例文化资产证券化的案例,其意义或影响深远,它拓展人们的资产证券化视野与领域,而梦工厂电影版权证券化案例,一直为国内外的影视制作机构所借鉴。我国的文化资产证券化融资的基础资产类型也在国家政策的大力支持下不断扩大,探索出以未来收益资产为基础资产、以专项资产管理计划为SPV 的华侨城欢乐谷主题公园入园凭证资产证券化,为国有文化企业资产证券化融资开辟了新路径;阿里小贷证券化的获批,为我国中小微型文化企业解决融资难问题提供了一个新的思路,本章详细地介绍了其融资的运作流程与交易结构等过程。从中可以基本概括出文化资产证券化融资一般由文化资产原始权益所有人(以音乐、电影版权、票房及相关门票收入作为未来预期收益)、SPV(专项资产管理计划)和投资者三类主体构成。原始资产权益所有人将自己拥有的文化资产以"真实出售"方式过户给 SPV(专项资产管理计划),SPV 获取了该文化资产的转让权,发行以该资产所产生的预期现金收入流为基础的资产支持证券,并凭借对该文化资产的转让权来确保未来的现金收入流首先用于证券投资者还本付息,剩余部分则为增值收益。目前,我国文化资产证券化融资方面,已经探索出以未来收益资产的企业资产证券化、以信贷资产为基础资产的信贷资产证券化融资类型,有理由相信未来的文化资产证券化类型也会越来越丰富。

[①] 邹小芃、骆晨、李鹏:《亟待关注的新动向:版权证券化案例解析》,《浙江金融》2008年第 7 期,第 45 页。

第八章 结论与展望

一 主要结论

文化资产证券化是十几年来国际金融领域十分重要的创新之一。作为一种金融创新，文化资产证券化自20世纪70年代在美国出现以来，在全球范围内得到了广泛而迅速的发展，主要表现在品种不断增加、规模不断扩张、范围不断扩大。本书所研究的文化资产证券化融资属于较新的品种，国内前辈们对其所做的研究不多。而国外最早对文化资产证券化融资进行研究的国家是美国，即在1997年开始的美国鲍伊债券的知识产权证券化。文化资产证券化是金融资本与文化资本的一种有效结合，它是以金融技术为依托，以文化资产产权的信用为担保，以证券化为载体的新型融资方式，具有融资成本低、实施难度小、不影响文化资产产权权属及融资风险小等优势。正因为如此，文化资产证券化在美国迅速发展起来，现如今已经运用于文化产业的各个领域，从电子游戏、音乐、电影、休闲娱乐、演艺、主题公园等与文化产业关联的领域，到时装的品牌、最新医药产品的专利、半导体芯片，甚至是专利诉讼的胜诉金，都已经成为证券化的对象。通过资产证券化这样先进的融资方式，可以借变现债权、收益权来改善现金流状况，优化文化资产负债结构，提高资金周转率，而且可以利用所得资金进行后续研发，寻找更好的市场机会。

中国的文化资产证券化融资正处于探索阶段，因此，本书比较详尽地介绍国外文化资产证券化融资产生的背景、理论与个案研究，并对我国文化资产的内涵与分类进行了界定与研究，在此基础上提出我国文化资产证券化的含义、运作机理、操作流程及注意事项。本书运用文献分析、规范和实证分析、比较分析等方法，借助一些已经成熟的证券化融资理论对本书研究对象所涉及的具体研究目标进行分析，并结合我国的实际情况，对我国文化资产证券化融资模式、特点和品种设计，运行中的具体问题以及文化资产证券化融资的资产评估和风险控制，尤其是国有文化资产评估等方面进行深入的分析研究后，得出如下主要结论。

一是界定了文化资产、文化资产证券化融资的内涵，以及文化资产证券化融资的基础理论；在文献分析的基础上，本书初步阐释了文化资产证券化融资在中国的可行性与重要性；对文化资产证券化融资进行了经济学分析，指出其对文化发展的战略意义。同时，对文化资产证券化融资的运作机制与操作流程进行了研究。

二是系统研究了文化资产证券化融资资产定价的基本原理、方法和影响因素。文化资产自身的特性导致其资产价值具有高不确定性风险，给文化资产证券化的定价带来困难。本书对文化资产证券化定价的理论基础以及影响文化资产证券化定价的因素进行了分析，提出了文化资产证券化的定价方法。

三是文化资产证券化产生于美国，美国的发展经验对其他国家有重要的借鉴意义。分析得出美国文化资产证券化的经验主要有三个方面：政府主导是资产证券化产生和发展的重要途径；市场需求是资产证券化发展的动力；完善的法律、会计、税收制度为资产证券化的发展扫除了障碍等。本书认为，我国应当积极认真地研究借鉴其成功经验，为我所用，在文化产业领域大胆实施文化资产证券化融资，有效解决文化产业高速发展过程中的融资瓶颈问题。目前全国各地已经成立多家文化产权交易所，既为文化企业构筑了融资渠道，也为文化企事业单位的文化资产证券化融资提供了可整合的文化资源。

四是通过研究国内外已经成功的文化资产证券化融资的案例，设计了我国文化资产证券化融资模式的主要产品；主要针对我国公益性文化事业单位与经营性文化企业的文化资产证券化融资模式进行有效的研究，提出了多样化的文化资产证券化融资模式，如文化版权资产证券化融资、中小型文化企业资产证券化融资、国有文化资产证券化融资等。本书认为，我国文化发展面临前所未有的有利时机，可以采用"政府试点、立法先行"模式，通过实践探索及时总结经验，对运行中发现的一些问题和制度性漏洞，由监管部门根据试点情况及时加以规范，以推动我国文化资产证券化的发展进程。

文化资产证券化是一项横跨证券业、信托业、保险业、文化产业的多功能金融创新工具，应当借鉴我国信贷资产证券化"边试点边立法"的模式，在推行的初期，可以采取由政府主管机关进行小规模试点，同时由银监会、证监会、国家发改委、财政部、文化部、国家税务总局等部委组成的"文化资产证券化试点工作小组"，制定相应的政策法规，搭建文化资产证券化框架，全面推行文化资产证券化工作，待时机成熟的时候，制定相关法律。

五是系统研究了我国文化资产证券化融资所面临的风险，并尝试提出防范的应对措施。本书指出，文化资产证券化融资主要面临的风险包括证券化基础资产池风险、证券化交易结构风险和资产证券化产品风险，并针对我国目前试行资产证券化融资的难点问题，提出有建设性的解决方案，尝试探索一条具有中国特色的文化资产证券化融资风险监管体系。本书认为，在起步阶段，我国应当选择合适的文化领域进行文化资产证券化融资的探索。目前，广电企业由于固定资产比重较高、信用程度较高，尤其是国有大型广电文化公司，在三网融合进程中，这些公司通常有较为稳定的预期现金流收入，而且固定资产比重较高，无论是债务融资还是权益融资，都具有较好的定价基础，因此可以选择广电企业进行文化资产证券化融资的探索，或者选择比较成熟的、未来现金流比较稳定的大型文化产业项目。

二　研究局限与展望

本书站在发起人的角度对文化资产证券化融资进行了详细的论述与分析，构建了我国文化资产证券化的基本理论框架，并针对我国实际情况，有针对性地设计了我国文化资产证券化融资的产品，也对我国文化资产证券化的定价进行深入研究并尝试提出具体的方法，对我国实施文化资产证券化融资过程中所面临的风险及防范措施进行了探索；但是，由于文化资产证券化融资是一个比较新的课题，目前学者们专门针对文化资产证券化这一课题的研究并不多，同时限于笔者的能力、研究成本和研究时间等，还有以下问题需要进一步完善或进一步深入研究。

1. 研究领域和研究视野需要进一步拓展

目前，文化资产证券化融资问题的研究主要分析与介绍了美国的成功经验，而对其他国家、地区的研究还有待进一步深化、拓展；由于研究时间和研究成本的限制，本书对国外发达国家（地区）的介绍尚有待拓展与深化。

2. 文化资产的资产经济价值分析与评估研究有待加强

有形文化资产的评估计算，一般采用成本法与预付价值法等方法，而文化资产的潜在价值及蕴含丰富的文化记忆与文化内涵等无形资产的评估常常缺乏有效的手段，而这也正是文化资产再开发利用过程中值得研究的部分；文化资产的经济价值分析与评估的定量研究方法，还需要在今后的进一步研究中，通过不断的学习加以改进。

3. 对证券化的基础资产——文化资产界定与分类的理解有待深化

文化资产证券化融资涉及法律、金融、投资学、会计学、资产评估学、行为学等诸多领域，而当下的国内学者在研究资产证券化融资问题时，普遍将关注点放在金融资产类别上，而对文化资产关注很少。此外，文化资产的内涵与范畴也会随着社会的发展不断充实、完善，需要借鉴多方面专家的理论知识、专业知识给予补充发展。

4. 其他不足

文化资产证券化融资的实践比较少，能够借鉴的实证经验不多；国内已有文献分析大多将考察对象局限于知识产权证券化中的专利证券化、著作权证券化等方面，而没有关注文化企业的实物资产证券化问题，对文化企业中的应收账款证券化、文化存量资产证券化等领域给予的关注和研究不够，对中小微文化企业的融资问题研究的也不够充分。本书对这些方面有所研究，但是限于难以得到实际融资数据的验证和支持，需要今后做进一步深入细致的研究。本书虽然在研究视角、研究方法方面都做出了大胆的尝试，也提出了一些创新性的观点，但由于文化产业是一个行业关联性极强的行业，文化资产证券化融资理论也是一个复杂的话题，相关的研究和可供选择的视角比较多。尽管笔者对于这一课题穷尽所能地进行了研究分析，但是受学识水平、时间、能力等方面的诸多限制，研究的理论体系与框架只是初步的，研究的深度和广度有待继续拓展，具体领域的研究分析仍需要日后进一步深入研究。

参考文献

一 中文文献

论 著

[1] 〔澳〕大卫·索罗斯比:《文化经济学》,张维伦等译,台北:典藏杂志社,2003。

[2] 邱天助:《布尔迪厄的文化再制理论》,台北:桂冠图书,1998。

[3] 尹章义:《文化资产保存法概论》,台北:文笙书局,2005。

[4] 喻学才、王健民:《文化遗产保护与风景名胜区建设》,科学出版社,2010。

[5] 萧明瑜:《老宝贝 新创意:产业文化资产转化设计》,"行政院"文化建设委员会文化资产总管理处筹备处,2009,第5页。

[6] 冯久玲:《文化是好生意》,台北:脸谱出版社,2002。

[7] 顾军、苑利:《文化遗产报告:世界文化遗产保护运动的理论与实践》,社会科学文献出版社,2005。

[8] 李汾阳:《文化资产概论》,香港:秀威资讯科技股份有限公司,2011。

[9] 尹章义、尹章华、尹章中:《文化资产法律实务》,台北:文笙书局,2005。

[10] 夏铸九、王志弘:《空间形式与文化理论读本》,台北:明文书局,1995。

[11] 傅朝卿:《2005文建会文化资产实务执行手册》,"行政院"文化建设委员会,2007。

[12] 张晓主编《加强规制:中国自然文化遗产资源保护管理与利用》,社会科学文献出版社,2006。

[13] 彭兆荣：《文化遗产学十讲》，云南教育出版社，2012。

[14] 徐嵩龄、张晓明、章建刚主编《文化遗产的保护与经营》，社会科学文献出版社，2003。

[15] 周耀林：《可移动文化遗产保护策略》，北京图书馆出版社，2006。

[16] 王家新、刘萍等：《文化企业资产评估研究》，中国财政经济出版社，2013。

[17] 靳婷：《文化财产所有权问题研究》，中国政法大学出版社，2013。

[18] 王文宇：《金融资产证券化：理论与实务》，中国人民大学出版社，2006。

[19] 董涛：《知识产权证券化制度研究》，清华大学出版社，2009。

[20] 靳晓东：《专利资产证券化研究》，知识产权出版社，2012。

[21] 乔桂明：《文化产业的金融支持与服务创新》，苏州大学出版社，2013。

[22] 王文宇、邱荣辉：《金融资产证券化之理论与实务》，中国人民大学出版社，2006。

[23] 王开国等：《资产证券化论》，上海财经大学出版社，1999。

[24] 何小锋等：《资产证券化：中国的模式》，北京大学出版社，2002。

[25] 李颖：《中国文化产业金融论》，经济管理出版社，2013。

[26] 陈文达、李阿乙、廖咸兴：《资产证券化理论与实务》，中国人民大学出版社，2004。

[27] 冯震宇：《智慧财产权发展趋势与重要问题研究》，台北：元照出版，2003。

[28] 刘江彬、陈美章主编《两岸智慧财产权保护与运用》，台北：元照出版，2002。

[29] 陈文达等：《资产证券化理论与实务》，中国人民大学出版社，2004。

[30] 陈文达等：《资产证券化：国际经验和中国实践》，上海人民出版社，2003。

[31] 张超英：《资产证券化的本质和效应》，经济科学出版社，2004。

[32] 吴群：《资产证券化与证券化会计》，经济管理出版社，2005。

[33] 〔美〕斯蒂文·L.西瓦兹：《结构金融资产证券化原理指南》，清华大学出版社，2003。

[34] 沈沛：《资产证券化的国际运作》，中国金融出版社，2000。

[35] 徐永红等：《银行信贷资产证券化》，中国金融出版社，2000。

[36] 谢剑平：《固定收益证券投资与创新》，中国人民大学出版社，2004。
[37] 黄嵩：《资产证券化理论与案例》，中国发展出版社，2007。
[38] 成之德：《资产证券化理论与实务全书》，中国言实出版社，2000。
[39] 〔美〕弗兰克·J. 法博齐等：《资本市场：机构与工具》，唐旭等译，经济科学出版社，1998。
[40] 李曜：《资产证券化：基本理论与案例分析》，上海财经大学出版社，2001。
[41] 祝小芳：《欧洲全担保债券不败的传奇》，中国财政经济出版社，2011。
[42] 何小锋等：《投资银行学》，中国发展出版社，2002。
[43] 沈沛：《资产证券化研究》，海天出版社，1999。
[44] 唐旭：《资本市场：机构与工具》，经济科学出版社，1998。
[45] 于凤坤：《资产证券化：理论与实务》，北京大学出版社，2005。
[46] 张超英：《资产证券化：原理实务案例》，经济科学出版社，1998。
[47] 孔曙东：《国外中小企业融资经验及启示》，中国金融出版社，2007。
[48] 〔美〕扈企平：《资产证券化：理论与实务》，机械工业出版社，2014。
[49] 〔美〕苏莱曼·贝格：《资产证券化实务精解》，机械工业出版社，2014。
[50] 林华主编《金融新格局：资产证券化的突破与创新》，中信出版社，2014。
[51] 〔美〕斯蒂芬·F. 勒罗伊等：《金融经济学原理》，汪建雄译，清华大学出版社，2012。
[52] 李智：《资产证券化及其风险之化解》，立信会计出版社，2013。
[53] 陈鸿桥：《新产业·新金融》，中国金融出版社，2012。
[54] 范立夫：《金融创新下的货币政策》，中国社会科学出版社，2011。
[55] 曾康霖：《金融经济学》，西南财经大学出版社，2002。
[56] 〔英〕威廉·福布斯：《行为金融》，机械工业出版社，2011。
[57] 李斯克：《权益类证券定价方法》，复旦大学出版社，2014。
[58] 〔美〕约翰·Y. 坎贝尔等：《金融市场计量经济学》，朱平芳等译，上海财经大学出版社，2003。
[59] 陈野华：《行为金融学》，西南财经大学出版社，2006。
[60] 吴忠群：《资产定价：行为公理主义分析》，社会科学文献出版社，2011。

[61]〔美〕赫什·舍夫林:《资产定价的行为方法》,中国人民大学出版社,2007。

[62] 陈彦斌:《行为资产定价理论》,中国人民大学出版社,2006。

[63]〔法〕尚-皮耶·瓦尼耶:《文化全球化》,吴锡德译,台北:麦田出版社,2003。

[64]〔美〕斯蒂文·L.西瓦兹:《结构融资》,李传全译,清华大学出版社,2003。

论　文

[1] 贾旭东:《文化产业金融政策研究》,《福建论坛》2010年第6期。

[2] 董涛:《我国推行知识产权证券化制度问题研究》,《当代经济科学》2008年第3期。

[3] 曹宏铎等:《基于Bass随机扩散模型的文化资产证券化定价》,中国金融国际年会,2013年9月。

[4] 王莉萍:《浅析文化资产与企业绩效》,《企业科技与发展》2008年第8期。

[5] 陈其南:《文化资产保存运动在台湾——历史的回顾与问题的反思》,载《2006文化资产保存政策——国际研讨会论文集》,2006。

[6] 喻学才、王健民:《世界文化遗产定义的新界定》,《华中建筑》2008年第1期。

[7] 张政亮:《台湾产业文化资产保存与再利用之探讨》,台北《国教新知》第60卷第1期,2012年3月。

[8] 傅朝卿:《文化资产的分类与范围》,台南《台南文化》2001年第16期。

[9] 王义荣:《从世界遗产观点探讨雅美族文化资产保存》,台湾政治大学民族研究所,2006。

[10] 李春满:《论文化资产的价值属性》,《中国资产评估》2013年第5期。

[11] 财政部会计司制度一处:《民间非营利组织会计若干处理规定及其意义》,《会计研究》2004年第11期。

[12] 王伟:《关于文物文化资产核算的探讨》,《审计与理财》2005年第S2期。

［13］汤瑾、孙玉甫：《论企业文物文化资产的会计核算》，《南京审计学院学报》2008 年第 1 期。

［14］王晓艳等：《文化企业资产价值计量问题研究》，《天津商业大学学报》2013 年第 4 期。

［15］刘益昌：《文化资产保存的视野与挑战》，财团法人国家文化艺术基金会文化资产类——艺文补助说明会，2013 年 5 月。

［16］沈中元：《文化资产保存之法制分析》，台北《空大行政学报》2009 年第 20 期。

［17］陈荣传：《由国际观点论盗赃文化资产之回复问题》，台北《东吴大学法律学报》2002 年第 1 期。

［18］杨志刚：《试谈"遗产"概念及相关观念的变化》，载《文化遗产研究集刊》（第二辑），上海古籍出版社，2001。

［19］叶秋华、孔德超：《论法国文化遗产的法律保护及其对中国的借鉴意义》，《中国人民大学学报》2011 年第 2 期。

［20］贾旭东：《文博领域文化产业的发展及其模式创新》，《江苏行政学院学报》2012 年第 6 期。

［21］艾毓斌等：《知识产权证券化知识资本与金融资本的有效融合》，《研究与发展管理》2004 年第 3 期。

［22］陈依依：《论我国资产证券化的切入点选择》，《宁波经济丛刊》2003 年第 5 期。

［23］李建伟：《知识产权证券化：理论分析与应用研究》，《知识产权》2007 年第 1 期。

［24］杨亚西：《知识产权证券化的有效途径》，《上海金融》2006 年第 10 期。

［25］崔占豪：《关于文艺品资产期权型证券化的研究》，硕士学位论文，湖南师范大学，2012。

［26］刘洋：《北京市文化创意产业资产证券化的发展模式研究》，硕士学位论文，对外经济贸易大学，2012。

［27］梁君、陈广：《艺术品证券化的风险分析与现实反思》，《统计与信息论坛》2013 年第 6 期。

［28］叶敏：《文化资产证券化的法律保障措施研究》，《财贸研究》2012 年第 4 期。

[29] 王元璋等：《试析我国资产证券化的发展及建议》，《当代财经》2011年第3期。

[30] 林崇熙：《耕文化、新产业、与产业文化资产的共生创造：以糖厂保存再生为例》，台北《科技博物》2006年第2期。

[31] 张政亮：《文化资产之再利用与经营管理——以罗东林业文化园区为例》，2009年会展与城市营销研讨会，台湾成功大学。

[32] 杨秀清：《产业文化资产学习网络评估之研究》，硕士学位论文，台湾朝阳科技大学，2008。

[33] 〔日〕工乐善通：《奈良平城宫迹资料馆的设立与有形文化资产的保存》，地方产业文化资产研讨会，台湾成功大学，2000。

[34] 〔日〕宫崎清：《文化资产发现之旅》，黄淑芬译，台湾地方产业文化资产研讨会成果专辑，1998。

[35] 程虎：《关于我国资产证券化若干问题的探讨》，《经济与管理研究》2002年第3期。

[36] 何小锋、刘永强：《资产证券化——中国的一个早期案例》，《资本市场》1999年第3期。

[37] 胡旭阳：《我国开展资产证券化的制度瓶颈》，《投资研究》2000年第11期。

[38] 李泊溪：《资产证券化的思考》，《中国软科学》1998年第5期。

[39] 李传全：《资产证券化的融资体制创新》，《世界经济情况》2001年第23期。

[40] 李传全：《存量资产证券化与未来收益证券化比较分析》，《世界经济情况》2002年第5期。

[41] 李晓鹏：《资产证券化与金融资产管理》，《中国金融》2002年第7期。

[42] 周延鹏：《智慧资本投资保障的完整性》，台北《政大智慧财产评论》2003年第1卷第1期。

[43] 孙远钊：《美国智慧财产权法最新发展与评析（2000~2003）》，台北《政大智慧财产评论》2003年第1卷第1期。

[44] 许松、吴书明：《知识经济时代智能财产权融资之研究》，台北《台湾土地金融季刊》2004年第41卷第1期。

[45] 黄金泽：《金融资产证券化之会计处理》，台北《台湾金融财务季刊》2003年第4辑第4期。

［46］谢福源：《智慧财产证券化与担保融资之介绍》，《法律评论》2003年第69卷第4~6期合刊。

［47］阙光威：《智慧资本的法律定性与智慧财产证券化的可行性研究》，台北《政大智慧财产评论》2004年第2卷第1期。

［48］阙光威、陈月秀：《智慧财产证券化可能的经营模式与法制面的探讨》，台北《月旦法学》2004年第111期。

［49］毛志荣：《资产证券化产品及其交易研究报告》，《深圳证券交易所综合研究所研究报告87号》，2004年5月。

［50］李蓉、钱康宁：《固定收益类证券投资的新品种》，《申银万国研究报告》，2005年4月。

［51］李蓉、钱康宁：《资产证券化市场及其投资产品研究》，《申银万国研究报告》，2005年4月。

［52］林妤珊：《无形资产证券化可行性之分析》，硕士学位论文，台湾大学，2002。

［53］林国塘：《均等论在专利审查时适用之研究》，硕士学位论文，台湾世新大学，2003。

［54］张道周：《应收债款管理契约之研究》，硕士学位论文，台湾大学，2001。

［55］叶程玮：《我国智慧财产技术服务业之研究——以鉴价与中介业者为例》，硕士学位论文，台湾政治大学，2003。

［56］赖文智：《智慧财产权与民法的互动——以专利授权契约为主》，硕士学位论文，台湾大学，2000。

［57］陈月秀：《智慧财产权证券化——从美日经验看我国实施可行性与立法之建议》，硕士学位论文，台湾政治大学，2004。

［58］林崇熙：《在地观点的文化资产保存》，载《非物质文化遗产学论集》，学苑出版社，2006。

二 外文文献

United Nations Educational, Scientific and Cultural Organization.

(1) 1986. 40 Years – 1985 UNESCO 1945: Birth of an Ideal, Paris: United Nations Educational, Scientific and Cultural Organization.

(2) 2001. UNESCO Universal Declaration on Cultural Diversity, Adopted

by the 31st Session of the General Conference of UNESCO, Paris, World Heritage Centre United Nations Educational, Scientific and Cultural Organization.

(3) 2003. World Heritage 2002 Shared Legacy, Common Responsibility, Paris: World Heritage Centre United Nations Educational, Scientific and Cultural Organization.

(4) 2002. Managing Tourism at World Heritage Sites, Paris: UNESCO World Heritage Centre.

(5) 2002. Investing in World Heritage: Past Achievements, Future Ambitions, Paris: UNESCO World Heritage Centre.

(6) 2003. Periodic Reporting Exercise on the World Heritage Convention, Paris: United Nations Educational Scientific and Cultural Organization.

(7) 2003. Proceedings of the World Heritage Marine Biodiversity Workshop, Paris: UNESCO World Heritage Centre.

(8) 2003. Identification and Documentation of Modern Heritage, Paris: UNESCO World Heritage Centre.

(9) 2003. World Heritage Cultural Landscapes 1992 – 2002, Paris: UNESCO World Heritage Centre.

(10) 2003. Cultural Landscapes: the Challenges of Conservation, Paris: UNESCO World Heritage Centre.

(11) 2004. Periodic Report and Regional Program Arab States 2000 – 2003, Paris: United Nations Educational, Scientific and Cultural Organization.

(12) 2005. 60 Years – 2005 UNESCO at 60, Paris: United Nations Educational, Scientific and Cultural Organization.

(13) 2005. Basic Texts of the 1972 World Heritage Convention, Paris: United Nations Educational, Scientific and Cultural Organization. UNESCO World Heritage Centre.

(14) 2003. Partnerships for World Heritage Cities Culture as a Vector for Sustainable Urban Development, Paris: UNESCO World Heritage Centre.

(15) 2004. Monitoring World Heritage, Paris: UNESCO World Heritage Centre.

Adorno, T. and Horkhemier, M., *Dialectic of Enlightenment*, London: New Left Books, 1979.

Firth, R., *Elements of Social Organization*, London: Tavistock, 1971.

Friedman, J., "Being in the World: Globalization and Localization," in M. Eatherstone (ed.) *Global Culture*, London: Sage, 1990.

Harvey, D., "Between Space and Time: Reflections on the Geographical Imagination," *Annals of the Association of American Geographers*, 1990.

Hofstede, G., "National Cultures in Four Dimensions," *International Studies of Management and Organizations*, 1983.

McGuigan, J., "Three Discourses of Cultural Policy," in Stevenson, N. (Ed.), *Culture & Citizenship*, London: Sage, 2001.

Soja, E., *Third Space: Journeys to Los Angeles and Other Real and Imagined Places*, Oxford: Blackwell, 1996.

Williams, R., *Keywords: A Vocabulary of Culture and Society*, London: Fontana, 1983.

Wynne, D. (ed.), *The Culture Industry*, Arena: Aldershot, 1992.

Bourdieu, P., *The Field of Cultural Production: Essays on Art and Literature*, Cambridge: Polity Press, 1993.

Craik, J., *Is Culture Tourism Viable*, Smart, 1995.

Günter Franke and Jan Pieter Krahnen, "The Future of Securitization," *Center for Financial Studies*, 2008.

Otsuyama, H., "Patent Valuation and Intellectual Assets Management", in *Patent Strategy Handbook*, Tokyo: Chuokeizai-sha, 2003.

Manlio Frigo, *Cultural Property v. Cultural Heritage: A "Battle of Concepts" in International Law?*, RICR Juin, IRRC June, 2004, Vol. 86, No. 854.

"Culture, Trade and Globalization: Questions and Answers," 2006, http://www.unesco.org/culture/industries/trade/html_eng/question.shtml.

James, A. R. and Juan, M., *Securitization of Credit*, 1998.

Frank J. Fabozzi, *Capital Markets: Institutions And Instruments*, Prentice-Hall Inc., 1996.

Steven L. Schwarez, "The Alchemy of Asset Securitization," *Stanford Journal of Law Business & Finance*, Vol (1), 1994.

Leon T. Kendall & Michael J. Fishman, *A Primer on Securitization*, Massachusetts: The MIT Press, 1996.

Joseph A. Agiato, "The Basics of Financing Intellectual Property Royalties," in Bruce Berman, *From Ideas to Assets: Investing Wisely in Intellectual Property*, Wiley, 2002.

Jennifer Burke Sylva, "Bowie Bonds Sold for Far More Than a Song: The Securitization of Intellectual Property as a Super-Charged Vehicle for High Technology Financing," *Santa Clara Computer & High Tech*, (1) 1999.

John S. Hillery, *Securitization of Intellectual Property: Recent Trends from the United States*, Washington Core, 2004.

WG & M Press Release, *WGM Completes Largest Music-Backed Securitization*, March 1, 2001.

Jackson, H. John, Royalty Securitization: Taking CABS to Bankruptcy Court, *T. Jefferson L., Rev.* (21) 1999.

Securitization of IP Royalty Streams Sarah Mulholland, "Funding is Paramount in New Deal," *Asset Securitization Report*, August 9, 2004.

Morris, David M., Asset Securitization: Principles and Practice, New York: Executive Enterprises Publications Co., 1999.

Mazzanti, M., Valuing Cultural Heritage in a Multi-attribute Framework Microeconomics Perspectives and Policy Implications, Journal of Socio-Economics, (32) 2003.

Department of the Environment, Water, Heritage and the Arts, Australian Government, "The Economics of Heritage: Integrating Costs and Benefits into Government Decision-Making", 2007.

D. Paul Schafer. Culture: Beacon of the Future, Adamantine Press Limited, 1998.

Roger W. Mastali, "A Proposal for Protecting the 'Cultural' and 'Property' Aspects of Cultural Property Under International Law," *Fordham International Law Journal*, (5) 1993.

Naomi Mezey, "The Paradoxes of Cultural Property," *Georgetown*

University Law, *Columbia Olumbia Law Review*, Vol. 107, 2007.

Harvey, D., "Between Space and Time: Reflections on the Geographical Imagination," *Annals of the Association of American Geographers*, (80) 1990.

Melvin Delgado, *Social Work with Latinos: A Cultural Assets Paradigm*, Oxford University Press, January 2009.

Pagiola, S. "Economic Analysis of Investments in Cultural Heritage: Insights from Environmental Economics," *Harvard Law Review*, (2) 2001.

Mazzanti. M., "Cultural Heritage as Multi-dimensional, Multi-value and Multi-attribute Economic Good: Toward a New Framework for Economic Analysis and Valuation," *Journal of Scio-Economics*, (31) 2002.

Bella Dicks, *Culture on Display: The Production of Contemporary Visitability*, Peking University Press, 2012.

Coccossis, H., Nijkam, P., *Planning for Our Cultural Heritage*, England: Ashgate Publishing Limited, 1995.

Peacock, A. (ed), "Does the Past Have a Future?" The Institute of Economic Affairs, London, 1998.

Ross Gibson, *What is a Cultural Asset?* Sydney: Pluto Press.

Randall Mason, *Assessing the Values of Cultural Heritage*, The Getty Conservation Institute, Los Angeles, (11) 2002.

Millier Dickinson Blais, "Creative Vitality in Detroit: The Detroit Cultural Asset Mapping Project," *Municipal World*, (9) 2013.

Dilani Dassanayake, "Andreas Burzel, Hocine Oumeraci: Evaluation of Cultural Losses," *Xtrem Risk*, (11) 2012.

Diane Audino, *Securitization: The Rating Agency Approach to Credit Risks*, Euromoney, 1996.

Theodor Baums, "Asset Securitization in Europe," *Forum Internationale*, No. 20, May 1994.

Bruce Berman, *From Ideas to Assets: Investing Wisely in Intellectual Property*, John Wiley & Sons, Inc., 2002.

Jane Borrows, *Securitization: Legal and Regulatory Considerations*, Euromoney Publications, 1996.

John Henderson, *Asset Securitization: Current Techniques and Emerging Market*

Applications, Euromoney Publication, 1997.

Christine A. Pavel, *Securitization: The Analysis and Development of the Loan-Based/Asset-Backed Securities Markets*, Probus Publishing, 1989.

Zoe Shaw, *Securitization: Credit Enhancement and Cash Flow Analysis*, Euromoney Publications, 1996.

Zoe Shaw, *Securitization: Introduction and the Issuer's Perspective*, Euromoney Publications, 1996.

Melvin Simensky, Lanning Bryer and Neil J. Wilkof edited, I*ntellectual Property in the Global Marketplace*, Vol. Ⅱ, John Wiley & Sons, Inc., 1999.

Gordon V. Smith and Russell L. Parr, *Valuation of Intellectual Property and Intangible Assets*, John Wiley & Sons, Inc., 2000.

WIPO Intellectual Property Hand book: Policy, Law and Use, WIPO Publication No. 489 (E), 2001.

John S. Hillery, "Securitization of Intellectual Property: Recent Trends from the United States," 2007 - 08 - 20, http://www.iip.or.jp/summary/pdffWCORE2004s.pdf.

Michael Milani, "Enabling IP Securitization By Improving CashFlow Predictability," *Patent Strategy&Management*, (12) 2005.

Jay C. Klear, "Applicability of Private Equity Fund Structure in the Furtherance of Intellectual Property Securitizations," *Colum. Bus. L. Rev.*, (796) 2002.

Bruce Berman, *From Ideas to Assets, Investing Wisely In Intellectual Property*, New York: Wiley, 2002.

Nigel Jones and Ann Hoe, "IP-backed Securitization: Realising the Potential," 2007 - 07 - 20, http://www.buildingipvalue.com/06Global/063066.htm.

Alexander Kirsch, *Securitization of Intellectual Property as a Funding Alternative*, HFB Business School of Finance and Management Frankfurt/Main, 2005.

Duardo, S. Schwartz and Torous, N. Wallter, "Prepayment and the Valuation of Mortgage-Backed Securities," *Journal of Finance*, Vol. 44, 1989.

Lanning G. Bryer and Scott J. Lebson, "Intellectual Property Assets in Mergers &Acquisitions," 2003.

Hewson Chen, "Music: Don't Sell Out, Sell Bonds: The Pullman Group's Securitization of the Music Industry," An Interview with David Pullman, *Vand. J. Ent. L. & Prac*, 161, spring, 2000.

Judith Church, "Intellectual Property Issues in Mergers and Acquisitions," *Insights: the Corporate and Security Law Advisors*, Vol. 15, No. 3, March 2001.

Kevin Donovan, "Wide Array of Assets Represented: Focus on Earnings," Asset Securitization Report, January 27, 2003.

Malcolm S. Dorris, "The Securitization of Drug Royalties: A New Elixir?" *Global Securitization and Structured Finance*, 2003.

Editorial Staff, *Whispers*, *Asset Securitization Report*, March 12, 2001.

David Edwards, "Patent Backed Securitization: Blueprint for a New Asset Class," http://www.surfip.gov.sg/sip/site/focus/SurfIP _ Focus _ 052002.htm.

Lisa M. Fairfax, "When You Wish upon a Star: Explaining the Cautious Growth of Royalty-Backed Securitization," *Colum. Bus. L. Rev.*, (441) 1999.

Elliot A. Fishman, "Securitization of IP Royalty Streams: Assessing the Landscape," Technology Access Report, September 2003.

Thomas J. Gordon, "Securitization of Executory Future Flows as Bankruptcy-Remote True Sales," *U. Chi. L. Rev.* 1317, fall, (67) 2000.

Adam Grant, "Ziggy Stardust Reborn: A Proposed Modification of the Bowie Bond," *Cardozo L. Rev.*, (22) 2001.

Michael Gregory, "UCC Brings Footwear Designer IP Deal to Market," Asset Securitization Report, August 26, 2002.

Michael Gregory & Kevin Donovan, "Second Pharmaceutical Royalty ABS Quietly Prices," Asset Securitization Report, August 4, 2003.

Ted Hagelin, "A New Method to Value Intellectual Property," *AIPLA Q. J.*, summer, (30) 2002.

Teresa N. Kerr, "Bowie Bonding in the Music Biz: Will Music Royalty Securitization Be the Key to the Gold for Music Industry Participants?" *UCLA Ent. L. Rev.*, spring (7) 2000.

Jay C. Klear, "Applicability of Private Equity Fund Structure in the Furtherance of Intellectual Property Securitizations," *Colum. Bus. L. Rev.*, 2002.

Howard P. Knopf, "Security Interests in Intellectual Property: A International Comparative approach," 2001, http://www.lcc.gc.ca/en/themes/or/foi/publications.asp.

Yoshinori Komiya, "Intellectual Property in Business: Japan's Strategies for Exploitation of IP," *Tech Monitor*, Sep-Oct 2003.

Timothy C. Leixner, "United States: Securitization of Financial Assets," May 25, 2004, Mondaq, http://www.mondaq.com/article.asp?articleid=26259&searchresults.

Adam Liberman, "Australia: Intellectual Property in Mergers and Acquisitions: 10 Ingredients to a Successful Deal," Mondaq, 19 July 2004, http://www.mondaq.com/article.asp?articleid=27355&email_access=on.

Lois R. Lupica, "Asset Securitization: The Unsecured Creditor's Perspective," *Tex. L. Rev.*, February, (76) 1998.

Colleen Marie O'Connor, "How DreamWorks works: Anatomy of Movie-backed Deals," Asset Securitization Report, November 4, 2002.

Mullen, J. Thomas, Joan L. Long and Thomas S. Kiriakos, "Has David Bowie Started a New Era of Celebrity Securitizations?" *The Securitization Conduit*, Vol.1, No.1, 1998.

三 相关网站

[1] 联合国教科文组织网站, http://whc.unesco.org/。
[2] 世界文化遗产网站, http://www.wchol.com。
[3] 美国债券市场网, http://www.bondmarkets.com。
[4] 中国资产证券化论坛, http://www.chinasecuritization.org。
[5] 美国资产证券化网, http://www.americansecuritization.com。
[6] 亚洲证券网, http://www.asiansecuritization.com。
[7] 中国证券业协会, http://www.sac.net.cn。
[8] 中国证券监督管理委员会, http://www.csre.gov.cn/pub/newsite/。
[9] 中国财经信息网, http://www.cfi.cn。
[10] 美国公共证券业协会, http://www.go.plicards.com/PSA。
[11] 中国资产证券化网, http://www.securitization.net。

后　记

　　本书是在我的博士学位论文基础上修改完成的。写作本书是我生命中最为艰辛也是最为幸福的一段时光。因此，在本书出版之时，有必要把博士学位论文的"致谢"部分重录如下。

　　至今依稀记得窗前的核桃树林，又被绿色渐渐铺满，由远及近《告别时刻》的旋律渐渐萦绕耳畔。终于到了要写致谢词的时候了，心中感觉五味杂陈，有欣喜、有感伤、有莫名的遗憾，也有不舍的别离之情。三年的时光，如白驹过隙，感慨"时间都去哪儿了"？然而，时间未老，追梦仍在。从重回母校攻读博士学位并确定论文选题，至今已有三年的时间。如今，初稿终于完成，却没有如释重负的感觉，相反内心忐忑不安，始终怀着惴惴不安之心，唯恐这篇论文会不够理想，未达预期目标，让导师失望，辜负了当初恩师的抉择与期望。感谢恩师祁述裕教授三年前收我为徒，虽天资愚钝，但恩师不弃，细心教诲，一路跌跌撞撞走到今日，心中的感激情谊永记；恩师领衔前沿的渊博学识、严谨求真的治学精神、宽厚待人的品格风范、呵护学生的师者情怀给予我珍贵的学术熏陶、难得的人生感悟与积极的进取精神，使学生深感大师之大，不仅在于学识渊博，更在于可供敬仰的师德风范与人格魅力。三年之中的不懈努力皆为不让恩师失望，虽穷心智、竭体能，可惜学生资质鲁钝，非时光、造化所能转易，依然觉得难有交口称赞，辜负了导师对我的期望和培养，但愿以后的时日，继续努力。

　　我要衷心感谢参加论文开题、口试、答辩环节的范周老师、贾旭东老师、齐勇峰老师、谢伦灿老师、张春河老师，其间，他们悉心阅读与纠正论文的疏漏之处，并带给学生相当的学术教育，带给学生对研究贡献的思维激荡；众多老师的真知灼见，使论文日趋规范完善，谨此透过拙于文辞表达的笔触致以真挚的感谢。感谢这些年来一路同行的恩师挚友，三年前的冒昧电话，得到贾旭东教授的无私帮助。恩师平易近人和宽厚待人的为人处事风格也深深地感染与影响着我，今日到了表达感谢的时候，除了感谢，还有感恩。想当初，确定论文选题后忐忑不安，唯恐做不好而难以面对恩师。如今，尽管交了初稿，但掩卷沉思，仍战战兢兢。在时光的流转中，可曾辜负？而今天的执込，是否依然是曾经向往的追求，是否仍旧是曾经梦想的彼岸？时间不老，理想仍在。范周教授、齐勇峰教授带领我们学习和讨论"区域特色文化产业""文化经济研究"时的情景至今清晰、宛如昨日。感谢文化发展研究院引我迈入文化经济研究领域，聆听祁述裕老师、范周老师、齐勇峰老师、贾旭东老师、张晓明老师、章建刚老师等大师级恩师的教诲，使学生始踏入此研究领域，便能站到学术研究的制高点，得以一览众山小，受益匪浅，滋吾三生，荣幸之至。

三年前的初秋时节，再返母校读书的我，因能师从祁述裕教授而庆幸不已，在他的指导下参与完成多项重要研究课题，领我步入学术研究的大门。先生学识之渊博催我奋进，先生之严谨执着的学术态度、谦虚宽容的人格魅力，亦深藏于学生内心，成为我生命中永远的回忆和人生宝贵的财富。三年来，同门同窗诸生蔡萍、王萌、耿磊、何圣捷、杨剑飞、曹伟、赵一萌，勉学齐进，互致关切，益友良师，人生何求？静谧校园中，诸位同学，或朝夕相处，或久别偶聚，谈论学术，交流思想，分享快乐，分担忧愁，三年的求学生活因她（他）们而精彩且充满了美好回忆，感谢她（他）们，也祝愿她（他）们前程似锦、幸福如意！

最后，由衷地感谢所有给予我帮助和教诲的人！感谢母校的滋养与哺育。

蓦然回首，博士毕业已经多年了，真正感悟到"岁月如梭，光阴似箭"的含义。众多至爱亲朋、同行师长多次索要论文手稿，也多次催促我赶快出版，终因琐事而拖延至今。因此，在本书付梓之际，我一定要衷心感谢一直关心支持我的领导、朋友和家人，也感谢为此书出版付出努力的社会科学文献出版社副总编辑蔡继辉先生、责任编辑孙娜女士，他（她）们对本书的编辑润色使本书增色不少；在本书研究和写作过程中，我参阅了国内外大量文献资料，得到了众多朋友的鼎力相助，在此向他们致以诚挚的谢意。由于水平和条件所限，书中疏漏难免，肯请专家和同人批评指正。

孙凤毅

2019年7月于学院南路青年公寓311室

图书在版编目(CIP)数据

文化资产证券化研究/孙凤毅著.--北京：社会科学文献出版社，2019.11
ISBN 978-7-5201-4838-2

Ⅰ.①文… Ⅱ.①孙… Ⅲ.①文化产业-资产证券化-研究-中国 Ⅳ.①G124 ②F832.51

中国版本图书馆 CIP 数据核字（2019）第 089051 号

文化资产证券化研究

著　　者 / 孙凤毅

出 版 人 / 谢寿光
组稿编辑 / 蔡继辉
责任编辑 / 吴　丹　孙　娜
文稿编辑 / 李惠惠

出　　版 / 社会科学文献出版社（010）59367031
　　　　　　地址：北京市北三环中路甲 29 号院华龙大厦　邮编：100029
　　　　　　网址：www.ssap.com.cn
发　　行 / 市场营销中心（010）59367081　59367083
印　　装 / 三河市龙林印务有限公司

规　　格 / 开　本：787mm×1092mm　1/16
　　　　　　印　张：19.5　字　数：328 千字
版　　次 / 2019 年 11 月第 1 版　2019 年 11 月第 1 次印刷
书　　号 / ISBN 978-7-5201-4838-2
定　　价 / 99.00 元

本书如有印装质量问题，请与读者服务中心（010-59367028）联系

▲ 版权所有 翻印必究